HH Uster
044 9407200

www.karl-mueller-verlag.de

Autorin: Carola Rieger für INTERPILL MEDIA GMBH, Hamburg
Koordination: Gerd Grohbrüg
Layout: Günter Hagedorn, freestyle computer, Hamburg
Cover-Foto: Uli Scheibe GmbH, Hamburg

Druck und Bindung:
Tesinska Tiskarna, a. s.
Printed in the Czech Republic

ISBN 3-89893-172-2

INHALT

VORWORT – Für wen ist dieses Buch geschrieben

Vorwort

Sie haben dieses Buch mit großer Wahrscheinlichkeit gekauft oder geschenkt bekommen, weil Sie ganz konkrete Fragen an Ihr Leben haben. Sie möchten etwas über sich und Ihre Zukunft erfahren. Sie sind neugierig darauf, sich selbst in einem anderen Licht zu sehen und zu erkennen, welche verborgenen Talente und ungenutzten Potenziale in Ihnen schlummern. Und Sie sind offen dafür, neue, zum Teil ungewöhnliche Wege zu beschreiten, um Antworten auf Ihre Fragen zu erhalten. Diese Einstellung ist eine unabdingbare Voraussetzung, um von diesem Buch zu profitieren!

Vielleicht stecken Sie auch gerade mitten in einer Lebenskrise und suchen nach einem neuen Weg, um etwas Mut zu schöpfen und die Krise zu überwinden? Auch wenn es Ihnen im Moment nicht so gut geht, werden Sie in diesem Buch Hinweise finden, wie es bei Ihnen persönlich weitergehen könnte. Vielleicht wissen Sie aber auch noch gar nicht so genau, was Sie eigentlich motiviert hat, in diesem Buch zu blättern. Wahrscheinlich sind Sie einfach neugierig auf eine Begegnung mit sich selbst!

Die eigene Persönlichkeit besser kennen zu lernen und die Zukunft erfolgreich zu gestalten, das sind zwei Seiten derselben Medaille. Viele Menschen sind nur deswegen unzufrieden und erfolglos, weil sie nach Zielen streben, die gar nicht wirklich zu ihnen passen. Wir sind seit Kindesbeinen daran gewöhnt, immer zu beobachten, was die anderen haben, und es scheint uns nur natürlich, dies dann auch haben zu wollen. Bei diesem Streben haben wir allerdings völlig den Blick dafür verloren, ob das, was der andere hat, auch gut für uns selbst ist. Wer immer nur genauso viel will wie der andere, weiß am Ende gar nicht mehr, was eigentlich seine eigenen, ganz ursprünglichen Bedürfnisse und Wünsche sind.

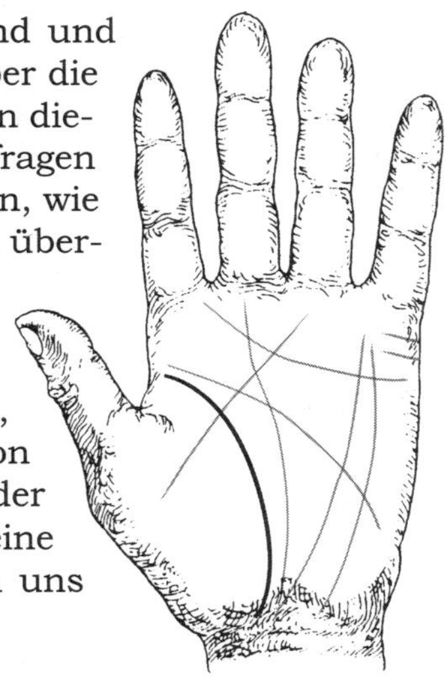

Denn nur, wer sich selbst gut kennt, hat seine Zukunft auch in der Hand und kann sie, bis zu einem gewissen Grad, selbst gestalten. Da die Kenntnis über die eigene Persönlichkeit immens wichtig für die Lebensgestaltung ist, werden in diesem Buch sowohl Techniken vorgestellt, mit denen sie das Schicksal befragen können, als auch verschiedene Horoskope, die Ihnen etwas darüber verraten, wie Sie eigentlich wirklich sind. Ihnen scheint diese Frage lapidar zu sein? Dann überlegen Sie doch einmal, wann Ihnen das letzte Mal wirklich jemand eine Rückmeldung darüber gegeben hat, wie Sie auf andere wirken oder wie man Sie wahrnimmt. Diese Art von Ehrlichkeit herrscht oft noch nicht einmal unter guten Freunden! Wir gehen mit einem Selbstbild durch diese Welt, das unter Umständen gar nichts mit dem Bild zu tun hat, das sich andere von uns machen. Die berühmte Kluft zwischen der Selbsteinschätzung und der Fremdeinschätzung ist nicht zu unterschätzen und Horoskope können eine gute Hilfestellung bei der Überwindung dieser Kluft sein, denn sie halten uns einen ungeschönten Spiegel vor.

Vielen Menschen ist es immer noch peinlich oder unangenehm zuzugeben, dass sie sich für die Kunst des Wahrsagens und für Horoskope interessieren. Wenn überhaupt, offenbart man sich höchstens gegenüber seinen besten Freunden und ansonsten schweigt man über dieses Hobby. Zu oft haben Menschen mit einem Faible für Esoterik schon die Erfahrung machen müssen, dass man sich ständig rechtfertigen muss und plötzlich, ohne es zu wollen, mit seinen Meinungen auf dem Prüfstand steht. Aber ist es nicht eher so, dass jene Menschen, die etwas ablehnen, ohne es wirklich zu kennen, ihre Meinung revidieren müssten? Um mitreden oder gar etwas verurteilen zu können, sollte man sich doch zumindest einen kleinen Einblick in die Materie verschaffen. Dazu dient das vorliegende Buch. Und spätestens wenn Sie das erste Mal feststellen, dass Ihnen eine in diesem Buch beschriebene Technik bei der Bewältigung eines Problems geholfen hat, wird es Ihnen nichts mehr ausmachen, wenn vermeintliche Rationalisten mit den Augen rollen, wenn Sie von Ihren Erfahrungen berichten. Denn Sie wissen es dann besser!

Im Folgenden werden verschiedene zum Teil sehr alte Techniken der Weissagungskunst beschrieben, die aber auch im 21. Jahrhundert noch nichts von ihrer Gültigkeit und Faszination verloren haben. Es handelt sich dabei um Tarot, Pendeln, die Kunst des Handlesens, das Runenorakel, Numerologie und verschiedene Horoskope. Alle diese Techniken eignen sich hervorragend als Einstieg in die Kunst des Weissagens.

Wer momentan stärker an Zukunftsfragen orientiert ist, sollte es mit dem Runenorakel, dem Tarot oder dem Pendeln versuchen. Diese Techniken eignen sich für Menschen, die gerne selbst aktiv werden und denen es nichts ausmacht, eventuell auch mal etwas zu basteln oder zum Beispiel in der freien Natur Steine zu sammeln, um ein eigenes Runen-Set herstellen zu können. Fangen Sie aber immer langsam und behutsam damit an, Fragen nach Ihrer Zukunft zu stellen! Als Wegweiser mag eine jahrtausendealte griechische Weisheit dienen:

„Stelle dem Orakel nur solche Fragen,
auf die du jede Antwort zu hören bereit bist."

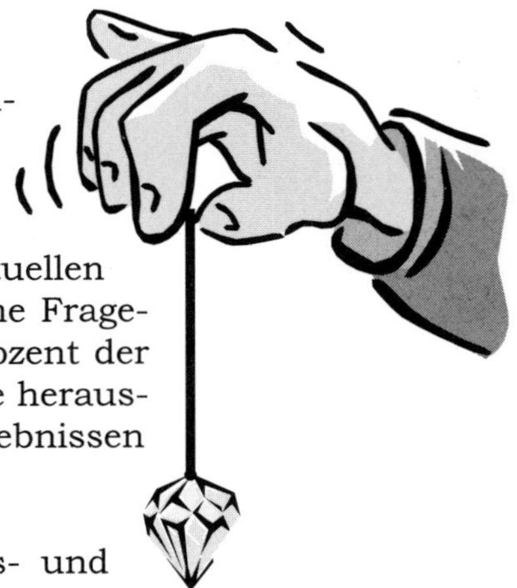

Wer daran interessiert ist, etwas über seine Persönlichkeit herauszufinden, sollte sich den verschiedenen Horoskopen oder dem Psycho-Zukunftstest am Ende des Buches widmen. Sind Sie noch skeptisch, ob Horoskope wirklich auf eine bestimmte Person zutreffen? Damit stehen Sie nicht alleine da. Für Sie dürften die Ergebnisse einer aktuellen Studie interessant sein, nach der 59 Prozent der Astrologen anonyme Fragebögen dem richtigen Geburtstag zuordnen konnten. Und fast 70 Prozent der Versuchspersonen konnten aus einer Fülle von Horoskopen dasjenige herausfinden, das auch für sie bestimmt war. Bei diesen statistischen Ergebnissen lohnt sich ein Blick in das eigene Horoskop schon, oder?

Übrigens: Diesen Test können Sie auch leicht selbst im Freundes- und Bekanntenkreis durchführen. Schreiben Sie für jeden Ihrer Freunde das passende Horoskop aus diesem Buch ab und bitten Sie sie dann, alle Zettel durchzulesen und zu tippen, welches Horoskop das jeweils zutreffende ist. Ich garantiere Ihnen, dass Sie einen spannenden und vergnüglichen Abend verleben werden und dass Sie sich hinterher wundern werden, wie viel Neues Sie doch übereinander erfahren haben, obwohl Sie sich schon lange kennen. Probieren Sie es aus!

Der esoterisch interessierte Anfänger findet auf den folgenden Seiten alles, was er braucht, um nach der Lektüre des jeweiligen Kapitels sofort loslegen zu können. Vielleicht lesen Sie zuerst alle Kapitel nacheinander, um herauszufinden, für welche Methode Ihr Herz schlägt. Vertrauen Sie dabei einfach Ihrer Intuition! Niemand verlangt von Ihnen, dass Sie Meister in allen beschriebenen Disziplinen werden. Wenn Sie nach der Lektüre des Buches immer noch unsicher sind, in welche Richtung es bei Ihnen gehen soll, testen Sie doch einfach nacheinander alles durch. Sie werden schnell merken, welche Art des Orakels zu Ihnen passt. Vielleicht kommen Sie auch zu dem Schluss, dass jede Technik für eine andere Art der Problemstellung geeignet ist.

Egal wie Ihre Entscheidung auch immer ausfällt: Mir geht es darum, Ihnen zu zeigen, wie Sie schnell und problemlos in die Praxis einsteigen können. Daher quäle ich Sie nicht unnötig mit historischen Fakten oder kompliziertem Fachvokabular, sondern informiere Sie kurz und knapp über die Geschichte und die Ursprünge der jeweiligen Weissagungstechnik. Denn: Etwas, das man neu in sein Leben lässt, sollte man vorher gründlich kennen lernen, damit man es entsprechend würdigen und beurteilen kann. Und für alle, die es lieber noch etwas genauer wissen wollen, gibt es am Ende jedes Kapitels eine Literaturliste zum Weiterlesen.

Ich plädiere im Übrigen für ein unverkrampftes Verhältnis zu den Techniken der Weissagungskunst. Ohne viel unnötigen Schnickschnack lernen Sie neue Möglichkeiten kennen, etwas über sich und Ihre Zukunft zu erfahren. Viel Spaß dabei!

TAROT

Kartenorakel der Antike

Die Frage, in welchem Maße unser Leben vorherbestimmt ist und wie wir unser Schicksal beeinflussen können, ist so alt wie die Menschheit selbst. Und obwohl es keine wissenschaftliche Antwort auf die Frage nach der Vorherbestimmung gibt, interessieren sich immer mehr Menschen für die zum Teil jahrtausendealten Methoden, mit deren Hilfe man etwas über die Zukunft des eigenen Lebens herausfinden kann oder es zu können meint. Diejenigen, die sich für Tarot, Pendeln, Runenkunde oder die Kunst des Handlesens interessieren, stoßen oft auf das Unverständnis ihrer Mitmenschen. Beispielhaft für die skeptische Haltung vieler Zeitgenossen, die ihrem Leben rein rational begegnen, ist ein Gespräch, das ich vor einigen Wochen während einer längeren Busfahrt belauschen durfte:

Person A: „Was wünschst du dir eigentlich zum Geburtstag? Hast du einen Tipp für mich?“

Person B: „Wenn du schon so direkt fragst: Ich würde mich über Tarotkarten freuen.“

Person A: „Tarotkarten? Was ist denn mit dir los? Glaubst du etwa an so einen Quatsch? Kartenlegerei: Das ist doch der reinste Hokuspokus. Man kann doch gar nicht in die Zukunft schauen!“

Person B: „Warum bist du denn plötzlich so aggressiv, nur weil ich mir Tarotkarten wünsche? Ich glaube eben daran, dass unser Leben vorherbestimmt ist und dass ich mithilfe der Karten etwas über die Zukunft meines Lebens herausfinden kann.“

Person A: „Wer soll denn unser Leben vorherbestimmt haben?“

Person B: „Eine göttliche Macht, wenn du so willst. Ich muss dieser Macht keinen Namen geben. Nenn sie, wie du willst. Für mich ist mein Leben jedenfalls kein Zufallsprodukt. Ich glaube, dass es jemanden gibt, der das Drehbuch meines Lebens geschrieben hat. Und ich interessiere mich dafür, dieses Drehbuch zu entschlüsseln. Wie denkst du denn über dein Leben?“

Person A: „Ich wehre mich ganz vehement gegen die Vorstellung, dass jemand mein Leben vorherbestimmt haben soll. Ich bin doch kein Spielball fremder Mächte! Man hat doch so viel Einflussmöglichkeiten auf das eigene Leben. Ich bin nicht Opfer meines Schicksals, sondern ich nehme mein Leben aktiv in die Hand. Und wenn mir etwas Unvorhergesehenes zustoßen sollte, dann war es eben Zufall.“

Person B: „Siehst du, genau da liegt der Unterschied zwischen uns beiden. Ich glaube nicht an Zufälle in meinem Leben. Und ich glaube auch nicht, dass wir unser Leben wirklich selbst in der Hand haben, wie du behauptest. Es geschieht eben nicht immer das, was wir uns wünschen. In meinen Augen bist du dem Machbarkeitswahn unserer heutigen Gesellschaft zum Opfer gefallen. Es gibt eben Ereignisse im Leben, auf die wir keinen Einfluss haben.“

Person A: „Warum brauchst du dann Tarotkarten?“

Person B: „Weil ich mich aktiv mit meinem Schicksal auseinander setzen will. Und ich habe spezielle Fragen an mein Leben, die sich eben nur mithilfe von Tarotkarten beantworten lassen.“

Bestimmt kommen Ihnen - als an Esoterik interessiertem Menschen - solche Gespräche bekannt vor. Man muss sich ständig rechtfertigen. Aber wer einmal eine Lebenskrise mithilfe der im Folgenden besprochenen Techniken gelöst hat, nimmt diese Diskussionen gerne in Kauf. Und wir wollen an dieser Stelle auch gar nicht über die Lebensentwürfe der beiden zitierten Personen richten. Nur eines ist gewiss: Die in diesem Buch beschriebenen Techniken der Weissagungskunst sind eine immens große Hilfe bei der Bewältigung von Problemen und Krisen. Und wenn wir die uns überlieferten Techniken richtig anwenden, dienen sie immer der fruchtbaren Auseinandersetzung mit uns selbst. Und welches Thema könnte spannender sein als das eigene Leben? In diesem Sinne kann das vorliegende Buch vielleicht auch Ihr Leben positiv verändern.

TAROT – Wahrsagekunst der Antike

Die Geschichte des Tarots

Die Ursprünge des Tarots sind ebenso geheimnisvoll wie das Spiel selbst. Es gibt kaum Länder und Kulturkreise, die nicht als „Erfinder“ dieser Karten in Frage kommen. einige Forscher vermuten die Heimat des Tarots in Korea oder China, weil einige Karten auffällige Ähnlichkeiten mit dem dortigen alten Papiergeld aufweisen. Andere Historiker bringen wiederum Indien ins Spiel. Sie stützen sich dabei auf Abbildungen des hinduistischen Gottes Shiva mit Gegenständen in den Händen, die den vier Serienzeichen Kelch, Schwert, Münze und Stäbe des heutigen Tarots ähneln.

Auch gibt es Belege für die Annahme, dass die Karten von Nordafrika nach Italien gelangt sind. Oder haben wir das geheimnisvolle Spiel den Zigeunern zu verdanken? Manche Bibelforscher sehen sogar in Moses den Verbreiter der Tarotkarten. Moses soll als Hoher Priester in die ägyptischen Mysterien eingeweiht gewesen sein und die Karten beim Auszug des Volkes Israel nach Palästina mitgebracht haben.

Moderne Forscher gehen mittlerweile davon aus, dass das Tarotspiel an mehreren Orten der Welt gleichzeitig und unabhängig voneinander entstanden ist. Kein Wunder also, dass die Karten auch heute noch die Menschen auf der ganzen Welt faszinieren. Ihr Geheimnis werden sie wohl nie ganz preisgeben, aber das macht gerade ihren Reiz und ihre Anziehungskraft aus!

„Die Sonne“

Historisch ohne Zweifel belegt ist bisher nur, dass das Tarotspiel auf das klassische italienische „Tarrochi“ zurückgeht. Dieses Kartenspiel wiederum findet seinen Ursprung in einem Set von Karten, das etwa Mitte des 15. Jahrhunderts – als die Spielkarten in Europa populär wurden – von dem Künstler Bonifacio Bempo für eine Familie aus Mailand hergestellt wurde. Diese Karten sind als die „Visconti-Sforza-Karten“ in die Geschichte eingegangen.

Im Mittelalter wurden die Karten als „Teufelswerk“ bzw. als die „78 Sprossen der Leiter, die in die Hölle hinabführt,“ bezeichnet und ihr Gebrauch von Seiten der Kirche verboten. Es sind etliche öffentliche Verbrennungen von Kartenspielen überliefert.

Auch das Wort „Tarot“ stellt die Wissenschaftler immer noch vor ein Rätsel. Einige Sprachforscher nehmen an, dass die Karten aus der Nähe der italienischen Stadt Parma kommen und den Namen des Flusses Taro tragen, der durch die Stadt fließt. Doch das Wort lässt auch Verbindungen mit Ägypten zu: „Tor“ bedeutet Weg und „Ro“ heißt König. Demnach wäre Tarot also ein Königsweg – vielleicht zur Weisheit oder zur göttlichen Einsicht?

Tarot könnte sich aber auch von „Tora“, dem göttlichen Gesetz, ableiten oder man versteht das Wort als ein Anagramm des lateinischen Wortes „Rota“, was „Rad“ bedeutet. Ein moderner Tarotexperte hat aus den vier ausgesprochenen Buchstaben des Wortes „Taro“ Folgendes kombiniert: ROTA TARO ORAT TORA ATOR, was übersetzt „Das Rad des Tarot verkündet das Gesetz der Einweihung“ bedeutet.

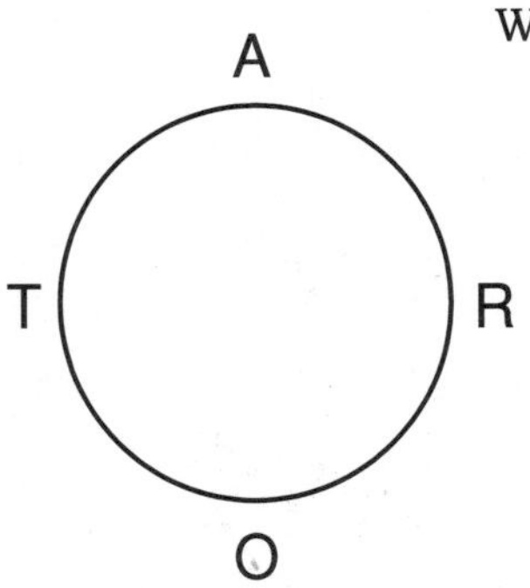

Anagramm

Diese ganzen Theorien werden hier nur kurz angerissen, damit Sie ein Gefühl dafür bekommen, wie geheimnisvoll und faszinierend der Schatz der 78 Karten ist, den Sie nun bald in Ihren Händen halten werden. Jede einzelne Karte ist die Quintessenz des seelischen Lebens und Erlebens der gesamten Menschheit. Das Tarot besitzt seine Gültigkeit über alle geografischen, kulturellen und religiösen Grenzen hinweg. Es ist universell. Gehen Sie mit diesem einzigartigen Erbe der Menschheit verantwortlich und behutsam um!

Wie ist das Tarotspiel aufgebaut?

Ein Tarotspiel, auch Deck oder Satz genannt, besteht aus 78 Karten. Sie werden in drei Gruppen aufgeteilt: das Große Arkanum, das Kleine Arkanum und die Hofkarten.

Das Große Arkanum

Das Große Arkanum (die Bezeichnung kommt von dem lateinischen Wort „arcanum", was Geheimnis bedeutet) besteht aus 22 Karten mit Vollbildern, die durchnummeriert sind. Es handelt sich um folgende Karten:

0. Der Narr

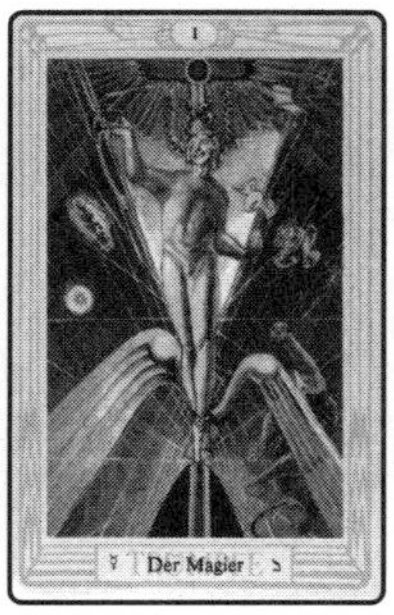

I. Der Magier

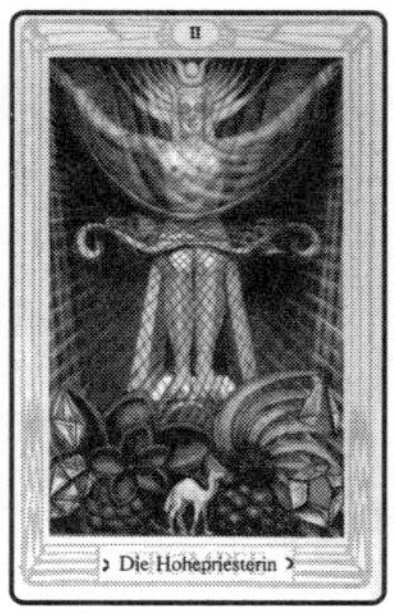

II. Die Hohepriesterin

III. Die Kaiserin

IV. Der Kaiser

V. Der Hohepriester

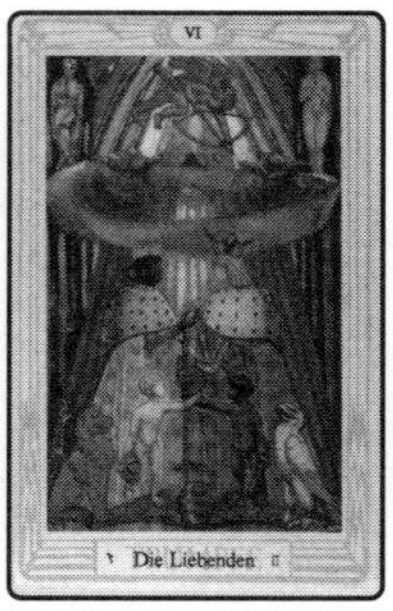

VI. Die Liebenden

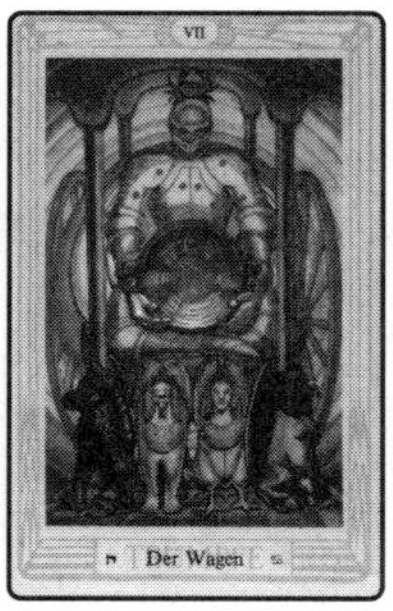

VII. Der Wagen

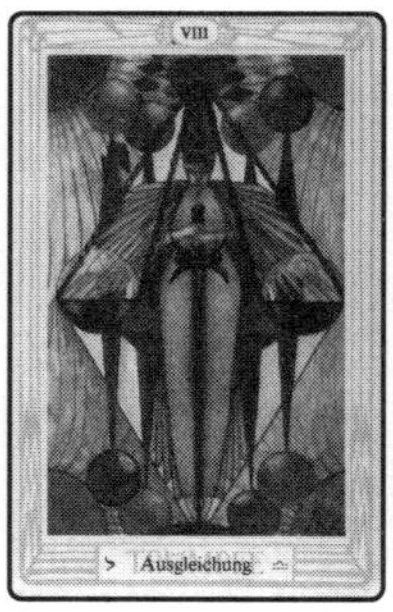

VIII. Ausgleichung

IX. Der Eremit

X. Glück

XI. Lust

XII. Der Gehängte

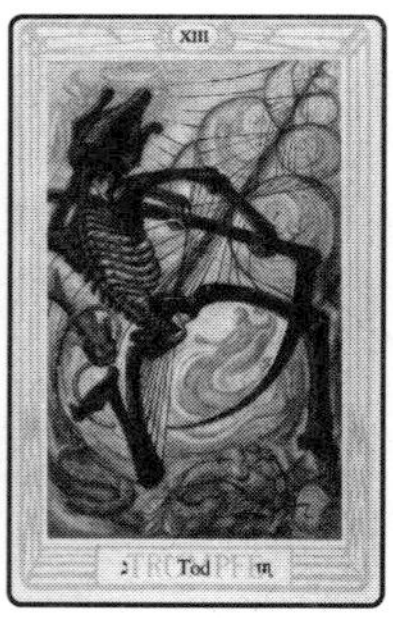

XIII. Tod

XIV. Kunst

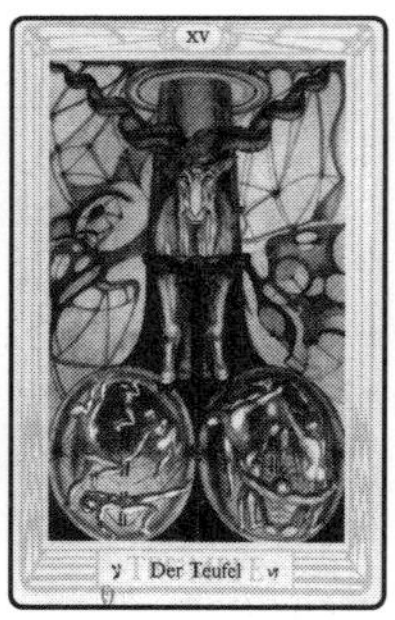

XV. Der Teufel

XVI. Der Turm

XVII. Der Stern

XVIII. Der Mond

XIX. Die Sonne

XX. Das Aeon

XXI. Das Universum

Diese Karten werden in der Literatur auch „Trümpfe“ oder „Atouts“ genannt. Jede dieser Karten stellt einen bestimmten Persönlichkeitstypus dar. Man kann auch sagen dass in diesen Karten die Archetypen der gesamten Menschheit zusammengefasst worden sind. Das Wort „Archetypus“ stammt von dem Psychologen C. G. Jung. Er verstand darunter die im kollektiven Unterbewusstsein beheimateten Urbilder menschlicher Vorstellungsmuster. Vor allem existenzielle Erfahrungen wie Geburt oder Tod haben in der Seele jedes Menschen eine archetypische Verankerung. Alle einschneidenden Erlebnisse haben zu allen Zeiten und in allen Kulturen ähnliche Bilder hervorgebracht und können als kollektive Menschheitserfahrungen bezeichnet werden. In den Karten des Großen Arkanums sind alle Archetypen in Bilder umgesetzt worden. Nur dadurch ist es möglich, dass sich jeder Mensch in den Tarotkarten widerspiegeln kann.

Das Kleine Arkanum

Das Kleine Arkanum besteht aus 40 Karten. Sie sind aufgeteilt in jeweils zehn Stäbe, Schwerter, Kelche und Scheiben (auch Pentakel oder Münzen genannt). Jede dieser vier Farben stellt eine bestimmte Art und Weise dar, wie wir unsere Realität wahrnehmen und bewältigen. Außerdem ist jede Farbe einem Element zugeordnet:

Kelche = Wasser (Gefühle)
Schwerter = Luft (Gedanken)
Stäbe = Feuer (Intuition)
Scheiben = Erde (die fünf Körpersinne)

Die Karten des Kleinen Arkanums beziehen sich immer auf die konkrete Gegenwart, in der wir leben, und helfen bei der Analyse von Krisen und schwierigen Lebenssituationen.

Übrigens: Unser heutiges Skat-Kartenspiel ist aus dem Kleinen Arkanum hervorgegangen: aus den Schwertern wurde Pik, aus den Kelchen Herz, aus den Scheiben Karo und aus den Stäben Kreuz.

Altes und heutiges Spiel

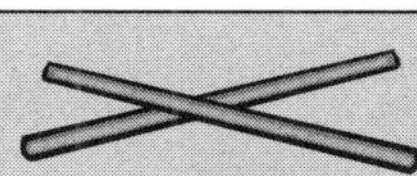	Stäbe	→	♣	Kreuz
	Münzen/Scheiben	→	♦	Karo
	Kelche	→	♥	Herz
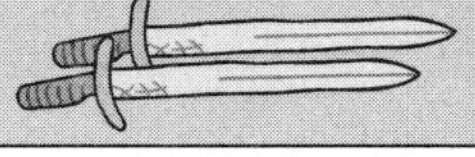	Schwerter	→	♠	Pik

Hofkarten

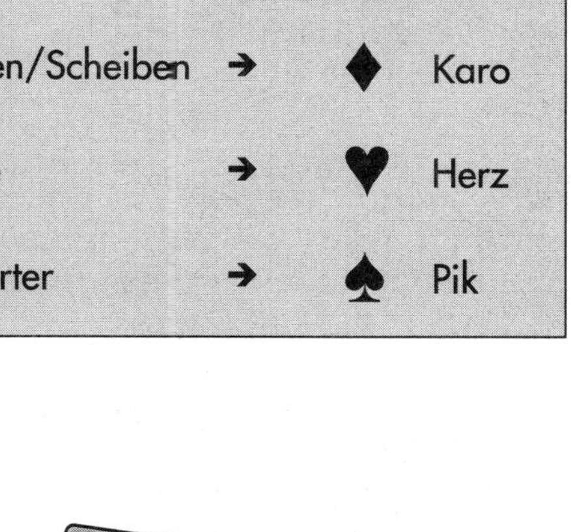

Die Hofkarten bestehen aus 16 Karten, die verschiedene Menschentypen darstellen:

Ritter, Königin, Prinz und Prinzessin der Stäbe
Ritter, Königin, Prinz und Prinzessin der Schwerter
Ritter, Königin, Prinz und Prinzessin der Scheiben
Ritter, Königin, Prinz und Prinzessin der Kelche

Im Gegensatz zu den Karten des Großen Arkanums, in denen eine allgemeine Menschheitstypologie dargestellt ist, können die Symbole der Hofkarten immer mit konkreten Personen aus unserem Leben in Verbindung gebracht werden.

Für welches Tarot-Set sollte man sich entscheiden?

Weltweit gibt es circa 400 verschiedene Tarotspiele – und es entstehen immer noch neue! Ob Sie sich für einen der beiden Klassiker – das „Raider-Waite-Tarot“ oder das „Aleister-Crowley-Tarot“ (auch Thoth-Tarot genannt) - entscheiden, hängt einzig und allein von Ihrem Geschmack ab. Nehmen Sie sich viel Zeit um herauszufinden, welcher Stil Ihnen am meisten zusagt. Tarot ist eine sehr persönliche Angelegenheit und den Kauf der Karten sollte man auf keinen Fall übers Knie brechen! Für viele Tarotspiele gibt es ausführliche Begleitbücher, in denen Sie die Bedeutung der einzelnen Karten nachlesen können. Für den Anfang werden Ihnen die Ausführungen auf den folgenden Seiten ausreichen. Wollen Sie aber tiefer in die Kunst des Kartenlegens einsteigen, achten Sie am besten schon heute beim Kauf Ihres Spiels darauf, ob ein entsprechendes Begleitbuch angeboten wird.

Ich beziehe mich im Folgenden auf das oben bereits erwähnte Tarot von Aleister Crowley. Crowley, der von 1875 bis 1947 lebte, vermutete den Ursprung des Tarots im alten Ägypten, genauer gesagt in einer Überlieferung des ägyptischen Gottes der Magie namens Thoth. Daher rührt der ungewöhnliche Name dieses Tarot-Sets. Der Gerechtigkeit halber sollte nicht unerwähnt bleiben, dass die Karten dieses Sets von der Künstlerin Lady Frieda Harris stammen. Sie hat insgesamt fünf Jahre (von 1938 bis 1943) darauf verwandt, die Karten nach Crowleys Vorstellungen künstlerisch zu gestalten.

Wie werden die Karten befragt?

Ihr Tarot-Set sollten Sie in einem einfarbigen Stofftuch aufbewahren. Das sieht nicht nur dekorativ aus, sondern hilft auch, die positive Energie in den Karten zu bündeln. Formulieren Sie Ihre Frage mit Sorgfalt. Je präziser die Fragestellung, desto passender wird die Antwort. Geschlossene Fragen, auf die man nur mit „Ja“ oder „Nein“ antworten kann, eignen sich nicht für das Tarot. Statt also zu fragen: „Soll ich mich von meinem Partner trennen?“; sollten Sie besser formulieren: „Welche Bedeutung hat mein Partner momentan noch für mein Leben?“ oder „Was blockiert mich bei meinem Vorsatz, mich von meinem Partner zu trennen?“.

Wenn Sie Ihre Frage formuliert haben, mischen Sie die Karten so lange mit der Ihnen vertrauten Technik, bis Sie das Gefühl haben, „jetzt ist es fertig“. Breiten Sie dann die Karten fächerförmig und verdeckt vor sich aus. Ziehen Sie mit der linken Hand so viele Karten, wie Sie für die von Ihnen gewählte Legetechnik brauchen, und legen Sie sie offen vor sich hin. Lassen Sie sich beim Ziehen der Karten nur von Ihrem Gefühl leiten. Sticht Ihnen vielleicht eine Karte besonders ins Auge, weil Sie etwas schräg liegt? Drehen Sie die gewählten Karten dann um und betrachten Sie sie in Ruhe. Sie können auch einige Minuten über der jeweiligen Karte meditieren. Hören Sie in sich hinein. Was fällt Ihnen spontan zu den Bildern und Symbolen ein? Was geht Ihnen durch den Kopf? Bringen Sie Ihre Gedanken mit der gestellten Frage in Verbindung. Welche Antwort bietet Ihnen die Karte an? Gerade am Anfang ist es sinnvoll, Ihre spontanen Eingebungen zu notieren. Sie legen damit den Grundstein für Ihr persönliches Tarot-Tagebuch, das ein unverzichtbarer Begleiter für Ihr Leben werden kann.

Vielleicht stellen Sie bald fest, dass Sie das Bedürfnis haben, über die Karten und die damit verbundenen Gedanken zu reden. Tarot darf als eine kommunikative Methode verstanden werden, die sich durchaus für gemütliche Abende mit einer Freundin oder guten Bekannten eignet. Sie werden erstaunt sein, was Sie alles übereinander erfahren, wenn jeder von Ihnen eine Karte auf die Frage „Was bedeute ich dir“ oder „Was bedeutest du mir“ zieht. Probieren Sie es aus, auch wenn Sie sich schon viele Jahre kennen!

Lesen Sie die Bedeutung der gezogenen Karten erst dann in dem Begleitbuch nach, wenn Sie Ihre eigenen Gedanken zu Ende geführt haben. Und auch nur dann, wenn Sie wirklich das Bedürfnis danach haben.

Welche Legesysteme gibt es?

Das Keltische Kreuz

Das Keltische Kreuz, auch „Zehn-Karten-Spiel“ genannt, gehört zu den beliebtesten Legemethoden und ist sehr weit verbreitet. Diese Technik stammt aus dem 13. Jahrhundert und ist das älteste Legesystem. Es ist universell, das heißt, es eignet sich für alle Arten von Fragestellungen. So legt man das Keltische Kreuz:

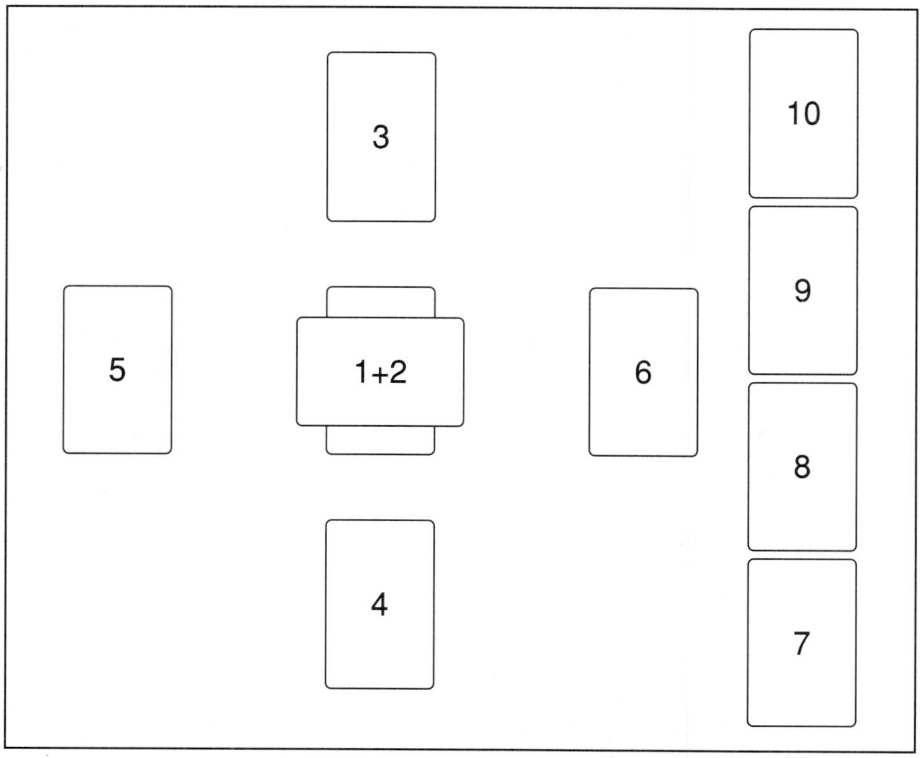

Das Legesystem „Keltisches Kreuz“

Dazu gibt es einen überlieferten Legespruch:

1. Das ist es
2. Das kreuzt es
3. Das krönt es
4. Darauf ruht es
5. Das war zuvor
6. Das kommt danach
7. Das ist der Fragende
8. Dort findet es statt
9. Das sind die Hoffnungen und Ängste
10. Dorthin führt es

Da dieser Legespruch sich nicht unbedingt von selbst erschließt, „übersetze“ ich die Bedeutung der Karten kurz für Sie in die Gegenwart: Die beiden ersten Karten geben die Hauptantwort auf die von Ihnen gestellte Frage. Die erste Karte beschreibt das Hier und Jetzt, also die Situation, in der Sie sich zurzeit befinden. Die zweite Karte gibt Ihnen Hinweise darauf, was Ihnen im Wege steht, was Sie blockiert oder was Sie dringend bei der Lösung eines Problems brauchen.

Die weiteren acht Karten dienen dazu, ein Problem von möglichst vielen Seiten zu beleuchten. Die dritte Karte steht für Ihre rationale Seite. Sie versinnbildlicht das, was Sie bereits wissen, während die vierte Karte „ausspricht“, was Ihr Herz eigentlich will. In dieser Karte spricht das Unbewusste zu Ihnen! Karte Nummer fünf zeigt Ihnen, inwieweit Ihr heutiges Problem mit Ihrer Vergangenheit zu tun hat. Karte Nummer sechs zeigt Ihnen, wie Ihre Zukunft aussehen könnte, wenn Sie bereit sind, Konsequenzen zu ziehen und sich von alten Verhaltensmustern zu trennen. Die nächste Karte zeigt Ihnen Ihre Einstellung zum Thema. Wo stehen Sie zurzeit und wie geht es Ihnen tatsächlich? Karte Nummer acht gibt Ihnen Aufschluss über das Umfeld. Ist nach dem Verhältnis zwischen zwei Menschen gefragt, steht diese Karte immer für den Partner oder die Partnerin. Die neunte Karte konfrontiert Sie mit dem, was Sie in Wirklichkeit befürchten. Vielleicht hat Ihr derzeitiges Problem ja unbewusst eine wichtige Funktion für Sie? Die letzte Karte zeigt Ihnen, wie Sie sich entwickeln werden. Sie gibt einen langfristigen Ausblick in die Zukunft.

Der Halbmond

Die Halbmond-Auslegung eignet sich besonders dann, wenn man keine konkrete Frage hat oder wenn es einem nicht gelingt, ein Anliegen in Worte zu fassen. Es ist eine Technik, mit der man einen Fragekomplex einkreisen kann. Oft hilft diese Methode, sich über ein Problem überhaupt erst bewusst zu werden, um dann im zweiten Schritt darüber sprechen zu können.
So legt man den Halbmond:

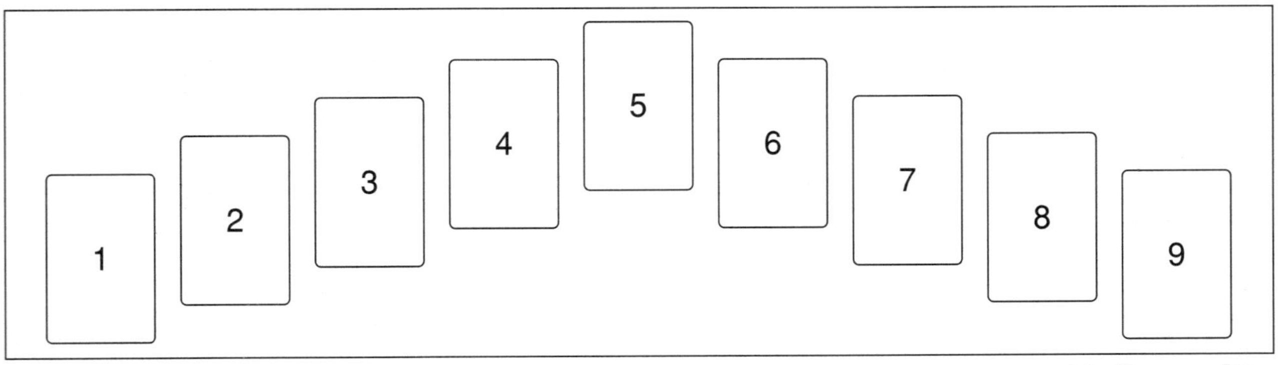

Das Legesystem „Halbmond"

Das bedeuten die einzelnen Karten:

1. Jemand, den Sie treffen
2. Jemand, der Ihnen am Herzen liegt
3. Jemand oder Etwas, der/das Ihnen im Wege steht
4. Jemand oder Etwas, der/das Ihnen Gutes tut
5. Etwas, das über Ihrem Kopf hängt
6. Etwas, das Ihnen hilft
7. Eine Überraschung
8. Danach sehnen Sie sich
9. Etwas Schönes, das in der Zukunft liegt

Der Lebenskreis

Der Lebenskreis besteht aus drei Karten. Die erste Karte steht für die Vergangenheit, die zweite für die Gegenwart, die dritte für die Zukunft. Diese Methode eignet sich besonders gut für Anfänger und besonders dann, wenn man sich Klarheit über sein Leben verschaffen will und das Bedürfnis verspürt, sich mal aus einer anderen Perspektive zu betrachten. Der Lebenskreis ist zugleich das kommunikativste Legesystem, das man am besten mit einer guten Freundin ausprobiert.

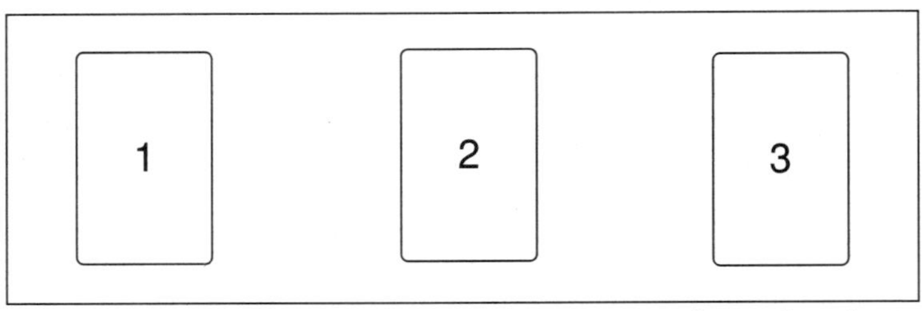

Das Legesystem „Lebenskreis"

Die Tageskarte

Das Ziehen einer einzigen Tageskarte bietet sich an, wenn innerhalb der nächsten 24 Stunden wichtige Entscheidungen anstehen bzw. wenn Sie sich aus irgendeinem Grund vor den bevorstehenden Stunden fürchten oder ratlos sind. Die Karte soll Sie durch den Tag begleiten und kann Ihnen helfen, eingefahrene Wege zu verlassen und Ihr Verhalten kurzfristig zu ändern. Wenn Sie regelmäßig Tageskarten ziehen, lohnt sich das Führen eines Tarot-Tagebuches besonders.

Die Bedeutung der einzelnen Karten

Auf den nächsten Seiten gebe ich Ihnen das Rüstzeug, das Sie brauchen, um sich selbst die Karten zu legen. Wie schon erwähnt, beziehe ich mich bei der Beschreibung der einzelnen Karten auf das Thoth-Tarot von A. Crowley und auf das entsprechende Begleitbuch. Da Crowley Ägypten als Ursprungsland des Tarots ansah, sind seine Karten voll mit Hinweisen auf die ägyptische Mythologie, die in unserem Kulturkreis relativ fremd anmutet.

Daher beschreibe ich jede Karte kurz für Sie und dechiffriere die wichtigsten Symbole. Anschließend folgen einige Sätze zur Bedeutung der Karte. Ich habe dafür das Stichwort „Zum Weiterdenken“ gewählt und mich dabei bewusst für eine Frageform entschieden, da sich das in der Praxis immer wieder bewährt hat. Fragen sind eine starke Aufforderung zum Weiterdenken. Oft erinnert man sich noch Tage später an eine Frage. Und der größte Vorteil liegt sicherlich darin, dass man über Fragen an das eigene Leben gut ins Gespräch kommt. Das werden Sie spätestens dann feststellen, wenn Sie die Karten zusammen mit einem guten Freund oder einer Freundin legen.

Haben Sie Einwände? Finden Sie es auf den ersten Blick seltsam, dass Sie auf eine Frage (wegen der Sie ja eine Karte ziehen) wiederum eine Frage erhalten? Seien Sie gewiss: Beim Tarot gilt die Regel „Frage plus Frage gleich Antwort“. Probieren Sie es gleich heute aus!

Das Große Arkanum

0. Der Narr

Der Narr wird durch den Frühlingsgott Dionysos personifiziert. Das kräftige Grün steht für den kraftvollen Neuanfang, den der Frühling in der Natur auslöst. Der Narr wird von zwei Tieren begleitet. Das Krokodil zu seinen Füßen ist ein ägyptisches Symbol für Kreativität; der Tiger steht für die Angst. Beachten Sie, dass der Narr, obwohl er von dem Tiger angegriffen wird, völlig entspannt und unbeeindruckt nach vorne in die Zukunft schaut. Darin steckt eine der Hauptaussagen dieser Karte: Lass dich nicht von deinen Ängsten beherrschen, sondern schreite mutig voran!

Die Spirale stellt eine Nabelschnur zur göttlichen Energie dar. Der Narr hält die gegensätzlichen Energien Feuer und Wasser in seiner Hand. Aus dem Zusammentreffen dieser Gegensätze entsteht etwas Neues, Großes. Die Zeit für einen Neubeginn scheint reif – das versinnbildlichen auch die Trauben, die geerntet werden wollen.

Zum Weiterdenken: Warum schenke ich meinem „persönlichen Angst-Tiger“ eigentlich so viel Bedeutung? Ich will ihn nicht weiter mit Selbstzweifeln füttern, sondern mich auf meinen zweiten Begleiter, das Krokodil der Kreativität, besinnen. Bin ich bereit, in meinem Leben jetzt den Frühling einzuläuten?

I. Der Magier

Der Magier hat seine Gestalt in dem römischen Gott Merkur gefunden. Mit seinen Flügeln an den Füßen trägt er die Weisheit des Wortes in die Welt hinaus. Diese Karte ist eine Hymne an die Kommunikation und an die Kraft des Wortes. Der Affe ist in der ägyptischen Mythologie der Begleiter des Gottes der Weisheit. Der Magier jongliert mit unterschiedlichen Gegenständen, die

für verschiedene Bereiche der Kommunikation stehen: Münze = Finanzwelt; Feuer = Verwandlung, Dynamik; Stab = Religion; Pfeil = Ehrlichkeit; Schriftrolle = schriftstellerische Tätigkeit; geflügeltes Ei = Telepathie; Kelch mit Schlange = Sexualität; Schwert = Logik.
Der Magier bezieht seine Weisheit nicht aus sich selbst, sondern er wird von einer göttlichen Quelle gespeist, die sich über ihm befindet. Man erkennt es an dem Energiestreifen, der durch seinen Körper fährt.

Zum Weiterdenken: Bin ich mir meiner kommunikativen Fähigkeiten voll bewusst? Wo liegen meine Stärken und Schwächen? Ich will Weisheit in die Welt bringen und ich hüte mich davor, meine Talente zur Manipulation von Menschen zu missbrauchen.

(Achtung: Seit 1986 befinden sich im Thoth-Tarot noch zwei weitere Magier. Die Karten haben eine ähnliche Grundaussage, nämlich die Fähigkeit zu kommunizieren. Allerdings steht der Goldene Magier für das Positive, wohingegen der Magier mit den acht Armen, auch Schwarzer Magier genannt, seine kommunikativen Fähigkeiten egoistisch und manipulativ einsetzt.)

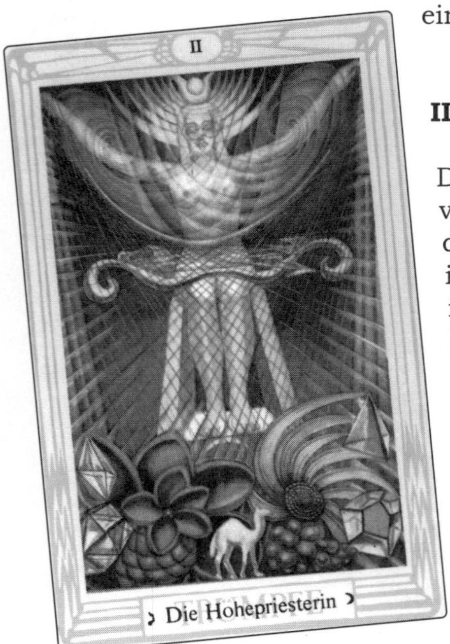

II. Die Hohepriesterin

Die Hohepriesterin ist dargestellt durch die Mondgöttin Isis, die von einem fein gewobenen Netz aus Lichtstrahlen umhüllt ist. Sie befindet sich in Einklang mit ihren intuitiven Fähigkeiten und vertraut nur ihrer inneren Stimme. Das macht sie absolut unabhängig – sie hat ihren inneren Frieden in sich selbst gefunden. Diese Karte kann auch Hinweis auf heilende Kräfte oder Hellsichtigkeit sein.

Zum Weiterdenken: Ich will herausfinden, seit wann und warum ich nicht mehr auf meine innere Stimme hören kann. Warum lasse ich diese fruchtbare Quelle in mir versiegen? Welche Situationen können mir helfen, wieder Zugang zu meinem ureigensten tiefen Wissen zu bekommen. Vielleicht können mir Menschen dabei hilfreich sein, die ich bisher gemieden habe?

III. Die Kaiserin

Die Kaiserin steht für Weiblichkeit in einem allumfassenden Sinn: Geliebte, Mutter, Herrscherin, Weise und Mutter Erde. Wer sich in ihrer Nähe befindet, profitiert von ihrer Aura. Der Pelikan unten links, der seine Nachkommen mit seinem eigenen Blut füttert, symbolisiert die uneingeschränkte Mutterliebe. Zwar schaut die Kaiserin die Taube – das Symbol der Zukunft – an, aber man hat das Gefühl, dass sie ihren Kopf noch weiter drehen will, um durch das helle Tor in ihrem Rücken in den Himmel schauen zu können.

Zum Weiterdenken: Ich bin schön. Ich will darüber nachdenken, was Schönheit für mich bedeutet. Was zieht mich an anderen Menschen an, was stößt mich ab? Kann ich Schönheit vielleicht nicht genießen, weil ich unaufgearbeitete Konflikte mit meiner Mutter in mir trage?

IV. Der Kaiser

Die Karte des machtvollen Kaisers wird von einem leuchtenden Rot, der Farbe von Mars und Sonne, dominiert. Die Karte ist reich an Symbolen: In seiner Hand hält der Kaiser einen Globus mit Malteserkreuz – als Zeichen der Vereinigung von Weisheit und weltlicher Herrschaft. Doch die wahre Bedeutung dieser Karte ergibt sich aus den wilden Widdern und dem liegenden Lamm mit Friedensfahne. Die gegensätzlichen Tiere sollen uns gemahnen, dass wahre Herrschaft aus der Fähigkeit, sich unter das Gemeinwohl einzuordnen, resultiert. Eine wirklich überzeugende Führungspersönlichkeit stellt ihre eigenen Interessen zugunsten der Interessen des Gemeinwohls zurück. So gewinnt man das Vertrauen seiner Untergebenen. Der Doppeladler auf dem Schild steht für einen Expansionskurs. Denn wer ein guter Herrscher ist, erobert ohne Gewalt und fast im Schlaf neue Gebiete/Projekte.

Zum Weiterdenken: Was muss ich tun, um eine gute Führungskraft in dem oben beschriebenen Sinne zu werden? Welche geistigen Gebiete warten darauf, von mir erobert zu werden? Schlummern in mir Interessen oder Talente, die ich noch nicht nutze? Habe ich alle Angebote zur persönlichen Weiterbildung genutzt?

V. Der Hohepriester

Der Hohepriester begegnet uns hier als Erleuchteter, als ein spiritueller Meister, der darauf wartet, dass wir reif genug werden, seine Botschaft zu empfangen. Dieser vollendete Mensch ist weder Mann noch Frau. Vor ihm steht eine mit Schwert und Mondsichel versehene Frau als Zeichen, dass das männliche und das weibliche Prinzip sich hier vereinigt haben. Aus dieser Vereinigung ist das Kind Horus entstanden, das der Hohepriester in einem Fünfstern auf seiner Brust trägt. In den vier Ecken des Bildes befinden sich Symbole für die unterschiedlichen Ebenen des Seins, die der Hohepriester hinter sich gelassen hat: Erde, Feuer, Luft und Wasser. Er ist mit allem ausgerüstet, was er braucht, um seine Botschaft in die Welt zu tragen.

Zum Weiterdenken: Bin ich bereit, die Botschaft meines persönlichen Meisters zu empfangen, oder verschwende ich meine Zeit auf Menschen, die die Welt mit leeren Worten verdunkeln? Habe ich wirklich schon überall nach einem Meister gesucht? Denke ich manchmal, ich wüsste schon alles und bräuchte nichts mehr zu lernen? Vielleicht sollte ich mich einmal mit einem Themengebiet beschäftigen, von dem ich denke, dass es mich eigentlich gar nicht interessiert.

VI. Die Liebenden

Diese Karte lässt uns teilhaben an der Vermählung von Kaiser und Kaiserin, die von dem Eremiten vollzogen wird. Durch das Einswerden des Paares geschieht eine Verwandlung, symbolisiert durch das Orphische Ei mit Schlange. Die beiden Kinder halten in ihren Händen Symbole für alle Bewusstseinsebenen, die von dieser Verwandlung berührt werden: Keule (Körper), Speer (Intellekt), Kelch (Emotionen) und Blumen (Spiritualität). Wird durch eine Liebesbeziehung eine dieser Ebenen nicht berührt, liegt etwas im Argen.

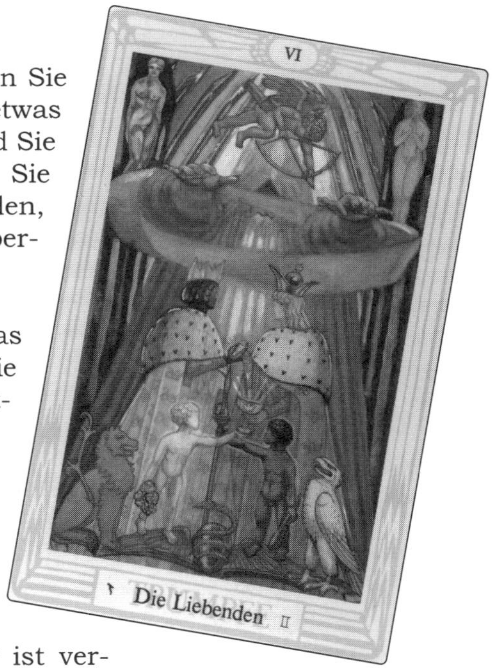

Zum Weiterdenken: Wenn Sie in einer Partnerschaft leben, fragen Sie sich, ob Ihre Liebe wirklich allumfassend ist oder ob Sie etwas Existenzielles vermissen. Und befragen Sie sich auch selbst: Sind Sie noch bereit, für Ihre Liebe zu arbeiten? Welches Bild würden Sie abgeben, wenn Sie heute als Paar vor den Eremiten treten würden, um sich erneut zu vermählen? Würden Sie diesen Schritt überhaupt wagen?

Wenn Sie nicht in einer Partnerschaft leben, fragen Sie sich, was Liebe für Sie bedeutet. Wie möchten Sie geliebt werden? Wie haben Sie bisher geliebt? Glauben Sie an die Liebe, die sich entwickelt und durch die Zeit gekrönt wird?

VII. Der Wagen

Der Wagenlenker sitzt in meditativer Haltung auf einer Kutsche, die sich noch nicht in Bewegung befindet. Er ist versunken in die Betrachtung des Heiligen Grals (auch im Sinne von Glücksrad), den er in seinen Händen hält. Bevor er seinen Kurs bestimmt, der ihn zum Ziel führen wird, muss er gründlich nachdenken und sich in sich selbst versenken, denn nur dort liegt die Antwort. Die vier Sphingen (Stier, Löwe, Mensch und Adler) setzen den Wagen in Bewegung. Sie sind gute Begleiter, weil sie alle an einem Strang ziehen und dasselbe Ziel vor Augen haben.

Zum Weiterdenken: Steht in meinem Leben ein Aufbruch in neue Gefilde bevor? Bin ich gerüstet? Habe ich das richtige Gefährt, habe ich den Kurs exakt bestimmt und habe ich gute Begleiter für mein Unterfangen? Ist ein Neuanfang per se gut? Gibt es Gründe, einen Neuanfang zu fürchten? Wer sollte noch Platz nehmen auf meinem Wagen? Oder fahre ich besser alleine?

VIII. Ausgleichung

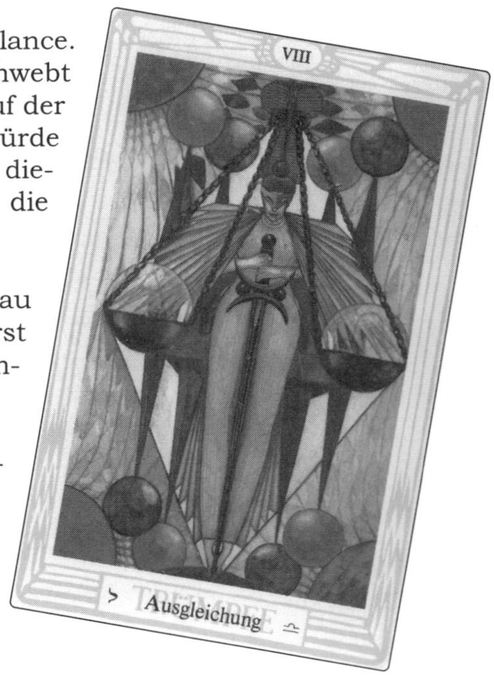

Diese Karte spielt mit dem Symbol der Waage und damit der Balance. Eine junge Frau stützt sich auf das magische Schwert und schwebt dabei auf Zehenspitzen. Das ganze Bild ruht einzig und allein auf der dünnen Spitze des Schwertes. Ein einziger störender Gedanke würde alles zum Einstürzen bringen. Aber die äußerste Konzentration dieser jungen Frau führt dazu, dass alles Störende abprallt und die Balance auf alle Zeiten bestehen bleibt.

Die dominierenden Farben dieser Karte sind Blau und Grün. Blau steht für Gedanken und Weisheit und Grün für Kreativität: Erst wenn die Geisteskräfte und die schöpferischen Kräfte zusammenarbeiten, erhält alles sein Gleichgewicht.

Zum Weiterdenken: Die Stürme des Lebens sollen an mir abprallen. Es kann aber auch Spaß machen, einem Sturm zu trotzen, und es kann erfrischend sein, dabei nass zu werden. Womit sind meine inneren Waagschalen gefüllt? Was fehlt auf der einen Seite? Innere Ausgeglichenheit ist viel spannender als Chaos.

IX. Der Eremit

Der Eremit hat sich völlig in sich selbst zurückgezogen und hat dabei sein inneres Licht gefunden. Aber der Weg war beschwerlich. Unterwegs lauerten der dreiköpfige Höllenhund und ein vergifteter Schlangenstab. Doch nun ist er angekommen und verwandelt sein inneres Licht in Klarheit.

Zum Weiterdenken: Bin ich bereit, mich auf mich selbst einzulassen? Wie könnte mein persönlicher dreiköpfiger Höllenhund aussehen? Wenn Sie sich auf das Zusammentreffen mit ihm vorbereiten, können Sie ihm gelassener begegnen. Wie viele Stunden des Tages verwenden Sie darauf, sich von sich selbst abzulenken? Verabreden Sie sich mit sich selbst und genießen Sie das Alleinsein. Haben Sie keine Angst, zum Eremiten zu werden.

X. Glück

Inmitten eines Feuerwerks dreht sich das zehnspeichige Glücksrad, das Symbol der Ganzheit. Die Sphinx, der Affe und das Krokodil stehen für ägyptische Gottheiten. Die Sphinx vereinigt in sich Wissen, Wollen, Wagen und Schweigen, der Affe steht für Flexibilität und das Krokodil versinnbildlicht Kreativität. Den Mittelpunkt des Rades bildet die Sonne. Sie ist der ruhende Pol in dem ewig rotierenden Rad.

Zum Weiterdenken: Habe ich den Glauben an Wunder verloren? Sehe ich das Glück vielleicht erst, wenn man mich mit der Nase darauf stößt. Vielleicht muss ich erst das Glück in den kleinen Dingen erkennen lernen, bevor ich mich den großen Ereignissen zuwenden kann. Ob sich das Glücksrad auf den Weg zu mir begibt, wenn ich es nur stark genug herbeisehne? Welchen Stellenwert haben Wünsche in meinem Leben? Ob ich mal wieder einen Wunschzettel schreiben sollte?

XI. Lust

Der ursprüngliche Titel dieser Karte ist „Stärke“. Aleister Crowley hat sie in „Lust“ umbenannt, damit der Aspekt der Leidenschaftlichkeit berücksichtigt wird. Eine nackte Frau sitzt auf dem Rücken eines Löwen und hält den Heiligen Gral in die Höhe, aus dem Liebe und Tod fließen. Die Karte drückt göttliche Ekstase und kosmische Trunkenheit aus. Frau und Löwe sind von ihrer Lust entflammt. Die im Bild verstreuten Strahlenkreise stehen für überholte Moralvorstellungen, die die Frau hinter sich gelassen hat. Erst dann wird Lust zu einem kreativen Potenzial.

Zum Weiterdenken: Gibt es Bereiche in meinem Leben, die ich mich nicht auszuleben traue? Nur wenn man offen ist für alle Gefühlsschattierungen, kann man zur Ekstase gelangen. Verdränge ich bestimmte Gefühle und stehe ich mir damit selbst im Wege? Welche Formen von Lust kenne ich? Welche Formen möchte ich noch ergründen?

XII. Der Gehängte

Der Gehängte ist kopfüber festgenagelt und völlig bewegungsunfähig. Selbst die Schlangen zu seinen Füßen, Symbole der Weisheit, haben sich zusammengerollt und schlafen. Sie haben in dieser Karte ihren Dienst quittiert. Der Gehängte hat keinen Bewegungsspielraum mehr. Er ist in seiner Situation festgefahren, befindet sich in einer Sackgasse, die ihn auch körperlich schmerzen muss.

Zum Weiterdenken: Kann ich zugeben, dass ich mich in einer festgefahrenen Situation befinde? Wie bin ich in meine persönliche Sackgasse hineingeraten? Kann ich mich selbst von meinen Fesseln befreien oder von wem kann oder muss ich mir Hilfe holen? Bin ich mir überhaupt bewusst, dass ich keine Bewegungsspielräume mehr habe, oder habe ich mich schon an meine beschränkte Freiheit gewöhnt?

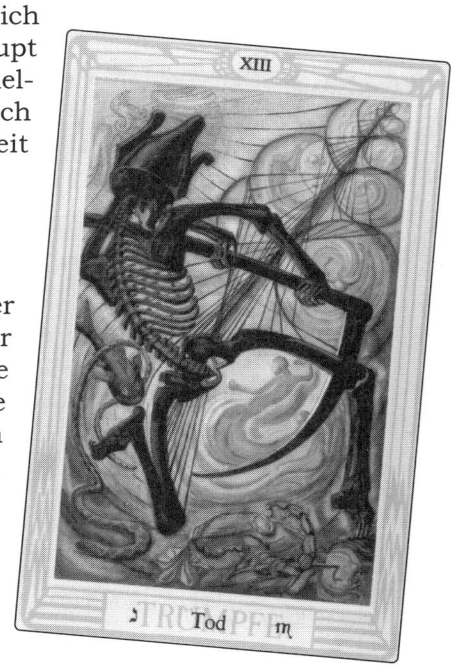

XIII. Tod

Diese Karte erschreckt ganz besonders Anfänger immer wieder. Aber keine Angst: Sie ist kein Hinweis auf einen bevorstehenden Tod oder ein anderes einschneidendes Ereignis. Vielmehr weist sie auf radikale Veränderungen hin. Die Karte stellt Ihnen sozusagen die Frage, ob Sie bereit sind, alte Strukturen hinter sich zu lassen, und ob Sie offen sind für das, was danach kommt. Diese notwendige Transformation wird durch ein Skelett dargestellt, das fast von einer Sense umgemäht wird. Auch der Skorpion hält seinen giftigen Stachel zum Sterben bereit. Das Skelett trägt eine Kopfbedeckung, wie sie auf ägyptischen Bestattungen verwendet wurde.

Zum Weiterdenken: Bin ich bereit, alte Vorstellungen und Strukturen hinter mir zu lassen und einen Teil meines alten Lebens zu Grabe zu tragen? Wovon muss ich mich befreien, damit ich nicht von der Sense erwischt werde? Wie soll mein persönlicher Neuanfang aussehen? Kann ich einen Verlust akzeptieren, um etwas Neues in meinem Leben begrüßen zu dürfen?

XIV. Kunst

In dieser Karte wird die alchemistische Vereinigung der Gegensätze Feuer und Wasser vollendet. Löwe und Adler, die Assistenten bei diesem schwierigen Prozess, haben die Verwandlung schon vollzogen: Der Löwe, der für das Element Feuer steht, taucht hier in der Farbe des Wassers auf; der Adler, der dem Element Wasser zugeordnet ist, erscheint in der Farbe des Feuers. Der lateinische Spruch in der Sonne lautet sinngemäß übersetzt: „Untersuche die inneren Bereiche der Erde; durch Reinigung wirst du den verborgenen Stein finden."

Zum Weiterdenken: Kann ich zu den Gegensätzen in meiner Persönlichkeit stehen oder verneine ich Anteile und behindere mich damit selbst auf meinem Weg zur Vollkommenheit? Wie könnte der verborgene Stein aussehen, den ich finden möchte? Muss ich mich zu neuen Ufern aufmachen, damit die Suche erfolgreich wird?

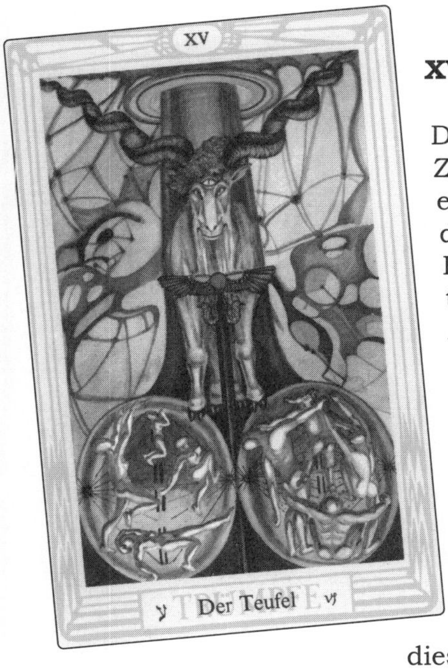

XV. Der Teufel

Der Teufel wird hier gezeigt als der Gott Pan in Gestalt eines weißen Ziegenbocks mit geschwungenen Hörnern. Die goldene Säule, vor der er steht, ist ein erigierter Penis, die beiden Kugeln sind die Hoden, in denen sich jeweils vier männliche und vier weibliche Körper befinden. Hier findet die männliche schöpferische Energie ihren Ausdruck. Pan trägt auf der Stirn das Dritte Auge. Was er auf diese außersinnliche Art und Weise aufnimmt, veranlasst ihn, dem Leben heiter und gelassen zu begegnen. Konzentrieren Sie sich einige Zeit auf den Gesichtsausdruck des Ziegenbocks. Merken Sie, wie Sie unbewusst anfangen zu lächeln?

Zum Weiterdenken: Kann es sein, dass ich in meinem Leben genau die Dinge verteufele, die eigentlich wichtig für mich wären? Wann hatte ich das letzte Mal eine so gelassene Mimik wie der Gott Pan auf dieser Karte? Bin ich mit einem Dritten Auge gesegnet und verfüge ich über die Fähigkeiten, Dinge zu sehen, die anderen verborgen bleiben?

XVI. Der Turm

Auf dieser Karte ist eine wahre Feuersbrunst festgehalten, von der auch der Turm nicht verschont bleibt. Die Grundfesten des Lebens werden zerstört und es bleibt nichts mehr übrig. Indem das Alte zerstört wird, wird Platz geschaffen für das Neue. Insofern steht diese Karte auch für Heilung. Das Auge des Horus, das über diesem Chaos wacht, verkörpert das neue, erwachte Bewusstsein, das die Dinge so sieht, wie sie wirklich sind. Die Taube mit dem Olivenzweig im Schnabel hat sich schon auf den Weg gemacht, um das neue Land zu erkunden und um dort heimisch zu werden.

Zum Weiterdenken: Wo brennt es derzeit in meinem Leben? Kann ich aufhören, meine Schlachtfelder zu beweinen, da ich ja nun weiß, dass etwas Neues kommen wird? Habe ich das Alte, das gerade verbrannt wird, gebührend verabschiedet?

XVII. Der Stern

Die Karte veranschaulicht den Prozess des Empfangens der höchsten kosmischen Inspiration. Als Medium dieses Prozesses dient ein Wasserträger, der sich ganz in den Dienst des Höheren stellt. Es handelt sich dabei um die Sternen-Göttin Nuith. In ihren Händen hält sie ein Gefäß, durch das sich die Spiralwirbel der Energien ergießen. Ihr langes Haar fungiert als Antenne und leitet die göttlichen Ideen weiter zu den Menschen.

Zum Weiterdenken: Habe ich genug Vertrauen in meine inneren Eingebungen? Welche Möglichkeiten gibt es für mich, mit meinem Stern in Verbindung zu treten? Wie kann ich selbst ein Stern werden, der anderen Menschen den Weg erleuchtet? Sind meine Motive klar und rein wie das kosmische Licht?

XVIII. Der Mond

Der Mond tritt uns als abnehmender Mond entgegen. Aber es wird noch dunkler! Die Gefahr, sich in der Dunkelheit zu verirren oder zu stürzen, ist in dieser Zeit sehr groß. Im oberen Teil der Karte entdecken wir einen engen Durchgang, der von Wächtern mit Wolfsköpfen bewacht wird. Dieser Durchgang ist zugleich Symbol der Vagina. Der Mond symbolisiert hier den unbewussten Teil des Weiblichen. Wer den Mut aufbringt, den Durchgang zu nehmen, erwacht zu neuem Leben.

Zum Weiterdenken: Stehe ich an der Schwelle zu etwas Unbekanntem und habe ich genug Mut, über diese Schwelle zu schreiten? Was erwarte ich hinter der Schwelle? Welche Bereiche meines Lebens bedürfen einer Erneuerung? Vielleicht sollte ich beginnen, den Mond zu beobachten? Nur wer den Vollmond kennt, hat keine Angst vor der Dunkelheit des abnehmenden Mondes.

XIX. Die Sonne

Die Sonne leuchtet in einem Zentrum der zwölf Sternzeichen. In ihrer Mitte blüht die Rose der Erkenntnis.
Auf einem grünen Hügel tanzen zwei geflügelte Kinder, die die Vereinigung zwischen Mann und Frau symbolisieren. Den beiden Wesen steht ihre volle Energie zur Verfügung und sie haben alle negativen Aspekte des Lebens hinter sich gelassen. Doch die letzte Hürde müssen sie noch nehmen. Sie wird dargestellt durch eine Mauer, die entlang des Gipfels führt.

Zum Weiterdenken: Kann ich Sonnenlicht in Energie umwandeln? Wofür verwende ich meine Energie eigentlich? Oder verschwende ich sie? Wann habe ich das letzte Mal so ekstatisch mit einem Menschen getanzt wie das Paar auf der Karte? Solange ich mich im Sonnenlicht befinde, kann ich mir jeden Wunsch erfüllen.

XX. Das Aeon

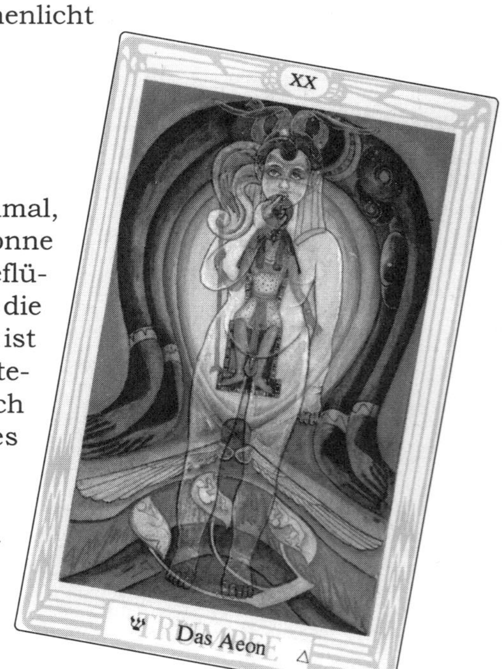

Auf dieser Karte begegnet uns die Sternen-Göttin Nuith noch einmal, die nachts von den Sternen erleuchtet und tagsüber von der Sonne verschluckt wird. Sie wird begleitet von Hadit, der durch eine geflügelte Feuerkugel dargestellt wird. Diese Karte Aeon zeigt uns die Notwendigkeit einer ausgewogenen Beurteilung einer Situation. Es ist nicht einfach, sich ein richtiges Urteil zu bilden. Die Figuren im unteren Teil des Bildes stehen für Körper, Geist und Seele. Nur wenn sich diese drei Elemente im Einklang befinden, ist richtiges Urteilsvermögen garantiert.

Zum Weiterdenken: Wodurch ist mein Auge getrübt? Mache ich mich zunehmend abhängig von den Beurteilungen anderer? Wann ist eine Beurteilung überhaupt notwendig? Wie kann ich es schaffen, mein Leben aus einer anderen Perspektive zu sehen?

XXI. Das Universum

Was mit dem Narren begann, findet im Universum seine Vollendung. Eine nackte Frau tanzt vor Freude über ihre Befreiung, denn sie sieht die Dinge nun so, wie sie wirklich sind. Daher auch das Auge des Horus – vor ihm kann man sich nicht verstellen. Er durchschaut alle Arten von Maskierung und Verschleierung. Die vier Cherubine blasen den Ruf des neuen, klaren Geistes in alle Welt.

Zum Weiterdenken: Bin ich wirklich bereit, die Dinge so zu sehen, wie sie wirklich sind? Und bin ich bereit, mich selbst ohne Verkleidung und Maskerade den anderen zu stellen? Welche Bereiche meines Lebens möchte ich anderen Menschen nicht zeigen? Was befürchte ich, wenn mich jemand als das erkennt, was ich wirklich bin?

Die Hofkarten

Im Folgenden finden Sie eine Übersicht der 16 Hofkarten, gegliedert nach den Gruppen Stäbe, Kelche, Schwerter und Scheiben.

Ritter der Stäbe

Der Ritter versinnbildlicht inneres Wachstum und Einsicht. Mit dem Feuer seiner lodernden Fackel verbrennt er alles, was ihm die richtige Sicht auf die Dinge verdunkelt. Er trägt eine Rüstung aus Reptilienhaut als Zeichen der Erneuerung des Geistes. Insgesamt gibt der „Ritter der Stäbe" auf seinem schnellen Pferd ein sehr dynamisches Bild ab. Sein beflügelter Geist trägt ihn zielstrebig nach vorn.

Zum Weiterdenken: Hat mein geflügelter Geist genug Platz, um sich zu entfalten, oder sperre ich ihn in einen Käfig aus überholten Vorstellungen? Wozu nutze ich meinen Geist? Und was verdunkelt mir eine klare Sicht auf die Welt?

Königin der Stäbe

Die Königin der Stäbe hat tief in ihr innerstes Wesen geschaut und besitzt die Fähigkeit zur völligen Selbsterkenntnis. Sie hat auf einem feurigen Thron Platz genommen und trägt ein schuppenartiges Gewand, das mit einem Fisch-Symbol versehen ist. Es steht für die Vereinigung von intuitiver Erkenntnis und emotionaler Betroffenheit. Die Dornenkrone auf ihrem Haupt soll sie an die Leiden der Vergangenheit erinnern, damit sie nicht hochmütig und eitel wird.

Zum Weiterdenken: Wie lautet das Ergebnis meiner Selbsterkenntnis? Was erblicke ich, wenn ich tief in mein Innerstes schaue? Wie würde ich einer fremden Person mein innerstes Wesen erklären? Verstecke ich mein tiefes Selbst vielleicht aus Angst vor Verletzungen?

Prinz der Stäbe

Der Prinz sitzt zum Aufbruch bereit auf einem feurigen Wagen, der mit großer Geschwindigkeit nach vorne in ein neues Leben saust. Er hat nichts zu verbergen, daher tritt er uns nackt entgegen. Der Phönix-Stab in seiner Hand steht für Macht und Energie. Dieses Wesen fürchtet nichts und niemanden, da es die Fähigkeit zur intuitiven Kreativität besitzt. Es stürzt sich mit überschäumender Kraft in alle neuen Erfahrungsbereiche, ohne dass ihm dabei das Lachen vergeht.

Zum Weiterdenken: Bin ich bereit für einen Neuanfang in meinem Leben? Was steht mir im Wege und wie kann ich es ausräumen? Was fürchte ich am meisten bei meiner Fahrt zu einer neuen Station des Lebens? Bestimme ich mein Tempo selbst oder ist mein Gefährt auf Autopilot gestellt?

Prinzessin der Stäbe

Die Prinzessin der Stäbe tanzt ekstatisch in einer züngelnden Flamme. Sie hat allen Grund dazu, denn sie hat all ihre Ängste überwunden und den „Tiger der Angst" besiegt. Die Federn auf ihrem Kopf stehen für erweiterte Wahrnehmung und gewonnene Freiheit. Auf dem mit Widderköpfen verzierten Altar brennt das Feuer des Frühlings – ein Zeichen für einen zärtlichen Neuanfang.

Zum Weiterdenken: Welche Ängste muss ich jetzt endlich in Angriff nehmen? Wer oder was könnte mir dabei behilflich sein? Haben meine Ängste auch eine Funktion für mich? Vielleicht kokettiere ich manchmal mit ihnen, um es bequemer zu haben?

Ritter der Kelche

Liebe und Hingabe verleihen dem Ritter der Kelche symbolische Flügel. Durch die Kraft der liebenden Hingabe schwingt er sich auf seinem weißen Pferd in die Höhe. In dem goldenen Kelch, den er in der Hand trägt, befindet sich ein Krebs – das Symbol für familiäre Beziehungen.

Damit muss nicht nur die unmittelbare Familie, etwa Großeltern, Eltern, Geschwister oder Schwiegereltern, gemeint sein, sondern auch die Wahlfamilie aus selbst gewählten Freunden und Bekannten. Der Pfau muss hier verstanden werden als ein Tier, das seine Eitelkeit überwunden hat und seine Schönheit nun in den Dienst aller stellt.

Zum Weiterdenken: Befinden sich meine sozialen Beziehungen in Harmonie? Wenn ich mit meinem Pferd in die Höhe reiten könnte, welche Personen würde ich auf diesem Himmelsritt mitnehmen? Welche Menschen stören mich? Wer nutzt meine Liebe nur aus? Warum löse ich mich nicht aus Beziehungen, die mich belasten?

Königin der Kelche

Die Königin der Kelche badet in einem Meer aus Lichtstrahlen, sodass man sie erst auf den zweiten Blick erkennt. Aber man kann sie nicht allein mit der Ratio erfassen. Ihr wahres Wesen lässt sich nur intuitiv erahnen und erfühlen. Nur wer starke Empfindungen hat, kann sich dieser Lichtgestalt nähern.

Die weißen Lotosblüten in ihrer Hand stehen für die Liebe. Die Wurzeln der Blumen kommen zwar aus dem schlammigen Wasser, aber ihre Blätter sind so beschaffen, dass das Schmutzige abperlt und keine Spuren hinterlässt. Der Storch symbolisiert – ähnlich wie in unserem Kulturkreis – einen Neuanfang.

Zum Weiterdenken: Stehe ich zu meinen Gefühlen oder verleugne ich sie? Habe ich den Mut, die Wahrheit auch dann zu sagen, wenn ich andere mit meiner Meinung verletzen könnte? Natürlich steht der Storch hier auch als Vorbote für eine eventuelle Mutterschaft, aber auch ganz allgemein für einen Neuanfang.

Prinz der Kelche

Die Kutsche des Prinzen erinnert an eine Muschel, vor die ein Skorpion-Adler gespannt ist. Die Karte ist ein Sinnbild für die Transformation, die derjenige durchlebt hat, der sich in Einklang mit seinen (sexuellen) Begierden befindet. Der Prinz kennt seine Bedürfnisse. Selbstbewusst verwirklicht er sich seine Wünsche, das macht ihn so anziehend. Der Prinz der Kelche ist ein leidenschaftliches Wesen von hoher Attraktivität.

Zum Weiterdenken: Machen mir meine unerfüllten Wünsche, auch in sexueller Hinsicht, zu schaffen? Unterdrückte Bedürfnisse können krank machen. Was würde ich ändern, wenn ich wüsste, dass ich nicht mehr lange zu leben hätte?

Prinzessin der Kelche

Die tanzende Prinzessin der Kelche befindet sich völlig im Einklang mit ihren Gefühlen. Der Schwan über ihrem Kopf steht für Unabhängigkeit und Freiheit. Die Prinzessin hat jegliche Form von Eifersucht von sich abgestreift. Der Kelch mit der Schildkröte in ihrer Hand ist ein Hinweis auf den Schutz, den sie selbst benötigt, aber gleichzeitig auch ihren Mitmenschen anbietet. Die Lotosblüte symbolisiert ihre Bereitschaft zu gebender, reiner Liebe, die frei von Egoismus ist.

Zum Weiterdenken: Lähme ich andere mit meiner Eifersucht? Wie kann ich mich von negativen Gefühlen befreien? Nehme ich sie überhaupt noch wahr? Ist Tanz für mich eine Möglichkeit, stärkeren Zugang zu meinen positiven Gefühlen zu bekommen? Liebe ich andere so, wie ich selbst geliebt werden will?

Ritter der Schwerter

Der Ritter reitet zielstrebig durch die Lüfte. Er hat ein Ziel, das er konzentriert anvisiert. Die vier Propeller symbolisieren die vier Himmelsrichtungen als Zeichen, dass es keine Begrenzungen durch Zeit und Raum gibt – wenn man eine klare Richtung vor Augen hat.

Zur Erreichung seines Zieles braucht er das lange und das kurze Schwert in seinen Händen. Sie stehen für das männliche Yang und das weibliche Yin. Beide Pole werden gleichermaßen gebraucht, damit sich der innere Kompass ausrichten kann.

Zum Weiterdenken: Habe ich meine Visionen konkret vor Augen? Handelt es sich wirklich um lohnenswerte Ziele? Habe ich meinen Kurs exakt bestimmt? Was lenkt mich eigentlich genau auf meinem Weg ab? Wie kann ich meine Konzentration noch besser bündeln? Meditation ist ein guter Weg, Ziele ohne Anstrengung zu erreichen.

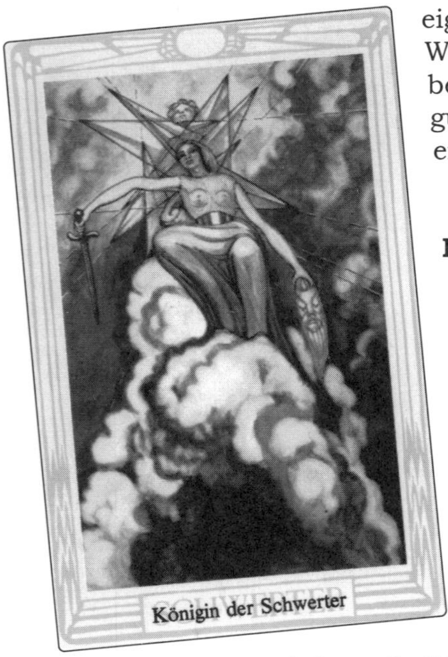

Königin der Schwerter

Die Königin der Schwerter hat sich ihre Maske vom Gesicht gerissen. Das Schwert der Erkenntnis, das sie in ihrer rechten Hand trägt, hat ihr den Weg dazu gewiesen. Die klaren Kristalle hinter ihrem Kopf sehen aus wie ein Kindergesicht – kindliche Unschuld ist die Belohnung für denjenigen, der sich seinen Mitmenschen gegenüber nackt und ungeschützt zeigt.

Zum Weiterdenken: Warum trage ich eigentlich eine Maske? Bin ich mir meiner verschiedenen Maskierungen bewusst? Wovor will ich mich genau schützen? Welche Erfahrungen habe ich bisher gemacht, wenn ich mich ungeschützt vor Freunden oder in der Öffentlichkeit gezeigt habe? Kenne ich Menschen, die bereit sind, mich so zu sehen, wie ich wirklich bin?

Prinz der Schwerter

Der Prinz der Schwerter hat die Meisterschaft errungen in der Fähigkeit, seine Gedanken kreativ zu nutzen und innovative Pläne zu schmieden. Man erkennt seine schöpferische Begabung unter anderem an der grünen Rüstung, die er trägt. Alles, was sich seinen kreativen Gedankengängen in den Weg stellt, wird kurzerhand weggeräumt – wie die drei Figuren, die der Prinz gerade mit seinem Schwert verscheucht.

Zum Weiterdenken: Gibt mir mein Beruf genügend Raum für Kreativität? Setze ich meine Ideen eigentlich in Taten um oder lasse ich sie wie Seifenblasen zerplatzen? Wie kann ich mich von überholten Vorstellungen befreien? Ist jetzt eine günstige Zeit in meinem Leben, um Pläne zu schmieden?

Prinzessin der Schwerter

Die Prinzessin der Schwerter verfügt über so viel Energie und Klarheit, dass sie damit sogar den alten, leeren Altar überholter Moralvorstellungen sprengen kann. Er fliegt mit Pauken und Trompeten in die Luft und hinterlässt eine Spur von Schutt und Asche. Die Kunst besteht nun darin, sich von dieser Rauchwolke nicht die freie Sicht auf die Dinge vernebeln zu lassen. Die Prinzessin auf dieser Karte ist nicht zart und sanftmütig, sondern äußerst rebellisch und anarchisch. Sie lässt sich von niemandem etwas sagen.

Zum Weiterdenken: Welche Altäre möchte ich gerne in die Luft sprengen? Warum habe ich es bisher noch nicht getan? Wie bändige ich das wilde Tier in mir? Gestehe ich mir meine rebellischen Seiten ein oder bin ich zu oft lieb, damit mich die anderen mögen? Welchen Preis bezahle ich für diese Art der Selbstverleugnung?

Ritter der Scheiben

Der Ritter der Scheiben tritt uns hier zur Zeit der Ernte entgegen. Die Ähren sind reif und werden gedroschen. Das Korn steht in dieser Karte für Gesundheit und materiellen Reichtum. Doch die starre Rüstung des Ritters erschwert die Arbeit erheblich und sein Pferd wirkt auch schon sehr erschöpft. Der Ritter muss trotz dieser Erschwernisse beweisen, dass er bereit ist, die Ernte einzufahren. Hat er diesen Kraftakt gemeistert, wird er sich lange auf seiner Ernte ausruhen können.

Zum Weiterdenken: Ist mein persönlicher Herbst schon angebrochen oder muss ich mit der Ernte noch warten? Habe ich die richtigen Früchte gesät? Bin ich bereit, viel dafür zu leisten, dass meine Kornspeicher voll werden? Habe ich mehr Gewinn, wenn ich etwas abgebe?

Königin der Scheiben

Die Königin hat den Weg aus der dunklen Wüste im Hintergrund gefunden und ist endlich in der fruchtbaren Oase angekommen. Der Kristallstab und die geschwungenen Hörner auf ihrem Haupt stehen für Klarheit und erweiterte Aufnahmefähigkeit. Ihr Gewand aus Reptilienhaut und der Globus in ihrem Arm symbolisieren die Erneuerung der Erde und sind ein Hinweis auf Fruchtbarkeit.

Der Ziegenbock steht für Zeugungskraft und erinnert gleichzeitig an die Fähigkeiten des Steinbocks: Zähigkeit, Ausdauer und Unabhängigkeit. Die Königin der Schwerter schenkt ihrem Körper besondere Aufmerksamkeit. Das betrifft Schönheitspflege und gute Ernährung.

Zum Weiterdenken: Wann habe ich mich das letzte Mal so richtig verwöhnt oder verwöhnen lassen? Was kann ich konkret für meine Gesundheit tun? Warum fällt es mir so schwer, in Einklang mit meinem Körper zu leben? Verleugne ich meinen Körper?

Prinz der Scheiben

Der Prinz der Scheiben tritt uns in einem wahren Blütenparadies entgegen. Er steht für den Vorgang der Befruchtung und des Erblühens in der Natur. Sein Wagen wird von einem kräftigen Stier gezogen. Kein anderes Tier könnte Beharrlichkeit und Unbeirrbarkeit besser symbolisieren als dieses. Die Kugel mit den mathematischen Symbolen in seiner Hand ist ein Zeichen für die Magie der Vorgänge in der Natur. Der ewige Kreislauf von Erblühen und Vergehen ist eines der größten Geheimnisse des Lebens.

Zum Weiterdenken: Unerschütterlich will ich die Krisen und Stürme des Lebens meistern. Welche Verbindungen habe ich eigentlich zu Mutter Erde? Wann habe ich das letzte Mal etwas gepflanzt oder geerntet? Wie kann ich die Natur in mein Leben integrieren?

Prinzessin der Scheiben

Die Prinzessin der Scheiben ist offensichtlich schwanger. In ihrer linken Hand hält sie eine Scheibe mit dem chinesischen Yin-Yang-Symbol, das für den Einklang zwischen dem männlichen und dem weiblichen Prinzip steht. Aus der Mitte erblüht eine Rose der Isis, der ägyptischen Mutter der Fruchtbarkeit. Der Kopfschmuck der Prinzessin besteht aus Widderhörnern, die den Durchbruch in das Neue symbolisieren.

Zum Weiterdenken: Bin ich bereit, mich auf etwas Neues in meinem Leben einzulassen? Was brüte ich aus? Befinden sich meine männlichen und meine weiblichen Verhaltensweisen in Einklang? Welche Rolle spielen Kinder in meinem Leben? Habe ich Zugang zu meinem inneren Kind?

Das Kleine Arkanum

Das Kleine Arkanum besteht aus 40 Karten. Sie sind aufgeteilt in jeweils zehn Stäbe, Schwerter, Kelche und Scheiben, die jetzt im Einzelnen vorgestellt werden.

As der Stäbe

Die Stäbe sind dem Element Feuer zugeordnet. Daher ist es nur folgerichtig, dass das As der Stäbe als eine lodernde Fackel dargestellt wird, deren Flammen in alle Richtungen abstrahlen. Die durch die Flamme freigesetzte Energie kann sich ungehindert entfalten. Keine noch so hohe Mauer kann den Energiefluss hemmen oder gar eindämmen. Insofern steht die Karte auch für die höchste Dynamik, die sich im Leben erreichen lässt.

Zum Weiterdenken: Was behindert meinen Energiefluss? Bin ich mir eigentlich bewusst, in welche Richtung meine Kraft strömen würde, wenn sie sich ungehindert ausbreiten könnte? Setze ich meine Energie für sinnvolle Dinge ein? In wessen Energiestrom befinde ich mich? Weiß ich eigentlich, wie sich meine Akkus aufladen lassen?

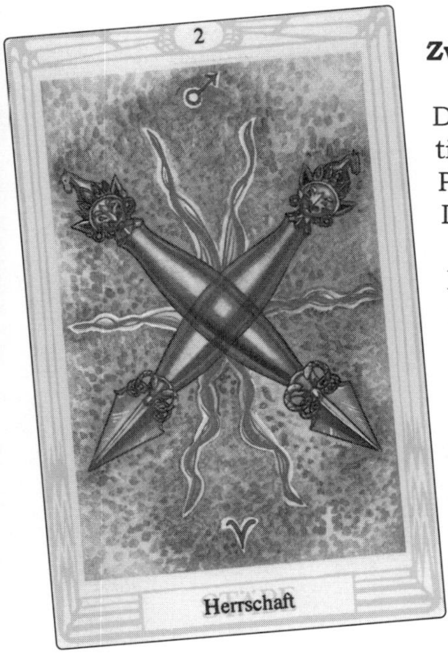

Zwei Stäbe – Herrschaft

Die beiden gekreuzten Stäbe stellen zwei Dorfes dar. Dorfes sind das tibetanische Symbol für Donnerkeile. Die Enden der Stäbe sind mit Pferdekopfmasken verziert als Sinnbild für feuriges Temperament und Durchsetzungsvermögen.

Die Intention dieser Karte ist es zu zeigen, dass Herrschaft auf Kraft und der Konzentration auf ein Ziel beruht. Wer durch Konzentration oder durch Meditation sein inneres Zentrum gefunden hat, kann alle Situationen des Lebens meistern.

Zum Weiterdenken: Wann habe ich mir das letzte Mal klar gemacht, dass die Antwort auf alle schwierigen Fragen in mir selbst zu suchen ist? Warum habe ich das Gehör für meine innere Stimme verloren? Wie kann ich einen Zustand der inneren Einkehr erreichen? Was bedeutet Herrschaft für mich?

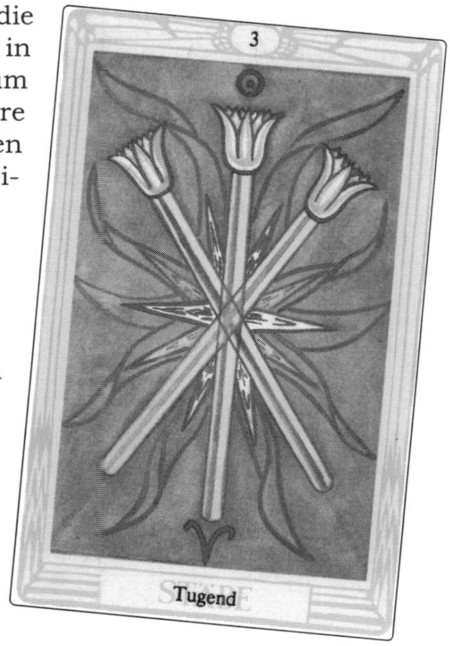

Drei Stäbe – Tugend

Die drei Stäbe sind von wunderschönen Blüten gekrönt, die im Begriff sind, sich zu öffnen. Das Erblühen ist die Folge des inneren Erwachens.

Es handelt sich um ein kompliziertes Pflanzengebilde, das sich seiner eigenen Kraft bewusst ist und das in seinem Zentrum von absoluter Klarheit beherrscht wird. Insofern drückt die Karte, nicht zuletzt durch das kräftige Orange, das Gegenteil von Grübeln, Zaudern, Angst und Zweifeln aus.

Zum Weiterdenken: In welchem Zustand befinden sich meine Blüten? Habe ich sie gut gedüngt? Wann ist eine gute Zeit, mich in voller Blüte zu präsentieren? Was will ich eigentlich erreichen? Für wen möchte ich erblühen? In welchen Bereichen meines Lebens herrscht noch nicht genug Klarheit?

Vier Stäbe – Vollendung

In dem Bild der vier Stäbe hat sich der magische Kreis aus Unvereinbarkeiten und Gegensätzen endgültig geschlossen. Das Rad dreht sich ruhig um seine eigene Mitte – alle Spannungen und störenden Energiefelder sind beseitigt. In dieser Karte drückt sich die perfekte Harmonie und Ruhe aus.

Zum Weiterdenken: Ich habe in meinem Leben für mich Harmonie und Ruhe erlangt. Aber habe ich damit mein Ziel schon erreicht? Will ich mich ausruhen oder treiben mich meine schöpferischen Kräfte in die Richtung eines Neubeginns? Was kann ich in meinem Leben allgemein tun, um innere Spannungen abzubauen?

Fünf Stäbe – Streben

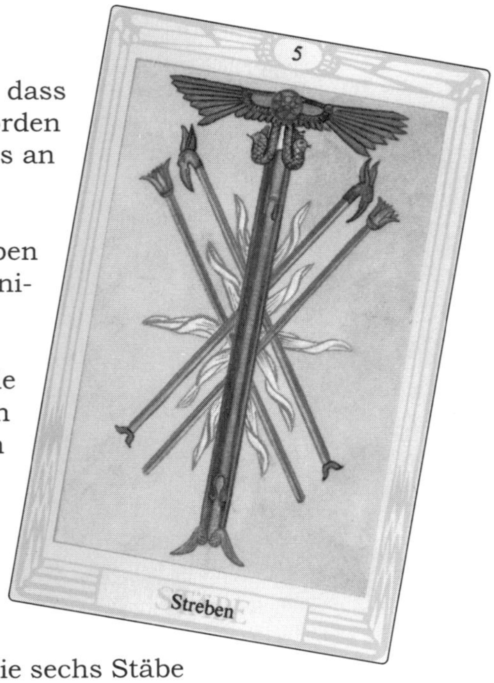

Entziffert man die Bildsprache dieser Karte, so erkennt man, dass die Stütze in diesem Bild – der zentrale Stab – so schwer geworden ist, dass alles nach unten gezogen wird. Die Karte erinnert uns an den Ausspruch „Etwas ist schwer wie Blei“.

Das Auge des Horus blickt ins Leere und die Phönixköpfe haben ihre Gesichter voneinander abgewandt. Sie haben die Kommunikation eingestellt.

Zum Weiterdenken: In welchen Situationen meines Lebens fühle ich mich schwer wie Blei? Wer oder was belastet mich? Kann ich das Blei mit dem Feuer meiner Energie zum Schmelzen bringen? Merke ich vielleicht gar nicht mehr, dass ich resigniert habe? Was fürchte ich eigentlich?

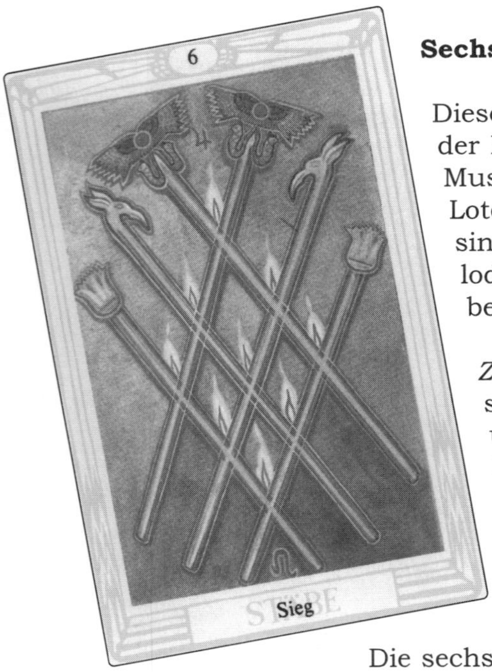

Sechs Stäbe – Sieg

Diese Karte verheißt Optimismus. Die sechs Stäbe der Kraft sind geometrisch dargestellt und bilden ein perfektes Muster, in dem sich jedes Teil an dem ihm zugewiesenen Ort befindet. Lotosblüten, Phönixköpfe und die geflügelten Kugeln mit der Schlange sind Symbole der fließenden Energie. Selbst die Flammen des Feuers lodern wieder verheißungsvoll. Der Weg der Klarheit ist somit optimal beleuchtet.

Zum Weiterdenken: Bin ich bereit für einen Durchbruch? Befinden sich die Stäbe, auf denen mein Lebensgrund gebaut ist, in Einklang und Harmonie? Bin ich mir meiner Ziele bis in die letzten Konsequenzen bewusst? Welche Bereiche meines Lebens befinden sich noch in Unordnung?

Sieben Stäbe – Tapferkeit

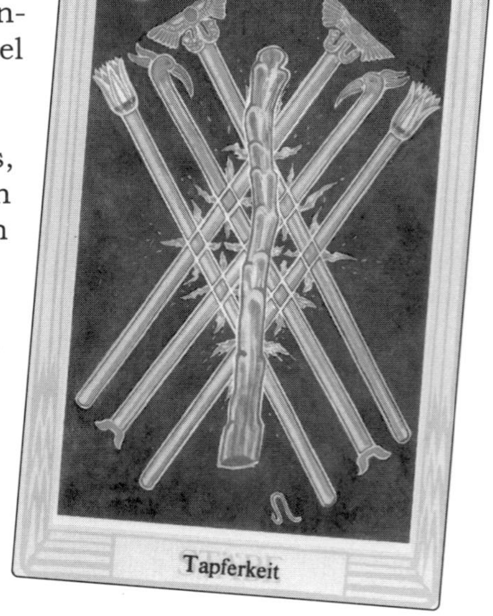

Die sechs Stäbe dieser Karte tragen tibetische Symbole der Kraft. Die vereinten Kräfte kommen dem zentralen Stab in der Mitte zugute – alles Streben ist auf ein Ziel gerichtet.

Die Grundfarbe der Karte ist violett. Es ist die Farbe des Krieges, in dem jeder Mensch seine Tapferkeit und seinen Mut beweisen muss. Gleichzeitig ermahnt die Karte, sich nicht mit einem halben Sieg oder faulen Kompromissen zufrieden zu geben.

Zum Weiterdenken: Wie gehe ich mit Hindernissen um, die sich mir vor der Erreichung eines Zieles in den Weg stellen? Bin ich immer tapfer genug, den unbequemen Weg zu gehen, oder bin ich öfter bereit, den einfachen Weg zu wählen, auch wenn ich dabei nicht unbedingt meiner eigenen Meinung treu bin? In welchen Bereichen meines Lebens neige ich dazu, mich zu verzetteln? Bin ich wirklich immer bereit, meine Meinung zu sagen, oder lasse ich mich schnell einschüchtern?

Acht Stäbe – Schnelligkeit

Diese Karte thematisiert das Thema Hindernisse. Das Quadrat stellt eine gewichtige Blockade dar, die durch die Kraft der Gedanken aufgelöst wird und sich dadurch langsam in einen klaren Kristall verwandelt, der nunmehr in den Farben des Regenbogens schillert.

Die gezackten roten Pfeile in der Mitte der Karte symbolisieren die direkte Meinungsäußerung. Mit einer klaren Verlautbarung darüber, was einen wirklich stört, lassen sich hemmende Energieströme überwinden.

Zum Weiterdenken: Wer oder was zwingt mich, meinen klaren Standpunkt zu verlassen? Und wer motiviert mich eigentlich, meine Meinung zu äußern? In welchen Bereichen meines Lebens fällt es mir schwer, mir selbst treu zu sein? Wohin schweifen meine Gedanken in hitzigen Diskussionen?

Neun Stäbe – Stärke

Der starke zentrale Stab in der Mitte dieser Karte verbindet die beiden Gestirne Sonne und Mond miteinander. Der Mond, der für die unbewussten Kräfte steht, wird von dem Licht des Bewusstseins – hier dargestellt durch die Sonne – erleuchtet.

Wo Energien so miteinander in Kontakt treten, werden ungeahnte Kräfte freigesetzt. Dafür stehen auch die acht Monde an den Enden der Pfeile.

Zum Weiterdenken: Bin ich mir meiner eigenen Stärke eigentlich bewusst? Nur wenn ich an meine Grenzen stoße, kann ich feststellen, was wirklich in mir steckt. Ist es immer ratsam, den bequemen Weg zu gehen? In welchen Situationen meines Lebens habe ich eigentlich am meisten gelernt?

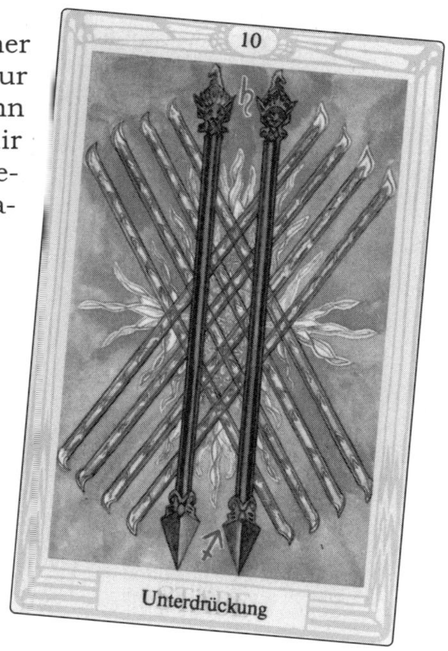

Zehn Stäbe – Unterdrückung

Die zehn Stäbe bilden eine gitterartige Barriere gegen die vitale Energie, die aus dem Hintergrund der Karte nach vorne drängt. An den zwei dicken Stäben in der Mitte des Bildes kann nichts und niemand vorbei.

Die Interpretation liegt nahe: Gebremste Energie macht auf Dauer aggressiv und krank. Im Leben muss ein ungehinderter Energiefluss angestrebt werden.

Zum Weiterdenken: Wer oder was bremst mich aus? Kann ich die Blockaden in meinem Leben benennen? Fühle ich mich eher durch Personen oder eher durch bestimmte Situationen behindert? Welche Alternativen gibt es, dem zu begegnen?

As der Kelche

In dieser Karte strömt der Kelch über vor lauter Liebe. Zärtlich wird er von einer weißen Lotosblüte getragen – Symbol für emotionale Klarheit.

Durch die Mitte des Kelches fließt ein gleißend heller Energiestrahl, der die Erde mit den Kräften des Universums verbindet. Der Grundtenor dieser Karte ist weiblich: Das As der Kelche steht für Offenheit, Hingabe und gebende Liebe.

Zum Weiterdenken: Empfinde ich mich selbst als ein Kelch, der vor lauter Liebe überfließt? Liebe kann man nicht aufsparen. Je mehr Liebe man gibt, desto mehr bekommt man zurück. Lebe ich eigentlich aus dem Vollen oder spare ich mich auf? Habe ich oft das Gefühl, es müsste noch etwas Besseres kommen?

Zwei Kelche – Liebe

Zwei ineinander verschlungene Fische werden in dieser Karte eins. Sie stehen für die Vereinigung, in der die Grenzen zwischen „Ich“ und „du“ fließend geworden sind.

Die zwei Lotosblüten erwachen zu voller Schönheit, obwohl sie auf morastigem Grund stehen. Die Kelche wiederum sind randvoll gefüllt mit Liebe. Sie können gar nicht anders, als verschwenderisch überzufließen. Der See, der den Hintergrund dieser Karte bildet, ist ruhig. Insgesamt gibt das Bild einen Ausblick in das zu erwartende Paradies.

Zum Weiterdenken: Fühle ich mich selbst anziehend? Wie kann ich meine angenehmen Seiten noch stärker zur Geltung bringen? Erinnere ich mich an die Tatsache, dass nur derjenige geliebt werden kann, der sich auch selbst liebt? Mache ich mir täglich bewusst, welch großes Glück es ist, geliebt zu werden?

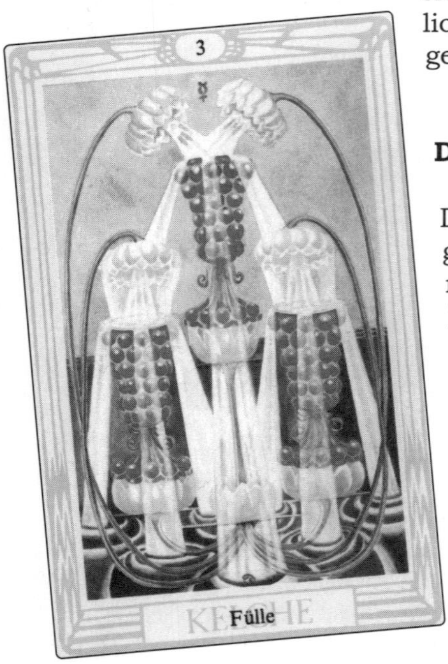

Drei Kelche – Fülle

Die drei Kelche sind mit seltenen, äußerst kostbaren Granatäpfeln gefüllt. Jeder Kelch trägt so viele Früchte, wie er gerade noch aufnehmen kann. Die Gefäße ruhen auf goldenen Lotosblüten. Diese Karte verströmt ein Gefühl von Reichtum und Kostbarkeit. Alle Schätze dieser Welt schreien danach, mit anderen geteilt zu werden. Dadurch werden sie veredelt und ihrem eigentlichen Sinn zugeführt.

Zum Weiterdenken: Welche Dinge besitze ich im Überfluss? Lasse ich andere entsprechend daran teilhaben? Sollte ich mir selbst öfter klar machen, dass ich ein reicher Mensch bin? Was bedeutet Reichtum für mich? Wie würde ich mich fühlen, wenn meine Wohnung plötzlich einer Feuerkatastrophe zum Opfer fallen würde? Welche Gegenstände würden mir fehlen? Lohnt es sich, sein Herz an diese Dinge zu hängen?

Vier Kelche – Üppigkeit

Die vier goldenen Kelche verströmen ihre Liebe. Man kann nicht erkennen, ob sie empfangen oder aussenden, da sich der Kreislauf der Liebe in einem ständigen Fluss befindet. Diese Karte drückt Üppigkeit aus, ohne dass mit dem vorhandenen Reichtum geprotzt wird.

Zum Weiterdenken: Setze ich meine Reichtümer zum Wohl aller ein? Kann ich leicht abgeben? Neige ich dazu, materielle Reichtümer anzuhäufen, von denen ich mich nur schwer wieder trennen kann? Was fällt mir zu dem Spruch „Weniger ist mehr“ ein? Welche Dinge sind mir eigentlich wirklich wichtig im Leben?

Fünf Kelche – Enttäuschung

Diese Karte tritt uns mit einer klaren Bildsprache entgegen: Die goldenen Kelche haben ihre leuchtende Farbe verloren und sind nun durchsichtig und zerbrechlich geworden. Das Pentagramm, das die Kelche im Innersten zusammenhält, zeigt nach unten, was den Sieg der Materie über den Geist bedeutet.

Ein unwirtlicher Wind hat den Lotos entwurzelt. Sein Schicksal ist besiegelt, er wird verwelken. Doch die Karte hält auch Hoffnung bereit. Die Wurzeln des Lotos sind wie ein Schmetterling geformt, was auf Transformation und innere Wandlung hindeutet. Niemand ist seinem Schicksal hilflos ausgeliefert.

Zum Weiterdenken: Kenne ich das Gefühl, in letzter Zeit enttäuscht worden zu sein? Rührt diese Verletzung eventuell daher, dass ich zu hohe Ansprüche an mich oder andere gestellt habe?

Erwarte ich von anderen mehr, als ich selbst zu geben bereit bin? Ob man im Leben mehr erreicht, wenn man weniger will?

Sechs Kelche – Genuss

In dieser Karte sind die Kelche aus Kupfer gegossen. Dieses Material steht für innere Heilung. Auch die farbliche Gestaltung der Karte in kräftigem Gelb und Orange erinnert an Aufbruch und Vitalität. In jedem Gefäß ist eine Schlange zu erkennen. Sie stehen für die Freuden der ausgelebten Sexualität.

Zum Weiterdenken: Genieße ich mein Leben in all seinen Facetten? Was vergällt mir die Freude an meiner Sexualität? Habe ich Schuldgefühle, weil es mir so gut geht? Was kann ich tun, um mein Leben noch mehr auszukosten? Kann ich mit meinem Partner gemeinsam die schönen Seiten des Lebens genießen?

Sieben Kelche – Verderbnis

Hier wird uns ein jammervolles Bild vor Augen geführt. Die Kelche, die gewöhnlich vor Liebe überfließen, tropfen nur noch vor sich hin. Die grüne, schleimige Flüssigkeit kann die Pflanzen nicht mehr richtig ernähren. Alle Blüten lassen resigniert und völlig kraftlos ihre Köpfe hängen.

Zum Weiterdenken: Wovor verschließe ich die Augen? Merke ich nicht, dass ich dabei bin, meine eigene Situation nur zu verschlimmern? Warum öffne ich nicht endlich die Augen und schaue der Realität ins Gesicht? Tief in meinem Inneren ahne ich die Antwort. Warum kann ich sie nicht laut formulieren? Ist die Zeit noch nicht reif dafür?

Acht Kelche – Trägheit

Steigt Ihnen der Geruch nach Fäulnis bei dem Anblick dieser Karte auch förmlich in die Nase?

Die Henkel der kupfernen Kelche sind zerbrochen und damit unbrauchbar geworden. Von den überströmenden Kräften ist nichts mehr übrig geblieben. Aus dem fließenden Gewässer ist ein grünes, morastiges Moor geworden. Die beiden Lotosblüten wirken eingefallen. Sie können hier nicht überleben.

Zum Weiterdenken: An wen oder was verschwende ich meine Energie? Lohnt sich mein Einsatz oder bekomme ich nichts zurück? Empfinde ich eine heimliche Befriedigung dabei, mich von anderen wie von einem Vampir aussaugen zu lassen? Was würde ich tun, wenn mir meine ganze Energie nur für mich selbst zur Verfügung stünde? Ein verlockender Gedanke?

Neun Kelche – Freude

Der Ausspruch „Etwas quillt über vor Freude" hat in dieser Karte seine Manifestation gefunden. Neun harmonisch angeordnete Kelche strömen über und scheinen nie zu versiegen.

Geben und Nehmen ist nicht mehr zu unterscheiden. Die Lotosblüten sind voller Energie erblüht und erstrahlen wie eine Krone über jedem Kelch. Was für eine tiefe und reine Freude wird hier zum Ausdruck gebracht!

Zum Weiterdenken: Bin ich mir im Klaren darüber, dass Freude mein Naturell ist? Freude vermehrt sich, wenn man sie mit anderen erlebt und teilt. Freude zu empfinden ist der beste Schutz gegen Feinde. Aus der Freude resultiert wahre Stärke. Kann ich andere mit meiner Freude anstecken? Akzeptiere ich aber auch die traurigen Momente meines Daseins oder muss ich immerzu fröhlich sein?

Zehn Kelche – Sattheit

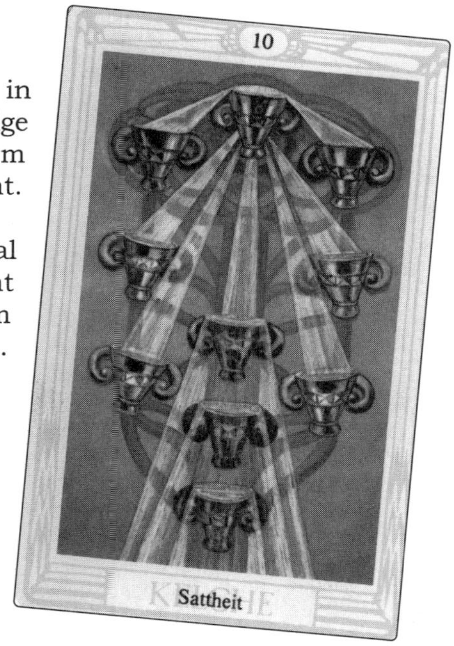

Die zehn Kelche sind wieder harmonisch angeordnet; diesmal in der Form eines Lebensbaums, der gekrönt wird durch die riesige spiralförmige Lotosblüte. Die Henkel der Kelche haben die Form von Widderhörnern, was für Tatkraft und Entschlossenheit steht.

Zum Weiterdenken: Könnte es interessant für mich sein, einmal Bilanz darüber zu ziehen, was ich im Leben schon alles erreicht habe? Satt zu sein, bedeutet nicht, nichts mehr anzustreben. Im Gegenteil: Wer satt ist, ist auch gestärkt für stürmische Zeiten. Sollte ich mir endlich einen großen Schritt zutrauen?

As der Schwerter

In der Klinge des grünen Schwertes ist das griechische Wort für „klaren Willen“ eingraviert. Wenn Menschen von ebendiesem Willen geleitet werden, ist ihnen der Sieg gewiss – dafür steht die bombastische Krone, die den Himmel öffnet.

Um den Griff des Schwertes wickelt sich eine Schlange. Sie deutet an, dass sich die Qualität der Gedanken in eine positive Richtung entwickeln kann. Die Mond- und Sonnensymbole stehen für das Unbewusste, das jetzt endlich ans Licht gelangt.

Zum Weiterdenken: Ist jetzt ein günstiger Zeitpunkt gekommen, neue Projekte in Angriff zu nehmen? Von welchen Altlasten könnte ich mich noch befreien? Welche Vorsätze schiebe ich schon zu lange vor mir her? Was hat mich daran gehindert, sie in die Tat umzusetzen? Welche Pläne warten noch darauf, realisiert zu werden?

Zwei Schwerter – Frieden

Die zwei Schwerter, die hier als Friedenssymbole auftreten, kreuzen sich im Zentrum einer weiß-blauen Rosenblüte. Übersetzt man diese Bildersprache, bedeutet dies den Willen zu Liebe und Erkenntnis.

Anstelle des Kampfes soll Einsicht gesetzt werden. Die Strahlen, die von der Rose ausgehen, sehen nicht zufällig aus wie Propeller. Sie sollen uns daran erinnern, dass Ruhe und Bewegung sich nicht ausschließen, sondern sich gegenseitig ergänzen.

Zum Weiterdenken: Lebe ich in Frieden mit meinen Mitmenschen? Wie habe ich bisher Beziehungen beendet? Könnte ich an meinem Umgang mit Kollegen, Freunden und Familienangehörigen noch etwas verbessern? Halten sich Ruhephasen und hektische Perioden in meinem Leben die Waage?

Drei Schwerter – Kummer

Das große zentrale Schwert der Klarheit wird durch zwei kleine Schwerter begrenzt. Ihre Form ist nicht gerade, sondern gekrümmt. Ein sicheres Zeichen dafür, dass etwas nicht stimmt und aus dem Gleichgewicht geraten ist. Auch die Rose ist beschädigt und kann nicht mehr in voller Pracht erblühen. Das gesamte Bild ist in düstere Wolken gehüllt, die den klaren Blick nach vorne vernebeln.

Zum Weiterdenken: Wer oder was bereitet mir momentan Kummer? Was vernebelt mir den klaren Blick auf eine verworrene Situation? Wie kann ich es schaffen, mein Leben aus einer anderen Perspektive zu sehen? Ob mir ein Tapetenwechsel gut tun könnte?

Vier Schwerter – Waffenruhe

Die Spitzen der vier Schwerter treffen in der Mitte einer wunderschön entfalteten Rose zusammen. Die beherrschenden Farben Gelb und Grün deuten geistige Klarheit und innere Harmonie an. Das grüne Kreuz im Hintergrund der Karte ist ein Zeichen, dass sich Verstand, Gefühl, Körper und Sinne in Einklang miteinander befinden.

Zum Weiterdenken: Welche Waffen habe ich in Bezug auf welche Menschen niedergelegt? Wie kann ich Konflikte in meinem Leben lösen? Das gesprochene Wort ist nicht die einzige Möglichkeit, miteinander zu kommunizieren. Wann habe ich das letzte Mal einen ausführlichen Brief geschrieben? Lasse ich mich zu oft von anderen provozieren? Wo sind meine wunden Punkte?

Fünf Schwerter – Niederlage

Diese Karte drückt reines Chaos aus. Die fünf Schwerter sind zwar zu einem Fünfeck angeordnet, aber ihre Spitzen zeigen nach unten und sie befinden sich nicht im Gleichgewicht. Das auf dem Kopf stehende Pentagramm ist aus Blutstropfen gebildet.

Der Griff jedes Schwertes weist auf einen Bereich des Lebens hin, in dem potenziell Blut vergossen wird: Der Fisch steht für die Vergangenheit, die schlafende Schlange hat keine Kraft mehr zur Erneuerung, die nach unten ausgerichtete Krone symbolisiert das Ende des Bewusstseins, die Widderhörner zeigen das Ende der Kreativität und die Muschel ist ein Zeichen für Angst und das Bedürfnis, sich in sich selbst zu verkriechen.

Zum Weiterdenken: Was ist eigentlich so schlimm an einer Niederlage? Gehört eine Niederlage nicht zum Leben wie das Atmen? Habe ich zu hohe Ansprüche an mich selbst? Warum kann ich mir keine Schwächen zugestehen? Hat das etwas mit meiner Kindheit zu tun? Urteile ich über mich selbst strenger als über andere?

Sechs Schwerter – Wissenschaft

Das gelbe Rosenkreuz im Zentrum des Bildes ist Dreh- und Angelpunkt der sechs Schwerter. Es ist ein Symbol für die wissenschaftlichen Erkenntnisse, die dazu beitragen, gewohnte Denkstrukturen in Frage zu stellen und die Welt mit völlig anderen Augen zu betrachten. Das kühle Blau dieser Karte bezeugt eine geistige Sphäre, in der man zu intellektueller Höchstform gelangen kann.

Zum Weiterdenken: Wozu nutze ich meine schnelle Auffassungsgabe und meine Fähigkeit, Dinge strukturiert und präzise zu analysieren? Kann ich anderen Menschen noch stärker als bisher als Ratgeber in schwierigen Situationen zur Seite stehen? Bedeutet mir Fachwissen alles oder ist ein guter Wissenschaftler für mich auch gleichzeitig eine Persönlichkeit, die zu ihren Gefühlen stehen kann?

Sieben Schwerter – Vergeblichkeit

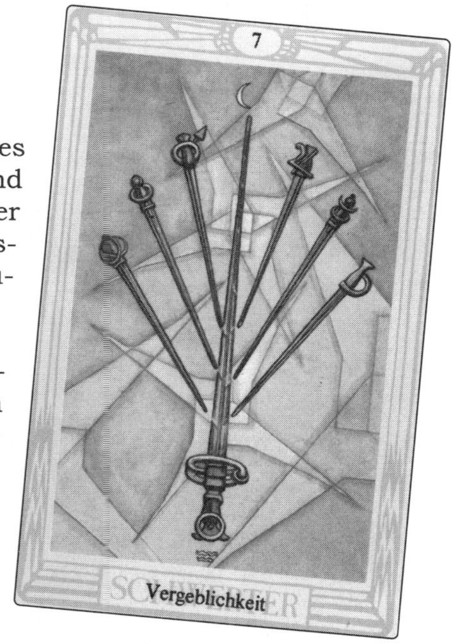

Auch in dieser Karte steht im Mittelpunkt ein großes zentrales Schwert. Hier wird es von sechs kleinen Schwertern angegriffen und bedroht. Es büßt somit seine Schlagkraft ein. Die kleinen Schwerter sind jeweils mit einem Planetensymbol versehen, die alle pessimistischen Gedanken dieser Welt in sich vereinen. Hier haben die trüben Gedanken eindeutig gesiegt!

Zum Weiterdenken: Welche Funktion erfüllt Pessimismus in meinem Leben? Will ich mich selbst schützen, indem ich immer von Anfang an mit dem Schlimmsten rechne? Neige ich dazu, mir die Dinge schwarz auszumalen, bevor sie überhaupt eingetreten sind? Warum beginne ich nicht gleich morgen damit, mal so zu tun, als sei ich ein unverbesserlicher Optimist? Will ich mich vielleicht gar nicht von meinem negativen Denken befreien?

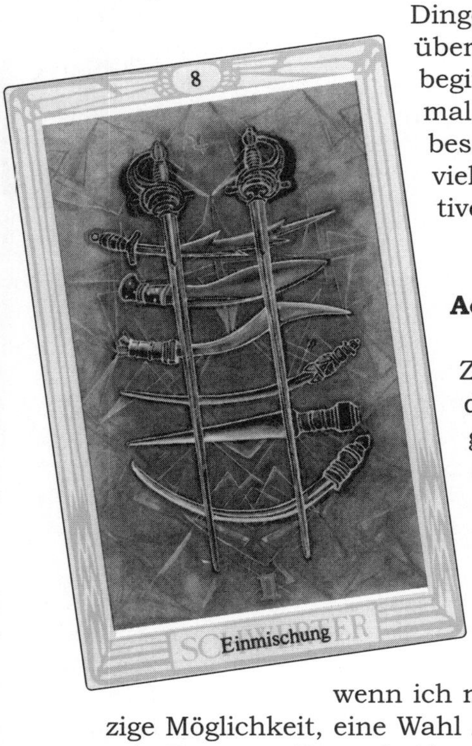

Acht Schwerter – Einmischung

Zwei senkrecht stehende große Schwerter stehen im Mittelpunkt dieser Karte. Sie werden von sechs krummen Säbeln waagerecht gekreuzt. Diese Bildsprache ist nicht einfach zu entschlüsseln. Die Anordnung der Schwerter will sagen, dass man im Leben oft vor die Wahl zwischen zwei gleichwertig erscheinenden Alternativen gestellt ist. Kein Wunder, dass man oft entscheidungsunfähig ist!

Zum Weiterdenken: Fällt mir die Qual der Wahl auch oft schwer? Aber ist es nicht auch ein Luxus, sich für verschiedene Möglichkeiten wählen zu dürfen? Was sagt mir mein Bauch, wenn ich mit einer Entscheidung schwanger gehe? Ist Nachdenken die einzige Möglichkeit, eine Wahl zu treffen? An welchen Menschen kann ich mir ein Beispiel nehmen in Bezug auf Entscheidungsfreudigkeit?

Neun Schwerter – Grausamkeit

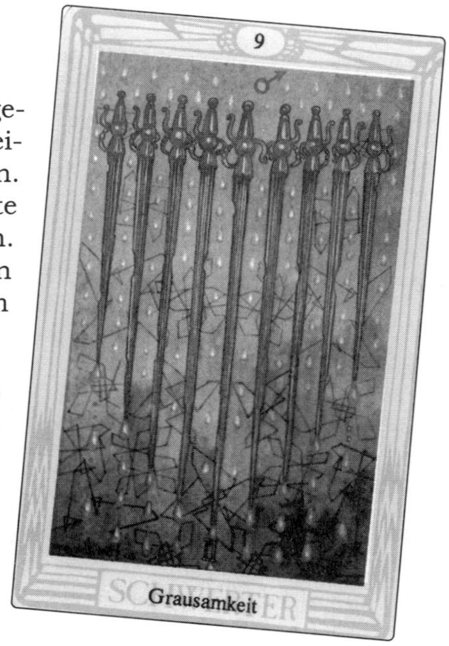

Neun unterschiedlich lange Schwerter sind parallel zueinander angeordnet und zeigen mit der Spitze nach unten. Sie befinden sich in keinem schönen Zustand: Sie sind rostig und nicht mehr zu gebrauchen. Aus ihren Spitzen tropft Blut. Die Tränen im Hintergrund der Karte erinnern an die Leiden, die die neun Schwerter verursacht haben. Doch es gibt nicht nur Grausamkeit, die einem von anderen Menschen zugefügt wird, sondern man kann auch sich selbst gegenüber grausam sein.

Zum Weiterdenken: Kenne ich den Drang, mich selbst zu bestrafen? Wie kann ich diesen Teufelskreis der Selbstbestrafung durchbrechen? Bin oder war ich grausam zu anderen? Gebe ich Druck weiter, den ich selbst abbekomme? Gebe ich anderen Menschen zu viel Macht über mich, indem ich mich bewerten lasse?

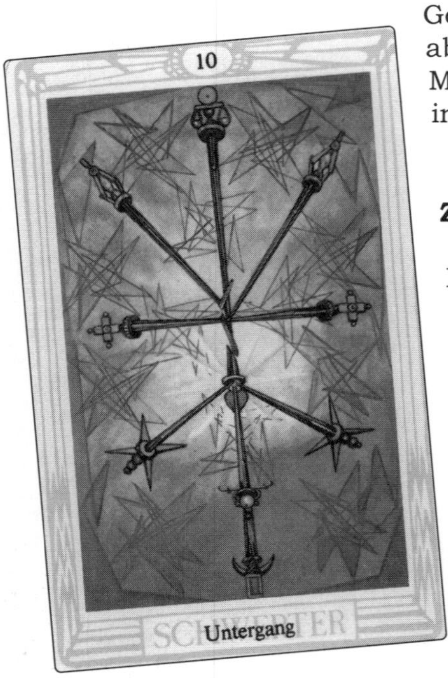

Zehn Schwerter – Untergang

Das untere Schwert ist das Opfer von neun feindseligen Schwertern, die es von allen Seiten angreifen und vernichten wollen. Das Opfer-Schwert trägt die Zeichen von Lebensfreude (Sonne) und Liebe (Herz). Aber diese positiven Kräfte haben keine Chance angesichts der feindlichen Übergriffe. Die Gewalt der neun Schwerter ist völlig enthemmt und grenzt an puren Wahnsinn.

Zum Weiterdenken: In welche Situation habe ich mich bloß verrannt? Woher kommen meine negativen Energien? Fürchte ich mich zu sehr vor meinen destruktiven Seiten? Vielleicht ist die Lebensfreude kurzzeitig verloren gegangen. Aber man kann auf die Suche nach ihr gehen! Was wäre das schlimmste Szenario, das ich mir für mein Leben vorstellen könnte? Welche positiven Aspekte gäbe es danach noch?

As der Scheiben

Die Scheiben auf dieser Karte sind so angeordnet, dass man horizontal und vertikal, innen und außen nicht mehr unterscheiden kann. Trotzdem strahlt dieses Bild eine große Ruhe und Harmonie aus. Bei genauerer Betrachtung erkennt man Jahresringe in den Holzscheiben als Zeichen für die stetige Weiterentwicklung, die auch wir Menschen in jeder Sekunde unseres Leben erfahren.

Zum Weiterdenken: Befinden sich innen und außen in meinem Leben in Einklang oder versuche ich nach außen hin anders zu erscheinen, als meine innere Befindlichkeit tatsächlich ist? Vielleicht ist mein Leben deshalb manchmal so anstrengend? Bin ich mir im Klaren darüber, dass mich jede Erfahrung reifen lässt? Es gibt keine sinnlos verbrachte Zeit, da mich alles weiterbringt. Manchmal sind die Umwege im Leben wichtiger als die geraden Hauptstraßen. Die kann schließlich jeder gehen!

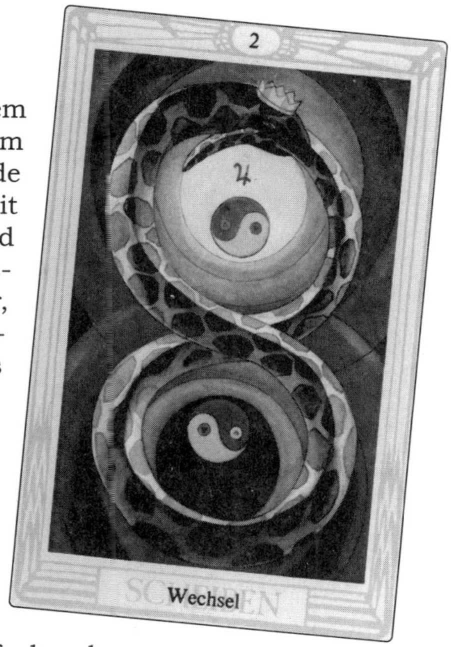

Zwei Scheiben – Wechsel

Die zwei Scheiben werden durch eine gekrönte Schlange, dem Symbol der Erneuerung, gebildet. Sie schlängelt sich in der Form einer Acht, des Zeichens für die Unendlichkeit und fortwährende Veränderung. Im Zentrum der Acht befinden sich zwei Scheiben mit dem chinesischen Yin-Yang-Zeichen, die für Ausgleich und Harmonie stehen. Die Dreiecke in diesen Symbolen sind alchemistische Zeichen und tragen die Farben der vier Elemente Feuer, Wasser, Erde und Luft. Beide Scheiben drehen sich in die entgegengesetzte Richtung – die Veränderung findet sowohl innen als auch außen statt.

Zum Weiterdenken: „Nur wer sich ändert, bleibt sich treu" – welche Meinung habe ich zu dieser Aussage? Bin ich eher zu unbeständig oder neige ich dazu, an alten Verhaltensweisen festzuhalten, ohne ihren Nutzen zu hinterfragen? Wirbelstürme zu ertragen ist nicht einfach, aber hinterher hat man oft einen Grund, endlich aufzuräumen und sich von störenden Altlasten zu befreien.

Drei Scheiben – Arbeit

Die helle Kristallpyramide ruht auf drei Rädern, die die Bereiche Körper, Seele und Geist symbolisieren. Funktioniert ein Glied nicht, gerät das Gebilde ins Wanken und es kommt zum Absturz. Wenn sich aber alle Elemente im Einklang befinden, lichtet sich der Himmel und die Wolken am Kartenrand verziehen sich endlich.

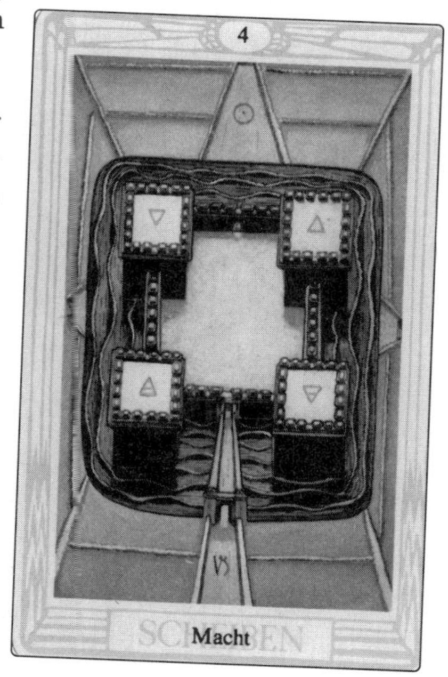

Zum Weiterdenken: Ist Arbeit für mich nur eine Last, die der Erhaltung meines Lebensstandards dient? Gibt es Möglichkeiten, meinen Arbeitsplatz kreativer zu gestalten, sodass auch meine kreativen Kräfte einfließen können? Wofür lohnt es sich eigentlich, vollen Einsatz zu zeigen? Müssen sich Arbeit und Leidenschaftlichkeit gegenseitig ausschließen?

Vier Scheiben – Macht

In dieser Karte hat sich die runde Form der Scheiben aufgelöst. Sie erscheinen hier als vier Quadrate, die die Ecktürme einer großen Festung markieren, und tragen alchemistische Symbole. Sie stehen für Festigkeit und Stärke in allen menschlichen Bereichen. Das Bild vermittelt insgesamt absolute Standfestigkeit. Das Gebäude kann niemand so leicht zum Einsturz bringen.

Zum Weiterdenken: Gleicht mein Inneres zuweilen einer starren Festung, in der alles seinen Platz hat und nichts verrückt werden darf? Warum beharre ich mit aller Macht auf meinen Prinzipien? Vielleicht könnte ich es auch als Befreiung empfinden, meine Festung zu verlassen und zu schauen, was die Menschen jenseits der Mauer denken und fühlen. Eine Festung kann zwar Schutz sein, aber wer sich gar nicht mehr hinauswagt, verpasst womöglich einen Großteil seines Lebens.

Fünf Scheiben – Quälerei

Diese Karte vermittelt ganz gezielt ein düsteres und abschreckendes Bild. Der Fünfstern ist nach unten ausgerichtet, als sei er völlig aus dem Gleichgewicht geraten.

Die Symbole auf den fünf Scheiben stehen für universelle quälerische Gedanken: Ich weiß nicht, wie es weitergehen soll, ich sehe keinen Ausweg mehr, mein Leben besteht nur aus Problemen ... Kommt Ihnen das bekannt vor?

Zum Weiterdenken: Warum quäle ich mich eigentlich so? Haben negative Überlegungen überhaupt schon einmal zu einer Lösung geführt? Trübe Gedanken gehören zum Leben. Wenn ich meine negativen Empfindungen im Geiste als gute Kameraden ansehe, verändern sie ihre Struktur. Unangenehme Ereignisse treten sowieso ein – ihnen ist es egal, ob man sie heraufbeschwört oder nicht. Dann kann man das Schwarzmalen auch gleich lassen, oder?

Sechs Scheiben – Erfolg

Der Mond, der bei Crowley für das Unbewusste steht, beherbergt ein Kreuz mit einer Lotosblüte – etwas drängt aus dem Unterbewusstsein und will ans Tageslicht bzw. will Realität werden. Die sechs Scheiben treten hier als die Planeten Saturn, Jupiter, Venus, Mond, Merkur und Mars auf, die den Vorgang des Bewusstwerdens wie in einer Umlaufbahn umkreisen. Die Planeten sollten befragt werden, denn sie sind ein guter Ratgeber bei Projekten, die nun endlich in die Tat umgesetzt werden sollen.

Zum Weiterdenken: Glaube ich daran, dass ich erfolgreich sein kann, oder ist Erfolg in meinen Augen etwas, was nur anderen widerfährt? Vielleicht sollte ich von erfolgreichen Menschen lernen? Für welchen Plan wünsche ich mir am sehnlichsten Erfolg? Kann auch eine Niederlage ein Erfolg sein?

Sieben Scheiben – Fehlschlag

In dieser Karte haben negative Vorahnungen ihren Ausdruck gefunden. Abgesehen von der düsteren Farbgebung sind auch die sieben Scheiben dunkel und bleiern. Man hat fast den Eindruck, dass sie aus dem Kartenrand herausfallen könnten.

Zum Weiterdenken: Sich die Angst vor einem Fehlschlag einzugestehen ist ein wichtiger Schritt, um nicht übermütig zu werden. Aber hat meine Angst eigentlich einen realen Hintergrund? Könnte ich jemanden bitten mir zu helfen, meine Situation realistisch zu analysieren? In welchen Bereichen meines Lebens fürchte ich einen Fehlschlag am meisten? Was würde passieren, wenn dieser worst case wirklich eintreffen würde? Könnte ich dem nicht noch irgendetwas Positives abgewinnen?

Acht Scheiben – Umsicht

Hier tritt uns ein starker Baum in seiner ganzen Pracht entgegen. Acht Blütenscheiben krönen seine Äste. Beachten Sie, dass jede Blüte von einem grünen Blatt eingehüllt und geschützt wird. Die Zahl Acht steht für Harmonie und Ausgleich.

In diesem fantastischen Gewächs ist alles geometrisch angeordnet und daher befindet sich diese Pflanze in Balance. Jede Blüte bekommt genug Sonne, da sie nicht von einer anderen verdeckt wird.

Zum Weiterdenken: War ich in der letzten Zeit wirklich gut zu mir? Sollte ich mich nicht öfter einmal belohnen? Geschehen angenehme Dinge nicht auch oft ohne mein Zutun? Nur wenn ich umsichtig mit mir selbst umgehe, werden mir auch andere Menschen Respekt entgegenbrigen.

Neun Scheiben – Gewinn

Die drei Scheiben in der Mitte der Karte symbolisieren die Vereinigung von Liebe (rosa), Weisheit (blau) und Kreativität (grün). In den weiteren sechs Scheiben haben sich Aleister Crowley und zwei seiner Freunde verewigt. Sie sind durch ein liebendes Band miteinander auf ewig verbunden. Gewinn wird hier also nicht als materieller Nutzen verstanden, sondern meint, dass wahre Freunde voneinander profitieren können, um einen geistigen Gewinn zu erzielen.

Zum Weiterdenken: Habe ich nicht schon sehr viel im Leben gewonnen? Bin ich bereit, diesen geistigen Reichtum mit anderen zu teilen, um ihn auf diese Weise zu vermehren? Wer sind meine wahren Freunde? Woran erkenne ich sie? Welche „Trophäe“ möchte ich noch nach Hause bringen? Bin ich gut dafür ausgerüstet?

Zehn Scheiben – Reichtum

Zehn gelb-grüne Scheiben/Münzen tanzen vor unserem Auge. Sie sind in der Form eines Lebensbaumes angeordnet, um zu zeigen, dass sich der Reichtum auf alle Ebenen der Existenz bezieht. Alle Scheiben tragen Symbole, die mit dem Flaneten Merkur in Beziehung stehen. Merkur repräsentiert ausgeprägte kommunikative Fähigkeiten und einen guten Zugang zu Menschen.

Zum Weiterdenken: Bin ich mir meiner Reichtümer eigentlich bewusst? Was stelle ich mit meinem Eigentum an? Besitze ich die Fähigkeit, mich an dem zu erfreuen, was ich habe? Wann habe ich das letzte Mal etwas aus vollem Herzen verschenkt? Was würde ich mir wünschen, wenn ich drei Wünsche frei hätte?

Ein praktisches Beispiel

Regina ist 36 Jahre alt und hat vor einigen Wochen ihren Job als Sachbearbeiterin in einer Spedition verloren. Ihr Mann, der eine kleine Reparaturwerkstatt betreibt, hat ihr angeboten, dass sie in seinem Büro mitarbeiten kann. Regina ist unschlüssig, was sie machen soll. Sie befürchtet, dass sie sich häufiger mit ihrem Mann streiten wird, wenn sie sich jeden Tag auch noch acht Stunden lang bei der Arbeit sehen. Außerdem möchte sie nicht ständig von ihrem Mann kontrolliert werden. Auf der anderen Seite hat sie Angst, dass ihr die Decke auf den Kopf fällt, wenn sie nur noch zu Hause ist.

An einem ruhigen Abend legt sich Regina die Karten. Sie entscheidet sich für das Lebenskreis-Legesystem, für das sie nach sorgfältiger Vorbereitung und Einstimmung drei Karten zieht. Die erste Karte, die, wie am Anfang des Kapitels dargestellt wurde, für die Vergangenheit steht, ist „Prinz der Schwerter“. Regina liest die Bedeutung dieser Karte nach und erfährt, dass uns der Prinz der Schwerter an die kreative Begabung erinnert. Wir sollen unsere Gedanken nutzen, um Pläne zu schmieden. Unter der Rubrik „Zum Weiterdenken“ wird sie aufgefordert, darüber nachzudenken, ob ihr der Beruf Raum für Kreativität lässt. Ohne es zu merken, ist Regina ins Grübeln gekommen. Sie erinnert sich, dass sie als Kind auf die Frage, was sie einmal werden will, immer wie aus der Pistole geschossen „Köchin“ geantwortet hat. Ihre Begeisterung für das Kochen hat sie sich bis heute bewahrt. Aber sie hat nie daran gedacht, dieses Hobby zu ihrem Beruf zu machen. Regina spinnt ihre Gedanken weiter. Wenn sie ehrlich ist, hat sie schon einmal daran gedacht, dass sich neben der Werkstatt ihres Mannes ein kleines Café gut machen würde. Platz wäre auf dem Grundstück vorhanden und den Kunden käme es bestimmt entgegen, wenn sie die Wartezeit in gemütlicher Atmosphäre bei einem kleinen Imbiss rumkriegen könnten. Laut ausgesprochen hat Regina diesen Gedanken bisher noch nie. Aber nun ist sie mutig geworden und neugierig auf die zweite Karte, die für die Gegenwart steht.

Sie zieht „Sieben Scheiben – Fehlschlag“ und bekommt eine kleine Angstattacke. „Hab ich mir doch gedacht, das geht bestimmt nicht gut. Wie konnte ich überhaupt auf so eine Schnapsidee, ein Café zu eröffnen, kommen?“ – das sind ihre spontanen Gedanken. Trotzdem macht sich Regina die Mühe und liest nach. Sie erfährt, dass die Karte „Fehlschlag“ eher als eine Warnung zu verstehen ist. Man soll alles gut planen und sich nicht Hals über Kopf in etwas Neues stürzen. „Die Karte meint es also eigentlich gut mit mir“, lächelt sie in sich hinein. Und dann überlegt sie, was sie tun müsste, damit ihr Plan nicht fehlschlägt. „Natürlich muss ich mit meinem Mann sprechen“, führt sie ihren inneren Dialog weiter. Und ich könnte einfach mal ganz unverbindlich einen Termin bei unserer Steuerberaterin ausmachen. Und gleich morgen werde ich im Internet nachschauen, welche Unterstützung ich als Existenzgründerin bekommen kann.“ Und nun ist Regina sehr gespannt, was ihr die dritte Karte über ihre Zukunft sagen wird.

Regina zieht „Prinz der Scheiben“. Von dem Blütenparadies auf der Karte fühlt sie sich gleich angesprochen. Der Stier, der für Beharrlichkeit steht, macht ihr keine Sorgen, denn Regina ist sich ihrer eigenen Stärke durchaus bewusst. In dem Abschnitt „Zum Weiterdenken“ steht, dass diese Karte dazu anregt, den Stürmen des Lebens mutig entgegenzutreten. Aber es ist etwas anderes, das Reginas Aufmerksamkeit erregt. Es sind die Fragen „Welche Verbindungen habe ich eigentlich zu Mutter Erde?“ und „Wann habe ich das letzte Mal etwas gepflanzt oder geerntet?“ Regina liebt Gartenarbeit und daher versteht sie die Karte als Aufforderung, sich an ökologischen Nahrungsmitteln zu orientieren bzw. selbst zum Beispiel Kräuter zu pflanzen, die sie dann in ihrem Imbiss anbietet.

Regina ist verblüfft, was diese drei Karten an Gedanken freigesetzt haben. Noch vor einer Stunde wusste sie überhaupt nicht, wie es in ihrem Leben weitergehen sollte. Nachdem sie die Karten befragt hat, geht es ihr viel besser, denn sie hat nun eine Idee, die sie in den nächsten Tagen weiter verfolgen will. Vielleicht wird ja etwas ganz anderes daraus. Aber das ist zum jetzigen Zeitpunkt völlig egal. Wichtig ist im Moment nur, dass Regina aus eigener Kraft einen Stein ins Rollen gebracht hat und aktiv geworden ist. Nur das zählt!

10 Goldene Tarot-Regeln

1. Machen Sie nie eine Entscheidung nur von einer Karte abhängig!
2. Wenn Sie die Bedeutung einer Karte trotz der dazugehörigen Erklärung nicht verstehen, sprechen Sie mit anderen darüber. Alle Techniken, die in diesem Buch besprochen werden, bedürfen der Kommunikation.
3. Vertrauen Sie Ihrer Intuition und erfinden Sie Ihr ganz persönliches Legesystem. Allerdings erst, wenn Sie sich mit der Materie eingehend beschäftigt haben.
4. Versuchen Sie nie, jemanden zum Kartenlegen zu überreden!
5. Unterschätzen Sie die Tarot-Karten nicht: Auch wenn Ihnen die Bedeutung einer Karte auf den ersten Blick lapidar erscheinen mag – oft steckt mehr dahinter, als Sie denken.
6. Überschätzen Sie die Tarot-Karten nicht: Tarot nimmt einem keine Entscheidungen ab. Aber sie sind ein guter Begleiter in allen Lebenslagen.
7. Haben Sie keine Angst vor negativen Karten wie „Tod“, „der Gehängte“ oder „Niederlage“. Das Ziehen dieser Karten bedeutet nicht, dass dieses Ereignis auch wirklich eintrifft. Oft haben die Karten symbolischen Charakter: Der Tod steht zum Beispiel für einen Neuanfang. Interpretieren Sie die Karten in diesem Sinne. Lassen Sie sich von den Karten nie Angst einjagen!
8. Legen Sie als Anfänger nie die Karten für andere Menschen!
9. Benutzen Sie die Tarot-Karten nicht, um sich materiell zu bereichern. Sich mit dem Legen der Karten den Lebensunterhalt verdienen zu wollen, widerspricht dem Prinzip des Tarots.
10. Halten Sie stand, wenn andere über Sie lachen, weil Sie sich für Tarot interessieren. Oft verbergen sich hinter einer ablehnenden Haltung Unsicherheit und Neid. Sie sind solchen Menschen haushoch überlegen!

Zum Weiterlesen: Literaturliste

Wenn Sie sich noch intensiver mit Tarot auseinander setzen wollen, sind die folgenden Bücher für Sie bestimmt interessant:

- Banzhaff, Hajo: Tarot. Hugendubel 1992
- Banzhaff, Hajo: Das Tarotbuch. Goldmann 2001
- Douglas, Alfred: Ursprung und Praxis des Tarot. Eugen-Diederichs-Verlag 1993
- Giles, Cynthia: Tarot. Walter Verlag 1994
- Haebeler, Anna: Tarot-Atlas. Ludwig-Verlag 1998
- Jung, Carl Gustav: Archetypen. dtv 1990
- Masino, Marcia: Tarot. Das Praxisbuch. Ludwig-Verlag 1999
- Rodik, Belinda: Das Tarot-Lexikon. Delphi bei Droemer 1998
- Ziegler, Gerd: Tarot. Spiegel der Seele. Handbuch zum Crowley-Tarot. Urania Verlag 1995
- Tarot-Karten: Urania Verlag, Neuhausen

CHIROMANTIE

Die Kunst des Handlesens

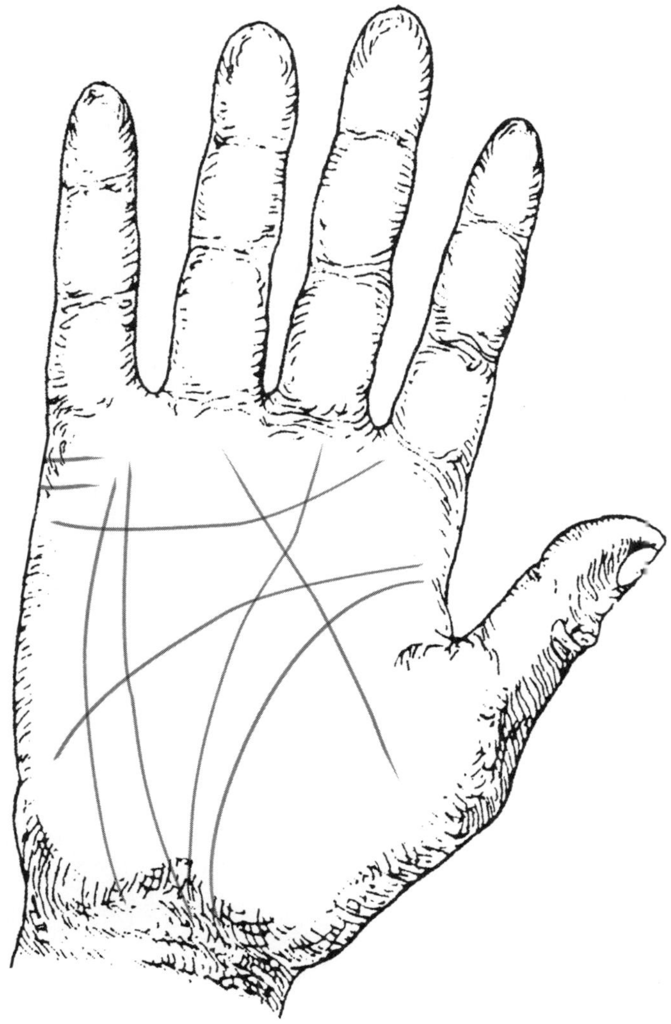

Die Geschichte des Handlesens

Die Abdrücke von Händen waren den Menschen zu allen Zeiten heilig. Abdrücke von Händen gehören zu den ältesten Kunstwerken der Menschheit und wurden zum Beispiel an Höhlenwänden gefunden. Wahrscheinlich dienten sie neben dekorativen Zwecken auch religiösen oder magischen Riten.

Auch heute noch ist die Ansicht lebendig, dass neben dem Gesicht die Hände das Spiegelbild der Seele sind. Überlegen Sie doch einmal, auf welche Merkmale Sie spontan achten, wenn Sie jemanden neu kennen lernen? Wahrscheinlich gehören Sie auch zu der großen Gruppe von Menschen, die die Hände ihres Gegenübers unbewusst kritisch betrachten. Kennen Sie auch das Gefühl, dass es „sympathische" und „unsympathische" Hände gibt? Dann sind Sie wahrscheinlich dazu prädestiniert, es in der Kunst des Handlesens zur Meisterschaft zu bringen!

Das Handlesen wird nach dem griechischen Wort „cheiro" (Hand) auch Chiromantie genannt und ist eine sehr alte Kunst. Sie wurde vor ca. 5000 Jahren von den Babyloniern erfunden. Die Babylonier gingen davon aus, dass in der Handfläche des Menschen sein ganzes Schicksal, alle Talente, Vorlieben und nicht zuletzt auch die Zukunft verborgen liegen. Sie betrachteten die menschliche Hand als ein Spiegelbild des Kosmos. Man könnte auch sagen, dass die Götter in jeder einzelnen Handinnenfläche eine Signatur hinterlassen haben. Nun ist es an uns, diese Signatur zu entschlüsseln!

Auch die Römer und Griechen waren aktiv in der Entschlüsselung der Handlinien. Der Philosoph Aristoteles erforschte die verschiedenen Hände intensiv. Von ihm stammt das Zitat: „Die Natur hat die menschliche Hand zum wichtigsten Organ und Werkzeug des menschlichen Körpers gemacht." Im römischen Reich fand eine Verknüpfung von Handlesen und Astrologie statt. Daran erinnert bis heute die Benennung der einzelnen Finger und Handberge nach römischen Planeten. In Europa wurde die Kunst des Handlesens durch umherreisende Zigeunerstämme praktiziert und verbreitet.

Nach der Erfindung des Buchdrucks fand das Handlesen eine rasante Verbreitung durch Broschüren und Bücher. Eine der ältesten bekannten Abhandlungen zu diesem Thema stammt bereits aus dem Jahr 1467 und wurde von dem in Bologna geborenen Bartholomäus Cocles verfasst. Ein Klassiker der Chiromantie in Deutschland stammt von dem Pfarrer Johann Rosenbach von Hayn (1467-1537). Auch fanden etliche Vorlesungen über das Handlesen an deutschen Universitäten bis zur Mitte des 18. Jahrhunderts statt. Ein Besuch bei einer Handleserin galt zur damaligen Zeit als modern und chic. Viele zeitgenössische Bilder und Kupferstiche halten dieses Motiv fest.

Ein Grund für die nie nachlassende Faszination am Handlesen ist sicherlich die Tatsache, dass Hände so individuelle und unverwechselbare Merkmale tragen. Es gibt auf der ganzen Welt keine zwei Hände, die sich gleichen!

Verraten die Hände etwas über die Zukunft?

Das Handlesen ist zum einen eine wichtige Quelle, mit der man die Charakterzüge eines Menschen erforschen kann. Darin liegt ein oft unterschätzter Baustein für eine glückliche Zukunft. Denn je besser man sich selbst kennt – und das schließt auch die unliebsamen Seiten mit ein, die man lieber verdrängt – desto erfolgreicher wird man im Leben sein. Wer eine Zukunft anstrebt, die gar nicht zu ihm passt, wird sein Leben lang frustriert sein und neidisch auf die Menschen schauen, die anscheinend alles erreichen und von denen man sagt, ihnen würde alles in den Schoß fallen. Vielleicht besteht der Unterschied zwischen Ihnen und diesen Menschen einfach darin, dass Sie sich eben noch nicht so gut kennen und einschätzen können und sich erst unvollkommen mit Ihren so genannten negativen Seiten versöhnt haben? Behalten Sie diese Gedanken im Hinterkopf, wenn Sie die folgenden Zeilen lesen und darangehen, das Geheimnis Ihrer Hände zu erforschen!

Zum anderen dient das Handlesen nicht nur dazu, uns besser kennen zu lernen, sondern die einzelnen Merkmale der Hand können tatsächlich etwas über das Schicksal verraten, das einen Menschen erwartet. Insofern ist das Handlesen sowohl eine Charakterstudie als auch eine Möglichkeit, direkt in die Zukunft zu schauen.

Links oder rechts? Welche Hand ist aussagekräftig?

Über die Frage, ob man zum Handlesen die linke oder die rechte Hand betrachten sollte, herrscht in der Literatur große Uneinigkeit und Verwirrung. Die neueren Theorien gehen davon aus, dass man beide Hände betrachten muss und dass gerade die Abweichungen zwischen beiden Seiten interessant und aussagekräftig sind. Danach verhält es sich so, dass die Haupthand, also die Hand, mit der wir schreiben, Auskunft darüber gibt, welche Anlagen wir mit unserer Geburt verliehen bekommen haben. In dieser Haupthand liegt also die Antwort auf die Frage, wer wir sind. Die andere Hand dagegen gibt darüber Auskunft, was wir bisher aus unseren Anlagen gemacht haben und wo noch unausgeschöpfte Potenziale schlummern. Sie sehen: Auch wenn es etwas umständlich ist, lohnt es sich doch, beide Hände zu betrachten und zu interpretieren.

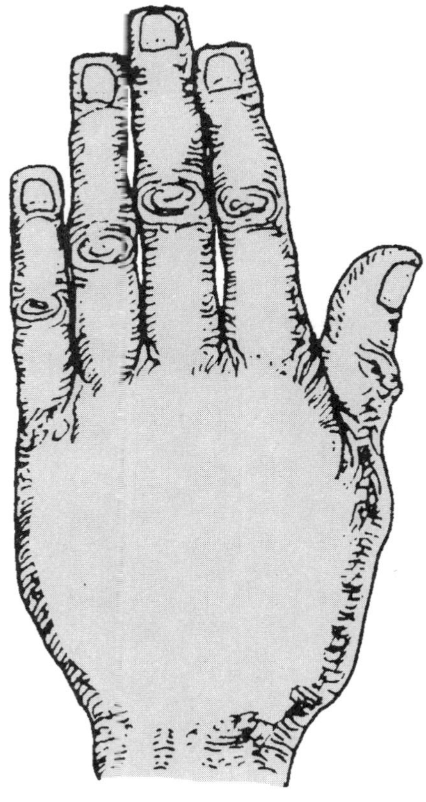

Vorbereitung der Hände

Bevor Sie nun mit der Betrachtung Ihrer Hände beginnen, sollten Sie sicherstellen, dass Ihre Hände angenehm warm und gut durchblutet sind. Machen Sie ein paar Mal eine kräftige Faust und lockern Sie Ihre Hände und die Finger danach. Denn je besser durchblutet Ihre Handinnenflächen sind, desto deutlicher lassen sich die nun beschriebenen Phänomene entdecken.

Die Handform

Die Form der Hände lässt erste Rückschlüsse darauf zu, um welche Persönlichkeitstypen es sich handelt. Im Folgenden sind die fünf Haupttypen der Hände beschrieben.

Eckige/Quadratische Hände

Menschen mit eckigen Händen (oben) sind ruhige, gewissenhafte und pflichtbewusste Charaktere. Die Personen können gut Ordnung halten und gehen alles rational und systematisch an. Aber sie können auch pedantisch sein und haben ein ausgeprägtes Machtinteresse. Diese Menschen sind stets pünktlich und eher geizig veranlagt als großzügig. Sie sind traditionsbewusste Menschen mit einer Vorliebe für pädagogische, politische oder kulturelle Belange.

Rundliche Hände

Menschen mit rundlichen Händen (links) und eher kurzen Fingern sind sehr kontaktfreudig. Sie lieben den Austausch mit anderen Menschen. Diese Personen sind sehr häuslich und halten sich gerne im Kreise ihrer Familie auf. Sie sind zupackende Charaktere, die ständig etwas zu tun haben müssen, da sie nicht lange still sitzen können. Menschen mit rundlichen Händen übernehmen gerne Verantwortung und sind sehr zuverlässig. Manchmal laden sie sich etwas zu viel Arbeit auf, aber auf wundersame Art und Weise schaffen sie doch immer alles zur Zufriedenheit aller. Etwas mehr Entspannung würde ihnen oft gut tun!

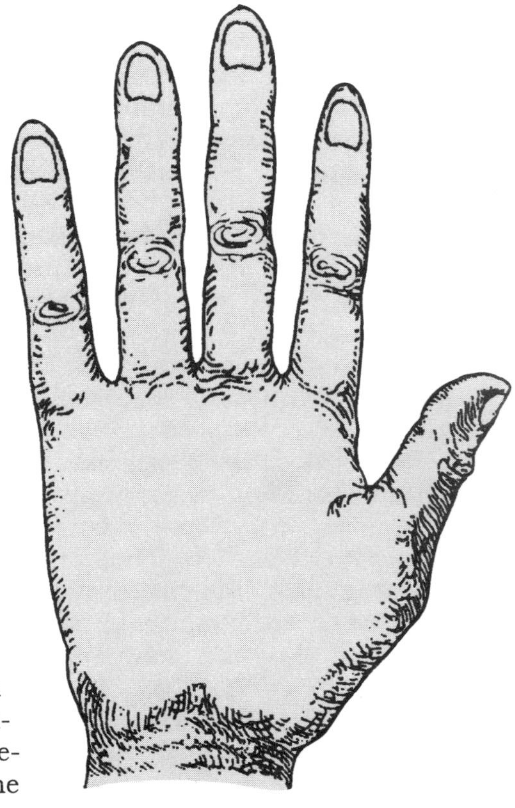

Lange/Spitze/Konische Hände

Die konische Hand (rechts) hat eine schlanke Form und die einzelnen Finger sind lang und spitz. Aus einiger Entfernung betrachtet läuft diese Handform nach vorn spitz zu. Menschen mit dieser Handform sind sensible, gefühlsbetonte Menschen, die ihren Impulsen folgen und „aus dem Bauch heraus leben". Sie sind romantisch veranlagt und haben den Hang zu Nervosität und anscheinend unerklärlichen Verstimmungen. Menschen mit einer konischen Hand sind sinnlich und lieben die angenehmen Seiten des Lebens. Sie haben ein großes Interesse an Kultur, gehen gerne in Museen, Konzerte und ins Theater. Viele künstlerisch aktive Menschen besitzen eine lange, konische Hand.

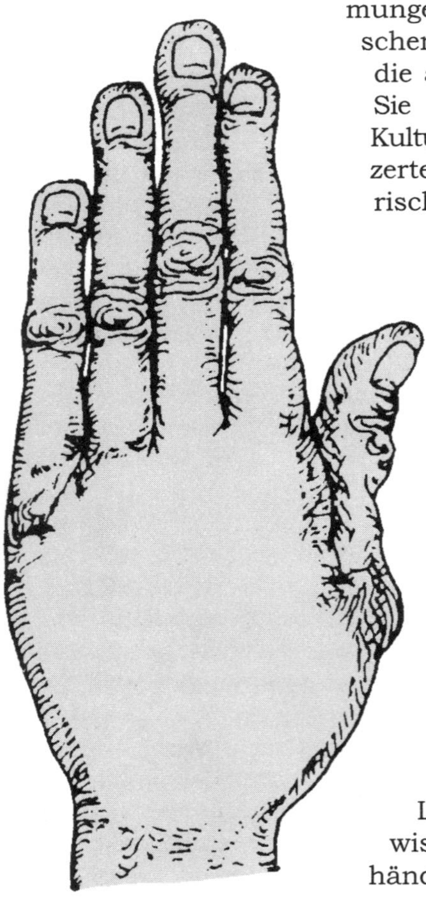

Die Spatelhand

Die Spatelhand (links) bezeichnet eine Handform, bei der die Fingerspitzen breiter sind als das erste Fingergelenk. Wer über eine solche Handform verfügt, ist ein energischer und strebsamer Typ. Hohe Selbstdisziplin und schier unerschöpfliche Energie sind Kennzeichen dieser Personen. Es sind unternehmungslustige Menschen, die sich gerne in einer großen Gemeinschaft befinden. Sie sind häufig praktisch und handwerklich begabt. Viele Leistungssportler und Naturwissenschaftler haben Spatelhände.

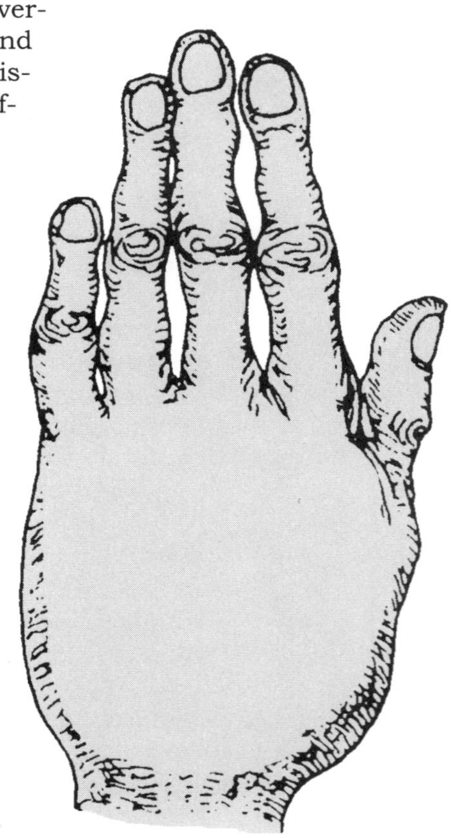

Die knotige Hand

Menschen mit einer knotigen Hand sind häufig introvertierte Eigenbrötler. Ihnen ist ihre Unabhängigkeit heilig und sie gehen einen einmal eingeschlagenen Weg unbeirrt weiter. Sie sind beständig und charakterfest. Ungerechtigkeiten können sie nicht dulden und daher setzen sie sich oft für soziale Belange ein. In der Regel sind Menschen mit knotigen Händen eher wortkarg. Sie machen vieles mit sich selbst ab und lassen andere nicht gerne an ihren Gedankengängen teilhaben.

Die Formen der Finger

Auch die Form und Länge der einzelnen Finger gibt Aufschluss über den Charakter und das Schicksal einer Person. Es lohnt sich daher, auch die einzelnen Finger einer genaueren Betrachtung zu unterziehen:

Der Jupiterfinger (Zeigefinger)

Wenn Sie viel mit dem Zeigefinger arbeiten und er in Ihrer Gestik eine dominante Rolle spielt, so zeugt dies davon, dass sie ein selbstbewusster Mensch mit guten Führungsqualitäten sind. Ihr Ehrgeiz ist überdurchschnittlich gut entwickelt und Sie streben im Leben nach großem Erfolg.

Ist der Zeigefinger länger als der Ringfinger, lässt dies auf ein starkes Ego und eine gesunde Portion Selbstbewusstsein schließen. Sie können gut Zahlen und Daten verwalten und mit Geld umgehen.

Ist der Zeigefinger nach innen gekrümmt, neigen Sie wahrscheinlich dazu, Äußerlichkeiten eine zu große Beachtung zu schenken. Sie sollten sich das Motto, dass die inneren Werte im Leben zählen, auf die Fahne schreiben.

Wenn der Zeigefinger kürzer als der Ringfinger ist, so fehlt dem Betreffenden eine Portion Selbstsicherheit und Selbstachtung. Diese Menschen werden oft unterschätzt und man sagt von Ihnen, sie seien unscheinbar. Vielleicht kann Ihnen eine Mode- oder Farbberatung helfen, mehr aus Ihrem Typ zu machen. Überhaupt sollten Sie sich öfter etwas gönnen!

Sind Zeigefinger und Ringfinger gleich lang, sind Sie ein echtes Glückskind. Sie sind mit vielen Talenten gesegnet und Sie sehen das Leben durch eine rosarote Brille, ohne dabei den Blick für das Wesentliche zu verlieren. Lassen Sie sich Ihren Optimismus nicht nehmen!

Saturnfinger (Mittelfinger)

Der Mittelfinger steht für Anstand und Verantwortungsgefühl. Er ist das Bindeglied zwischen den unterbewussten Persönlichkeitsaspekten, die durch den kleinen– und den Mittelfinger repräsentiert werden, und den sich eher aktiv äußernden Eigenschaften von Zeigefinger und Daumen.

Ein gerader Mittelfinger bedeutet, dass Sie ein geselliger Mensch sind, aber das Alleinsein durchaus zu schätzen wissen, um wieder zu sich selbst zu kommen. Sie haben keine Probleme, alleine ins Restaurant oder ins Kino zu gehen. Das Schicksal wird Ihnen immer gute Weggefährten an die Seite stellen, die für Ihre Rückzugswünsche Verständnis haben werden. Wichtige Projekte sollten Sie im Frühling verwirklichen – zu dieser Zeit meinen es die Sterne gut mit Ihnen.

Ist Ihr Mittelfinger in Richtung Zeigefinger gekrümmt, sind Sie ein sehr spontaner Mensch, der vor lauter Ideen nur so übersprudelt. Manchmal muten Sie sich aber zu viel zu und werden schnell krank. Das Leben verschont Sie vor harten Krisen, aber dafür kennen Sie durchaus depressive Verstimmungen – das ist das Päckchen, das Sie zu tragen haben.

Apollofinger (Ringfinger)

Der Apollofinger symbolisiert Kreativität und kulturelles Schaffen. Viele Schauspieler und Künstler haben einen geraden Ringfinger. Diese Charaktere lieben es, im Rampenlicht zu stehen und andere zu unterhalten. Sie sind schillernde Persönlichkeiten, die aber leider schlecht abschalten können.

Yoga oder andere Entspannungstechniken könnten Ihr Leben bereichern! Ist die Fingerkuppe des Ringfingers in Richtung Mittelfinger gebogen, hat das Leben Ihnen eine gehörige Portion Humor mitgegeben. Sie können andere gut zum Lachen bringen und traurige Menschen aufheitern. Sie werden geschätzt und sind ein gern gesehener Gast auf Familienfeiern. Häufig sind diese Menschen auch sportlich aktiv und sie erzielen nicht selten Höchstleistungen.

Wer einen knotigen Ringfinger hat, gehört zu den Menschen, die immer ihre Meinung sagen und grundehrlich sind. Diese Menschen können gut Kritik üben, haben aber manchmal Schwierigkeiten, Kritik einzustecken. Ihr Schicksal ist es, prophetisch veranlagt zu sein, aber allzu oft auf taube Ohren zu stoßen. Das auszuhalten erfordert viel Geduld und Verständnis!

Merkurfinger (kleiner Finger)

Der Merkurfinger steht für Kommunikation und Geschäftssinn. Ein langer Merkurfinger verheißt einen guten Geschäftsmann, der Kunden an sich bindet, weil er ihnen die Wünsche quasi von den Augen abliest. Er hat ein gutes Gespür für die Bedürfnisse anderer und verfügt über die Möglichkeiten, diese Wünsche auch zu befriedigen. Aber Vorsicht: Diese Charaktere haben die Neigung, sich zu überfordern, und sie können schlecht „Nein“ sagen. Daher wirken sie leider manchmal unzuverlässig und oberflächlich. Nehmen Sie einen Auftrag nur dann an, wenn Sie genug Zeit und Kapazität haben!

Ein kurzer Merkurfinger kann ein Zeichen dafür sein, dass sich die betreffende Person nicht immer adäquat äußern kann und in Diskussionen oder Streitgesprächen oft zurücksteckt. Dabei mangelt es nicht an Argumenten oder genügend Sachverstand, sondern an der sprachlichen Spontaneität. Vielleicht könnte ein Rhetorik-Kurs Abhilfe schaffen?

Ist der kleine Finger in Richtung Mittelfinger gebogen, handelt es sich um verschlossene Menschen, deren Schicksal darin liegt, sich oft ärgern zu müssen. Sie sind sensibel und haben ein festes Bild, wie etwas funktionieren soll. Wenn es Abweichungen von dieser Idealvorstellung gibt, sind diese Menschen unzufrieden. Die Lektion, die das Leben jenen Persönlichkeiten mit auf den Weg geben will, ist, lockerer zu werden und lernen loszulassen!

Ist der kleine Finger eindeutig nach außen gebogen, ist das wahrscheinlich ein Zeichen dafür, dass der Betroffene sein Leben lang auf der Suche nach Wahrheit und Gerechtigkeit sein wird. Oft finden diese Menschen einen Trost in der Religion. Sie versenken sich gerne in philosophische Bücher und lieben lange philosophische Gespräche. Die sprachliche Auseinandersetzung muss man schätzen, wenn man mit einem solchen Menschen befreundet sein will.

Der Daumen

Ein langer Daumen bedeutet, dass die betreffende Person sehr fleißig und ausdauernd ist. Allerdings müssen diese Menschen das Gefühl haben, dass sich ihr Einsatz lohnt und dass ihre Arbeit entsprechend gewürdigt wird.

Ein kurzer, dicker Daumen repräsentiert Zähigkeit und Energie. Ob im Sport oder bei der Arbeit: Menschen mit einem dicken Daumen setzen sich hohe Ziele – und die Hürden werden immer höher. Leider haben sie die Neigung, nie zufrieden zu sein mit dem, was sie bereits geschafft haben. Es müssen immer wieder neue Ziele her. Ein Gegengewicht könnte ein künstlerisches Hobby sein, bei dem es nicht darum geht, etwas zu erreichen.

Der Daumenabdruck

Auch das spezifische Muster Ihres Daumens verrät etwas über Ihre Persönlichkeit und die Zukunft. Am besten können Sie sich mit Stempelfarbe Ihren persönlichen Abdruck auf ein Stück Papier „stempeln“. Es ist sehr interessant, die Daumenabdrücke verschiedener Menschen miteinander zu vergleichen. Jeder Daumenabdruck lässt sich einem von fünf Typen zuordnen, die im Folgenden dargestellt werden.

Schleife

Menschen mit einem schleifenähnlichen Daumenabdruck (rechts) sind flexibel und können gut mit anderen umgehen. Sie haben viel Esprit und bringen in Diskussionen gute Ideen ein. Diese Personen besitzen Humor und sind selten verbissen. Sie reisen gern und sind Neuem gegenüber aufgeschlossen. Circa in der Lebensmitte kann es einige turbulente Umbrüche in ihrem Leben geben.

Bogen

Menschen, deren Daumenabdruck bogenförmig ist (links), sind eher zurückhaltende Zeitgenossen. Sie können gut beobachten, sind introvertiert sagen selten , was Sie meinen. Diese Personen haben Schwierigkeiten, Kontakte zu knüpfen und möchten lieber alleine sein. Oft findet im Leben dieser Menschen eine Reise statt, die eine entscheidende Rolle spielen kann.

Pfauenauge

Menschen mit einem Daumenabdruck, der an ein Pfauenauge erinnert (rechts), sind kreative Köpfe. Ein geregelter Lebensrhythmus ist ihnen fremd und sie neigen oft zum Chaos. Aber ihre kulturellen Hinterlassenschaften sind oft beeindruckend. Diese Menschen fühlen sich leicht eingeengt, denn sie brauchen das Gefühl von grenzenloser Freiheit. Oft neigen Sie zu extremen Hobbys, vor allem in sportlicher Hinsicht.

Wirbel

Zeigt Ihr Daumenabdruck eine wirbelartige Form (links), sind Sie sehr diszipliniert. Sie wollen Ihre Ziele auf jeden Fall erreichen und lassen sich durch nichts davon abhalten. Sie setzen sich Ihre Hürden sehr hoch und empfinden große Befriedigung, wenn Sie ein Projekt zum Abschluss bringen. Allerdings müssen Sie im Leben noch lernen, auch eine Niederlage einzustecken.

Doppelschleife

Wenn Ihr Daumenabdruck eine Doppelschleife aufweist (rechts), kann das ein Hinweis darauf sein, dass Sie ein wenig lockerer werden sollten. Sie machen sich wahrscheinlich zu viele Gedanken, wie Sie auf andere wirken. Sie sollten sich lieber fragen, wer und wie Sie in Wirklichkeit sind. Hören Sie damit auf, zu viele unterschiedliche Rollen zu spielen – Sie können nicht allen gerecht werden!

Hand-Berge

Betrachtet man die Innenfläche der Hand genauer, erkennt man einzelne Erhebungen, die in der Chiromantie „Berge“ genannt werden. Diese Berge und die dazugehörigen Finger wurden schon im Altertum mit Himmelskörpern in Verbindung gebracht – daher rühren auch ihre Bezeichnungen. Bei den meisten Handlesern werden sieben Handberge unterschieden. Jeder Berg steht für eine Gruppe von Eigenschaften.

Je nach Höhe und Ausprägung des Berges ist die Eigenschaft entweder stark oder schwach ausgeprägt. Um ein Gefühl für die Angaben „stark ausgeprägt“ und „schwach ausgeprägt“ zu bekommen, müssen Sie mehrere Hände miteinander vergleichen. Erst in der Relation zueinander ergeben diese Angaben einen Sinn.

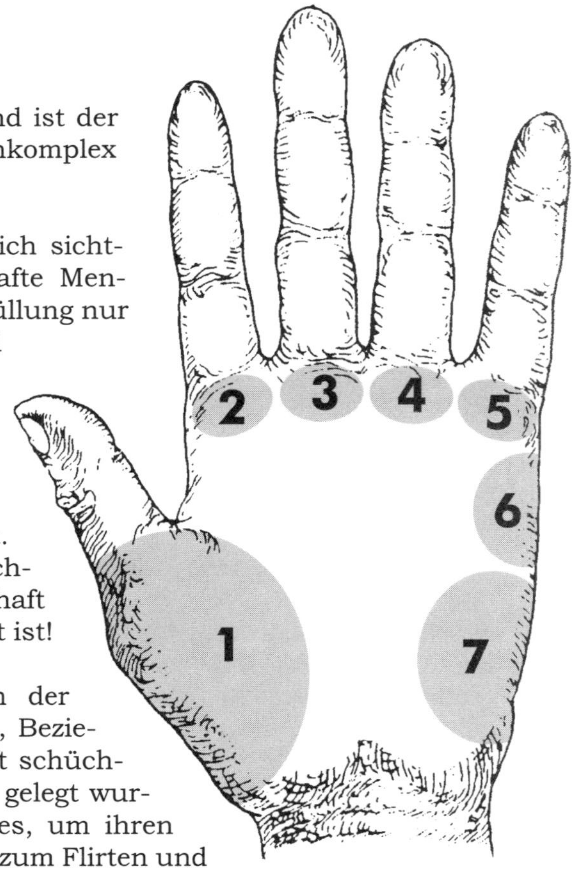

Venusberg (1)

Der Venusberg befindet sich direkt unter dem Daumen und ist der größte der sieben Berge. In ihm lässt sich alles zum Themenkomplex „Liebe und Leidenschaft“ ablesen.

Stark ausgeprägter Venusberg: Menschen mit einem deutlich sichtbaren Venusberg sind sehr leidenschaftliche und triebhafte Menschen. Sie können schlecht alleine sein und finden ihre Erfüllung nur in einer erotisch geprägten Partnerschaft. Für sie sind Äußerlichkeiten wichtig und sie legen Wert auf einen gewissen Stil. Männer mit einem stark ausgeprägten Venusberg sind häufig Kavaliere und flirten gerne und oft. Sie brauchen die Bestätigung durch das andere Geschlecht wie die Luft zum Atmen. Werden diese Menschen von einem Partner verlassen, ist eine starke Krise vorprogrammiert. Wenn Sie sich aktuell in einer Trennungskrise befinden, achten Sie darauf, dass Sie sich nicht in eine neue Partnerschaft stürzen, solange die alte Beziehung noch nicht aufgearbeitet ist!

Schwach ausgeprägter Venusberg: Menschen, bei denen der Venusberg weniger stark ausgeprägt ist, neigen eher dazu, Beziehungen wie zwischen Geschwistern zu führen. Sie sind oft schüchtern, da Erotik und Sinnlichkeit ihnen nicht in die Wiege gelegt wurden. Aber zum Ausgleich sind sie sehr treu und tun alles, um ihren Partner nicht zu verlieren. Sie haben keine natürliche Gabe zum Flirten und ihre Verführungskünste sind nicht stark entwickelt. Menschen mit einem kleinen Venusberg können schlecht den ersten Schritt tun. Sie müssen und wollen erobert werden.

Jupiterberg (2)

Der Jupiterberg befindet sich unterhalb des Zeigefingers und sagt etwas darüber aus, wie selbstbewusst und erfolgreich ein Mensch ist.

Stark ausgeprägter Jupiterberg: Menschen, bei denen der Jupiterberg stark ausgeprägt ist, sind ehrgeizig und selbstbewusst. Sie haben ein starkes Ego und bekleiden daher oft Führungspositionen. Sie sind an Macht und Autorität interessiert und Arbeit spielt bei ihnen eine große Rolle. Menschen dieses Typs haben Schwierigkeiten beim Abschalten und können sich schlecht entspannen. Muße und Freizeit sind ihnen ein Gräuel.

Schwach ausgeprägter Jupiterberg: Menschen mit einem schwach ausgeprägten Jupiterberg sind oft Selbstzweifler und Grübler. Sie haben einen starken Drang zur Selbstkontrolle und können sich Fehler schlecht verzeihen. Sie denken viel und blockieren sich damit häufig selbst beim Treffen von wichtigen Entscheidungen. Es sind grüblerische Menschen, denen jede Form von Oberflächlichkeit zuwider ist. Sie schätzen ein gutes Buch eher als eine laute Party.

Saturnberg (3)

Der Saturnberg befindet sich unter dem Mittelfinger und gibt Aufschluss über die Aspekte Moral und Gewissen.

Stark ausgeprägter Saturnberg: Menschen, bei denen sich der Saturnberg stark wölbt, haben hohe moralische Ansprüche. Sie glauben an Tugenden wie Ehrlichkeit, Pflichtbewusstsein und Treue. Sie leiden an der Ungerechtigkeit in der Welt und engagieren sich oft in sozialen Vereinen.

Sie haben einen leichten Hang zum Missionieren und verwickeln ihre Mitmenschen oft und gerne in lange philosophische Gespräche. Menschen mit einem stark ausgeprägten Saturnberg sind zuverlässig und können gut Geheimnisse hüten.

Schwach ausgeprägter Saturnberg: Ein schwach ausgeprägter Saturnberg deutet auf Menschen hin, die gerne in den Tag hinein leben. Sie haben Schwierigkeiten, sich festzulegen und sind gern unverbindlich. Oft verbergen sich hinter diesen Menschen kreative Köpfe, die ihren Mitmenschen viel Geduld und Wohlwollen abverlangen. Ihr Gewissen ist ihnen keine Last und sich auf eine Religion festzulegen, liegt ihnen fern. Sie sind Lebenskünstler und werden unwissentlich oft beneidet wegen ihrer Sorglosigkeit und Lebensfreude.

Apolloberg (4)

Der Apolloberg, oder auch Sonnenberg genannt, liegt direkt unter dem Ringfinger. Wer ihn richtig interpretiert, erfährt etwas über das Gefühlsleben eines Menschen.

Stark ausgeprägter Apolloberg: Menschen dieses Typus sind sensibel und besitzen ein starkes Einfühlungsvermögen. Sie sind hilfsbereit und erwarten keinen Dank für ihre guten Taten. Sie sind großzügig und überraschen andere oft mit einfallsreichen selbst gebastelten Geschenken. Häufig sind diese Menschen künstlerisch begabt. Sie können gut mit Kindern umgehen, da sie eine hohe Toleranzschwelle und eine Menge Geduld mitbringen.

Schwach ausgeprägter Apolloberg: Wer kaum den Ansatz eines Apolloberges in seiner Hand erkennt, ist oft ein einsamer Zeitgenosse, der sich häufig ungerecht behandelt fühlt. Andere Menschen sind ihm oft ein Rätsel. Menschen mit einem kleinen Apolloberg meiden gerne große Festivitäten, da ihnen die Kunst des Smalltalks nicht gegeben ist. Andererseits verfügen diese Zeitgenossen über einen großen Schatz an Lebensweisheiten, die darauf warten, endlich ans Tageslicht zu kommen.

Merkurberg (5)

Der Merkurberg schließt an den kleinen Finger an und zeigt, über welche Talente und Begabungen ein Mensch verfügt.

Stark ausgeprägter Merkurberg: Wer einen stark ausgeprägten Merkurberg vorweisen kann, bekleidet oft eine anspruchsvolle berufliche Position, in der Menschen geführt werden müssen. Ein starker Merkurberg sorgt für einen guten Überblick in stressigen Situationen und ein gutes Auge für das Funktionieren eines Teams. Im Handel, Gewerbe, in diplomatischen Berufen und im Finanzwesen sind diese Menschen überdurchschnittlich häufig vertreten. Darüber hinaus sind sie mit einer guten Portion Humor gesegnet, mit der sie manch kritische Situation entschärfen können.

Schwach ausgeprägter Merkurberg: Menschen mit einem schwach ausgeprägten Merkurberg haben eine starke technische Begabung. Sie sind gute Handwerker, aber auch Computerspezialisten oder Chirurgen. Allerdings können sie besser alleine als in einem Team arbeiten. Karriere ist ihnen wichtig, aber sie brauchen geregelte Arbeitszeiten und viel Freizeit, um sich zu regenerieren. Menschen mit einem schwachen Merkurberg wollen nicht kontrolliert werden. Sie genießen das Vertrauen, das man ihnen entgegenbringt, und liefern das Angeforderte mit Sicherheit pünktlich ab. Darüber hinaus sind diese Menschen häufig sehr sprachbegabt und daher gut als Übersetzer oder Journalisten geeignet.

Marsberg (6)

Der Marsberg befindet sich in der Mitte des äußeren Handrandes. Er sagt etwas über das Temperament eines Menschen aus.

Stark ausgeprägter Marsberg: Menschen, bei denen der Marsberg stark ausgeprägt ist, sind kämpferische Naturen. Sie sind in hohem Maße konfliktfähig und scheuen sich nicht zu sagen, was sie denken. Damit verletzen sie ihre Mitmenschen zwar oft, aber es käme ihnen gar nicht in den Sinn, ihren Mund zu halten. Starke Mars-Naturelle erreichen im Leben, was immer sie sich vornehmen, da sie ihr Ziel nie aus den Augen verlieren. Sie sind aktiv, aufbrausend, aber niemals ungerecht oder anmaßend.

Schwach ausgeprägter Marsberg: Menschen, die keinen oder nur einen kleinen Marsberg besitzen, sind eher konfliktscheu. Sie gehen Auseinandersetzungen aus dem Weg und halten mit ihrer Meinung oft hinter dem Berg. Sie können sich gut anpassen und sie sind flexibler als die Menschen mit einem großen Marsberg. Menschen mit einem kleinen Marsberg erreichen ihre Ziele oft ohne großes Eigenengagement. Vieles fällt ihnen einfach so in den Schoß. Häufig sind diese Menschen echte Glückskinder. Sie sind ruhige Zeitgenossen, die es aber oft faustdick hinter den Ohren haben.

Mondberg (7)

Der Mondberg befindet sich am Handballen in Richtung Handgelenk. Er kündet von der Seelenlage und dem Unterbewusstsein der Menschen.

Stark ausgeprägter Mondberg: Menschen, die den Mondberg in ihrer Hand deutlich erkennen können, sind fantasiebegabte Menschen mit einer romantischen Ader. Sie schreiben gerne Gedichte und ihr Innerstes ist ihnen nicht fremd. Sie widmen sich gerne esoterischen Themen und erforschen jeden Winkel ihres Unterbewusstseins. Sie hängen oft ihren Tagträumen nach und brauchen regelmäßig Inseln der Ruhe. Man kann sich mit ihnen wunderbar über spirituelle Themen unterhalten, da sie für alles offen sind.

Schwach ausgeprägter Mondberg: Diese Menschen sind eher Rationalisten als Träumer. Sie belächeln gerne ihre Mitmenschen, die oft von ihren Gefühlen reden. Gefühle sind diesen abgeklärten Menschen mit einem schwach ausgeprägten Mondberg sowieso eher suspekt. Für sie muss alles erklärbar und wissenschaftlich bewiesen sein. Oft sind diese Menschen erfolgreiche Naturwissenschaftler, die die Gabe besitzen, schwierige Sachverhalte einfach und nachvollziehbar zu erklären.

Handlinien

Die Handlinien spielen in der Kunst des Handlesens eine zentrale Rolle. Die einzelnen Linien und Furchen bilden sich schon lange vor der Geburt des Menschen heraus, nämlich ca. im vierten Monat nach der Empfängnis. Ob tatsächlich astronomische Einflüsse dabei eine Rolle spielen, ist wissenschaftlich nicht geklärt.

All diejenigen, die behaupten, Handlinien würden nach dem Prinzip des Zufalls entstehen, vergessen aber die Frage zu beantworten, wie es kommt, dass es auf der ganzen Welt keine zwei Hände gibt, die sich gleichen! Allein schon dieser Umstand macht die Betrachtung der sieben Hauptlinien der Hand interessant und lohnenswert.

Ähnlich wie bei der Betrachtung der Handberge gilt auch bei den Handlinien das Prinzip, dass eine lange, tief gefurchte Linie eine Tendenz verstärkt und eine kurze, wenig gefurchte Linie die entsprechenden Tendenzen abschwächt bzw. relativiert. Und auch hier gilt wieder der Grundsatz, dass man viele verschiedene Hände betrachtet haben sollte, bevor man ein sicheres Gefühl für „lang“ und „kurz“ bekommt.

Bevor Sie nun daran gehen, Ihre Handinnenflächen genauer zu studieren, sollten Sie sich so setzen, dass helles Tageslicht schräg auf die Handflächen fallen kann. In diesem Licht erkennen Sie die Linien und deren Verlauf am besten.

Die Lebenslinie

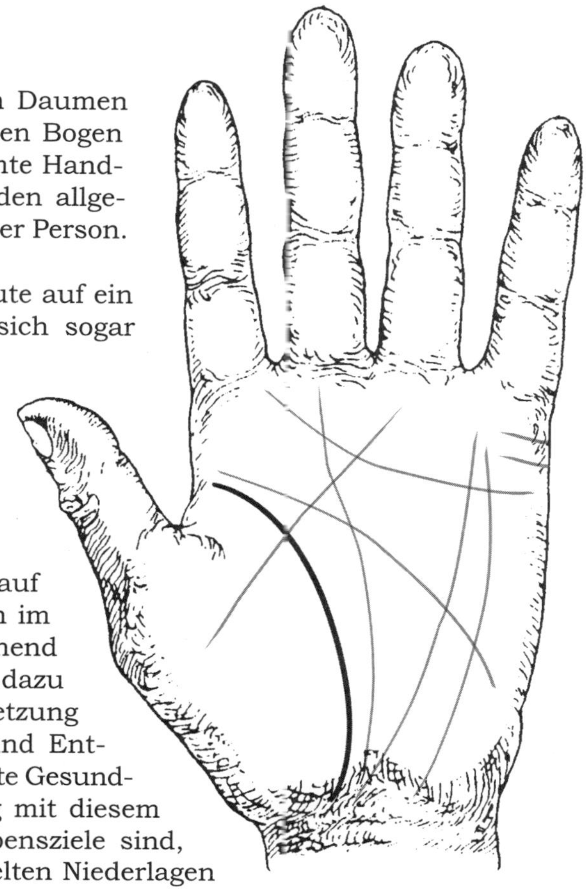

Die Lebenslinie beginnt an der Handkante zwischen Daumen und Zeigefinger und verläuft in einem geschwungenen Bogen abwärts, bei manchen Menschen sogar um die gesamte Handwurzel herum. Die Lebenslinie gibt Auskunft über den allgemeinen Gesundheitszustand und die Lebenskräfte einer Person.

Die simple Vereinfachung, eine kurze Lebenslinie deute auf ein kurzes Leben hin, ist nicht begründet und kann sich sogar negativ auf denjenigen auswirken, dem man eine solche Diagnose stellt. An der Tatsache, wie die Lebenslinie interpretiert wird, können sie einen guten, seriösen Handleser, der sich seiner Verantwortung gegenüber dem Probanden bewusst ist, von Scharlatanen unterscheiden!

Wenn Ihre Lebenslinie lang und tief ist, deutet das darauf hin, dass Sie sehr viel physische Kraft haben, Krisen im Leben zu meistern und zu bestehen. Diese anscheinend unerschöpflichen Kraftreserven können natürlich dazu führen, dass Sie ein langes Leben haben. Voraussetzung dafür ist aber, dass Sie Phasen der Regeneration und Entspannung einplanen! Sie verfügen zwar über eine robuste Gesundheit, aber um sie zu erhalten, müssen Sie sorgfältig mit diesem Gut umgehen. Je bewusster Sie sich über ihre Lebensziele sind, desto erfüllter wird Ihr Leben sein und Sie werden selten Niederlagen einstecken müssen.
Zukunftsaussichten: Gesundes Leben. Neigung zu Einsamkeit im Alter.

Eine lange, dünne und unregelmäßige Lebenslinie sagt etwas über die Wechselfälle in Ihrem Leben aus. Ihr Leben gleicht einer Zick-Zack-Kurve und Sie sind ein echtes Stehaufmännchen. Anscheinend ist es Ihr Schicksal, mit vielen Krisen und Problemen konfrontiert zu werden. Aber das hat auch eine gute Seite: All das macht Sie nämlich stark und lässt Sie zu einer beeindruckenden Persönlichkeit reifen. Sie lassen sich von nichts und niemandem kleinkriegen!
Zukunftsaussichten: Relativ viele Krisen in der Lebensmitte.

Eine kurze und kräftige Lebenslinie bedeutet, dass Sie sehr vital und lebendig sind. Sie verfolgen Ihre Ziele konsequent und lassen sich nicht von Ihrem Weg abbringen. Oft wirft man Ihnen vor, Sie seien egoistisch, aber das ist nur der Neid derjenigen, die noch nicht wissen, wohin sie im Leben wollen. Sie haben genug Kraft für Ihren langen Weg.
Zukunftsaussichten: Passive Lebensführung. Sie müssen sich wahrscheinlich einmal im Leben schmerzhaft von einem Menschen abnabeln.

Eine kurze und schwache Lebenslinie sollten Sie als eine Ermahnung verstehen. Ihre Antriebskräfte sind nicht sehr stark entwickelt und Sie müssen sich unbedingt Ziele setzen. Vielleicht fehlt es Ihnen an Lebensmut? Überlegen Sie doch einmal, was Ihnen im Leben bisher Spaß gemacht und was Sie glücklich gemacht hat. Können Sie solche Dinge nicht öfter tun? Achten Sie auf Ihr Immunsystem und Ihre Ernährung!
Zukunftsaussichten: Sie überwinden eine starke Depression im ersten Drittel Ihres Lebens!

Es gibt einige Menschen mit einer doppelten Lebenslinie. Das sind echte Glückskinder. Sie verfügen über eine Art Schutzengel. Allerdings sollten sich diese Menschen davor hüten, ihr Schicksal herauszufordern. Das kann den Schutz für immer vertreiben!
Zukunftsaussichten: Ihnen wird wenig zustoßen. Sie haben einen kosmischen Schutz!

Die Schicksalslinie

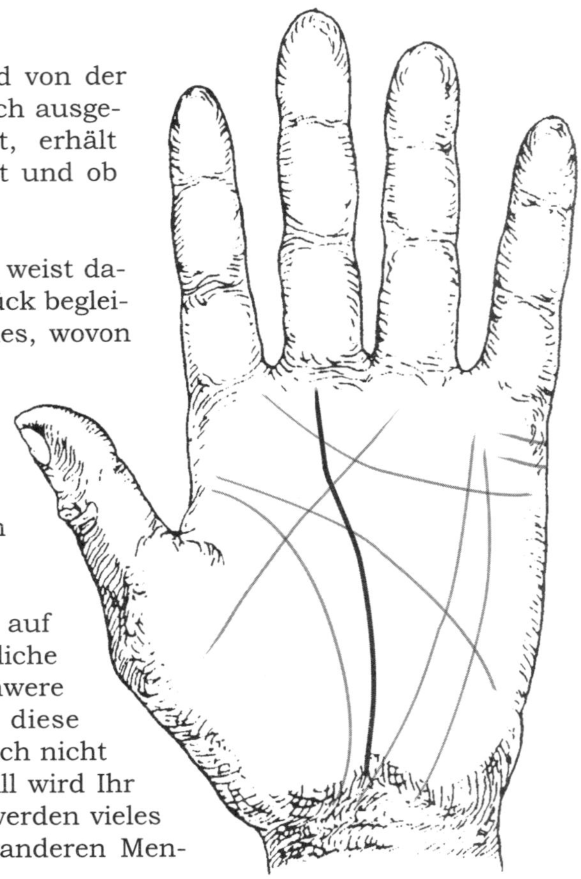

Die Schicksalslinie verläuft durch die Mitte der Hand von der Handwurzel zu den Fingern. Sie ist häufig nur schwach ausgeprägt. Wer die Schicksalslinie richtig interpretiert, erhält Aufschluss darüber, was das Leben mit einem vorhat und ob man mit viel oder wenig Glück gesegnet ist.

Eine tiefe, gerade und ununterbrochene Schicksalslinie weist darauf hin, dass Sie Ihr Leben lang von einem großen Glück begleitet werden. Privat und geschäftlich gelingt Ihnen vieles, wovon andere nur träumen können. Ihr Leben verläuft in geregelten und ruhigen Bahnen. Sie sollten immer daran denken, dass das Glück nur zufällig bei Ihnen gelandet ist und dass Sie daher andere an Ihren Erfolgen teilhaben lassen sollten!
Zukunftsaussichten: Eine große Überraschung kann Ihrem Leben eine völlig neue Wendung geben.

Unterbrechungen der Schicksalslinie deuten immer auf einen Umbruch in Ihrem Leben hin. Das können berufliche oder private Veränderungen sein oder auch eine schwere Krankheit, von der Sie sich aber erholen. Ob diese Umbrüche positiver oder negativer Natur sind, lässt sich nicht immer genau sagen. Auf jeden Fall wird Ihr Leben nicht langweilig und sie werden vieles lernen und erfahren, was anderen Menschen verborgen bleibt.
Zukunftsaussichten: In Ihrer Nähe befindet sich ein Mensch, der für Sie sehr wichtig werden kann!

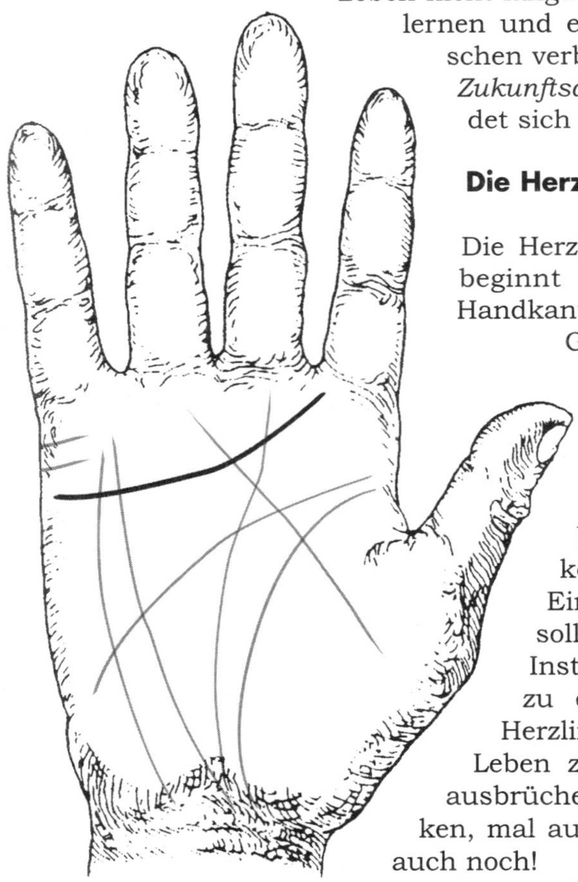

Die Herzlinie

Die Herzlinie bezeichnet die obere Querlinie in Ihrer Hand. Oft beginnt sie unterhalb des Zeigefingers und endet an der Handkante unterhalb des kleinen Fingers. Diese Linie steht für die Gefühlswelt in Ihrem Leben. Sie sagt etwas aus über Ihr Liebesglück und die Leidenschaft.

Die erste interessante Entdeckung bei der Betrachtung der Herzlinie ist die Tatsache, dass Sie bei vielen Menschen fehlt. Das ist ein erster Hinweis darauf, dass bei diesen Menschen die Vernunft regiert und die Gefühle keine große Rolle spielen. Oft lässt sich mit dieser Einstellung ein relativ zufriedenes Leben führen, aber Sie sollten bedenken, dass der Verstand nur dann ein gutes Instrument ist, wenn er von Gefühlen begleitet wird. Falls Sie zu den Menschen mit einer fehlenden oder schwachen Herzlinie gehören, sollten Sie dringend die Gefühle in Ihrem Leben zulassen. Schämen Sie sich nicht länger vor Gefühlsausbrüchen wie Lachen oder Weinen. Es kann sehr befreiend wirken, mal aus dem Bauch heraus zu leben, und gesund ist es dazu auch noch!
Zukunftsaussichten: Sie werden im Leben mehrfach mit einer schwierigen Situation konfrontiert, bei denen Ihnen ein Mensch aus Kindheitstagen helfen kann.

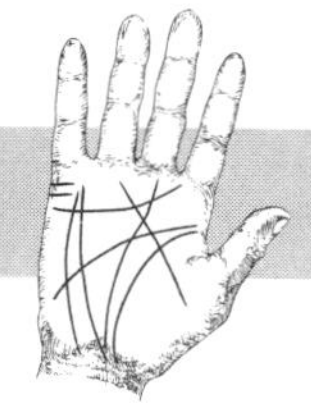

Besitzen Sie eine gut sichtbare, ununterbrochene Herzlinie können Sie sich glücklich schätzen. Bei Ihnen halten sich Verstand und Emotionen die Waage und Sie werden Ihr Leben lang von Menschen umgeben sein, die Sie lieben und schätzen, so wie Sie wirklich sind. Sie können ohne Probleme zu Ihren Gefühlen stehen und daher werden Sie häufig von anderen als Beraterin aufgesucht. *Zukunftsaussichten:* Es kann sein, dass Sie den richtigen Partner erst in der zweiten Lebenshälfte finden.

Eine unterbrochene Herzlinie deutet auf ein ewiges Auf und Ab in Liebesdingen hin. Da Sie ein überaus leidenschaftlicher Mensch sind, fliegen bei Ihnen öfter mal die Fetzen bzw. das Porzellan. Insgeheim lieben Sie heftige emotionale Auseinandersetzungen, weil Sie sich dann am Puls des Lebens fühlen. Sie sind erst lebendig, wenn es leidenschaftlich wird. Ihr Temperament können Sie nicht abstellen, aber vielleicht lernen Sie es im Laufe Ihres Lebens besser zu zügeln und bewusster einzusetzen. Wenn Sie ehrlich sind, haben Sie schon einige Situationen verdorben, weil Ihr Temperament mit Ihnen durchgegangen ist! Das sollte Ihnen nicht noch öfter passieren. *Zukunftsaussichten:* Sie werden wahrscheinlich einmal im Leben von einem Ihnen recht nahe stehenden Menschen tief verletzt.

Übrigens: Kleine Querlinien auf oder entlang der Herzlinie bedeuten eventuell zukünftigen Liebesschmerz. Das kann eine nicht erwiderte Liebe sein oder eine Trennung, unter der Sie lange zu leiden haben. Aber Sie fallen immer wieder auf die Füße und werden nie lange alleine sein, auch wenn Sie manchmal das Gefühl haben. Sie sind ein Familienmensch und die Liebe und Wertschätzung anderer Menschen begleiten Sie ein Leben lang – aber manchmal eben mit Unterbrechungen!

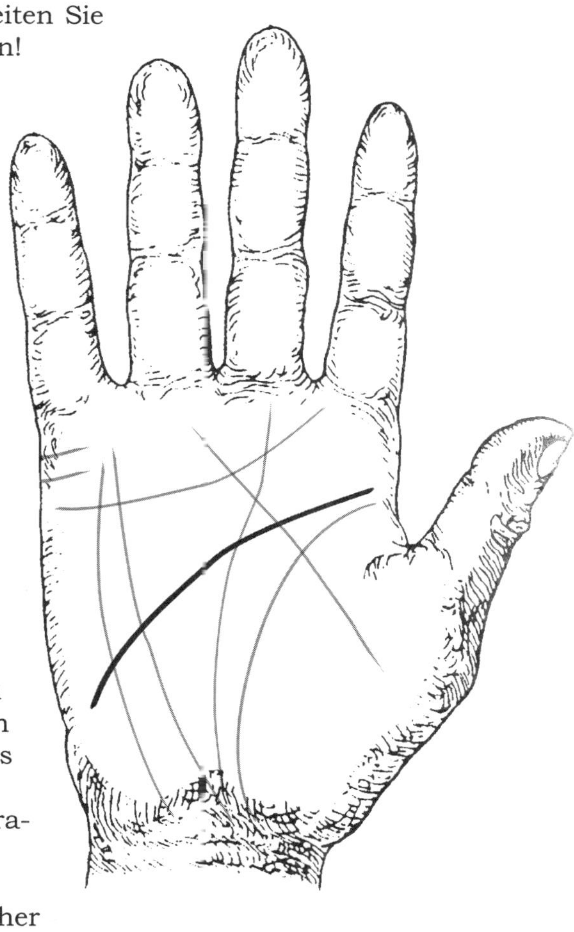

Die Kopflinie

Die Kopflinie ist die dritte große Linie zwischen der Herz- und Lebenslinie. Sie beginnt zwischen Daumen und Zeigefinger und endet im unteren Drittel der Handkante. Die Kopflinie steht für Fantasie, künstlerische Begabung und Spiritualität.

Eine abwärtsgebogene, lange, ununterbrochene Kopflinie bedeutet, dass Sie über ein hohes Maß an Fantasie verfügen. Sie sind dazu prädestiniert, Geschichten zu erfinden und zu schreiben, sie drücken sich gerne poetisch aus und haben einen Hang zu Phantasy- und Science-Fiction-Geschichten. Sie nehmen Farben und Gerüche intensiv wahr und haben ein gutes Gehör für Musik. Als Kind haben Sie sich gerne verkleidet und auch heute noch lieben Sie das Spiel mit verschiedenen Rollen. Sie sollten Ihre Begabung gut hüten und Ihre Talente ausbauen. Schmerzhaft wird es für Sie, wenn Ihre Fantasiewelt mit der realen Welt kollidiert. Am besten lassen Sie sich in solchen Fällen von jemandem beraten, der sehr rational an die Dinge des Lebens herangeht.
Zukunftsaussichten: Ein Kind kann in Ihrem Leben überraschend eine wichtige Rolle spielen.

Verläuft die Kopflinie parallel zur Lebenslinie sind Sie ein eher zögerlicher Charakter. Sie können schlecht Entscheidungen treffen und grübeln sehr viel. Oft liegt es daran, dass Sie in Wirklichkeit gar nicht wissen, wo Ihre Talente eigentlich liegen. Ihre Fantasie ist im Laufe der Jahre verkümmert, aber Sie können Sie aktivieren! Meistens finden Sie auch keine Erfüllung in Ihrem Beruf, weil sie eine Tätigkeit ausüben, die nicht wirklich zu Ihnen passt. Vielleicht können Sie sich erinnern, was Sie als Kind immer gerne werden wollten?

Sind Ihre Träume dann durch den Satz „Lerne lieber etwas Ordentliches“ zerstört worden? Besinnen Sie sich auf Ihre Kindheitsträume und überlegen Sie, was Sie davon in Ihren Alltag integrieren können. Viele verhinderte Feuerwehrmänner werden als Erwachsene bei der Freiwilligen Feuerwehr glücklich. Wie sieht es mit Ihren Träumen aus?
Zukunftsaussichten: Ihr inneres Kind meldet sich immer wieder. Sie müssen Kontakt mit ihm aufnehmen!

Wenn die Kopf- und die Lebenslinie mit großem Abstand auseinander driften, kann dies auf einen gewissen Wankelmut hindeuten. Sie sind oft entscheidungsunfähig, weil Sie sich nicht zwischen Kopf und Bauch entscheiden können. Auch Sie sind sehr fantasiebegabt. Daher sollten Sie öfter versuchen, Ihre Intuition einzusetzen. Wenn man ehrlich ist, ahnt oder spürt man oft, was getan werden muss, noch bevor man es weiß. Diese Seite unseres Ich ist schneller und meistens verlässlicher als die rationale Seite.
Zukunftsaussichten: Einmal im Leben werden Sie sich wahrscheinlich mit einer Person zusammentun, die Ihnen nicht gut tut.

Die Geldlinie

Die Geldlinie verläuft quer zu den drei Hauptlinien. Wie der Name schon sagt, gibt diese Linie Auskunft über die materielle Seite unseres Lebens.

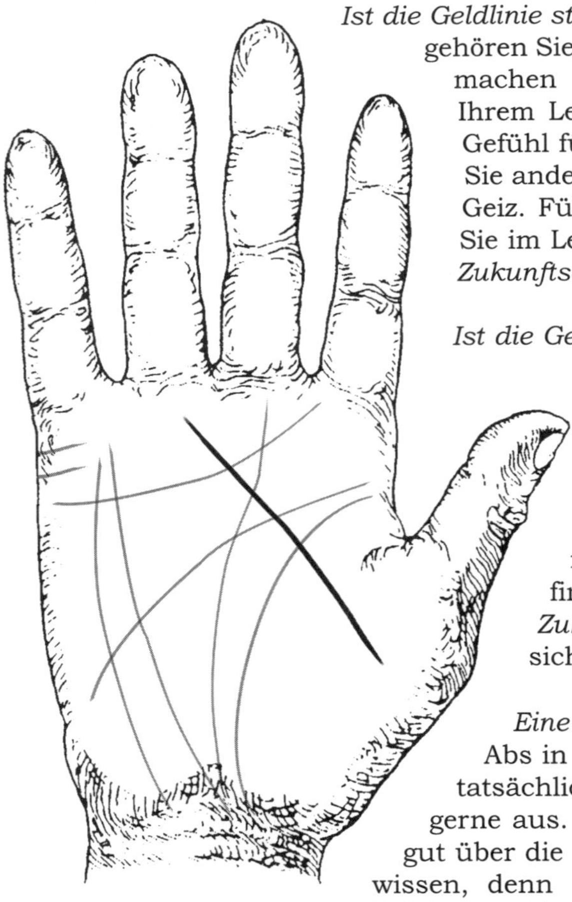

Ist die Geldlinie stark ausgeprägt und verläuft sie deutlich bis zum Ringfinger, gehören Sie zu denjenigen, die sich über finanzielle Dinge keine Sorgen machen müssen. Sie haben fast alles im Überfluss und können Ihrem Lebensabend gelassen entgegensehen. Sie haben ein gutes Gefühl für Zahlen und haben schon als Kind gerne gespart. Helfen Sie anderen, die nicht so viel haben wie Sie, und hüten Sie sich vor Geiz. Führen Sie sich möglichst täglich vor Augen, wie viel Glück Sie im Leben haben, und seien Sie stolz auf sich!
Zukunftsaussichten: Ein großer Gewinn wartet auf Sie!

Ist die Geldlinie nur schwach zu erkennen, gehören Sie wahrscheinlich nicht zu den Menschen, die materiell im Überfluss leben. Viele Menschen stört das nicht, denn für sie gibt es Wichtigeres im Leben als Ersparnisse anzuhäufen. Gegen diese Einstellung ist nichts einzuwenden. Wenn Sie allerdings Verantwortung für eine Familie übernommen haben, sollten Sie etwas solider werden. Vielleicht nehmen Sie doch einmal eine professionelle Beratung in finanziellen Dingen in Anspruch?
Zukunftsaussichten: Im zweiten Drittel Ihres Lebens meldet sich eine Person, die Sie mit guten Ideen befruchtet.

Eine häufig unterbrochene Geldlinie zeugt von vielen Aufs und Abs in finanziellen Dingen. Häufig sind es Menschen, denen Geld tatsächlich egal ist. Wenn sie finanzielle Mittel haben, geben sie sie gerne aus. Wenn andererseits kein Geld da ist, kommen sie auch so gut über die Runden. Diese Menschen sind Lebenskünstler, ohne es zu wissen, denn sie machen sich nicht viele Gedanken über Geld und Reichtum. Oft werden diese Menschen glücklich alt. Jedoch würde es nicht schaden, wenn sie sich ab und zu Gedanken über die finanzielle Seite des Alterns machen würden. Auch wenn Sie noch jung sind, sollten Sie bereits jetzt ans Rentner-Dasein denken. Später werden Sie einmal froh darüber sein!
Zukunftsaussichten: Es wird Ihnen ein interessantes Angebot gemacht, dass Sie ganz in Ruhe prüfen sollten!

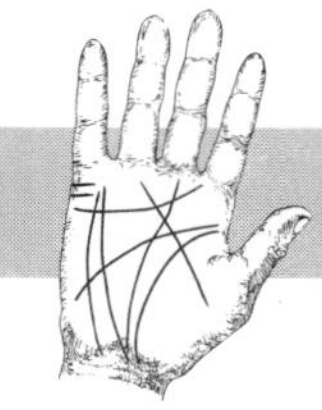

Die Gesundheitslinie

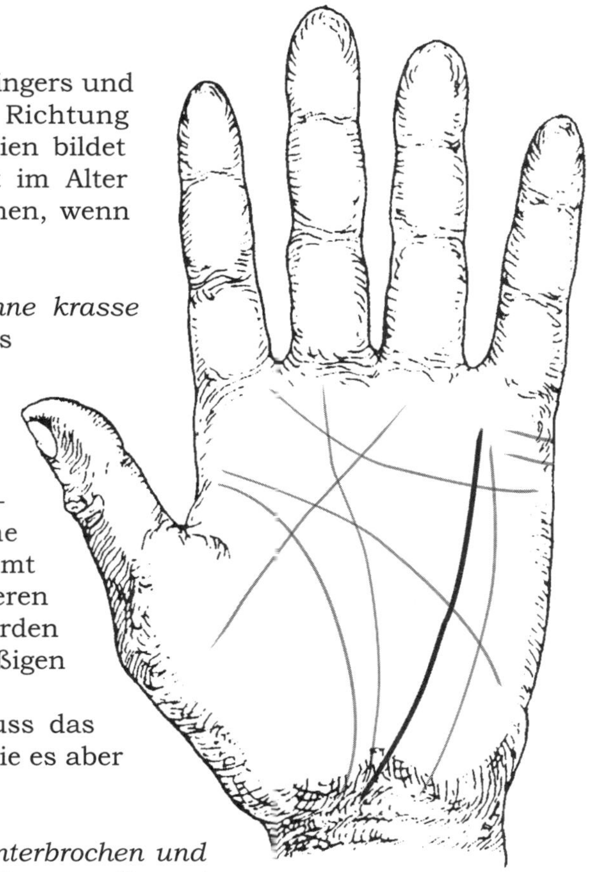

Die Gesundheitslinie beginnt unterhalb des kleinen Fingers und verläuft schräg über die ganze Handfläche in Richtung Handgelenk. Im Gegensatz zu den anderen Handlinien bildet sich bei vielen Menschen die Gesundheitslinie erst im Alter heraus – es ist also kein Besorgnis erregendes Zeichen, wenn diese Signatur auf Ihrer Hand vorerst fehlt.

Ist Ihre Gesundheitslinie gut sichtbar, stark und ohne krasse Unterbrechungen, brauchen Sie sich um Ihre Physis keine großen Gedanken zu machen. Sie haben eine robuste Gesundheit und werden höchstens von kleinen Zipperlein gequält, die nicht weiter nennenswert sind. Leider geht dieser gesundheitliche Segen oft mit der Ansicht einher, man brauche überhaupt keine Ärzte aufzusuchen und auch keine Vorsorgeuntersuchungen wahrzunehmen. Zwar stimmt es, dass Sie für Ihre Gesundheit nicht viel investieren müssen, aber sie ist Ihnen als Geschenk gegeben worden und dieses Geschenk bedarf einer gewissen regelmäßigen Pflege!
Zukunftsaussichten: Wenn sich Ihr Herz meldet, muss das nicht unbedingt physische Ursachen haben. Lassen Sie es aber auf jeden Fall untersuchen!

Ist Ihre Gesundheitslinie zwar sichtbar, aber stark unterbrochen und eher schwach ausgeprägt, sollten Sie überlegen, was Sie ganz allgemein für Ihr Wohlbefinden tun können. Auch wenn Sie sich im Moment fit und gesund fühlen, sollten Sie vorbeugen. Wellness und Fitness sollten Sie sich auf die Fahnen schreiben. Zwar neigen Sie nicht dazu, ständig zu kränkeln, aber Sie sind nicht wirklich robust. Oft haben diese Menschen Kreislauf- oder Rückenprobleme, die aber häufig mit homöopathischen Mitteln behandelt werden können. Insgesamt sollten Sie öfter auf Ihren Körper hören und sich vor physischen Überanstrengungen hüten.
Zukunftsaussichten: Jemand, den Sie schon lange kennen, kann sich als „Heiler“ entpuppen!

Auch wenn Ihre Gesundheitslinie zwar sichtbar, aber nur sehr schwach ausgeprägt ist, sollten Sie etwas für sich tun. Sie haben die Tendenz, Raubbau an Ihrem Körper zu treiben. Wenn Sie noch jung sind, merken Sie die Folgen noch nicht. Aber machen Sie sich schon jetzt klar, dass eine gute Pflege des Körpers die Voraussetzung ist, um im Alter gesund und beweglich zu bleiben. Gerade diese Menschen sollten regelmäßig ein Blutbild machen lassen und besonders auf eine ausgewogene Ernährung achten.
Zukunftsaussichten: In Ihrem Leben gibt es mehrere Reisen, die sie innerlich wachsen lassen!

Die Liebeslinien

Die waagerechten Liebeslinien befinden sich unterhalb des kleinen Fingers bzw. seitlich verschoben in Richtung Handkante. Sie geben Auskunft über den Grad der Turbulenzen in Ihren Beziehungen.

Weist Ihre Hand viele kräftig ausgeprägte Liebeslinien auf, kann das ein Hinweis darauf sein, dass es in Ihrem Leben mehr als einen Menschen geben wird, der für Sie wichtig ist. Es kann sein, dass eine glückliche Partnerschaft zerbricht, ohne dass Sie etwas daran ändern können. In diesem Fall wäre es gut, wenn Sie sich schnell mit Ihrem Schicksal abfinden würden. Sie können ganz sicher sein, dass Sie in Ihrem Leben noch einmal einen Partner finden werden, mit dem Sie

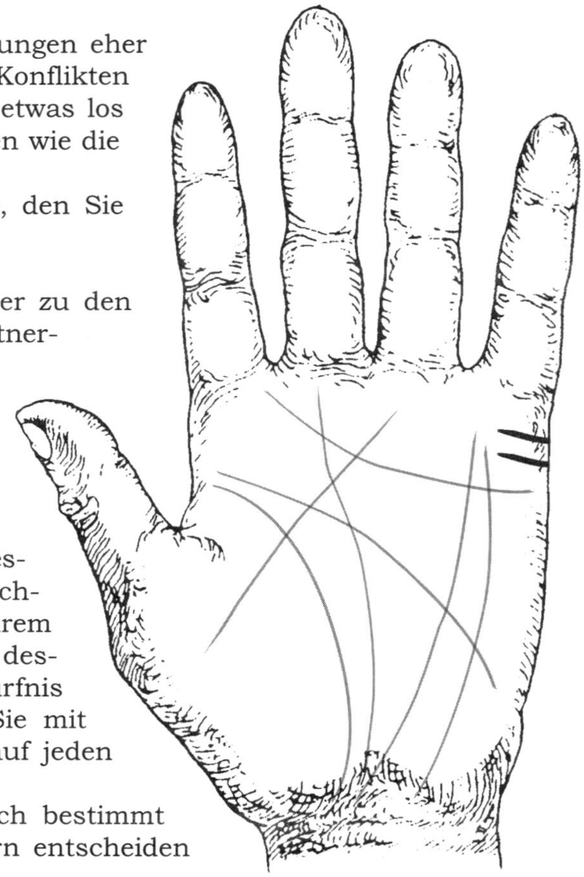

glücklich sein können. Prinzipiell sind Ihre Beziehungen eher turbulent. Sie kommen selten zur Ruhe. Da Sie Konflikten nicht aus dem Weg gehen, wird bei Ihnen „immer etwas los sein“. Und Sie brauchen Auseinandersetzungen eben wie die Luft zum Atmen.
Zukunftsaussichten: Jemand wartet auf Ihre Liebe, den Sie schon zu lange übersehen haben!

Ist Ihre Hand frei von Liebeslinien, gehören Sie eher zu den Menschen, die eine ruhige, zum Teil lebenslange Partnerschaft führen. Sie schätzen Kontinuität nicht nur in Ihren persönlichen Beziehungen, sondern auch in anderen Bereichen des Lebens. Veränderungen gehen Sie lieber aus dem Weg. Wenn Sie bisher glücklich waren, gibt es keinen Grund, an der bisherigen Lebensweise etwas zu ändern.
Aber oft sind Menschen mit einer fehlenden Liebeslinie insgeheim unglücklich, weil Sie sich in Wirklichkeit nach etwas mehr Leidenschaftlichkeit in ihrem Leben sehnen. Werfen Sie eine glückliche Beziehung deshalb nicht über Bord, aber nehmen Sie dieses Bedürfnis auch für Ihre Zukunft ernst! Vielleicht können Sie mit Ihrem Partner darüber reden? Erklären Sie sich auf jeden Fall!
Zukunftsaussichten: Voraussichtlich werden Sie sich bestimmt einmal im Leben zwischen zwei möglichen Partnern entscheiden müssen!

Zeichen auf den Handlinien

Nachdem Sie sich nun ausführlich mit den Handlinien beschäftigt haben, wird Ihnen aufgefallen sein, dass die geraden, nicht unterbrochenen Linien eher eine Seltenheit darstellen. Die meisten Linien haben Verästelungen bzw. Auswüchse, die wiederum eine Bedeutung haben. Nachfolgend werden die Zeichen, die am häufigsten entlang der oder auf den Handlinien auftauchen, kurz erläutert.

Anhäufung von Linien

Wenn eine Handlinie am Anfang oder am Ende ausfranst bzw. sich in viele kleine Linien verästelt, deutet das auf eine Schwächung hin. In welchem Lebensbereich Sie mit einer Schwächung rechnen müssen, hängt davon ab, auf welcher Linie sich dieses Muster befindet. Manchmal kann es sinnvoll sein, sich rechtzeitig gegen eine Krise in der Zukunft zu wappnen, damit man nicht überrascht wird. Die Schwächung die von diesem geometrischen Muster ausgeht, ist nicht lebensbedrohlich, aber durchaus existenziell.

Punkte

Diese anscheinend zufälligen Zeichen sind meistens ein ernst zu nehmender Hinweis in Bezug auf den Gesundheitszustand. Wenn Sie eine ärztliche Kontrolluntersuchung oder Ähnliches schon lange vor sich herschieben, wäre es jetzt an der Zeit, sich einen Termin zu holen. Es handelt sich dabei selten um eine ernsthafte Erkrankung, aber auch kleinere Beschwerden können das tägliche Wohlbefinden ernsthaft gefährden. Allgemein gesprochen sollten Sie besser auf sich achten. Das betrifft Bereiche der Ernährung und der sportlichen Betätigung.

Ketten

Dieses kettenartige Muster kann ein Zeichen für eine schwierige Phase in Ihrem Leben sein. Es kann sein, dass Ihnen eine schwierige Entscheidung bevorsteht, die weit reichende Konsequenzen hat. Vielleicht helfen Ihnen bei der Entscheidungsfindung einige der in diesem Buch beschriebenen Techniken. Legen Sie doch mal die Tarotkarten oder befragen Sie das Runenorakel. Darüber hinaus sollten Sie öfter mit Ihnen nahe stehenden Personen sprechen und Sie um Rat fragen. Sie haben in der Vergangenheit lange viel zu viel mit sich selbst ausgemacht. Ihre Freunde fühlen sich bestimmt nicht belästigt, wenn Sie sie bitten, gemeinsam mit Ihnen ein Problem zu erörtern!

Inseln

Weist eine Handlinie einen inselartigen Auswuchs auf, könnte das ein Zeichen für einen bevorstehenden Verlust sein. Interpretieren Sie diesen möglichen Verlust vor dem Hintergrund der entsprechenden Handlinie, dann können Sie näher bestimmen, ob es sich um einen finanziellen Verlust oder um etwas anderes handelt. Sie sollten versuchen, in dem Wort Verlust auch etwas Positives zu sehen! Oft hält man verzweifelt an etwas fest, was einem in Wirklichkeit gar nicht gut tut. Darüber hinaus kann oft erst dann etwas Neues beginnen, wenn man sich von dem Alten verabschiedet hat. Insofern kann eine Insel auf einer Handlinie auch für einen Neuanfang stehen.

Verästelungen

Verästelungen, die nach oben verlaufen, sind ein Vorbote für eine Verbesserung der Umstände. Sie künden davon, dass Sie dabei sind, ein Problem in den Griff zu bekommen bzw. dass sich Ihr gesundheitlicher Zustand verbessert. Um in dem Bild zu bleiben: Sie befinden sich auf einem aufsteigenden Ast!

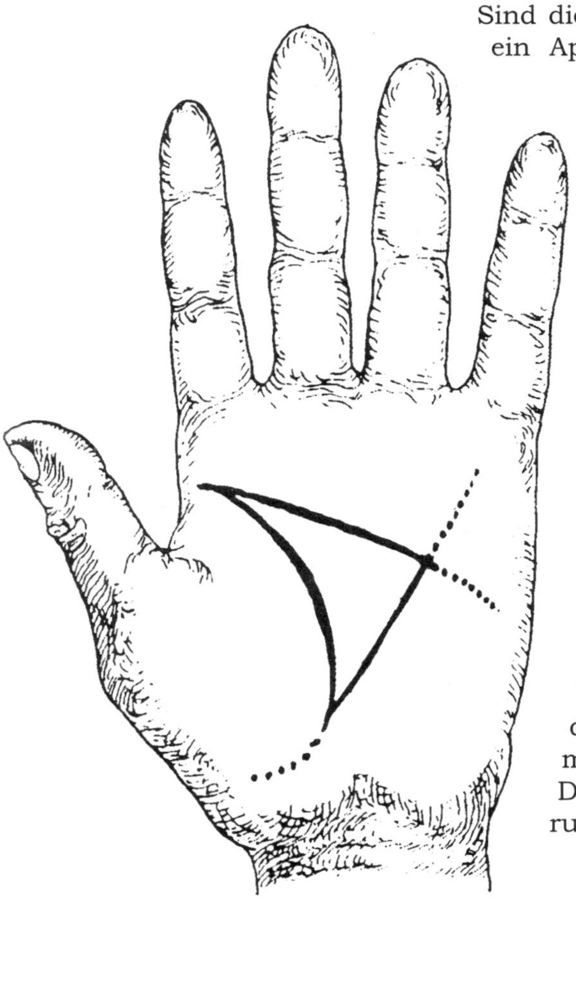

Sind die Verästelungen dagegen nach unten gerichtet, ist das ein Appell an Sie, etwas oder jemanden loszulassen. Oft bemerkt man gar nicht, dass man jemanden einengt – zum Beispiel mit einer überstarken Liebe! Auf Eltern bezogen könnte es heißen, Kinder endlich gehen zu lassen und ihnen ein eigenes Leben zu ermöglichen. Hinterfragen Sie sich kritisch, von wem oder was Sie sich trennen müssen.

Geometrische Muster in der Hand

Abschließend sollen noch drei besondere geometrische Muster in der Handinnenfläche besprochen werden, die sich meistens aus dem Zusammenspiel der oben besprochenen Handlinien ergeben. Ca. 50 Prozent aller Menschen verfügen über diese Art von Mustern.

Das Große Dreieck

Das Große Dreieck wird in der Regel durch das Zusammenspiel von Lebens-, Kopf- und Geldlinie gebildet. Wenn die drei Winkel gut erkennbar und klar ausgebildet sind, handelt es sich um eine starke Persönlichkeit mit einer großen Anziehungskraft auf andere Menschen. Diese Menschen sind charismatisch und geborene Führungspersönlichkeiten. Für sie geht Arbeit über alles und oft kommt dabei die Entspannung zu kurz. Sie sind extrovertiert und dabei sprachlich sehr gewandt. Bei Konflikten laufen sie zur Hochform auf und die Diplomatie scheint ihnen in die Wiege gelegt worden zu sein. Heimlich plagen sich diese Menschen aber mit der Angst vor dem Versagen. Sie setzen sich enorm unter Druck, aber sie brauchen dieses Gefühl auch, um sich immer wieder von Neuem zu motivieren.

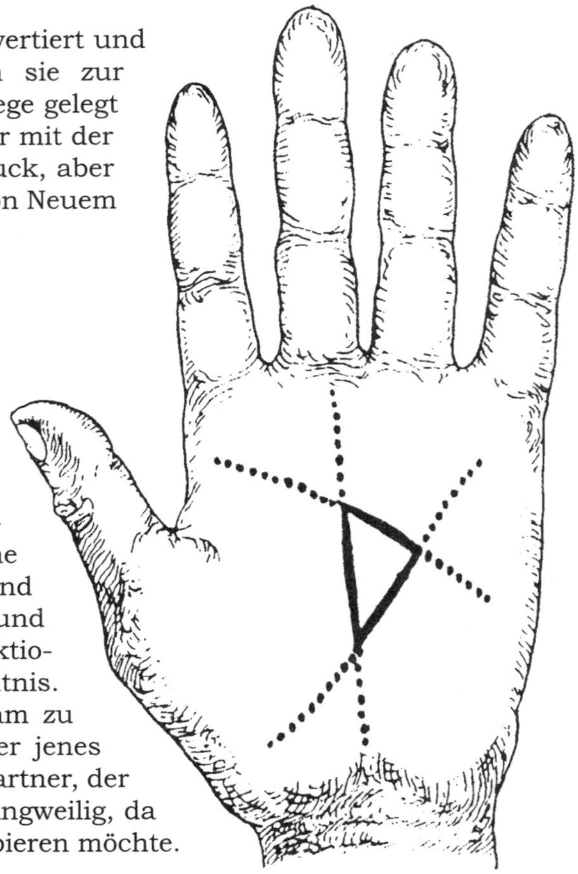

Das Kleine Dreieck

Das Kleine Dreieck wird durch das Zusammentreffen der Bahnen von Herz-, Schicksals- und Gesundheitslinie gebildet. Menschen mit dieser geometrischen Auffälligkeit haben eine gute Auffassungsgabe und verfügen über das Talent, gelerntes Wissen praktisch anzuwenden. Sie können gut erklären und wenn es darum geht, komplizierte Sachverhalte zu erhellen, melden Sie sich gerne freiwillig. Diese Personen können gut abstrakt denken und sind hervorragende Kartenleser. Auch um Bedienungs- und Bauanleitungen machen Sie keinen Bogen. Allerdings funktioniert ihr Kurzzeitgedächtnis besser als das Langzeitgedächtnis. Einen Menschen mit Kleinem Dreieck darauf aufmerksam zu machen, dass man vor langer Zeit einmal über dies oder jenes Thema gesprochen habe, trägt keine Früchte. Mit einem Partner, der ein Kleines Dreieck in seiner Hand trägt, wird es selten langweilig, da er sich für vieles interessiert und am liebsten alles ausprobieren möchte.

Das Viereck

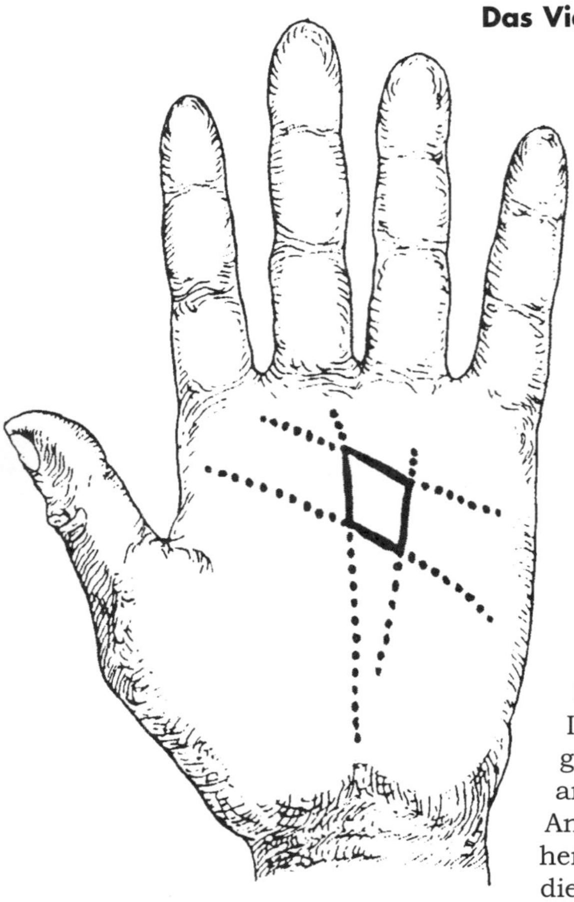

Das Viereck setzt sich zusammen aus Herz- und Kopflinie sowie der Schicksals- und der Gesundheitslinie. Wer dieses geometrische Muster vorweisen kann, ist ein pflichtbewusster Mensch, der leider schlecht „Nein" sagen kann. Das hat mitunter fatale gesundheitliche Folgen, denn es gibt in diesem Leben wenig Möglichkeiten, sich auszuruhen oder Kraft zu tanken. „Immer auf Achse, immer noch etwas erledigen", das ist das Motto dieser Menschen. Aufgrund ihrer Hilfsbereitschaft werden sie auch häufiger als andere Menschen um Hilfe gebeten. Manchmal grenzt das an Ausnutzung. Menschen mit diesem Viereck müssen darauf hingewiesen werden, dass es keine Schande ist, auch einmal eine Anfrage abzulehnen. Ihr Körper wird es ihnen danken!

Anderen Menschen aus der Hand lesen

Sie haben auf diesen Seiten einen ersten Einblick bekommen, wie aussagekräftig Hände sein können, wenn man sie richtig lesen kann. Bestimmt haben Sie nun einen anderen Blick auf Ihre eigenen Hände bekommen. Die Verlockung ist immer groß, dieses Wissen anzuwenden und anderen Menschen anzubieten, Ihnen die Zukunft aus der Hand zu lesen. Als Anfänger sollten Sie dieser Verlockung aber möglichst widerstehen! Sie sollten zunächst im Freundeskreis gemeinsam anhand dieses Buches Hände betrachten und interpretieren.

Was eine vorschnell getroffene Aussage anrichten kann, davon berichtet der irische Schriftsteller Oscar Wilde in seiner Erzählung „Lord Arthur Saviles Verbrechen“. Ein unseriöser Handleser sagt Lord Saviles voraus, dass dieser in naher Zukunft einen Mord begehen würde. Der schicksalsgläubige Lord glaubt an diese Vorhersage und nimmt sich vor, diese Tat zu begehen, bevor er seine Angebetete heiratet. Zwei Mordversuche schlagen fehl und schließlich muss der Handleser selbst daran glauben.

So amüsant diese Geschichte beim ersten Lesen klingt, so offenbart sie doch die große Verantwortung, die man demjenigen gegenüber hat, dessen Hände man betrachtet (abgesehen davon, dass es natürlich nicht möglich ist, die zukünftige Verübung eines Mordes aus den Händen zu lesen!). Als Anfänger sollte man sich immer zuerst mit seinen eigenen Händen beschäftigen!

Ein praktisches Beispiel

Katja feiert in einem Monat ihren 40. Geburtstag. Sie freut sich auf diesen Tag und möchte einige Freunde einladen. Neben einem gemütlichen Essen möchte sie einfach mal etwas Ungewöhnliches machen. In letzter Zeit kamen die Gespräche zwischen den Freunden nur schleppend in Gang, denn keiner wollte mehr so richtig erzählen, wie es ihm wirklich geht. Katja kommt zu dem Entschluss, dass gemeinsames Handlesen eine gute Chance sei, mal wieder etwas übereinander zu erfahren. Und sie hat eine ganz besondere Idee:

Als alle da sind, macht sie von jedem Gast mit wasserlöslicher Farbe einen Handabdruck und schreibt auf die Rückseite des Papiers den Namen der betreffenden Person. Dann werden alle Papiere an die Wand geheftet, sodass sie für jeden gut sichtbar sind. Ohne dass Katja das Gespräch planen oder anleiten müsste, nehmen die Gäste automatisch das Thema auf.

Beate: „Es ist doch wirklich erstaunlich, wie unterschiedlich unsere Hände sind. Ich könnte meine eigene Hand nicht erkennen. Wisst ihr, welches eure Hand ist?“

Dieter: „Nein, ich könnte auch nicht sagen, welcher Abdruck zu mir gehört. Höchstens aufgrund der Größe. Guckt euch mal die ganzen unterschiedlichen Linien an. Das ist ja ein wahres Labyrinth!“

Katja: „Wir können ja mal nachschauen, was diese große Linie hier bedeutet. Sie scheint ja bei allen Händen vorhanden zu sein.“

Katja blättert nach und erfährt, dass es sich bei dieser Hauptlinie um die Lebenslinie handelt.

Katja: „Das ist die Lebenslinie. An ihr kann man ablesen, wie es um den Gesundheitszustand und den Kräftehaushalt bestellt ist. Diese Hand hier hat ja eine ganz lange und gut sichtbare Lebenslinie. Das ist bestimmt Gerds Hand.“

Ulla: „Ja, das würde ich auch tippen. Solange ich Gerd kenne, war er noch nie krank. Egal wie viel Stress er hat, er wirkt immer energiegeladen. Ich frage mich manchmal, wo er seine Kräfte eigentlich hernimmt?“

Gerd: „So viele Komplimente, das ehrt mich aber. Ich wusste gar nicht, dass ihr mich so seht. Ich bin zwar ganz zufrieden mit dem, was ich tue, aber ich habe auch noch mal Lust, was ganz anderes zu machen. Ich habe es zwar noch niemandem erzählt, aber vielleicht fange ich ein Aufbaustudium an.“

Beate: „Kräfte scheinst du ja wirklich ohne Ende zu haben. Du bist wirklich beneidenswert. Wahrscheinlich ist diese Hand da mit der kurzen Lebenslinie meine. Ich wünschte, ich wüsste auch so genau wie Gerd, was ich eigentlich will. Ich weiß immer nur, dass ich mit meinem Leben nicht zufrieden bin, aber ich habe absolut keine Idee, was ich stattdessen will. Ich lasse mich einfach so treiben.“

Gerd: „Lass dich doch einfach mal beraten. Oder setz dich mal in Ruhe hin und schreib alles auf, was du gut kannst. Wer weiß, vielleicht erlernst du auch noch mal einen ganz neuen Beruf?“

Ulla: „Oder wirst endlich Mutter. Wie sieht es denn überhaupt mit euren Familienplänen aus?“

Beate: „Tja, irgendwie klappt es nicht. Ich überlege schon lange, ob ich mich mal untersuchen lasse. Wenn ich jetzt Eure Lebenslinien im Vergleich mit meiner sehe, komme ich wirklich ins Grübeln. Vielleicht ist ja wirklich was dran an den Handlinien.“

Das Gespräch zog sich noch viele Stunden hin und alle wunderten sich hinterher, wie viel sie eigentlich voneinander erfahren hatten und wie groß ihre Bereitschaft war, sich zu öffnen und ihre Gedanken preiszugeben. Alle waren sich einig, dass die Betrachtung der Hände ein guter Anlass war, mal wieder so richtig intensiv ins Gespräch zu kommen.

Übrigens: Am Ende des Abends diskutierten Katja, Gerd, Ulla und Beate noch angeregt über die Frage, ob sie überhaupt wissen wollten, wem welcher Handabdruck gehört.

Zum Weiterlesen

Wenn Sie sich noch intensiver mit dem Handlesen auseinander setzen wollen, sind die folgenden Bücher für Sie bestimmt interessant:

- Barrett, David V.: Handlinien und was sie bedeuten. Flechsig Verlag 1998
- Biwer, Anne L.: Handlesen auch für Kinderhände. Schirner 2001
- Dallmeier, Georg: Compact Miniratgeber Handlesen. Compact-Verlag 1999
- Hürlimann, Gertrud I.: Handlesen. Oesch-Verlag 2002
- Koch, Werner: Das Handlese-Handbuch. Windpferd Verlagsgesellschaft 1993
- Mendoza, Staci Bourne David: Hände. Urania 2001
- Reid, Lori: Handlesen. Urania 1997
- Schüle, Carmen: Handlesen leicht gemacht. Silberschnur-Verlag 1999

RUNENORAKEL

Die Deutung der germanischen Mythologie

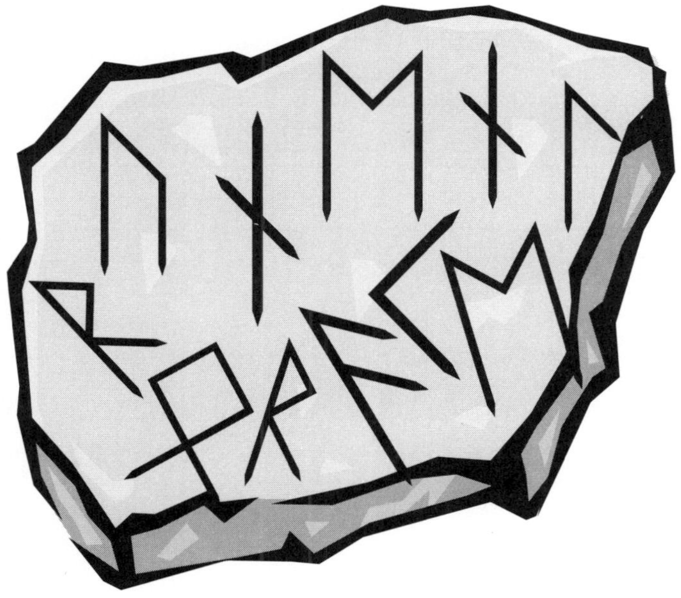

Was sind Runen und woher kommen sie?

Es ist gar nicht so einfach, sich dem Thema Runen unvoreingenommen zu nähern. Die Tatsache, dass die Nationalsozialisten die germanische Mythologie und die Runen-Schriftzeichen für ihre menschenverachtenden Zwecke missbraucht haben, verstellt uns bis heute den Blick auf dieses Thema. Trotzdem möchte ich Sie zu einem Streifzug zu unseren germanischen Vorfahren und ihrem kulturellen Erbe einladen. Ich möchte Ihnen zeigen, dass die Runenkunde Antworten bereithält, wenn Sie im Leben nicht mehr weiterwissen und Sie dringend Antworten auf Ihre Fragen brauchen.

Die Beschäftigung mit den Runen führt uns nach Nordeuropa in das Reich der Germanen. Unter Runen versteht man die Buchstaben eines Alphabets, das von den verschiedenen germanischen Stämmen vom 3. Jahrhundert bis zum 11. Jahrhundert unserer Zeitrechnung benutzt wurde. Mit der Ausbreitung des Christentums in Mittel- und Nordeuropa wurde die Runenschrift durch die lateinische Schrift – wie wir sie auch heute noch in der Schule lernen – verdrängt.

Anders als unser heutiges Alphabet besteht das Runenalphabet aus 24 Zeichen, die nach den ersten sechs Anfangsbuchstaben Futhark-Alphabet genannt werden. Die Bezeichnung der einzelnen Runen variiert in der Runen-Literatur. Das liegt daran, dass einige Autoren statt der urgermanischen Bezeichnung die gotische, altenglische oder altnordische Nennung wählen. Am Beispiel der ᚷ–Rune wird das Dilemma deutlich: Die urgermanische Bezeichnung lautet „Gebo“, der gotische Name ist „Giba“, die altenglische Bezeichnung lautet „Gyfu“ und auf altnordisch heißt die Rune „Gipt“. Wenn Sie sich aber am jeweiligen Anfangsbuchstaben orientieren, wissen Sie im Zweifelsfall immer, von welcher Rune die Rede ist.

Ebenso wie die Bezeichnung der Runen kann auch ihr äußeres Erscheinungsbild je nach dem jeweiligen Schrifttyp variieren. Trotz allem ist die Grundform immer zu erkennen. Ich werde im Folgenden die urgermanischen Runenbezeichnungen wählen, weil mir dieser Zugang historisch am authentischsten erscheint.

Schriftzeichen	Urgermanischer Name	Buchstabe im Alphabet	Phonetischer Klang (nordisch)
ᚠ	Fehu	F	Fe
ᚢ	Uruz	U	Ör
ᚦ	Thurisaz	Th	Thörs
ᚨ	Ansuz	A	As
ᚱ	Raidho	R	Reid
ᚲ	Kenaz	K	Ken
ᚷ	Gebo	G	Gifu
ᚹ	Wunjo	W	Winja
ᚺ	Hagalaz	H	Hargul
ᚾ	Naudhiz	N	Nid
ᛁ	Isa	I	Is
ᛃ	Jera	J	Jara
ᛈ	Perthro	P	Pertra
ᛇ	Eihwaz	Ei	Jo
ᛉ	Algiz	Z	Algis
ᛊ	Sowilo	S	Sol
ᛏ	Tiwaz	T	Tür
ᛒ	Berkano	B	Bjarka
ᛖ	Ehwasz	E	E
ᛗ	Mannaz	M	Marder
ᛚ	Laguz	L	Largu
ᛜ	Ingwaz	Ing	Ing
ᛟ	Othala	O	Odal
ᛞ	Dagaz	D	Dargas

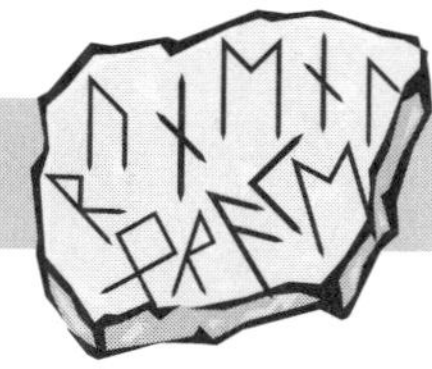

Versuchen Sie doch einmal, Ihren Namen auf Germanisch zu buchstabieren und zu sprechen. Je früher Sie sich an die geheimnisvollen Zeichen gewöhnen, desto einfacher fällt es Ihnen dann später, ein eigenes Runen-Set herzustellen.

Wie man anhand der Buchstabentabelle erkennt, handelt es sich im Gegensatz zu der reichen und bunten Symbolsprache der Tarotkarten bei den Runen nicht um bildliche Darstellungen, sondern um einfache schnörkellose Zeichen, die lediglich aus horizontalen und vertikalen Linien bestehen. Archäologen haben ca. 5000 Runentexte gefunden. Es handelt sich dabei um Sprüche, Gebete, Berichte, Rätsel und Weissagungen. Runen wurden in die unterschiedlichsten Materialien eingeritzt. Man findet sie auf Waffen, Amuletten, Talismanen, Steinen, Leder, Holz und Keramik.

Aber man muss sich davor hüten, Runen nur auf ihre Funktion als Buchstaben zu reduzieren! Das ist nämlich nur ein Aspekt. Zwar konnte man mit Runen problemlos einen Text verfassen, aber jede einzelne Rune hat für sich allein betrachtet auch eine Bedeutung. Uruz beispielsweise steht für Auerochse, Thurisaz bedeutet Riese, Raidho gleich Ratschlag usw.

Eben aufgrund der Tatsache, dass Runen außer ihrem Buchstabenwert auch einen symbolischen Wert besitzt, wurden sie von den Germanen als Mittel zu Zauber- und Beschwörungsritualen verwendet. Menschen konnten mithilfe der Runen geheilt werden oder es konnte ihnen die Zukunft vorausgesagt werden. Diejenigen, die die Kunst des Runenorakels beherrschten, genossen in der germanischen Gesellschaft hohes Ansehen und wurden dementsprechend verehrt.

Die Runen, die zur Deutung des Schicksals verwendet wurden, bestanden in der Regel aus Holz. Aus dieser Tradition heraus erklärt sich übrigens auch unser heutiges Wort „Buchstabe“. Gemeint ist nämlich ein Buchenstab, in den ein Runenzeichen eingeritzt war. Und noch etwas müssen Sie wissen, um das Wesen der Runen völlig erfassen zu können: Das Wort Rune leitet sich nämlich von dem Wort „raunen“ ab. Für die Germanen hatte jede Rune eine eigene Melodie – Runen wurden ursprünglich gesungen bzw. gesummt. Moderne Naturwissenschaftler haben herausgefunden, dass jede Rune eine bestimmte messbare Schwingung hat. Jedes der 24 Zeichen enthält eine Eigenschaft oder Lebenskraft, deren Freisetzung unser Leben beeinflussen und verändern kann. Der Runenforscher Kenneth Meadows hat das so ausgedrückt: „Ein Runenzeichen ist ein in der Natur und in uns selbst enthaltenes Energiemuster.“ Wie man diese Runen-Energie im täglichen Leben nutzen kann, erfahren Sie auf den folgenden Seiten.

Die Ursprünge vieler Weissagungstechniken liegen leider im Dunkeln. Was aber die Runen betrifft, geben uns die germanischen Mythen einen schönen Bericht, wie es zu der Entdeckung der Runen kam. Es wird erzählt, dass Odin, der höchste Gott der Germanen (oder Wodan, wie er im angelsächsischen Raum genannt wird), in seiner Funktion als Schamane ein selbst gewähltes Leiden auf sich nahm, um eine höhere Bewusstseinsebene zu erreichen. Er beschloss also, sich neun Tage lang mit dem Kopf nach unten an den Baum des Lebens, der in der germanischen Mythologie „Yggdrasil“ oder übersetzt Weltesche heißt, aufzuhängen. Die Äste dieses Baumes sind über das ganze Universum ausgebreitet und am Fuße des Baumes befindet sich die Quelle des Schicksals. Während seiner Meditation warf Odin neun Holzstäbe, die zu damaliger Zeit zum Rüstzeug jedes Schamanen gehörten, auf die Erde. Dort kamen sie in einem geometrischen Muster zum Liegen.

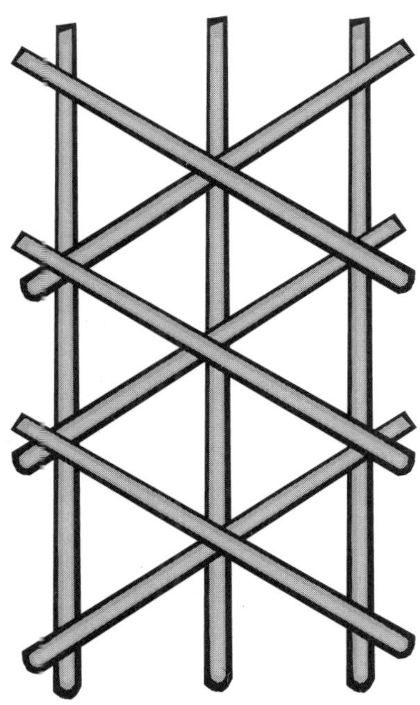

So fielen Odins Stäbe auf die Erde

In dieser geometrischen Anordnung erkannte Odin stündlich ein bestimmtes Schriftzeichen – die Geburt bzw. die Offenbarung der Runen brauchte also einen ganzen Tag und die darauf folgende Nacht. Odin erkannte die folgenden 24 geometrischen Muster:

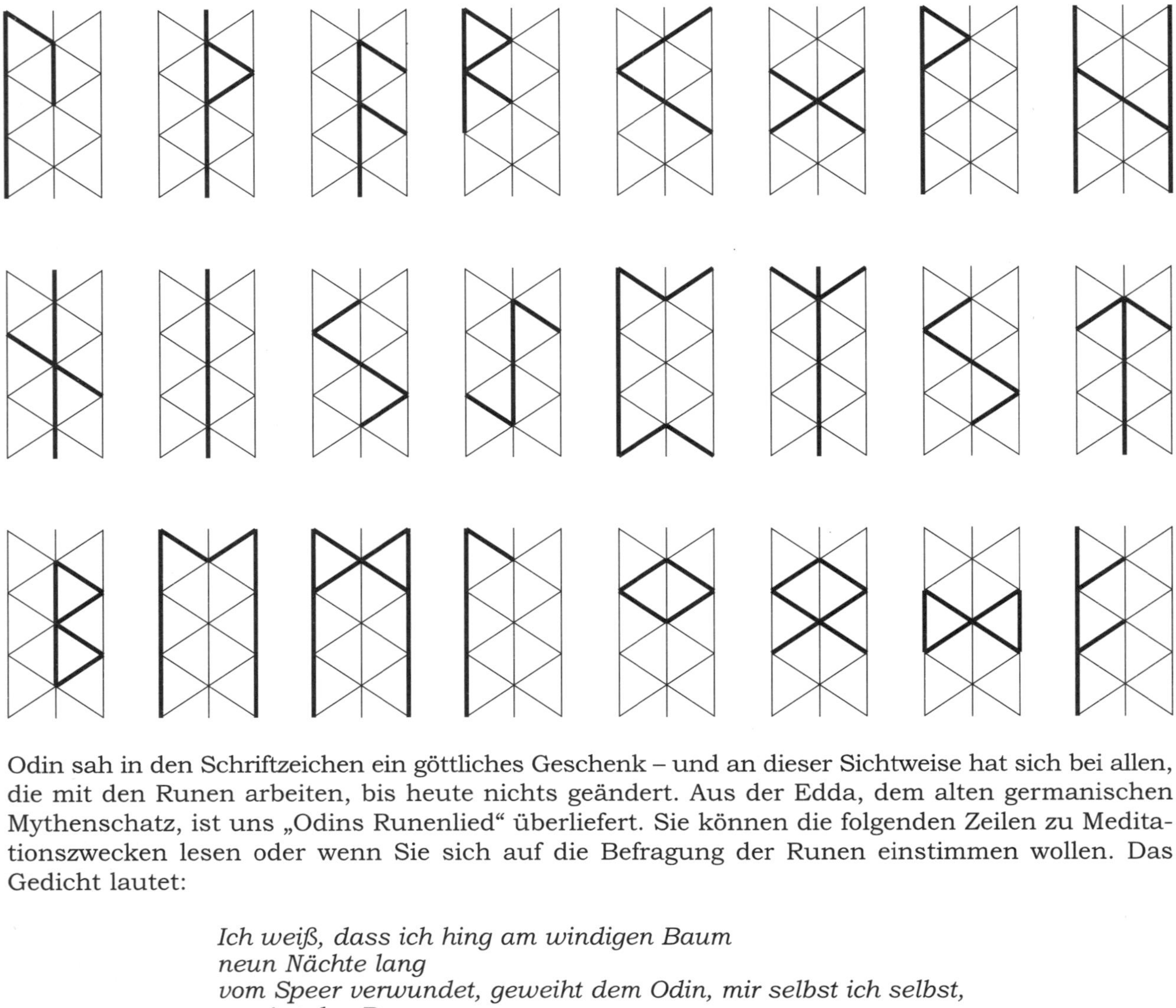

Odin sah in den Schriftzeichen ein göttliches Geschenk – und an dieser Sichtweise hat sich bei allen, die mit den Runen arbeiten, bis heute nichts geändert. Aus der Edda, dem alten germanischen Mythenschatz, ist uns „Odins Runenlied" überliefert. Sie können die folgenden Zeilen zu Meditationszwecken lesen oder wenn Sie sich auf die Befragung der Runen einstimmen wollen. Das Gedicht lautet:

Ich weiß, dass ich hing am windigen Baum
neun Nächte lang
vom Speer verwundet, geweiht dem Odin, mir selbst ich selbst,
am Ast des Baumes,
dem man nicht ansehen kann,
aus welcher Wurzel er spross.

Sie boten mir nicht Brot noch Met;
da neigt ich mich nieder,
auf Runen sinnend,
lernte ich seufzend:
Endlich fiel ich zur Erde.

Zu gedeihen begann ich, wuchs und fühlte mich wohl,
weise ward ich da;
Wort aus dem Wort
verlieh mir das Wort
Werk aus dem Werk
verlieh mir das Werk.

Ahnen Sie jetzt, warum die Runen so faszinierend und geheimnisvoll sind und warum sich die Menschen seit über tausend Jahren mit ihnen beschäftigen?

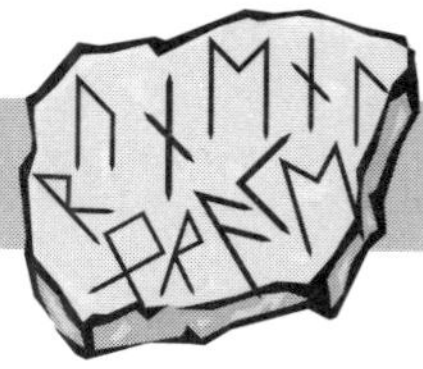

Die Bedeutung der einzelnen Runen

Fehu

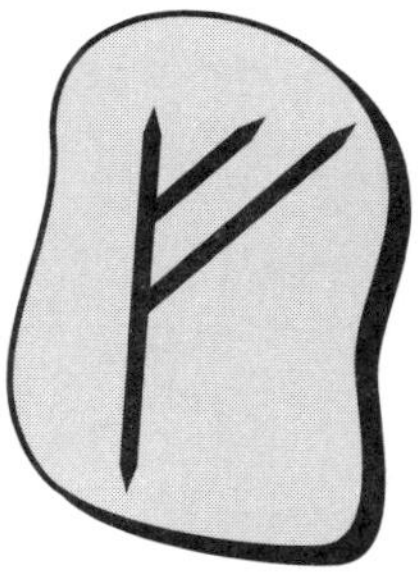

Die Fehu-Rune hatte bei den Germanen ursprünglich die Bedeutung Vieh, was mit Wohlstand und Reichtum übersetzt werden kann. In ihr erfüllt sich der Sinn des Lebens. Fehu zeigt, wie man das Gewonnene bewahrt, indem man es in einen Kreislauf des Gebens und Nehmens einordnet.
Bedeutung für das heutige Leben: Wohlstand, Erfüllung von Wünschen, Projekte zu einem guten Abschluss bringen, Pläne schmieden, Erwartungen an sich und andere klären.

Uruz

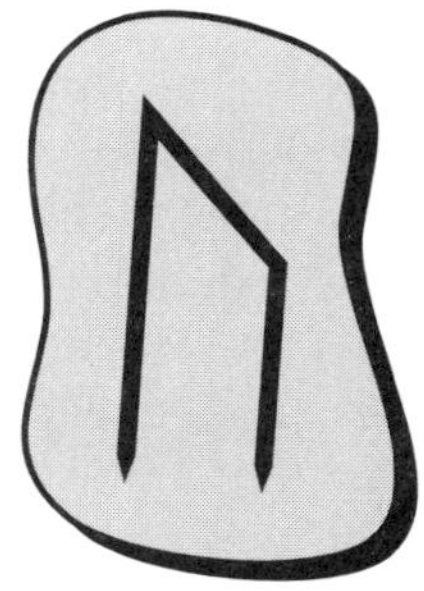

Die Uruz-Rune ist geformt wie die Hörner von Ochsen, die ihren Kopf zum Fressen neigen. Sie steht für sanfte, ausdauernde Kraft und Vitalität, für Stärke und Belastbarkeit, wie man es bei den Germanen auch dem Nutzvieh zugeschrieben hat.
Bedeutung für das heutige Leben: Energie, die einem plötzlich ungeahnt zur Verfügung steht. Entschlussfreudigkeit und gestärktes Selbstbewusstsein; Mut, lang gehegte Pläne in die Wirklichkeit umzusetzen. Ein glückliches Händchen bei der Verwirklichung von Plänen.

Thurisaz

Der Name „Thurs“ bedeutet der Riese oder auch der Starke. Thurisaz ist ein verlässliches Schutzschild gegen das Chaos in uns selbst und in der Welt. Diese Rune wird auch oft mit dem Symbol der Axt gleichgesetzt, die alles zerstört, was sich einem in den Weg stellt.
Bedeutung für das heutige Leben: Überwindung von Passivität; Ordnung ins Leben bringen und Hindernisse aus dem Weg räumen; das Leben in die eigene Hand nehmen und günstige Gelegenheiten beim Schopf packen.

Ansuz

Die Bedeutung dieser Rune ist Gott oder auch Sprachrohr. Sie steht für die Macht der Gedanken und für geistige Inspiration. Ansuz hilft, das Unbewusste zu formulieren, und fördert die zwischenmenschliche Kommunikation. Das Runenzeichen wurde von den Germanen wie eine Kiefer gezeichnet – eine immergrüne Pflanze, die auch Unsterblichkeit symbolisiert.
Bedeutung für das heutige Leben: Probleme durch Kommunikation lösen; auf die innere Stimme hören; erlerntes Wissen anwenden und verfeinern. Anderen Menschen gut helfen können; sein berufliches Wohl in beratenden Tätigkeiten suchen.

Raidho

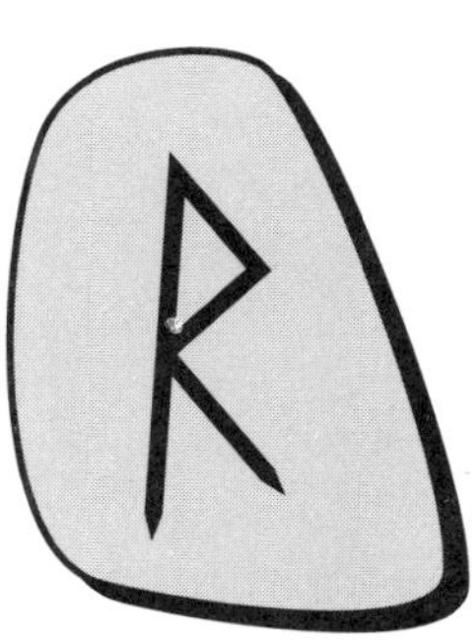

Das Wort „Raidho“ bedeutet übersetzt Ratschlag und ein Rat bedeutet immer ein sich Fortbewegen in eine bestimmte Richtung. Daher steht Raidho auch für Bewegung und betont die anhaltende Prozesshaftigkeit des Lebens. Die Rune wird oft mit einem Pferd assoziiert, auf dem der Menschen zu seinem Ziel gelangt. Und ebenso wie ein wildes Pferd gezügelt werden muss, gibt es auch im Leben Situationen, in denen man sich besser zurückhält und mäßigt. „Reden ist Silber, Schweigen ist Gold“ ist das zu dieser Rune passende alte Sprichwort.
Bedeutung für das heutige Leben: Eine Reise steht bevor; Abkehr von alten Gewohnheiten; sich nach dem inneren Rhythmus richten und sich sein Tempo nicht von anderen aufdrängen lassen. Schutz vor den unwirtlichen Seiten des Lebens. Nicht über andere reden, sondern mit ihnen. Nur einen Ratschlag erteilen, wenn man von guten Motiven geleitet wird.

Kenaz

Die Kenaz-Rune steht im Zusammenhang mit dem Bild einer Fackel, deren Flamme inneres Licht darstellt. Kenaz hat eine zerstörerische Kraft, denn den Flammen kann alles zum Opfer fallen. Aber gleichzeitig kann dadurch etwas Neues entstehen, denn Feuer vermag auch zu reinigen.

Bedeutung für das heutige Leben: Plötzlich sieht man die Dinge viel deutlicher; Verdrängtes kann ans Licht kommen, damit es analysiert werden kann. Für eine Sache mit „Feuer und Flamme“ eintreten, sich für etwas engagieren.

Gebo

Die Gebo-Rune trägt die Bedeutung Geschenk. Damit sind nicht materielle Gaben gemeint, sondern die geschenkte Zeit, die unser Leben ausmacht. Jeder Tag soll bewusst gelebt werden. Die geschenkte Zeit wird veredelt, wenn wir uns für eine Sache wirklich einsetzen und uns intensiv damit auseinander setzen. Wenn wir arbeiten, sollen wir Kindern gleichen, die so in ein Spiel versunken sind, dass sie darüber die Zeit vergessen.

Bedeutung für das heutige Leben: Es mangelt an Zeitmanagement; jeden Tag so leben, als wäre es der letzte; seine Zeit sinnvoll verbringen und sie nicht stehlen lassen. Sich bewusst machen, dass uns auf Erden nur eine gewisse Spanne zur Verfügung steht.

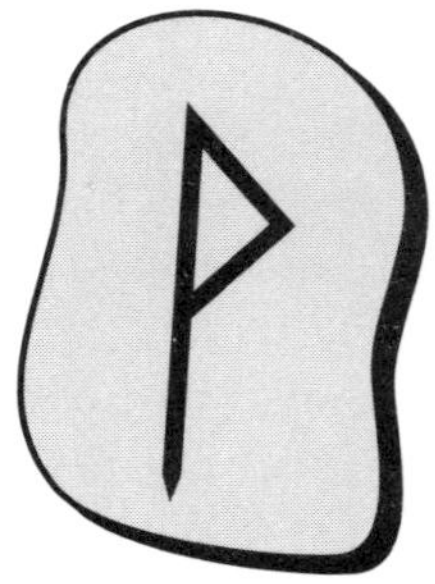

Wunjo

Das germanische Wort „Wunjo“ bedeutet übersetzt Herrlichkeit in Vollkommenheit. Es steht für die Kraft der Liebe – zu anderen und zu sich selbst! Wer sich dieser Liebe bewusst ist, kann im Leben alles erreichen, was er will. Die Wunjo-Rune möchte uns zeigen, wie viel der einzelne Mensch wert ist, ohne dass damit Eitelkeit und Egoismus genährt werden.

Bedeutung für das heutige Leben: Bedingungslose, kindliche Liebe und erfülltes Glück in einer Partnerschaft. Die Schönheit des Lebens erkennen und genießen; nach Vollkommenheit streben, aber sich bei der Suche nicht unter Druck setzen lassen.

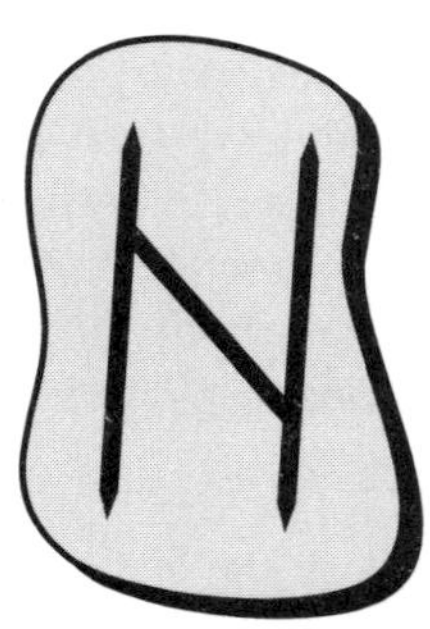

Hagalaz

Hagalaz ist das germanische Wort für Hagel. Das Runenzeichen soll ein vereinfachtes Eiskristall darstellen. Ein Hagelsturm kann fürchterliche Verwüstungen hinterlassen und insofern wurde diese Rune als Vorwarnung für Unheil verstanden. Doch es gibt noch einen anderen Aspekt: Nach einem Hagelsturm ist die Luft gereinigt und der Boden feucht, sodass neues Leben entstehen kann.

Bedeutung für das heutige Leben: Eine plötzliche Veränderung kann eintreten, Pläne müssen geändert werden. Schutzmechanismen wie z. B. Versicherungen, Impfungen, Vorsorgeuntersuchungen etc. sollen ab und zu überprüft werden. Denken sie nicht zu weit in die Zukunft, sondern besinnen Sie sich auf den nächsten Tag.

Naudhiz

Die Form dieses Schriftzeichens ist einem Holzgerät nachempfunden, mit dem die Germanen Feuer entzündet haben. Im übertragenen Sinne steht die Rune für Widerstand und Reibung, die man aushalten muss, damit es im Leben hell und warm wird. Naudhiz symbolisiert auch Ausdauer und die Überwindung von Stress.

Bedeutung für das heutige Leben: Fähigkeit, Energie aus sich selbst heraus zu schöpfen – keine fremde Hilfe für etwas zu benötigen. Widerstände als etwas Positives erkennen, ohne die man nicht wachsen könnte. Jemandem Respekt zollen, an dem man sich reiben „darf“.

Isa

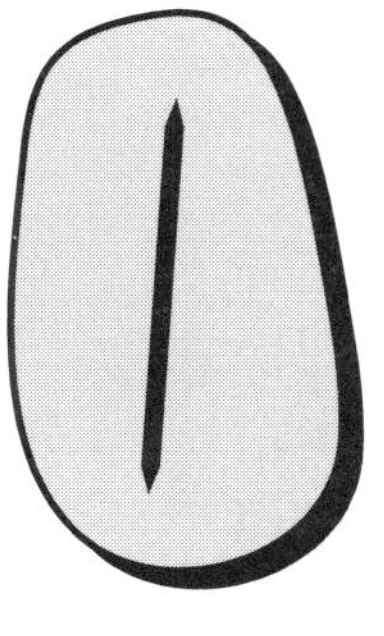

Unser heutiges Wort Eis leitet sich von „Isa“ ab. Eis hat viele symbolische Funktionen: Zum einen ist eine Eisschicht sehr stark und fest, sodass sie eine Brücke zum anderen Ufer sein kann. Zum anderen birgt sie aber auch Gefahren, denn man kann nicht sehen, was unter ihr verborgen liegt. Aber ein zugefrorener See strahlt auch große Ruhe aus, die unruhige und verwirrte Gemüter besänftigen kann.
Bedeutung für das heutige Leben: Die wahre Persönlichkeit, die unter der Eisschicht verborgen liegt, soll nun ans Tageslicht. Der eigene Frühling steht bevor. Zeit für Meditation und eine Innenschau: Welche verborgenen Kräfte schlummern in mir? Welche Ruhepunkte gibt es im Leben und wie können sie ausgebaut werden?

Jera

Wenn Sie dieses Runensymbol an das chinesische Yin-Yang-Symbol erinnert, liegen Sie genau richtig. In Jera werden zwei scheinbar unvereinbare Gegensätze vereint, nämlich die zwei Jahreshälften Winter und Sommer. In den zwölf Monaten des Jahres gehen zwar gewaltige Veränderungen in der Natur vor sich, aber trotzdem wechseln die Jahreszeiten sanft und ohne äußere Einwirkung. Sommer und Winter können nicht durch menschliche Einflüsse erzwungen werden.
Bedeutung für das heutige Leben: Entspannung und Ruhe; um im Leben Früchte zu ernten, braucht es Geduld. Manche Dinge verändern sich erst, wenn man sich nicht mehr darum bemüht, sondern sie einfach laufen lässt. Einklang mit der Natur. Einen regelmäßigen Rhythmus in sein Leben bringen.

Perthro

Die Form dieser Rune ist dem Beutel nachempfunden, in dem unsere Vorfahren ihre Runen aufbewahrten. Im weiteren Sinne ist sie ein Symbol für die Gebärmutter und steht damit für Empfängnis, Geburt und das innere Kind, das wir alle in uns tragen. Darüber hinaus steht Perthro für die Individualität, die es zu bewahren und zu betonen gilt.
Bedeutung für das heutige Leben: Die Rune kann die Geburt eines Kindes ankündigen – auch im übertragenen Sinne: Etwas, „mit dem man schwanger gegangen ist“, kommt nun zur Vollendung. Die kindlichen Seiten der eigenen Persönlichkeit annehmen. Etwas, das man verloren glaubte, könnte wieder auftauchen.

Eihwaz

Die Eihwaz-Rune wird mit der Eibe in Verbindung gebracht, die Langlebigkeit und Ewigkeit symbolisiert. Auf der bildlichen Ebene soll das Schriftzeichen eine Wirbelsäule darstellen, die tief im Boden verankert ist, aus dem spirituelle Gedanken gesogen werden. Eihwaz erinnert uns an den Zusammenhang von Leben und Tod und gemahnt uns unserer Sterblichkeit.
Bedeutung für das heutige Leben: Man braucht keine Angst vor dem Tod zu haben. Der Tod gehört zum Leben und sollte nicht tabuisiert werden. Dinge, die einem wichtig sind, sollten nicht auf später verschoben werden.

Algiz

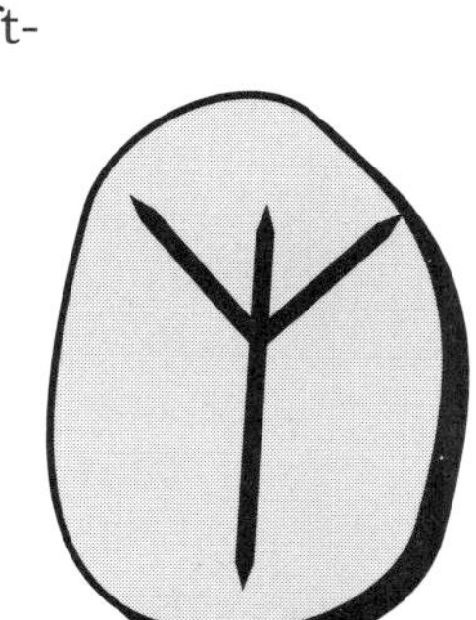

In der Algiz-Rune finden sich drei Bilder vereint: Zum einen kann in dem Schriftzeichen ein Baum gesehen werden, der seine Äste der Sonne entgegenstreckt. Zum anderen soll die Form einen vereinfachten Schwan darstellen, der zum Flug ansetzt. Für die Germanen war der Schwan ein Mittler zwischen Himmel und Erde. Außerdem erinnert das Runenzeichen an das Geweih eines Elches. Dieses wichtige Tier versorgte die Menschen mit allem, was sie für ihr Überleben brauchten. Diese Beschützerfunktion ist eine der Hauptbotschaften der Rune.
Bedeutung für das heutige Leben: Nur wer sich seine Schwächen und wunden Punkte eingestehen kann, beweist wirkliche Stärke. Offen sein für Intuition und spirituelle Ideen; letzte Kraftreserven aktivieren, um ein Projekt abzuschließen.

Sowilo

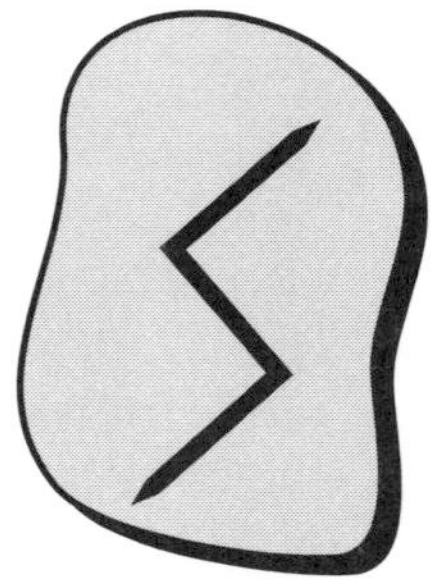

Die Sowilo-Rune ist durch die Nationalsozialisten zu trauriger Berühmtheit gelangt. Während des Dritten Reiches wurde sie auf ihre Bedeutung Sieg reduziert. Ursprünglich steht die Sowilo-Rune aber für eine große Energiequelle wie die Sonne. Ihre Kraft übersteigt alles menschliche Denken. Gleichzeitig ist sie auch die Voraussetzung für wirkliches Verstehen und Erleuchtung. Der Sieg der Sonne und des Lichts sind nötig, damit Selbsterkenntnis und wahres Verstehen der anderen möglich werden.
Bedeutung für das heutige Leben: Bereitschaft, die Dinge endlich so anzunehmen, wie sie wirklich sind. Mut, der Realität ins Auge zu sehen. Einen Sieg (auch über sich selbst) erringen. Dinge, die im Verborgenen lagen, kommen ans Licht und können bearbeitet werden.

Tiwaz

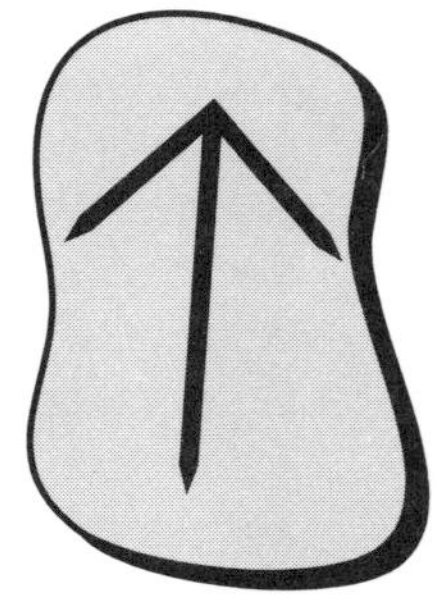

Diese Rune ist einem Speer nachempfunden und steht mit dem germanischen Kriegsgott Tyr in Verbindung. Ein Speer trifft nur dann ins Ziel, wenn er konzentriert und entschlossen abgeschossen wird. In seinem Flug bündelt sich Energie.
Bedeutung für das heutige Leben: Mit Entschlossenheit eine Richtung verfolgen. Ziele können erreicht werden, wenn die richtige „Waffe“ gewählt wurde. Aggressivität in positiver Form: Geradlinig seinen Weg gehen und sich von nichts und niemandem beirren lassen. Mut, Kraft und Ausdauer sind nun gefragt.

Berkano

Berkano ist die Rune der Weiblichkeit und der Mütterlichkeit. Ihre Form erinnert an zwei Brüste, die für Fruchtbarkeit stehen. Berkano symbolisiert Wachstum und den Übergang zu verschiedenen Seins-Stufen wie Geburt und Tod. Und sie ist eine beschützende Rune: Wie eine Mutter ihr Kind nährt und umsorgt, sollen sich auch später Erwachsene umeinander kümmern.
Bedeutung für das heutige Leben: Sich seiner Weiblichkeit bewusst sein oder werden; unbearbeitete Konflikte mit der eigenen Mutter lösen. Sich verwöhnen lassen und gut zu sich selbst sein. Sich nicht schämen, wenn man schutzbedürftig ist. Sich gut um seinen Körper kümmern und sich gesund erhalten.

Ehwasz

Die Ehwasz-Rune soll zwei Pferde darstellen, die im Gespann geritten werden. Andere Forscher sehen in dem Schriftzeichen das achtbeinige Pferd Sleipnir, das Odin in verschiedene Seinsdimensionen trug. Als Vermittler zwischen den unterschiedlichen Ebenen ist die Hauptintention dieser Rune Kommunikation. Weisheit entsteht durch gegenseitigen Austausch – nicht nur den zwischen einzelnen Menschen, sondern auch zwischen Menschen, Tieren, Pflanzen und Steinen.
Bedeutung für das heutige Leben: Ausgleich und Harmonie durch Kommunikation schaffen. Andere Meinungen achten, ohne seinen eigenen Standpunkt zu verlassen. Den Wert des gesprochenen und geschriebenen Wortes respektieren. Worte bewusst wählen.

Mannaz

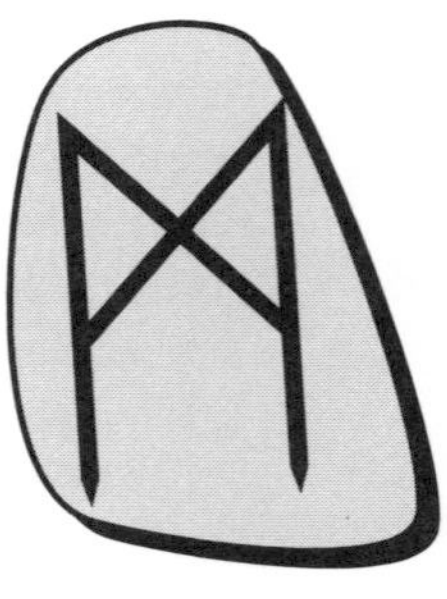

Mannaz ist das germanische Wort für das Menschliche und steht seit alters her für die Integration der Natur in das Leben. Die Natur darf nicht ausgebeutet werden, sondern muss als ein Geschenk betrachtet werden. Die äußere Form des Schriftzeichens besteht aus zwei zusammengefügten w-Runen, womit angedeutet wird, dass man durch gemeinsame Anstrengung zu Vollkommenheit und Erfüllung gelangt.
Bedeutung für das heutige Leben: Sich in Einklang mit der Natur befinden; Jahreszeiten bewusst wahrnehmen und alte Rituale und Feste – wie zum Beispiel das Erntedankfest – feiern. Sich nach den Früchten der Saison ernähren. Sich für das Wohl von Tieren engagieren. Sich selbst mit allen negativen und positiven Seiten annehmen.

Laguz

Die ursprüngliche Bedeutung des Wortes „Laguz“ ist See oder auch Wasser. Wasser ist eine fließende Macht und symbolisiert das Unbewusste. Gleichzeitig ist die Rune eine Aufforderung, tief in das Leben einzutauchen, statt sich nur damit zu benetzen.
Bedeutung für das heutige Leben: Auf die innere Stimme hören und in schwierigen Situationen das Bauchgefühl nicht überhören. Im Hier und Jetzt leben. Jeden Augenblick ganz da sein. Gedanken und Taten sollten derselben Quelle entspringen. Sich künstlerischen Bereichen zuwenden. Übersinnliche Wahrnehmungen ernst nehmen und auf Träume achten.

Ingwaz

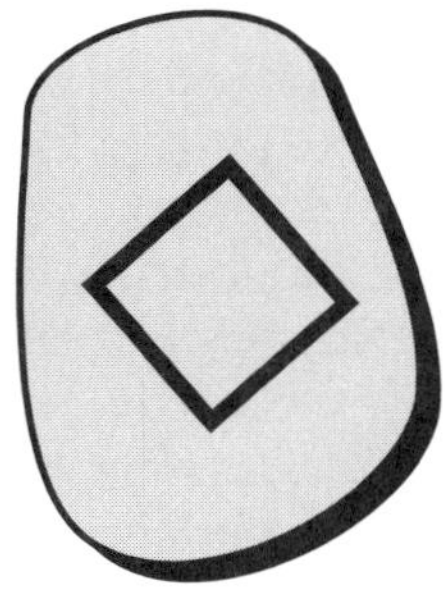

Die Ingwaz-Rune stellt ein Loch in der Erde dar, in das ein Samenkorn gelegt wird. Daraus ergibt sich die Bedeutung für Fortpflanzung und Fortbestand des menschlichen Lebens. Wir Menschen sind selbst ein Teil des Wunders der Natur und wir sind verwoben mit den vielen Generationen von Menschen, die vor uns gelebt haben. Alle Menschen sind miteinander verwandt. Wenn diese Botschaft wirklich ernst genommen werden würde, gäbe es keine Gewalt mehr unter den Menschen.
Bedeutung für das heutige Leben: Ein Entschluss reift und drängt zur Umsetzung in die Tat. Rückbesinnung auf die eigene Familie. Akzeptieren, woher man kommt. Die eigenen Wurzeln lassen sich nicht verleugnen. Hoffnungsvoll in die Zukunft blicken. Sich freuen auf das, was vor einem liegt.

Othala

Othala bedeutet übersetzt Besitzrecht. Besitz schließt alles ein, was wir an geistigem und kulturellem Erbe von unseren Vorfahren übernommen haben und nun zur Vollendung führen dürfen. Viele Dinge, die wir selbstverständlich als unser Eigentum ansehen, gehören uns nicht wirklich, sondern sind uns nur geliehen worden. Wir haben bei allem, was wir tun, Verantwortung für die zukünftigen Generationen zu übernehmen.
Bedeutung für das heutige Leben: Respektvoll mit der Natur und ihren Ressourcen umgehen. Wozu strebt man Reichtum an und was will man mit den eigenen Besitztümern anfangen? Was sind bleibende Werte im Leben? Befinden sich Geben und Nehmen in Einklang? Woher kommt (der eigene) Geiz? Wie kann man Neid überwinden?

Dagaz

Dagaz steht für die Ankunft des Tages, die Dämmerung und das Ende der langen Nacht. Neubeginn und Erleuchtung sind die Stichworte dieser Rune. Das Universum wird in seiner ganzen Größe akzeptiert und die ersten Lichtstrahlen werden bejubelt. Man kann in dem Dagaz-Zeichen auch einen Schmetterling erkennen, der die bevorstehende Verwandlung symbolisiert.
Bedeutung für das heutige Leben: Mit neuer Kraft erwachen; Selbstverwirklichung; ein Neuanfang ist immer möglich; dem inneren Wachstum sind keine Grenzen gesetzt. Das lange Warten hat ein Ende, jetzt werden Gelegenheiten beim Schopfe gepackt.

Die Schicksalsrune

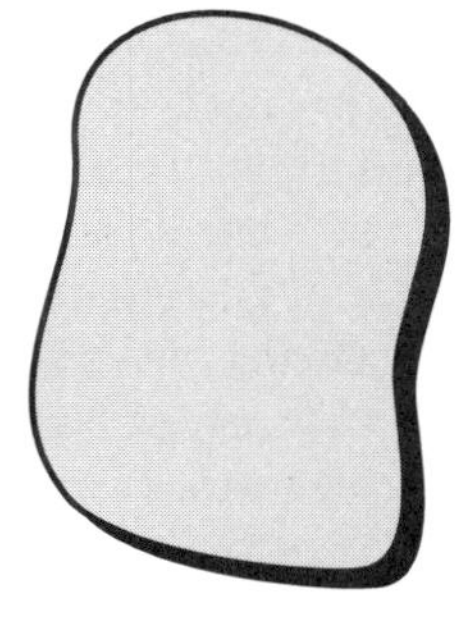

Die Schicksalsrune ist eine leere, unbeschriftete Rune, die Ihr persönliches Runen-Set erst komplett macht. Sie ist dem germanischen Gott Odin gewidmet und verheißt Ihnen eine positive Überraschung oder eine Veränderung in Ihrem Leben.
Bedeutung für das heutige Leben: Wenn Sie diese Rune ziehen, müssen Sie sich auf etwas Unerwartetes einstellen.

Ein eigenes Runen-Set herstellen

Damit Sie nun die Runen auch selbst befragen können, brauchen Sie ein eigenes Runen-Set. Zwar gibt es sie in Esoterik-Läden fertig zu kaufen, aber es macht viel mehr Spaß, sich eigene Runen herzustellen. Je enger die persönliche Beziehung zu Ihren Runen ist, desto genauer und aussagekräftiger werden Ihnen die Schriftzeichen auf Ihre Fragen antworten. Der anfängliche Aufwand lohnt sich auf jeden Fall!

Steine sammeln

Wie bereits erwähnt, haben Archäologen Runenzeichen auf allen erdenklichen Materialien gefunden. Für die praktische Runenarbeit im Alltag bieten sich Runen aus Stein an, da sie am haltbarsten sind und weil ihre Herstellung relativ einfach ist. Fühlen Sie sich dagegen stärker zu Holz hingezogen und sind Sie im Schnitzen und Bearbeiten dieses Materials einigermaßen geübt, so steht auch der Herstellung von Holzrunen nichts im Wege. Aus historischer Sicht sollten Sie sich in diesem Fall für Eschenholz entscheiden. Erinnern Sie sich: Odin wurden die Runen per Eingebung offenbart, als er kopfüber an einer Esche hing. Auf die starke Verbindung zwischen Runen und Bäumen komme ich später noch zu sprechen.

Egal ob Sie sich nun für Holz oder Stein entscheiden: Die Suche nach dem geeigneten Material ist sehr wichtig und beansprucht viel Zeit und Geduld. Runensteine zu sammeln ist ein besonderer Prozess und Sie sollten dabei Ihren Alltag möglichst hinter sich lassen. Vielleicht können Sie einen Kurzurlaub einplanen und an einen Ort reisen, an dem Sie sich in der Vergangenheit besonders wohl gefühlt haben und mit dem Sie positive Stimmungen verbinden? Sollte das nicht möglich sein, treten Sie wenigstens einen Tag aus Ihrem Alltagstrott heraus und begeben Sie sich in die Natur. Machen Sie sich ruhig fein und zelebrieren Sie die Begegnung mit Bäumen, Steinen, Erde und Wasser.

Unsere germanischen Vorfahren verehrten die Natur als Abbild des Göttlichen. Der Römer Tacitus hat im ersten Jahrhundert unserer Zeitrechnung in seinem Buch „Germania“ die Natur-Religion der Germanen folgendermaßen beschrieben: „Im Übrigen glauben die Germanen, dass es der Hoheit der Himmlischen nicht gemäß sei, Götter in Wände einzuschließen oder irgendwie der menschlichen Gestalt nachzubilden. Sie weihen ihnen Lichtungen und Haine und mit göttlichen Namen benennen sie jenes geheimnisvolle Wesen, das sie nur in frommer Verehrung erblicken.“ (aus: Tacitus, Germania 9, 98 n. u. Z.)

Tun Sie also bei Ihrem Ausflug so, als seien Sie zu einem großen Fest eingeladen, und freuen Sie sich auf diejenigen, die Sie heute kennen lernen werden. Es sind nicht nur Steine, sondern Ihre neuen spirituellen Begleiter, die schon lange auf Sie gewartet haben!

Versuchen Sie, den Ort, den Sie für Ihre Suche ausgewählt haben, mit völlig neuen Augen zu sehen. Konzentrieren Sie sich auf die Geräusche und Gerüche, nehmen Sie Tiere wahr und setzen Sie Ihre Füße ganz bewusst auf den Boden auf. Lassen Sie im Geiste noch einmal Revue passieren, was Sie bisher über die Runen gelernt haben, und achten Sie dabei darauf, welche Steine Sie „anlachen“ oder Ihnen „ins Auge springen“. Heben Sie den Stein auf, säubern Sie ihn gegebenenfalls mit einem weichen Tuch und versuchen Sie die Frage zu beantworten, ob es eine Verbindung zwischen Ihnen und dem Stein gibt.

Wenn Sie das Gefühl haben, einen toten Gegenstand in den Händen zu halten, legen Sie den Stein vorsichtig wieder zurück an seinen angestammten Platz. Wenn Sie diese Prozedur mehrmals wiederholt haben, werden Sie ein Gefühl dafür bekommen, welche Steine sich Ihnen als Runensteine anbieten. Probieren Sie es aus! Die einzige Vorgabe, die Sie beim Sammeln der Steine beachten müssen, ist, dass alle in etwa dieselbe Größe haben sollten und dass Sie eher flache als runde Steine brauchen. Alle 25 Steine sollten zusammen in Ihre beiden Hände passen – dann wird es später beim Werfen der Runen keine praktischen Probleme geben. Beachten Sie, dass Sie für Ihr persönliches Runen-Set 25 Steine bzw. Holzstücke benötigen. Die 25. Rune ist die so genannte Schicksalsrune. Sie wird dem Set in Andenken an den höchsten germanischen Gott Odin hinzugefügt und steht für ein unerwartetes Ereignis oder eine bevorstehende Veränderung in Ihrem Leben.

Es ist gut möglich, dass Sie mehrere Tage bzw. Ausflüge brauchen, bis Sie alle 25 Teile zusammenhaben. Seien Sie also nicht frustriert, wenn Sie länger brauchen. Machen Sie aus Ihrer Suche einfach eine Runen-Meditation. Nutzen Sie Ihre Spaziergänge zum Beispiel dazu, die Aussprache oder die Form der Runen auswendig zu lernen. Wie oben ausgeführt, wurden die Runen ja ursprünglich gesungen bzw. gesummt. Versuchen Sie das doch auch einmal, wenn Sie sich alleine auf den Pfaden der Natur befinden. Es ist nicht schlimm, wenn Ihre Gedanken beim Meditieren abschweifen. Wichtig ist, dass Sie entspannt sind und sich immer wieder in Erinnerung rufen, dass Sie ausgezogen sind, um Runen zu finden. Und dass Sie im Hinterkopf behalten, dass Sie dabei in die Fußstapfen unserer Vorfahren treten, deren Blut immer noch durch unsere Adern fließt.

Zeichnen/Ritzen

Wenn Sie nun im Besitz Ihrer 25 Ausgangsstücke sind, können Sie zum Zeichnen bzw. Ritzen übergehen. Es wäre günstig, wenn Sie zu diesem Zeitpunkt in der Lage wären, die Runen auswendig schreiben zu können. Wenn Ihnen das schwer fällt, greifen Sie einfach auf die Tabelle in diesem Buch zurück. Die Steine sollten unter fließendem Wasser gesäubert und mit einem weichen Tuch getrocknet werden. Für die Bemalung der Steine brauchen Sie Zeitungspapier als Unterlage für Ihren Arbeitsplatz sowie je einen breiten und einen sehr feinen Pinsel, Klarlack, blaue Farbe (sie soll gut auf Ihrem Ausgangsmaterial haften – lassen Sie sich im Fachhandel beraten) und Spiritus zum Reinigen der Pinsel.

Wenn Sie die Runen in Holz schnitzen wollen, brauchen Sie ein entsprechendes Messer und eine geeignete Säge, mit der Sie Ihren Holzstamm bearbeiten können. Betrachten Sie die Schritte, die nun vor Ihnen liegen, nicht als lästige Arbeit. Mit jedem Handgriff an Ihrem Ausgangsmaterial übertragen Sie Ihre persönliche Energie auf die Steine oder das Holz.

Am besten tragen Sie den Klarlack zuerst auf der einen Seite der Steine auf, lassen Sie sie über Nacht trocknen und lackieren dann am nächsten Tag die andere Seite. Sind alle Steine lackiert, können Sie darangehen, die Runen aufzumalen oder einzuritzen. Wenn Sie noch unsicher sind beim Schreiben, malen Sie die Zeichen zuerst vorsichtig mit einem Bleistift vor, korrigieren Sie das Muster, falls es nötig ist, und pinseln Sie es dann mit blauer Farbe auf den Stein. Bei der Frage, welches Zeichen Sie auf welchem Stein anbringen sollen, lassen Sie sich von Ihrer Intuition leiten. Im Optimalfall bietet sich jeder Stein nur für ein Zeichen an. Vielleicht gibt auch die Form oder die natürliche Maserung des Steins bereits die Auswahl der Rune vor?

Noch eine Bemerkung zur Farbwahl: Die Germanen zeichneten ihre Runen zwar mit Blut. Die männlichen Schamanen fügten sich dazu eine Wunde auf ihrer Brust in der Nähe des Herzens zu, die Frauen verwendeten ihr Menstruationsblut. Tun Sie das aber bitte nicht! Es gibt nämlich gesicherte Hinweise aus der germanischen Mythologie, aus denen hervorgeht, dass Odin die Farbe Blau als die typische Runenfarbe ansah. Blau steht für die geistige Ebene, aus der heraus sich Odin die Runen offenbarten. Moderne Runenkundler auf der ganzen Welt haben sich mittlerweile auf Blau als Runenfarbe geeinigt.

Runenbeutel

Sind Ihre 25 Runen fertig beschriftet, sollten Sie sich Gedanken über eine geeignete Aufbewahrungsmöglichkeit machen. Unsere germanischen Vorfahren trugen die Runen in einem Beutel aus natürlichen Materialien wie Leder, Leinen oder Wolle mit sich. Oft waren die Beutel mit einer Kordel versehen, sodass man sie am Gürtel befestigen konnte. Es bleibt Ihnen überlassen, ob Sie einen fertigen Beutel kaufen oder ob Sie Lust haben, selbst eine kleine Tasche zu nähen. Egal für welche Variante Sie sich entscheiden: Sie sollten Ihren Runenbeutel möglichst oft bei sich tragen, damit sich die Runen mit Ihrer Energie aufladen können.

Runen weihen

Traditionellerweise werden die Runen vor der ersten Anwendung geweiht. Dazu kann man sich der vier Elemente Wasser, Feuer, Luft und Erde bedienen.

Für das Weihen mit Wasser ist am besten frisches Quellwasser oder das Meerwasser am Strand geeignet. Aber natürlich können Sie auch abgekochtes und erkaltetes Leitungswasser nehmen. Legen Sie dazu die Steine in einen Kreis, befeuchten Sie Ihre Finger mit Wasser und benetzen Sie die Steine. Konzentrieren Sie sich und meditieren Sie dabei über die Vorstellung, dass Wasser für Weisheit und den Anfang allen Lebens steht.

Als Nächstes unterziehen Sie die Steine dem Feuerritual. Entzünden Sie ein Lagerfeuer oder einfach nur eine neue Kerze, legen Sie den ersten Stein auf einen großen Löffel und ziehen Sie ihn schnell durch die Flamme. Falls Sie mit Holzrunen arbeiten, verzichten Sie bitte zu Ihrer eigenen Sicherheit auf den direkten Kontakt der Runen mit dem Feuer. Es genügt, wenn jede Rune einmal von der Flamme der Kerze angestrahlt und erleuchtet wird.
Der Kontakt mit dem Feuer hat die Funktion, negative Ladungen zu zerstören und die Steine auf ihre Funktion als Ratgeber und Deuter des Schicksals vorzubereiten.

Für das Ritual mit der Luft können Sie sich den natürlichen Wind zunutze machen. Setzen Sie die Steine einem kräftigen Windstoß aus. Vergegenwärtigen Sie sich dabei, dass der Wind der Atem Gottes ist, der Runen Leben einhaucht. Das Wort Odin leitet sich von dem nordischen Wort „od" ab, was Wind oder „alles durchdringender Geist" heißt.

Nun müssen die Steine noch mit der Urmutter Erde in Verbindung gebracht werden. Benetzen Sie Ihre Hände mit Erde oder Sand und halten Sie jeden Stein ein paar Sekunden ganz bewusst fest. Sie können die Rune auch ganz mit Ihren Händen umschließen. Mit diesem Ritual bedanken Sie sich bei der Erde, die Ihnen diesen Stein geschenkt hat. Gleichzeitig begrüßen Sie jeden Stein per „Handschlag", so wie man es auch bei Menschen tut.

Herzlichen Glückwunsch! Nun endlich sind Ihre Runen bereit für ihren ersten Einsatz.

Praktische Runenarbeit

Eine Tagesrune ziehen

Runen haben die Macht, die Weichen für Ihren Tag zu stellen. Gewöhnen Sie sich an, jeden Morgen eine Rune aus dem Beutel zu ziehen, und lesen Sie anschließend die Stichworte, die zu dem entsprechenden Zeichen in diesem Buch zusammengefasst sind. Versuchen Sie, diese Stichworte mit dem, was Sie von Ihrem Tag erwarten oder befürchten, in Verbindung zu bringen. Lassen Sie den ganzen Tag über Ihre Gedanken zu der Bedeutung der Rune zurückschweifen. Im Laufe der Zeit werden Sie merken, dass sich Ihre Sichtweise verändert und dass Sie in schwierigen Situationen gelassener reagieren.

Am besten tragen Sie Ihre Tagesrune immer möglichst nah am Körper, zum Beispiel in der Hosentasche. So erinnern Sie sich regelmäßig an das jeweilige Tagesmotto.

Runen werfen

Das Runenwerfen ist eine komplexe Methode, mit der Sie Antworten auf schwierige Fragen zu Ihrem Leben erhalten. Runen zu werfen bietet sich immer dann an, wenn Sie nicht mehr weiterwissen, unsicher sind oder sich nicht zwischen verschiedenen Möglichkeiten entscheiden können.

Bevor Sie die Runen werfen, müssen Sie sich ein Tuch oder ein Stück Pappe mit dem folgenden Muster anfertigen:

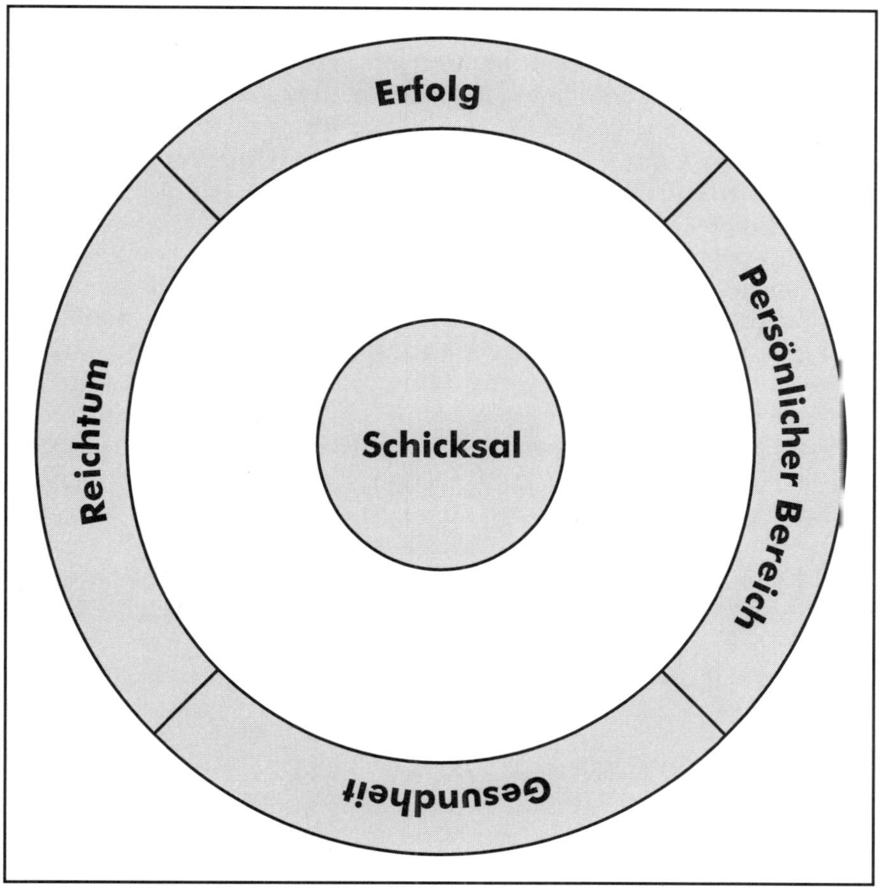

Es sollte im Optimalfall die Maße 50 x 50 Zentimeter haben. Unsere Vorfahren haben sich übrigens keines Tuches bedient, sondern haben dieses Muster direkt mit einem Stock auf den Boden gezeichnet. Diese Variante können Sie natürlich auch anwenden.

Ein kleiner Tipp: Um die Kreise gleichmäßig zu zeichnen, können Sie verschieden große Teller auf Ihre Unterlage legen und die Umrisse mit einem Stift nachzeichnen. Die einzelnen Felder auf dem Tuch haben folgende Bedeutung: Das Feld in der Mitte ist das Schicksalsfeld. Es offenbart Ihnen, welche Aufgaben Ihnen das Leben gestellt hat und welche Themen sich als roter Faden durch Ihr Leben ziehen. Das obere äußere Feld wird mit dem Wort „Erfolg" beschriftet, das untere Feld trägt die Beschriftung „Gesundheit", das linke Feld steht für „Reichtum" und das rechte Feld heißt „Persönlicher Bereich".

Legen Sie das Runentuch so, dass Sie entspannt davorsitzen können. Formulieren Sie Ihre Frage oder Ihr Anliegen möglichst konkret, am besten laut. Zum Beispiel: „Ich habe Probleme in meiner Beziehung. Ich brauche Rat, wie ich mich am besten verhalten soll." Wiederholen Sie Ihren Satz so lange, bis er in Ihren Ohren richtig und stimmig klingt. Erinnern Sie sich: Runen und der Klang der eigenen Stimme gehören eng zusammen! Wenn Sie Ihr Anliegen zufrieden stellend formuliert haben, greifen Sie in Ihren Runenbeutel und nehmen Sie alle 25 Runen in Ihre beiden Hände. Lassen Sie die Runen über dem Tuch fallen, und zwar so, dass möglichst viele Runen auf dem Tuch landen.

Runen, die daneben gefallen sind, können Sie aussortieren und in den Runenbeutel zurücklegen. Ebenso verfahren Sie mit den Runen, die mit dem Schriftzeichen nach unten liegen. Schauen Sie sich nun zunächst die Runen an, die in dem inneren Kreis gelandet sind, und lesen Sie deren Bedeutung nach. Bringen Sie die Stichworte zur Bedeutung mit Ihrer Ausgangsfrage in Verbindung. Es ist gut, wenn Sie sich dazu Notizen machen. Achten Sie besonders auf Ideen oder Geistesblitze, die Ihnen während der Betrachtung der jeweiligen Rune durch den Kopf spuken. Diese Eingebungen sind immens wichtig!

Wenn Sie etwas mehr Erfahrung mit dem Runenwerfen gesammelt haben, werden Sie merken, dass Ihre eigenen Gedanken oft viel besser passen und dass die erste, spontane Idee oft ein wichtiger Hinweis zur Lösung des Problems ist. Wenn Sie Ihre Notizen über einen längeren Zeitraum hinweg führen, können Sie zu einer eigenen Runeninterpretation gelangen, die speziell auf Sie zutrifft. Dazu braucht es allerdings mehrere Jahre regelmäßiger Arbeit mit den Runen. Wenn Sie mit der Betrachtung des inneren Schicksalskreises fertig sind, wenden Sie sich den vier äußeren Bereichen zu. Liegt eine Rune auf einer Trennlinie, müssen Sie genau schauen, auf welchem Feld der Großteil des Runenkörpers liegt. Diesem Feld wird sie dann zugeschlagen. Fragen Sie sich erneut, inwieweit Sie Antworten auf Ihre Frage erhalten. Was ist Ihnen unklar, was sehen Sie nicht ein? Schreiben Sie Ihre Gedanken wiederum auf. Das Runenorakel arbeitet oft noch Stunden, ja sogar Tage später in Ihnen nach. Manchmal ergibt sich eine regelrechte Assoziationskette von Gedanken, die zur Lösung führen. Und achten Sie in der Nacht nach dem Runenwerfen genau auf Ihre Träume. Auch hier können sich Lösungsansätze offenbaren.

Runen als Energieträger nutzen

Man kann Runen nicht nur befragen, sondern man kann sich ihr Energiepotenzial auch direkt zunutze machen. Diese Methode bietet sich immer dann an, wenn Sie allgemein unzufrieden sind und nicht genau sagen können, in welchen Bereichen Ihres Lebens die Schwierigkeiten eigentlich liegen. Das kann auch ein allgemeiner Zustand des Schlappseins sein (natürlich nur, wenn Sie medizinische Ursachen ausschließen können).

Bevor Sie anfangen, sollten Sie sich Zeit dazu nehmen, die Frage zu beantworten, was in Ihrem Leben eigentlich fehlt. Was haben die Personen, die Sie bewundern, was Sie nicht haben? Was fehlt, damit Sie Ihr eigener Traummann oder Ihre Traumfrau werden können? Schauen Sie dann unter der Bedeutung jeder einzelnen Rune nach, ob Sie Stichworte finden, die sich mit Ihren Defiziten decken. Kommen Sie beispielsweise zu dem Schluss, dass Ihr Problem Sprachlosigkeit ist, dass Ihnen oft die richtigen Worte fehlen oder es Ihnen nicht mehr gelingt, mit einer Ihnen wichtigen Person ins Gespräch zu kommen, kann die Ehwasz-Rune ᛖ als die Rune der Kommunikation helfen.

Um in den Genuss der Runenenergie zu gelangen, haben Sie nun verschiedene Möglichkeiten:

- Nehmen Sie sich Zeit und malen Sie das Schriftzeichen der entsprechenden Runen in Ihrer Lieblingsfarbe. Fertigen Sie ein ganzes Gemälde an. Durch das Ziehen der Linien erzeugen Sie ein bestimmtes Energie- und Schwingungsfeld – Sie zapfen die Energie der Rune gewissermaßen an.
- Sie können mit Textilfarben oder auch Porzellanmalfarben Gegenstände mit Runen bemalen. Suchen Sie beispielsweise Ruhe und Ausgeglichenheit, fertigen Sie sich doch ᛃ-Bettwäsche an. Oder Sie bemalen sich eine Tasse und nehmen sich vor, jeden Abend zur Beruhigung eine Tasse Tee aus Ihrem ᛃ-Becher zu trinken. Wenn Sie Freude an Handarbeiten haben, können Sie auch Kleidungsstücke mit ihrem Runen-Monogramm besticken. Ihrer Fantasie sind dabei keine Grenzen gesetzt!
- Sie können sich Schmuck oder einen Talisman mit Ihrem Lieblings-Runenzeichen anfertigen. In Bastelgeschäften gibt es beispielsweise Fimo-Knetmasse in vielen schönen Farben. Ein solcher Talisman eignet sich auch perfekt als Geschenk für liebe Freunde.
- Sie können das gewählte Schriftzeichen mit einem wasserfesten Filzstift auch direkt auf Ihrem Körper anbringen. Eine Frau, die sich beispielsweise ein Kind wünscht, könnte die ᛈ-Rune auf ihren Unterleib zeichnen, um so ihre Fruchtbarkeit zu fördern. In diesem Sinne können Sie Runen auch zur Heilung von Krankheiten nutzen, wie es die Germanen im Übrigen auch häufig getan haben. Verzichten Sie aber parallel dazu nie auf einen Besuch beim Arzt. Runen können die Heilung zwar unterstützen, aber nicht alleine vollbringen!

Runen und Bäume

Die Germanen waren ein Volk, das noch in Einklang mit der Natur lebte und diese auch respektierte. Bäume spielen in diesem Naturglauben eine große Rolle. Erinnern Sie sich, dass Odin die Runen offenbart wurden, als er kopfüber an der Weltesche Yggdrasil hing? Unsere germanischen Vorfahren gingen davon aus, dass bestimmte Bäume Eigenschaften besitzen, die sich im Einklang mit dem Potenzial der 24 Runen befinden. Daher kann man jede Rune auch einem bestimmten Baum zuordnen:

ᚢ **Uruz – Silberbirke**

ᛉ **Algiz – Schilfrohr**

ᚦ **Thurisaz – Schlehdorn**

ᛊ **Sowilo – Spindelbaum**

ᚨ **Ansuz – Esche**

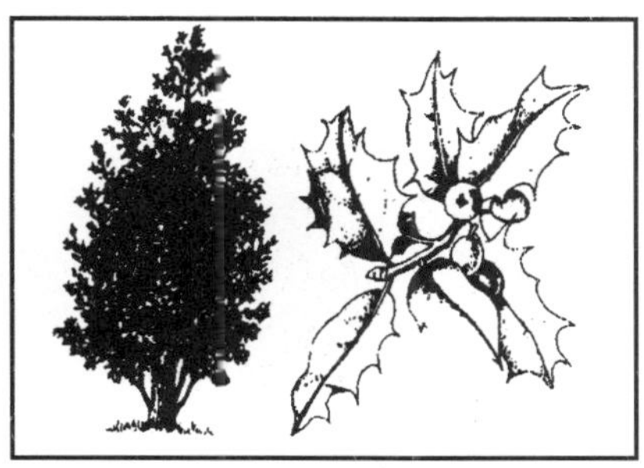

ᛏ **Tiwaz – Stechpalme**

ᚱ **Raidho – Eiche**

ᛇ **Eihwaz – Efeu**

ᚲ **Kenaz – Kiefer**

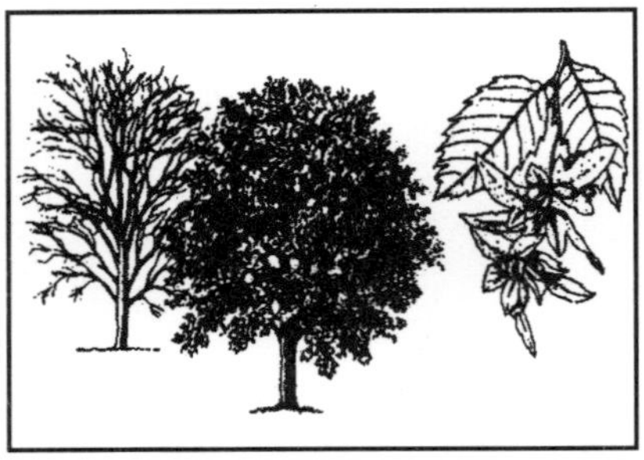

ᛒ **Berkano – Hainbuche**

ᚷ **Gebo – Ulme**

ᛖ **Ehwasz – Eibe**

ᚹ **Wunjo – Fichte**

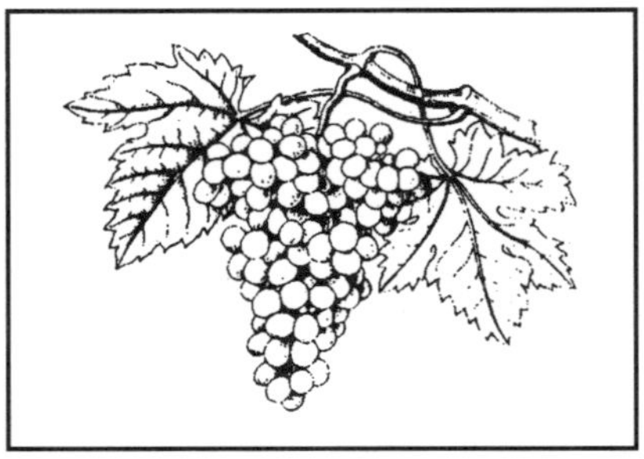

ᛗ **Mannaz – Wein**

ᚺ **Hagalaz – Eberesche**

ᛚ **Laguz – Weide**

ᚾ **Naudhiz – Buche**

ᛜ **Ingwaz – Apfelbaum**

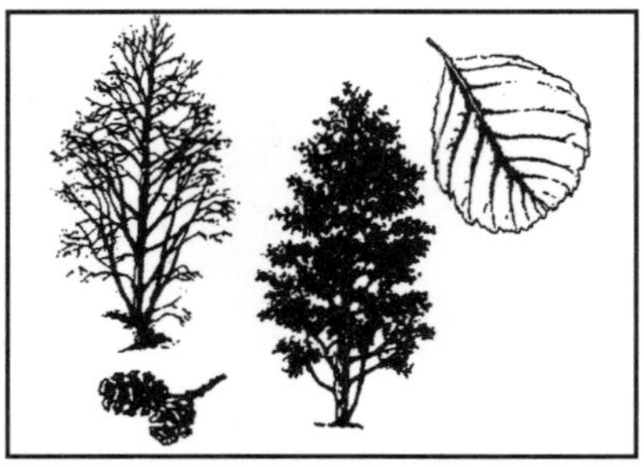

ᛁ **Isa – Erle**

ᛟ **Othala – Stechginster**

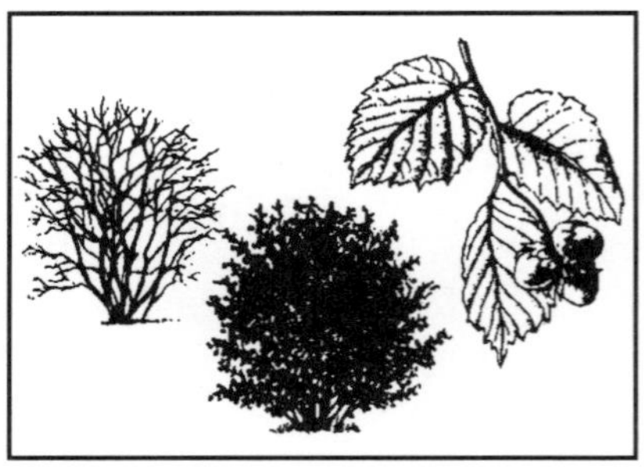

ᛃ **Jera – Haselnuss**

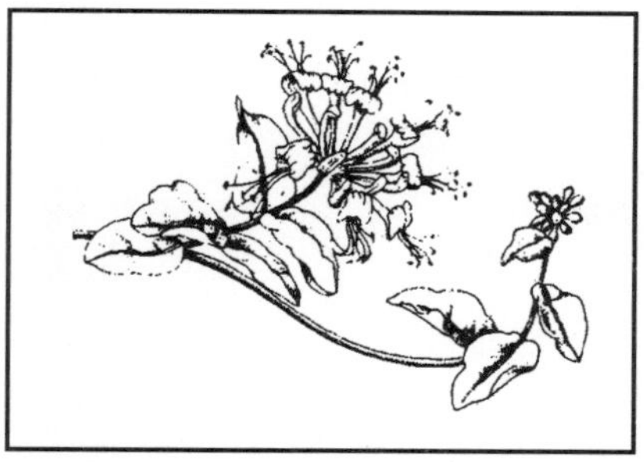

ᛞ **Dagaz – Geißblatt**

ᛈ **Perthro – Espe**

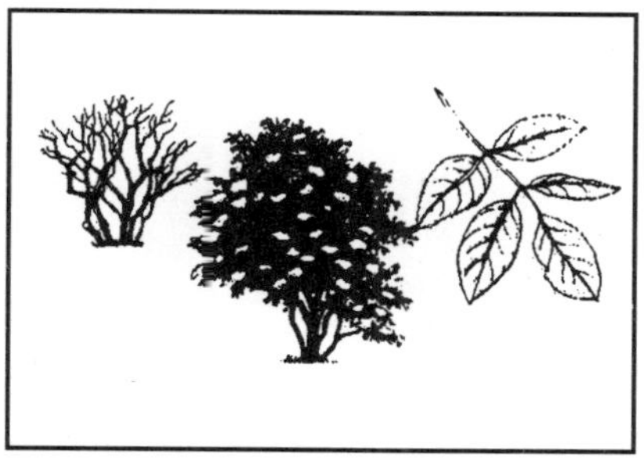

ᚠ **Fehu – Holunder**

Auch Sie können sich während Ihrer Runenarbeit die Kraft der Bäume auf vielfältige Art und Weise zunutze machen:

- Wenn Sie eine Frage quält oder Sie an einem Wendepunkt in Ihrem Leben stehen, kann es hilfreich sein, unter einem Baum zu meditieren. Lesen Sie dazu das Kapitel „Die Bedeutung der Runen“ und fragen Sie sich, welche Rune Ihnen in Ihrer momentanen Situation nützlich sein kann. Schauen Sie dann in der Tabelle nach, welcher Baum dieser Rune zugeordnet ist, und suchen Sie diesen Baum in der freien Natur auf. Setzen Sie sich unter ihn, berühren Sie ihn und sprechen Sie mit ihm. Gewöhnen Sie sich an den Gedanken, dass Bäume Lebewesen sind, die uns „verstehen“. Versuchen Sie, unter dem Baum zur Ruhe zu kommen und lassen Sie Ihre Gedanken einfach fließen. Denken Sie auch an ein Heft für Ihre Notizen, damit Sie Ihre Gedankengänge auch später noch nachvollziehen können.
- Wenn Sie sich in der Nähe eines großen Waldes befinden, können Sie auch jeden Morgen eine Tagesrune ziehen und sich dann an den jeweiligen Baum begeben.
- Hand aufs Herz: Wann sind Sie das letzte Mal auf einen Baum geklettert? Sich ein wenig sportlich zu betätigen ist besonders dann angesagt, wenn ein Perspektivwechsel auf das eigene Leben vonnöten ist. Haben Sie sich auch schon mal den Satz „Ein Tapetenwechsel würde mir jetzt gut tun!“ sagen hören? Auch dahinter steckt der Wunsch, mal von einem anderen Standpunkt auf sein Leben schauen zu können. Verlegen Sie Ihren Perspektivwechsel doch einfach in den Wald. Sie haben doch nichts zu verlieren!
- Sie können auch die Früchte „Ihres“ betreffenden Baumes sammeln und sie entweder öfter in Ihren Speiseplan einbauen oder auch damit basteln. Belastet Sie ein Problem so sehr, dass Sie nachts schlecht schlafen können oder oft Albträume haben, kann es helfen, wenn Sie ein Mobile herstellen und über Ihr Bett hängen.
- Sind Sie künstlerisch aktiv und malen Sie gerne, können Sie ein Gemälde „Ihres“ Baumes anfertigen. Ähnlich wie das Zeichnen von Runen bestimmte Schwingungen erzeugt, kann das Malen von Bäumen eine beruhigende Wirkung haben und Ihre Gedanken besänftigen.
- Sie können auch das Holz oder die Rinde des jeweiligen Baumes bearbeiten. Holz lässt sich zu den unterschiedlichsten Gegenständen schnitzen und man kann wunderbar Schmuck aus Holz herstellen.
- Haben Ihnen die Runen bei der Lösung eines schwerwiegenden Problems geholfen, dann pflanzen Sie doch einen Baum, um sich zu bedanken! Abgesehen davon, dass ein solcher Schritt gut für unsere Umwelt ist, macht es auch Spaß, einen Baum „aufwachsen“ zu sehen. Erkundigen Sie sich aber bitte vorher bei Ihrer Stadtverwaltung, welche Auflagen es für das Pflanzen von Bäumen gibt.

Allgemein gilt auch für die Runenarbeit mit Bäumen, dass Ihrer Fantasie keine Grenzen gesetzt sind. Wichtig ist einzig und alleine, dass Sie eine Beziehung zu dem jeweiligen Baum herstellen. Bäume sind, genau wie wir Menschen, individuelle Persönlichkeiten. Aktivieren Sie Ihre Intuition, dann wird Ihre Mühe auch belohnt!

Ein praktisches Beispiel

Kathrin ist 32 Jahre alt und führt seit zwei Jahren eine Wochenendbeziehung. Ihr Freund wohnt 400 Kilometer entfernt und die beiden besuchen sich abwechselnd fast jeden Sonnabend und Sonntag. Eigentlich ist Kathrin mit dieser Situation ganz zufrieden, denn sie hat einen anstrengenden Job, der sie die Woche über voll und ganz ausfüllt. Insgeheim hofft sie, dass ihr Engagement in absehbarer Zeit mit einem Karrieresprung belohnt wird. Doch seit ein paar Wochen sind trübe Wolken über Kathrins Leben gezogen. Ihr Freund Oliver möchte, dass sie ihren Job kündigt und zu ihm zieht. Ihm geht das ewige Hin-und-Hergependele auf die Nerven. Er möchte jeden Abend neben Kathrin einschlafen und morgens aufwachen. Er selbst kann seinen Job nicht kündigen und umziehen, da er vor einiger Zeit das Geschäft seines Vaters übernommen hat und dafür extra einen hohen Kredit aufnehmen musste. Außerdem ist er der Meinung, dass Kathrin in seiner Stadt schnell wieder eine entsprechende Arbeitsstelle finden wird, wenn sie sich nur ernsthaft bemüht.

Nach mehreren schlaflosen Nächten ist Kathrin immer noch ratlos. Sie liebt Oliver und möchte ihn nicht verlieren. Andererseits möchte sie nicht umziehen und ihre Freunde hinter sich lassen. Ihr Job ist ihr wichtig und sie glaubt nicht daran, so schnell eine neue befriedigende Stelle zu finden. Sie nimmt sich daher einen Abend Zeit und bittet die Runen um Rat. Da sie eine konkrete Frage hat, entscheidet sie sich dafür, die Runen zu werfen. Sie formuliert die Frage: „Wie soll ich mich entscheiden? Soll ich mein Leben hier aufgeben oder soll ich meine Beziehung opfern?“ Je länger sie über dieser Frage brütet, desto klarer wird ihr, dass sie auch fragen könnte: „Was ist mir im Leben eigentlich wirklich wichtig?“ Sie betrachtet das als erste Erkenntnis und wirft die Runen über ihrem Tuch. Fünf Runen sind mit dem Schriftzeichen nach oben auf dem Tuch gelandet. Alle anderen packt sie zurück in den Beutel, um Ordnung auf dem Feld zu schaffen.

Im Schicksalskreis liegen ᚷ und ᛈ. Als sie die Bedeutung von Gebo nachliest, trifft sie der Satz „Jeden Tag so leben, als wäre es der letzte“ mitten ins Herz. Sie ahnt, dass sie einiges ändern würde, wenn sie wüsste, dass sie nicht mehr lange zu leben hätte. Über diese Frage will sie länger nachdenken und notiert sie daher in ihrem Runen-Tagebuch.

Auch über die Perthro-Rune ist sie erstaunt. Über ein Kind hat sie bisher nie nachgedacht. Sie hatte immer das Gefühl, noch so viel Zeit zu haben. Aber in Zusammenhang mit Gebo ergibt Perthro plötzlich einen Sinn: Hat Kathrin einen verdrängten Kinderwunsch und ist es eigentlich gut, diesen Plan immer weiter auf später zu verschieben? Diese Fragen wird Kathrin in den nächsten Tagen verdauen und bearbeiten müssen.

In dem Feld „Persönlicher Bereich“ liegen ᛇ und ᛊ. Kathrin schlägt erneut das Buch auf und liest unter Eihwaz nach. Sie liest immer nur das Wort „Tod“ und ist zuerst sehr erschrocken. Nach längerem Nachdenken gelangt sie zu der Erkenntnis, dass sie momentan weniger ihren eigenen Tod fürchtet als vielmehr den ihrer Mutter. Die alte Dame kränkelt in letzter Zeit öfter. Kathrin hat sich bisher nie richtig klar gemacht, wie sehr sie an ihrer Mutter hängt, und sie hat sich den Gedanken, dass ihre Mutter vielleicht bald sterben wird, bisher nie eingestanden. Ein Wohnortswechsel erscheint ihr in diesem Licht in absehbarer Zeit unmöglich.

Die Sowilo-Rune bringt verborgene Dinge ans Licht. Kathrin muss lächeln. „Heute Abend ist schon viel ans Licht gekommen“, denkt sie im Stillen. „Mein Kinderwunsch war bisher im Dunkeln verborgen und die Sorge um meine Mutter erscheint jetzt auch in einem anderen Licht. Sowilo soll mir ein Zeichen sein, dass ich viel mehr Kraft habe, als ich glaube. Ich kann eine ganze Menge aushalten. Das ist ein gutes Gefühl!“

Nun bleibt noch die ↑-Rune in dem Feld „Reichtum“. Die Beschreibung zu Tiwaz gefällt ihr gut. Das Bild eines Pfeils, der konzentriert aufs Ziel abgeschossen wird, regt sie zum Nachdenken an. Sie kann sich gut mit dem Pfeil identifizieren, denn auch sie hat viel Kraft. Aber bei ihr hapert es an einem konkreten Ziel. Sie weiß noch nicht so genau, wohin sie fliegen will. Das Ziel zu definieren lohnt sich aber auf jeden Fall, denn es verheißt Reichtum. In welcher Hinsicht, das hängt vom Ziel selbst ab.

Als Kathrin an diesem Abend ins Bett geht, resümiert sie noch einmal ihre Gedankengänge: „Ich möchte nicht wegziehen, weil ich noch so viel Zeit wie möglich mit meiner Mutter verbringen will. Außerdem kann ich nun zu meinem Kinderwunsch stehen. Vielleicht kann ich Job und Familie unter einen Hut bringen. Ob Oliver der richtige Mann dafür ist, wird sich herausstellen. Auf jeden Fall werden wir am Wochenende viel reden müssen. Und vielleicht werfen wir bei dieser Gelegenheit mal gemeinsam die Runen!“

Zum Weiterlesen: Literaturliste

Wenn Sie sich noch intensiver mit dem Runenorakel auseinander setzen wollen, sind die folgenden Bücher für Sie bestimmt interessant:

- Aswynn, Freya: Die Blätter von Yggdrasil. Editionen Ananael 2001
- Barrett, David: Runen, und was sie bedeuten. Flechsig Verlag 1996
- Baggott, Andy/Lorenz, Joanna (Hrsg.): Runen. Bedeutung-Gebrauch-Weissagung. Urania 1999
- Caland, Magdalena: Runen als Wegbegleiter. Iris Bücher + Mehr 1998
- Florek, Reinhard: Das Runenhandbuch. Windpferd Verlagsgesellschaft 1990
- Meadows, Kenneth: Runen. Die magische Kraft. Mvg-Verlag 1996
- Reichardt, Hans: Die Germanen. Ein WAS IST WAS BUCH. Tesslof-Verlag 1978
- Römer und Germanen. Lesehefte Welt und Umweltkunde. Klett 2001
- Szabo, Zoltan: Buch der Runen. Neue Erde Verlag 2001
- Tewes-Eck, Roswitha/Dunkel, Erich: Die germanische Sagenwelt. Klett 2001
- Würthner, Klaus: Das Arbeitsbuch zu den Runen. Hugendubel 1995

NUMEROLOGIE

Das Geheimnis der Zahlen

Was ist Numerologie?

Die Wissenschaft der Numerologie geht davon aus, dass Zahlen Symbole sind, in denen sich kosmische und göttliche Energie offenbart. Hinter jeder Zahl steckt ein besonderes Potenzial. Oder anders ausgedrückt: Jede Zahl birgt ein Geheimnis in sich und steht noch für etwas anderes als den reinen Zahlenwert. Wenn wir wissen, welche individuellen Zahlen unser Leben beeinflussen, können wir diese Energie besser nutzen, um uns zu einer einheitlichen Persönlichkeit zu entwickeln, und unsere Zukunft somit erfolgreicher planen. Insofern sind Zahlen ein Spiegelbild unseres Selbst, das uns hilft, uns und andere besser zu verstehen. Alles, was man am Anfang an Werkzeug dazu braucht, ist ein Geburtsdatum und die genaue Schreibweise eines Vor- und Zunamens. Nach welcher Methode die persönlichen Zahlen dann ermittelt werden, zeige ich Ihnen auf den folgenden Seiten.

Die Kulturgeschichte ist voller Beispiele, wie die Denker und Philosophen aller Zeiten und Zivilisationen unabhängig voneinander versuchten, die Welt der Zahlen zu entschlüsseln. Die Griechen, Babylonier, Phönizier, Hebräer, Kelten, Ägypter, Mayas und Tibeter haben uns Systeme hinterlassen, in welchen man nachlesen kann, welche Zahlen welche Bedeutung haben und wie man mithilfe der Zahlen den Alltag besser bewältigen kann. Von Pythagoras, einem der bekanntesten griechischen Philosophen und dem „Vater der Mathematik“, stammt das Zitat: „Die Zahl ist das Wesen aller Dinge.“ Und moderne Numerologen berufen sich noch 2500 Jahre nach Pythagoras auf diesen Satz und seine Lehren.

Auch der heilige Augustinus war ein Anhänger der Zahlenmystik. In seinen Augen offenbart sich in den Zahlen das Werk Gottes. Er brachte sein Denken in dem Satz „Zahlen sind die in der Welt selbst präsente Form der Weisheit Gottes, die vom menschlichen Geist erkannt werden kann“ auf den Punkt.

Leider gibt es seit einigen Jahren die Tendenz, diese Wissenschaft der Numerologie zu reinen Zahlenspielereien ausufern zu lassen. Immer mehr Zahlen werden wahllos miteinander addiert und ebenso willkürlich zu Quersummen reduziert. Nach einigen Stunden „sieht man vor lauter Zahlen den Wald nicht mehr“. Das möchte ich Ihnen möglichst ersparen. Ich mache Sie im Folgenden mit den Grundzügen der Numerologie vertraut und zwar auf der Basis Ihres Geburtsdatums und Ihres Geburtsnamens.

Ob Sie diese Methode dann noch auf andere Bereiche Ihres Lebens – wie Adresse, Nummernschild, Telefonnummer o. ä. – übertragen möchten, bleibt dann Ihnen überlassen. Sie sollten nach einigen Tagen der Beschäftigung mit der Kunst der Zahlen aber immer noch in der Lage sein, jemanden anzurufen, ohne vorher die entsprechende Telefonnummer zu addieren und anderen komplizierten Rechenprozessen zu unterziehen!

Die Lebenszahl

Ihre individuelle Lebenszahl basiert auf Ihrem Geburtsdatum und hilft Ihnen zu erkennen, wer und wie Sie wirklich sind und wie Ihre Wirkung auf andere Menschen ist.

Um die Lebenszahl zu berechnen, zählen Sie alle Ziffern Ihres vollständig ausgeschriebenen Geburtsdatums zusammen. Sind Sie beispielsweise am 5. Januar 1965 geboren, rechnen Sie 5+1+1+9+6+5=27. Dann bilden Sie aus dem Ergebnis eine einstellige Quersumme, also 2+7=9. Diese Zahl ist Ihre persönliche Lebenszahl.

Es gibt drei Ausnahmen von der Regel, aus zweistelligen Zahlen eine einstellige zu machen: Die Leitzahlen 11, 22 und 33 werden nicht zu einer einstelligen Zahl zusammengezählt, sondern bleiben für sich stehen.

Ein Beispiel: Luise ist am 28. März 1978 geboren. Um ihre Lebenszahl zu ermitteln, rechnet sie: 2+8+3+1+9+7+8=38. 3+8=11. Die Zahl wird nicht auf die einstellige Zahl 2 (1+1) reduziert, sondern die 11 bleibt zweistellig.

Haben Sie Ihre persönliche Lebenszahl berechnet? Dann können Sie nun die zu Ihnen passende Beschreibung nachlesen. Achten Sie dabei besonders auf die Textpassagen, von denen Sie das Gefühl haben, sie würden nicht auf Sie zutreffen! Oft verbergen sich gerade dahinter Seiten der eigenen Persönlichkeit, die man nicht wahrhaben will oder die man verdrängt.

Die Numerologie bestätigt uns nämlich nicht nur in unseren positiven Eigenschaften, sondern sie hält uns einen Spiegel vor und konfrontiert uns auch mit den weniger angenehmen Seiten unserer Persönlichkeit. Es ist auch immer wieder interessant, die Lebens- und Namenszahlen der Menschen zu errechnen, mit denen man nicht so gut auskommt. Vielleicht helfen Ihnen die hier aufgeführten Stichworte dabei, jemanden in einem anderen Licht zu sehen, um ihm zukünftig mit einer anderen Einstellung begegnen zu können.

Lebenszahl „Eins“

Stichworte: Kreativ, ehrgeizig, kameradschaftlich, perfektionistisch.

Beschreibung: Menschen mit der Lebenszahl Eins sind kreative Menschen, die viel Wert darauf legen, in einer schönen Umgebung zu leben. Viele Inneneinrichter, Architekten, Galeristen und Visagisten sind Einser-Typen. In ihren Wohnungen findet man schöne Accessoires. Jedes Bild ist mit Bedacht platziert und die Farbe der Sofakissen harmoniert mit den Vorhängen. Ihnen macht es Spaß, lange und ausgiebig zu bummeln und auf Flohmärkten nach Gegenständen zu suchen, die das Heim noch gemütlicher machen.
Oft sind Einser-Menschen handwerklich begabt. Sie basteln und malen gerne und können sich dabei wunderbar entspannen. Überhaupt sind sich Einser der schönen Seiten des Lebens bewusst und sie sind ständig bestrebt, sich nicht von der Arbeit „auffressen“ zu lassen. Einser-Menschen laden gerne Gäste ein und es macht ihnen Spaß, für andere zu kochen. Es fällt diesen Menschen nicht schwer, Freundschaften zu pflegen. Die Einser werden von ihren Freunden geschätzt, weil sie gut zuhören können und wirklich Anteil nehmen am Leben anderer. Sie können mitfühlen und sind sofort bereit zu helfen, wenn Not am Mann ist. Einser kann man mitten in der Nacht anrufen, wenn es Probleme gibt.
Auf der anderen Seite fällt es den Einsern aber schwer, Hilfe anzunehmen. Sie haben den Anspruch, alles selbst schaffen zu müssen. Für sie ist es ein Zeichen von Schwäche, um Hilfe zu bitten. Gepaart mit Perfektionismus, der den Einsern auf den Leib geschrieben ist, kann das eine fatale Mischung sein. Oft beißen sie sich regelrecht an einer Aufgabe fest, nur um das Gefühl zu bekommen, sie aus eigener Kraft geschafft zu haben. Etwas nicht zu schaffen kommt für den Einser einer Niederlage gleich, die er nicht so leicht vergisst. Das Leben tut den Einsern insofern einen Gefallen, als dass es ein paar Hürden bereithält, an denen man wachsen kann und die die Einser noch stärker werden lassen. Einser zerbrechen selten an den Krisen des Lebens, da sie einen kleinen Freundeskreis haben, auf den sie sich in allen Fällen verlassen können.

Lebenszahl-Affirmation: Ich muss nicht alles alleine schaffen. Hilfe anzunehmen ist kein Zeichen von Schwäche. Vorsicht vor übertriebenem Ehrgeiz. Niederlagen gehören zum Leben dazu!

Lebenszahl „Zwei“

Stichworte: Künstlerisch-musisch, Bedürfnis nach Bestätigung, offen für alles Neue, diplomatisch.

Beschreibung: Menschen mit der Lebenszahl Zwei haben oft eine künstlerische Begabung. Wenn sie ihr Talent nicht sowieso schon zum Beruf gemacht haben, spielen sie gerne in einer Laien-Schauspielgruppe oder singen im Chor. Öffentliche Auftritte sind ihnen sehr wichtig, denn sie lieben es, ab und zu im Rampenlicht zu stehen. Sie können es voll und ganz genießen, für eine gewisse Zeit Mittelpunkt zu sein und Lampenfieber ist für die Zweier eine Art Lebenselixier. Sie lieben Geselligkeit und können ihren Freundeskreis wunderbar mit Anekdoten und lustigen Geschichten unterhalten. Wegen ihrer spontanen Ideen werden die Zweier auch von Kindern sehr geliebt. Zweier sind schnell bereit, ein kleines Stück mit der Kasper-Puppe aufzuführen, und sie freuen sich sehr über Lob und Anerkennung. Aufgrund ihrer ungetrübten Lust an der Selbstdarstellung fehlt es den Zweiern zuweilen an einer gewissen Tiefe. Sie sind auf Menschen angewiesen, die bereit sind, hinter die Kulissen zu schauen. Hinter dem stets lustigen und fidelen Zweier steckt nämlich ein sensibler Mensch, der darunter leidet, dass so selten jemand in sein Innerstes vordringt. Denn er verfügt über einen großen Schatz an Menschenkenntnis, die nur darauf wartet, ans Tageslicht zu kommen. Hierin liegt das eigentliche Dilemma des Zweier-Typen: Auf den ersten Blick wirkt er eher oberflächlich und er kann sich nicht von sich aus öffnen. Wenn Sie in Ihrem Leben Probleme mit einem Zweier haben, versuchen Sie unbedingt, die äußere Schale zu durchbrechen. In stillen Stunden fühlt sich ein Zweier oft einsam.
Er will über sich reden, kann es aber nicht ohne Anstoß von außen. Ein Zweier kennt das Gefühl, in einer Gruppe von Menschen zu sitzen und sich trotzdem alleine zu fühlen, nur zu gut. Zweier sind häufig mit einer robusten Gesundheit gesegnet. Sie sind ausdauernd, zäh und sehr zuverlässig.

Lebenszahl-Affirmation: Ich werde auch dann geliebt, wenn ich mal ernst statt lustig bin. Wenn ich mich einsam oder unverstanden fühle, kann ich darüber reden. Ich muss mich davor hüten, anderen etwas vorzuspielen.

Lebenszahl „Drei“

Stichworte: Fröhlich, fantasiebegabt, zerstreut, Leichtigkeit.

Beschreibung: Dreier-Typen sind fröhliche und lebenslustige Menschen mit einem großen Bekanntenkreis. Oft sind sie wahre Sprachkünstler, die aus dem Stand ein Geburtstagsgedicht reimen können und denen stets eine gute Formulierung einfällt. Sie sind selten depressiv, verstimmt oder melancholisch und haben daher auch relativ wenig Verständnis für traurige oder besorgte Menschen. Dreier sind sehr ansteckend in ihrer Fröhlichkeit und Sorglosigkeit. Sie sind wunderbare Eltern, die ihren Kindern wenig verbieten und in deren Erziehung es viele Freiräume gibt. Sie selbst leben in dem Gefühl, ohne Probleme auf mehreren Hochzeiten gleichzeitig tanzen zu können. Hat man einen Dreier im Bekanntenkreis, wird man sich daran gewöhnen müssen, dass er permanent zu spät kommt oder Verabredungen vergisst. Das geschieht aber ohne böse Absicht. Der Dreier ist nämlich ein schlechter Zeitmanager und Organisator. Das Chaos gehört zu seinem Leben. Oft führen Dreier keinen Kalender und sie können sich immer wieder von Neuem darüber wundern, wenn sie einen Termin vergessen haben. Dreier leiden hinter der Maske der Fröhlichkeit und Unbeschwertheit oft unter dem Gefühl der Unzufriedenheit. Von allen Menschen sind sie diejenigen, die sich am häufigsten fragen, „ob das schon alles gewesen ist". Sie sind unstet und können relativ schlecht Entscheidungen treffen. Sie wollen viel vom Leben, wissen aber oft nicht genau, was eigentlich. Ruhephasen zum Nachdenken sind in ihrem Tageslauf nicht eingeplant. Dreier leiden häufig unter einer Midlife-Crisis, in der sie vieles in Frage stellen und ihrem Leben unter Umständen noch einmal eine völlig neue Wendung geben. Wer einen Dreier zum Partner hat, muss ständig auf Überraschungen gefasst sein. Der Dreier braucht verständnisvolle, flexible Menschen um sich herum. Wer sich auf einen Dreier einlässt, hat mit Sicherheit kein langweiliges Leben, auch wenn es manchmal anstrengend sein kann.

Lebenszahl-Affirmation: Innere Einkehr und Inseln der Ruhe würden meinem Leben gut tun. Bin ich mir eigentlich bewusst, dass ich meinen Freunden manchmal ganz schön viel zumute?

Lebenszahl „Vier"

Stichworte: Selbstdisziplin, Harmonie, dickköpfig, sensibel.

Beschreibung: Vierer-Menschen verfügen über ein hohes Maß an Selbstdisziplin und Ehrgeiz. Beruflich sind sie häufig in Führungspositionen zu finden. Egal ob es sich um berufliche oder persönliche Belange handelt – der Vierer setzt sich für eine Sache immer voll und ganz ein. Vierer sind sehr harmoniebedürftig. Sie haben feine Antennen für das Befinden ihrer Mitmenschen und spüren sofort, wenn es jemandem nicht gut geht. Sie lassen sich nichts vormachen. Leider haben sie den Hang, atmosphärische Störungen auf sich zu beziehen. Sie kontrollieren und beobachten sich selbst sehr stark und fragen sich ständig, ob sie etwas Falsches gesagt oder getan haben. Eine gewisse Spontaneität und Lockerheit fehlt den Vierern oft. Obwohl sie gern und oft Bekannte und Freunde treffen, leiden sie nicht selten unter dem Gefühl, etwas zu verpassen. Häufig hören sie sich neidisch an, was andere Menschen erlebt haben, und vergessen darüber die eigenen schönen Erlebnisse.
Vierer haben eine Tendenz dazu, in der Vergangenheit zu leben. Sie organisieren gerne Familienfeste, schauen sich Fotoalben an und erzählen gerne von früher. Sie sind traditionsbewusst und legen großen Wert auf ein intaktes Familienleben. Vierer lassen sich ungern von anderen einen Ratschlag geben. Sie wirken dickköpfig und brauchen immer das Gefühl, selbst auf die Lösung eines Problems gekommen zu sein. Auf der anderen Seite sparen sie nicht daran, andere mit Tipps und Ratschlägen zu versorgen. Und sie sind schnell mal beleidigt, wenn sie das Gefühl haben, nicht auf offene Ohren zu stoßen. Allerdings sind sie nicht nachtragend. Sie können Entschuldigungen annehmen, denn sie lieben ein harmonisches Miteinander. Bei Gesprächen sind die Vierer eher passiv. Sie hören sich gerne erst einmal an, was die anderen zu erzählen haben, und fragen interessiert nach. Von sich geben sie nicht so gerne etwas preis. Um einen Vierer genauer kennen zu lernen, muss man unter Umständen lange nachbohren. In Wirklichkeit möchte der Vierer zwar gerne lossprudeln, aber leider steht er sich mit seiner Introvertiertheit manchmal selbst im Wege. Das Leben hält für die Vierer oft abrupte Veränderungen und Umbrüche bereit. Da der Vierer eher ein konservativer Typ ist, für den gerne alles so bleiben könnte, wie es ist, hat er in seinem Leben einige harte Nüsse zu knacken. Aber das macht ihn im Endeffekt nur noch selbstbewusster.

Lebenszahl-Affirmation: Ich will lernen, mich anderen gegenüber zu öffnen, damit ich auch auf meine Kosten komme. Wenn ich immer mit dem Kopf durch die Wand will, füge ich mir Schmerzen zu. Vielleicht sollte ich doch mal auf den Rat von anderen hören?

Lebenszahl „Fünf"

Stichworte: Begeisterungsfähig, Intuition, zärtlich, intellektuell, unkonventionell.

Beschreibung: Der typische Fünfer-Mensch braucht nicht lange, um sich für eine Sache zu erwärmen. Er kann sich für fast alles begeistern und ist dabei so mitreißend, dass sich niemand seinem Charme entziehen kann. Fünfer wählen oft beratende Berufe. Viele sind Psychologen, Juristen, Lehrer oder Unternehmensberater. Es fällt ihnen nicht schwer, sich schnell in schwierige Sachverhalte einzuarbeiten. Sie haben einen scharfen Verstand und wenden ihr Wissen sehr kreativ an. Fünfer sind selten spießig. Sie gehen unkonventionelle Wege und oft schüttelt man über sie zu Unrecht den Kopf, da sie später überaus erfolgreich sind. In ihnen vereinen sich die Gegensätze von Intellekt und Intuition. Ein Fünfer braucht einen anderen bloß anzuschauen, schon weiß er, wie es derjenigen Person geht. Bei ihm befinden sich Kopf und Bauch weitestgehend im Einklang. Fünfer kennen und lieben die unterschiedlichsten Leute. In ihrem Bekannten- und Freundeskreis geht es bunt zu. Menschen mit heterogenen Denkweisen und Lebenseinstellungen finden sich zusammen, wenn der Fünfer einlädt. Der Fünfer ist jemand, den man sofort näher kennen lernen möchte, denn er trägt sein Herz auf der Zunge. Man weiß, woran man bei ihm ist, und man kann sich darauf verlassen, dass er stets ehrlich ist und seine Meinung sagt.
Seinen Freunden ist der Fünfer zärtlich zugetan. Hinter dem Fünfer verbirgt sich oft ein ausgesprochener Tierfreund, der sich auch gerne in der freien Natur aufhält. Zwar schätzt er Geselligkeit, aber er braucht das Alleinsein, um Kraft zu tanken. Er kann sich gut mit sich selbst beschäftigen und sich beispielsweise stundenlang in ein gutes Buch vertiefen. Wenn sie längere Zeit nichts von einem Fünfer hören, ist das kein Grund zur Sorge. Er macht sich eben manchmal gerne rar. Fünfer müssen häufig Schicksalsschläge in Bezug auf andere Menschen hinnehmen. Trennungen und Krankheiten, die anderen widerfahren, stellen Sie vor eine harte Probe. Der Fünfer kann sich schlecht mit Situationen abfinden, die er nicht unter Kontrolle hat und in denen Geduld gefragt ist. Das zu akzeptieren ist die größte Lebensaufgabe des Fünfers.

Lebenszahl-Affirmation: Ich bin nicht allmächtig. Ich muss zu meiner eigenen Begrenztheit stehen. Es gibt im Leben Situationen, die man hinnehmen muss und die man nicht ändern kann.

Lebenszahl „Sechs"

Stichworte: Freiheitsliebend, verantwortungsvoll, sicherheitsorientiert, zögerlich.

Beschreibung: Sechser-Persönlichkeiten finden ihr Glück oft darin, Verantwortung für andere zu übernehmen. Sie sind überdurchschnittlich in sozialen Berufen zu finden. Sechser-Frauen haben oft etwas Mütterliches an sich. An ihren Schultern kann man sich ausweinen und seine Sorgen loswerden. Sie sind gute Zuhörer und verfügen über die Gabe, die Dinge auf den Punkt zu bringen. Doch sie laufen auch Gefahr, sich für andere aufzuopfern. Die Probleme anderer werden schnell zu den eigenen und anstatt mitzufühlen leiden sie oft mit. Sechser lieben es, kreativ mit Sprache umzugehen. Sie schreiben gerne Briefe und Postkarten und ihre Tagebücher sind voller Gedichte. Sechser sind absolut zuverlässige und treue Freunde. Sie sind bereit, an einer Beziehung zu arbeiten – man kann sie mitten in der Nacht aufwecken, um ein Problem zu erörtern. Sechser sind allerdings nicht sehr risikofreudig und gehören eher zu den zögerlichen Menschen. Sie drehen und wenden einen Sachverhalt sehr lange – ein Dreier beispielsweise hat oft das Gefühl, der Sechser „redet die Dinge tot“, anstatt endlich aktiv zu werden. Ihre Zögerlichkeit und Ängstlichkeit ist gepaart mit einem ausgeprägten Sicherheitsdenken. Sechser sind gute Sparer und verfügen meist über erhebliche Rücklagen. Doch sie sind nicht geizig. Für ihre Freunde geben sie gerne und viel Geld aus. Sie sprechen oft Einladungen aus oder machen kostspielige Geschenke. Nur können sie sich selbst schlecht etwas gönnen. Dabei haben sie einen verdrängten Hang zum Luxus. Heimlich träumen Sechser von einem schicken Auto oder von teurer Markenkleidung. Aber ihre Vernunft siegt meistens. Und dafür werden sie von ihren Freunden auch geschätzt. Sechsern kann man auch ohne Befürchtungen Geheimnisse anvertrauen. Sie können schweigen und sind loyal.

Lebenszahl-Affirmation: Ich sollte mir öfter selbst mal etwas Gutes gönnen. Ich will für andere da sein, muss mich aber davor in Acht nehmen, mich aufzuopfern. Etwas Distanz würde manchmal gut tun.

Lebenszahl „Sieben“

Stichworte: Ernsthaft, spirituell, reiselustig, Optimismus, soziales Engagement.

Beschreibung: Menschen mit der Lebenszahl Sieben gehören der Kategorie „ernsthafte Denker“ an. Sie sind Kopfmenschen, die den Sorgen des Alltags rational begegnen. Kommt man mit einem Problem zu einem Siebener, so wird dieser Parallelen zu ähnlichen Geschichten aus der Literatur oder dem Theater ziehen. Der Siebener ist ein belesener, stets gut informierter Zeitgenosse, der sich nicht nur passiv für Politik und das Zeitgeschehen interessiert, sondern der auch häufig selbst aktiv wird. Dabei ist er stets getrieben von existenziellen Fragen. Er will dem Sinn des Lebens auf die Spur kommen und beschäftigt sich auch oft mit religiösen Fragen. Er hat hohe moralische Werte und die Armut in der Welt kann ihn unter Umständen eine schlaflose Nacht kosten. Für Spirituelles ist der Siebener sehr aufgeschlossen. Er arbeitet häufig ehrenamtlich in kirchlichen oder sozialen Einrichtungen und spendet oft Geld, weil er ein schlechtes Gewissen denjenigen gegenüber hat, denen es nicht so gut geht.
Der Siebener ist ausgesprochen reiselustig. Aber er reist lieber auf eigene Faust nach Tibet, als eine luxuriöse Kreuzfahrt zu machen. Er kommt schnell und einfach mit anderen Menschen ins Gespräch, weil er fremden Kulturen und Lebensweisen mit Respekt begegnet. Ein Siebener ist aber nie missionarisch. Er will andere nicht von seinen Ansichten überzeugen, sondern er will sich austauschen. Nichts liebt ein Siebener so sehr, wie nächtelang bei einer guten Flasche Wein über Politik und die Welt zu diskutieren.
Sehr zum Ärger seiner Partner ist der Siebener nicht besonders ordnungsliebend. Er findet wichtige Papiere nicht wieder, kann seine eigene Schrift oft nicht lesen und ist ständig zu spät dran. Seine Freunde sehen es ihm gerne nach, denn sie wissen, dass er es nicht böse meint. Für den Siebener lauern überall interessante Dinge, denen er sich widmen muss. Darüber vergisst er gerne mal die Zeit. Der Siebener tut sich etwas schwer, Kontakte zu pflegen. Er würde am liebsten in einem großen Haus mit all seinen Freunden zusammen wohnen. Tägliche Telefonate oder umständliches Briefeschreiben sind ihm zu lästig. In der Tiefe seines Herzens sehnt er sich nach engen Beziehungen, aber er kann Freundschaften nicht regelmäßig pflegen.

Lebenszahl-Affirmation: Ich will mich nicht bei den unwichtigen Dingen des Lebens verzetteln. Ich will mich auf das Nötigste konzentrieren und meine Energien bündeln. Dann erreiche ich mehr im Leben.

Lebenszahl „Acht"

Stichworte: Freiheitsliebend, unabhängig, Eigenbrötler, Sammler.

Beschreibung: Der typische Achter hatte schon als Kind einen ausgeprägten Freiheitsdrang. Achter-Kinder lassen sich nur ungern etwas sagen und neigen zu Wutanfällen, um ihren Willen durchzusetzen. Das macht sie aber oft zu starken, durchsetzungsfähigen Menschen, die häufig in verantwortungsvollen Berufen zu finden sind. Achter sind disziplinierte Arbeiter, die nicht pünktlich ihren Stift fallen lassen müssen. Sie definieren sich häufig über ihre berufliche Tätigkeit. Wer eine Acht noch nicht so gut kennt, mag den Eindruck bekommen, es handelt sich um eine eigenbrötlerische Person. Achter erzählen nicht gerne von sich. Sie machen die Dinge lieber mit sich selbst aus und präsentieren anderen dann einen fertigen Plan. Wenn sie sich ihrer Sache nicht sicher sind, schweigen sie lieber. Achter haben einen sehr hohen Anspruch an die eigene Person, mit dem sie sich oft selbst im Wege stehen. Sie gestehen anderen Fehler zu, die sie sich selbst nicht verzeihen würden.
Sie haben einen starken Drang zur Selbstkontrolle, sind dabei aber anderen Menschen gegenüber sehr gütig und großzügig. Oft überraschen sie ihre Freunde mit ungewöhnlichen Ansichten, die sie aber sehr gut begründen können. Und sie bringen ihre Mitmenschen dazu, über Dinge nachzudenken, indem sie die Meinung anderer immer weiter hinterfragen. Manche Menschen mögen das anstrengend finden, denn eine Acht fordert Freunde und Bekannte oft zu intellektuellen Höchstleistungen heraus. Die Acht ist sehr akribisch. Papiere werden nach einem genauen System archiviert und oft werden Wochen- und Tagespläne erstellt. Die Acht hat auch häufig einen starken Sammlertrieb. Ob Briefmarken oder Porzellanpuppen, vor der Acht ist nichts sicher. Leider neigt die Acht ein wenig dazu, launisch zu sein. Ihre Freunde müssen ihr das nachsehen: Wer so oft unter Druck steht, alles perfekt machen zu wollen, muss auch mal Dampf ablassen.

Lebenszahl-Affirmation: Ich will mich anderen gegenüber öffnen und mein Innerstes ein Stück weit preisgeben. Wenn ich mich immer verstecke, können andere denken, dass ich langweilig bin.

Lebenszahl „Neun"

Stichworte: Kampfeslustig, nachdenklich, Temperament, Friedensstifter.

Beschreibung: Die Neun hat von allen Menschentypen die wenigste Angst vor Konflikten. Sie stellt sich Meinungsverschiedenheiten und spricht sie auch von sich aus an. Als Kollegin ist die Neun zwar anstrengend, aber man kann sich sicher sein, dass sie nie aus egoistischen Motiven handelt, sondern immer die Gerechtigkeit im Auge hat. Die Neun scheint über unerschöpfliche Energievorräte zu verfügen. Sie braucht relativ wenig Schlaf und ist ständig auf Achse. Neuner-Kinder sind überdurchschnittlich oft hyperaktiv oder ziemliche Wirbelwinde. Aber Neuner sind nicht nur körperlich sehr aktiv, sondern auch geistig sehr wendig. Auswendig lernen fällt ihnen leicht und sie verfügen über ein sehr gutes Gedächtnis. Sie können sich gut in ihre Mitmenschen hineindenken und haben oft die Funktion eines Vermittlers oder Friedensstifters. Kompromisse können sie gut ausarbeiten und deren Einhaltung überwachen. Zwar wirken die Neuner nach außen sehr selbstbewusst und abgeklärt, aber in ihrem Inneren nagt eine ständige Unzufriedenheit. Fragen wie „Genügt das auch, was ich getan habe?" oder „Habe ich auch wirklich alles richtig gemacht?" sind typisch für diese Menschen. Das größte Kompliment macht man ihnen, wenn man sie für geleistete Arbeit lobt und ihnen Anerkennung zollt. Der Neuner kann sich schlecht etwas gönnen, denn er neigt zum Geiz. Er kann sparen, ohne ein konkretes Ziel vor

Augen zu haben. An materiellen Gütern ist ihm nicht gelegen, gleichwohl legt er Wert auf eine gewisse Gemütlichkeit und Ordnung. Manche Neuner sind geradezu fanatisch in ihrer Ordnungsliebe.

Lebenszahl-Affirmation: Nutze ich mein Temperament und meine Energie auch dazu, mich selbst glücklich zu machen? Tue ich für mich genauso viel wie für andere? Mich selbst ein bisschen mehr zu verwöhnen würde mir bestimmt gut tun.

Lebenszahl „Elf"

Stichworte: Exzentrisch, poetisch, künstlerisch.

Beschreibung: Elfer sind in der Regel schillernde Persönlichkeiten. Sie umgeben sich gerne mit vielen Menschen und haben Probleme, alleine zu sein. Sie sind großzügige und offenherzige Menschen, die ihren zahlreichen Freundes- und Bekanntenkreis gerne um einen großen Tisch versammeln, um gemeinsam zu essen und zu trinken. Auf den ersten Blick mögen die Elfer oberflächlich erscheinen, aber das täuscht. Sie sind äußerst empfindsam und nehmen an den Sorgen ihrer Freunde großen Anteil. Sie erwarten viel vom Leben und gönnen sich selten Ruhe. Elfer neigen dazu, Raubbau an ihrem Körper zu betreiben, aber sie wollen intensiv und ganz im Hier und Jetzt leben. An der Seite eines Elfers führt man ein aufregendes und manchmal anstrengendes Leben. „Schlafen kann ich auch später noch", das ist einer der Lieblingssätze der Elfer. Elfer sind auf Anreize und Ideen von außen angewiesen. Sie können schlecht etwas aus sich heraus schöpfen, daher rührt ihr Lebenshunger und ihr manchmal exzentrisches Auftreten. Zwar belächeln sie oft Langweiler, die lieber einen Abend auf dem Sofa verbringen, anstatt sich in die Szene zu stürzen, aber die Sehnsucht nach einem ruhenden Pol verlässt die Elfer nicht. Nach außen immer gut gelaunt, laut und lustig, sieht es innen oft anders aus. Elfer haben häufig depressive Verstimmungen, die sie alleine hinter verschlossenen Türen ausleben. Sie haben Angst davor, dass jemand in ihr Innerstes schaut. Aber insgeheim sehnen sie sich ihr Leben lang nach einem Seelenverwandten.

Lebenszahl-Affirmation: Wer mich nur mag, wenn ich gut gelaunt bin, ist kein guter Freund. Ich kann es auch mal wagen, mich von meiner traurigen Seite zu zeigen. Das kann durchaus befreiend sein.

Lebenszahl „Zweiundzwanzig"

Stichworte: Philosophisch, grüblerisch, weise, naturverbunden.

Beschreibung: Menschen mit der Lebenszahl Zweiundzwanzig sind oft grüblerische und nachdenkliche Charaktere. Als Kinder haben sie ihre Eltern mit Fragen wie „Warum ist der Himmel blau?" gelöchert. Diese Neigung, alles zu hinterfragen, behalten sie ihr Leben lang bei. Zweiundzwanziger sind aber nicht unbedingt gute Schüler, denn sie können sich mit vielen Sachverhalten nicht abfinden und fragen stets nach dem „Warum". Auf andere Menschen wirken sie introvertiert und manchmal seltsam. Zweiundzwanziger drehen und wenden jedes Wort, bevor sie es aussprechen. Dabei geht eine gewisse Leichtigkeit und Spontaneität verloren. Smalltalk oder ein Gespräch über das Wetter sind ihnen ein Graus. Zweiundzwanziger planen gerne und akribisch. Bevor ein Plan nicht im Geiste fertig ist, wird nichts in die Tat umgesetzt. Sie können am besten alleine arbeiten oder in einem Team mit Gleichgesinnten. Überhaupt ist der Zweiundzwanziger sein Leben lang auf der Suche nach anderen Zweiundzwanzigern, die endlich erkennen, was in ihm steckt, und seine Geistesanstrengungen würdigen können. Gelingt es dem Zweiundzwanziger nicht, adäquate Freunde zu finden, macht sich eine große Einsamkeit breit. Gerade für den Zweiundzwanziger ist es wichtig und schwierig, Freundschaften zu schließen, denn Freizeitbeschäftigungen wie Kino, Sport oder gesellige Abende bedeuten ihm oft nichts. Ein Zweiundzwanziger freut sich sehr, wenn Sie ihn fragen, welches Buch er gerade liest oder welche Meinung er zu einem bestimmten Sachverhalt hat. Zwar kann es sein, dass seine Ausführungen etwas Zeit beanspruchen, aber von dem Ergebnis werden Sie bestimmt beeindruckt sein.

Lebenszahl-Affirmation: Ich kann vieles aus mir selbst heraus schöpfen, aber nicht alles. Andere Menschen können mein Leben sehr wohl bereichern, auch wenn ich es nicht wahrhaben will. Ich will anderen öfter eine Chance geben.

Lebenszahl „Dreiunddreißig"

Stichworte: Lebenskünstler, offen für neue Erfahrungen, extrem, witzig.

Beschreibung: Dreiunddreißiger sind häufig wahre Lebenskünstler, die ein großes Talent besitzen, Krisen und Fehlschläge wegzustecken. Sie sind Optimisten, die immer das Positive sehen und für die das Glas immer halb voll anstatt halb leer ist. Gerade ihre Leichtigkeit trägt dazu bei, dass ihnen vieles gelingt, woran andere angestrengt arbeiten. Sie gehen an Herausforderungen ohne Angst heran. Und sie suchen regelrecht Gelegenheiten – etwas Neues auszuprobieren ist für sie das Schönste. Oft sind Dreiunddreißiger Extremsportler, die sich immer wieder neue Ziele setzen und sich so selbst zu Höchstleistungen anspornen. Sie verfügen in der Regel über eine gute Kondition und sind manchmal etwas enttäuscht von ihren Mitmenschen, die nicht so lange durchhalten. Dreiunddreißiger sind sehr hilfsbereit. Oft sehen sie von selbst, wo ihre Hilfe benötigt wird. Aber sie haben Schwierigkeiten, Dank anzunehmen. Da für sie alles selbstverständlich ist, wundern sie sich, wenn andere sich bedanken. Überhaupt können Dreiunddreißiger schlecht etwas annehmen. Sie sind es gewohnt, alles alleine zu schaffen, und daher bitten sie nie um Hilfe. Dreiunddreißiger haben häufig das Gefühl, ewig zu leben, und deshalb oft Probleme mit dem Älterwerden. Selbst leichte Krankheiten stellen dann eine Bedrohung dar – Dreiunddreißiger neigen zur Hypochondrie.
Aktivität geht ihnen über alles. Dreiunddreißiger können schlecht längere Zeit stillsitzen. Sie sehen immer etwas, was noch aufgeräumt oder vorbereitet werden könnte. Oft machen sie mehrere Dinge gleichzeitig. Sie sind handwerklich sehr begabt und lernen schnell, da sie sich für fast alles interessieren und ständig neue Hobbys haben. Hierin liegt aber auch die Gefahr des Sich-Verzettelns. Konzentration auf eine Sache liegt ihnen nicht. Dreiunddreißiger werden schnell ungeduldig, wenn ihnen etwas nicht gelingt.

Lebenszahl-Affirmation: Es ist kein Beinbruch, wenn ich mir einmal helfen lassen muss. Kein Mensch kann alles alleine. Das Leben besteht aus Geben und Nehmen. Ich will zulassen, auf andere angewiesen zu sein.

Numerologische Paar-Analyse: Welche Zahl passt zu wem?

Die Zahlen des Geburtsdatums geben auch Auskunft darüber, inwieweit zwei Menschen zueinander passen. Dazu errechnen Sie die Lebenszahl Ihres Partners und lesen Sie auf der folgenden Tabelle nach, wie Ihre Zahlen miteinander harmonieren. Übrigens: Partner mit einer gemeinsamen Lebenszahl bilden eine psychologisch sehr interessante Konstellation. Sie fühlen sich von ihren Gemeinsamkeiten angezogen, weil sie eine Selbstbestätigung brauchen. Da sie sich sehr ähnlich sind, verstärken sich ihre negativen Eigenschaften unter Umständen. Damit ihre Partnerschaft glücklich bleibt, brauchen sie aber einen großen Freundeskreis aus möglichst unterschiedlichen Menschen, die sie mit anderen Denkweisen konfrontieren.

	1	2	3	4	5	6
1	Sehr harmonisch. Hüten Sie sich davor, sich zu sehr einzuigeln. Halten Sie Kontakt mit anderen Menschen	Beide Partner ergänzen sich gut. Der Zweier muss den Drang, im Rampenlicht zu stehen, etwas zügeln	Gute Konstellation. Der Dreier darf den eher ruhigeren Einser nicht ständig dominieren	Gute Chance auf eine lange Beziehung. Die Eins empfindet die Vier manchmal als altmodisch	Temperamentvolle Kombination: Zärtlich und kreativ – diesem Paar gelingt alles	Großes Potenzial für eine gute Beziehung. Achtung: Beide haben den Hang, sich aufzuopfern
2	–	Hier liegt viel Zündstoff. Fliegendes Porzellan ist vorprogrammiert	Wenn beide voneinander lernen, werden sie sehr glücklich	Eine Beziehung mit vielen Höhen und Tiefen, aber beständig	Achtung: Der Fünfer muss sein eigenes Leben führen, der Zweier muss sich bremsen	Funktioniert gut. Achtung: Beide haben die Tendenz zur Eifersucht
3	–	–	Hoher Spaßfaktor. Bei Krisen wird sich zeigen, ob sich die Partner bewähren	Intensive Beziehung, geprägt von Respekt und Mitgefühl	Hier sprühen die Funken, doch wann kommt dieses Paar mal zur Ruhe?	Erotische, sinnliche Konstellation. Eifersucht vorprogrammiert
4	–	–	–	Gute beständige Beziehung mit leichtem Hang zur Langeweile	Das perfekte Paar. Beide können sich gut weiterentwickeln und miteinander wachsen und alt werden	Leidenschaftliche Konstellation. Viel Feuer und Energie
5	–	–	–	–	Beide brauchen lange, um warm zu werden. Öfter miteinander reden!	Große Glückschancen. Beide harmonieren gut
6	–	–	–	–	–	Beide Partner sind eher konfliktscheu und gehen ängstlich miteinander um

	7	8	9	11	22	33
1	Beide passen sehr gut zusammen. Viel gegenseitiges Verständnis	Wenn die Acht sich öffnet, ist diese Kombination vielversprechend	Gute Chancen, wenn beide sich Freiräume lassen	Hier läuft die Eins Gefahr, unterdrückt zu werden	Tolles Paar, das sich gut ergänzt	Sehr gut. Beide profitieren voneinander
2	Ungewöhnliches Paar. Eher wie Geschwister. Erotik könnte auf der Strecke bleiben	Ein treues Paar, das am besten in zwei getrennten Wohnungen klarkommt	Mutig: Ehe mit vielen Höhen und Tiefen	Hier kann die Elf endlich zur Ruhe kommen. Gute Chance auf Glück	Achtung: Beide kämpfen um gegenseitige Anerkennung	Glück garantiert. Hier kann eigentlich nichts schief gehen
3	Eher Freunde fürs Leben. Wie Bruder und Schwester, aber dauerhaft und zufrieden	Beide entdecken immer wieder etwas Neues am anderen. Es wird nie langweilig	Große Gegensätze müssen hier vereint werden. Gelingt nicht immer	Anstrengende Beziehung, lohnt sich aber auf jeden Fall	Zwei unterschiedliche Typen, die viel voneinander lernen können	Beide sind sich sehr ähnlich und müssen darauf achten, nicht im eigenen Saft zu schmoren
4	Kopflastige Beziehung. Hier wird viel geredet. Nicht die schönen Seiten des Lebens vergessen!	Hier wird viel gelacht. Beide Partner entdecken sich immer wieder neu	Sehr gut: Beide geben sich immer wieder neue Impulse und regen sich zu neuen Ideen an	Zwei kreative Köpfe, die auf Reize von außen angewiesen sind	Melancholische Beziehung. Beide haben Angst vor dem Verlassenwerden	Beide können miteinander alt werden, manchmal allerdings mit Unterbrechungen
5	Große körperliche Anziehungskraft. Gut für Fernbeziehungen	Anfangs wie Katz und Maus. Wenn sie sich gefunden haben, lassen sie nicht mehr los	Romantisch. Können die Verliebtheit lange ausleben	Zickzackkurven bestimmen die Beziehung. Anstrengend, aber lohnenswert	Rationale Partnerschaft. Öfter mal was Ungewöhnliches tun! Gefahr von Lethargie	Super! Hier geht selten etwas schief. Beide können gut verzeihen
6	Der Optimismus des Siebeners kann dem Sechser manchmal auf die Nerven gehen	Der Achter fühlt sich von dem Sechser oft eingeengt. Man kann daran arbeiten	Diese Beziehung entwickelt sich bis ins hohe Alter. Beide sind fasziniert voneinander	Es ist schwierig, sich auf gemeinsame Ziele zu einigen, aber ein Versuch lohnt sich	Geistige Verbundenheit und körperliche Nähe. Gute Chancen, gemeinsam alt zu werden	Diese beiden Menschen gehören zusammen wie zwei Seiten einer Medaille. Nicht immer leicht

	7	8	9	11	22	33
7	Ein interessantes Paar. Achtung, dass das Chaos nicht überhand nimmt	Zwei starke Persönlichkeiten. Beide müssen sich Platz zum Ausleben lassen	Optimale Konstellation: Wie zwei Puzzleteile fügen sich Sieben und Neun zusammen	Es braucht lange, bis aus gegenseitiger Faszination Liebe wird. Aber es kann gut gehen	In dieser Beziehung können die Partner gut gemeinsame Projekte umsetzen. Gute Hand für Geschäftliches	Zwei Optimisten haben sich gefunden. Beide dürfen ihren Ärger nicht runterschlucken
8	–	Passende Konstellation. Es besteht die Gefahr, dass beide nebeneinander herleben	Könnte funktionieren, wenn die Acht mehr von sich preisgibt und sich öffnet	Große erotische Anziehungskraft. Schwierig, wenn der Alltag eingekehrt ist	Solide und selten eintönig. Können gemeinsam Krisen überstehen	Unterschiede und Gemeinsamkeiten halten sich die Waage. Dauerhaftes Glück gut möglich
9	–	–	Hier fliegen öfter mal die Fetzen. Sehr intensiv und leidenschaftlich	Beide sind füreinander ein Fragezeichen, fühlen sich aber oft stark angezogen	Zwei Kopfmenschen. Achtung, dass die Erotik nicht auf der Strecke bleibt	Beide Partner ergänzen sich perfekt. Erfolg versprechende Konstellation
11	–	–	–	In jungen Jahren sehr glücklich, kann im Alter schwierig werden	Ein exzentrisches, auffälliges Paar. Interessantes Leben garantiert	Die Elf und die Dreiunddreißig sind seelenverwandt und harmonieren gut
22	–	–	–	–	Explosive Mischung. Beide können schlecht Kompromisse eingehen	Gute Aussichten. Gemeinsam räumen sie Hindernisse aus dem Weg
33	–	–	–	–	–	Anstrengend und spannend zugleich. Ruhephasen nicht vergessen

Die Namenszahl

Ihr vollständiger Vor- und Zuname ist die Basis für Ihre Namenszahl, die in der Literatur auch Schicksals- oder Seelenzahl genannt wird. Namen sind in unserer Gesellschaft von großer Bedeutung und eben nicht „Schall und Rauch". Überlegen Sie doch nur einmal, mit wie viel Sorgfalt Eltern den Namen für ihr Kind aussuchen! Oder wie verletzt man ist, wenn man mit falschem Namen angeredet wird. Oder wenn man namentlich mit einer Person verwechselt wird, die man nicht mag. Es gibt Untersuchungen darüber, dass diejenigen Geschäftsleute erfolgreicher sind, die ein gutes Namensgedächtnis haben. Das alles sind Indizien für die große Bedeutung und Wichtigkeit von Namen.

Wie der Name numerologisch erfasst werden kann, erfahren Sie nun an zwei Beispielen. Zuerst errechnen wir auf Grundlage der Vor- und Zunamen die persönliche Namenszahl. Im Gegensatz zur Lebenszahl, die jemanden in der Gegenwart (Ist-Zustand) beschreibt, gibt die Namenszahl Auskunft darüber, wie Sie künftig sein können, wenn sich das Geheimnis Ihres Namens erfüllt. Die Namenszahl zeigt Ihnen, in welche Richtung Sie sich entwickeln müssen, um sich zu vollenden. Sie gibt Antwort auf die Frage: „Was muss ich im Leben lernen?"

Um Ihre Namenszahl zu ermitteln, schreiben Sie Ihren Vor- und Zunamen sowie ihre eventuellen Zweit- und Drittnamen aus. Ä, Ö und Ü werden zu den Umlauten AE, OE und UE umgewandelt.

Die Buchstaben Ihres Namens haben folgenden Zahlenwert:

1	2	3	4	5	6	7	8	9
A	B	C	D	E	F	G	H	I
J	K	L	M	N	O	P	Q	R
S	T	U	V	W	X	Y	Z	

Ein Beispiel : Erika Maria Kranzler möchte ihre persönliche Namenszahl errechnen: Anhand der Umrechnungstabelle zählt sie die Summe = 92. Quersumme aus 92=9+2=11.

E		R		I		K		A		M		A		R		I		A		K		R		A		N		Z		L		E		R
5	+	9	+	9	+	2	+	1	+	4	+	1	+	9	+	9	+	1	+	2	+	9	+	1	+	5	+	8	+	3	+	5	+	9

Erikas persönliche Namenszahl lautet also 11. Wie auch bei den Lebenszahlen gilt hier die Regel, dass aus den Zahlen 11, 22 und 33 keine Quersummen gebildet werden. Erika kann nun in den folgenden Beschreibungen die verborgene Bedeutung ihres Namens nachlesen. Und sie kann dieses Verfahren natürlich auch wieder auf Arbeitskollegen, Nachbarn, Freunde und Bekannte anwenden.

Beschreibung der Namenszahlen in aller Kürze:

Namenszahl „Eins"
- Sich auch ohne materiellen Reichtum reich fühlen
- Glücklich sein, wenn man andere glücklich macht
- Für andere ein Vorbild sein
- Bescheiden und doch selbstbewusst sein

Namenszahl „Zwei"
- Seine Talente dazu einsetzen, anderen eine Freude zu machen
- Sich nicht von der Bestätigung anderer abhängig machen
- Aus sich selbst heraus leuchten und anderen den Weg weisen
- Sich in Geduld üben

Namenszahl „Drei"
- Die innere Stimme entdecken
- Sich frei von der Meinung anderer machen
- Lernen, sich zu trennen
- Traurigkeit zulassen

Namenszahl „Vier"
- Ein Leben lang Ungerechtigkeit bekämpfen
- Das Bedürfnis nach Spiritualität stillen
- Immer wieder Mut beweisen
- Zu sich selbst stehen

Namenszahl „Fünf"
- Ein Hoffnungsschimmer sein
- Wahre Liebe finden
- Zur Ruhe kommen in sich selbst

Namenszahl „Sechs"
- Mitfühlen, ohne mitzuleiden
- Zeichen setzen
- Angst überwinden
- Ein Rätsel lösen

Namenszahl „Sieben"
- Vieles ausprobieren
- Immer wieder aufstehen
- Intuitiv leben

Namenszahl „Acht"
- Sich von den Erwartungen anderer abgrenzen
- Ehrlich sein, auch wenn es jemanden verletzt
- Immer zu sich stehen

Namenszahl „Neun"
- Umwege gehen und sich nicht beirren lassen
- Suchen, nicht finden
- Das Glück mit anderen teilen

Namenszahl „Elf"
- Gute und schlechte Ziele unterscheiden lernen
- Ehrlich zu sich selbst sein
- Sich selbst verzeihen können

Namenszahl „Zweiundzwanzig"
- Nachsicht walten lassen
- Fehler zugeben können
- Anderen in Krisensituationen beistehen

Namenszahl „Dreiunddreißig"
- Das Lachen nicht verlernen
- Erworbenes Wissen zum Wohle aller einsetzen
- Neid zügeln

Die Vokalzahl

Eine weitere Möglichkeit, Rückschlüsse aus Ihrem Namen zu ziehen, ist die Errechnung der Vokalzahl. Die Vokalzahl hat eine große Bedeutung, für einige Numerologen ist sie sogar heilig. In der Literatur finden sich häufig unterschiedliche Bezeichnungen, zum Beispiel Motivationszahl oder Ehrgeiz-Zahl. Die Vokalzahl konfrontiert Sie ungeschönt mit den Bereichen Ihrer Persönlichkeit, mit denen Sie hadern. Jeder Mensch hat diese Seiten. Aber je eher man sie zulässt und zu ihnen steht, desto eher kann man sie bearbeiten. Man sollte nie vergessen, dass man sich immer ein Stück weit ändern kann, egal wie alt man ist!

Um die Vokalzahl zu errechnen, müssen Sie die Werte der Vokale A, E, I, O und U ihres Vor- und Zunamens anhand der obigen Buchstaben-Tabelle addieren. Ein Beispiel:

O	L	A	F	K	A	R	L	M	U	E	L	L	E	R
6 +		1 +			1 +				3 +	5 +			5	

Summe =21. Quersumme aus 21=2+1=3
Olaf Karl Müllers Vokalzahl ist die Drei. Er kann nun etwas über die verborgenen Seiten seiner Persönlichkeit nachlesen.

Vokalzahl „Eins"

Menschen mit der Vokalzahl Eins sind starke Führungspersönlichkeiten, die alles daran setzen, ihre Ideale und Vorstellungen in die Wirklichkeit umzusetzen. Sie sind disziplinierte Arbeiter und können besser alleine als im Team arbeiten. Sie gehen bei der Lösung von Problemen oft unkonventionelle Wege und vertragen es nicht gut, wenn man ihre Vorgehensweise kommentiert. Ihr Humor und Optimismus verlässt sie nie. Einem Einser sollte man nie ungefragt einen Ratschlag geben. Er will die Dinge so regeln, wie er es sich vorgenommen hat. Sein Eigensinn ist sein stärkster Charakterzug.

Vokalzahl „Zwei"

Menschen mit der Vokalzahl Zwei sind gesellig und brauchen den Austausch mit anderen wie die Luft zum Atmen. Wer einen Zweier im Team hat, kann sich sicher sein, dass die Arbeit gut läuft. Zweier sind sehr sensibel und merken atmosphärische Störungen schnell. Ihnen kann man nichts vormachen. Jedoch haben Zweier Schwierigkeiten, Konflikte offen anzugehen. Sie sind harmoniebedürftig und ihr Temperament ist eher zögerlich. Sie warten darauf, dass jemand anders den ersten Schritt macht. Ihre Ängstlichkeit und Passivität stehen ihnen oft im Wege.

Vokalzahl „Drei"

Menschen mit der Vokalzahl Drei wollen sich amüsieren und Spaß haben. Sie halten sich überall dort auf, wo die Stimmung gut und wo etwas los ist. Sie selbst tragen mit ihrem rhetorischen Geschick und ihrer Kreativität auch viel dazu bei, dass alle sich in ihrer Gegenwart wohl fühlen. Unter Umständen kann diese Vergnügungssucht eine Fluchtreaktion vor Problemen sein. Wer einen Dreier als Partner hat, wird oft vergeblich darauf warten, dass dieser eigene Probleme anspricht. Auf der anderen Seite kann ein Dreier gut die Probleme von anderen analysieren und er erteilt in der Regel gute Ratschläge.

Vokalzahl „Vier"

Menschen mit der Vokalzahl Vier brauchen einen geregelten Lebensrhythmus. Sie mögen keine Überraschungen oder Änderungen in ihrem Tagesablauf. Vierer sind ordentliche Menschen, ohne pedantisch zu sein. Sie sind besonders flexibel und gerade daher können sie ein Fels in der

Brandung sein für Menschen, die ihr Leben ordnen müssen. Vierer sind großherzige Menschen, die sich oft sozial engagieren. Sie sind geradezu ein Blitzableiter gegen jegliches Chaos und sie vermitteln Sicherheit und Ordnung.

Vokalzahl „Fünf"

Menschen mit der Vokalzahl Fünf sind rastlose Individuen, die selten zur Ruhe kommen. Aufgeschlossen für alles Neue, würden sie am liebsten alles im Leben einmal ausprobieren. Sie sind flexibel und anpassungsfähig und brauchen ständig den „Kick" des Neuen. Oft sind Fünfer kluge Köpfe mit einer schnellen Auffassungsgabe – leider neigen sie zur Ungeduld, wenn andere Menschen länger brauchen als sie selbst. Sie können sich schlecht in andere hineinversetzen und haben große Probleme mit Phasen des Stillstands, zum Beispiel bei Krankheiten. Ein Abend, den Fünfer unerwartet alleine zu Hause verbringen müssen, kann manchmal eine depressive Verstimmung hervorrufen.

Vokalzahl „Sechs"

Menschen mit der Vokalzahl Sechs haben hohe moralische Werte. Sie sind verantwortungsbewusst und stellen das Wohl der anderen oft über ihr eigenes. Ein gewisser Hang zur Selbstaufgabe und -überschätzung ist ihnen eigen. Sie respektieren Andersdenkende, stellen ihre eigene Meinung aber selten in Frage. Vokal-Sechser sind absolut zuverlässig und vertrauenswürdig. Ein ruhiges, geregeltes Familienleben ist ihnen sehr wichtig. Sie sind kulturell interessiert und können gut alleine sein.

Vokalzahl „Sieben"

Menschen mit der Vokalzahl Sieben sind oft eigenbrötlerisch. Sie genießen das Alleinsein mit Zeit zum Nachdenken über sich selbst. Sie haben einen starken Hang zur Selbstbeobachtung und lassen schwierige Situationen oft noch ein paar Tage lang Revue passieren. Ihre Ansprüche an andere und an sich selbst sind hoch. Sie haben daher oft wenig Verständnis für die Fehler von anderen. Siebener verlassen selten den Weg, den sie einmal eingeschlagen haben. Sie wehren sich gegen jegliche Einmischung und brauchen das Gefühl, alles unter Kontrolle zu haben. Falls Sie Probleme mit einem Siebener haben, können Sie meistens die Hoffnung aufgeben, dass sich dieser in absehbarer Zeit verändern wird. Siebener tun nicht gerne, was von ihnen erwartet wird.

Vokalzahl „Acht"

Menschen mit der Vokalzahl Acht sind sehr ehrgeizige Menschen, die dem Leben rational begegnen. Wenn etwas nicht nach Plan läuft, sind sie frustriert und stellen sich selbst in Frage. Sie können schlecht Hilfe von anderen annehmen und stehen unter dem Druck, alles alleine schaffen zu müssen. Sich zu entspannen und sich selbst etwas Gutes zu tun, bereitet ihnen Schwierigkeiten. In Wirklichkeit träumen sie aber davon, einmal abzuschalten und die schönen Seiten des Lebens zu genießen. Sind sie mit einem Achter zusammen, „zwingen" Sie ihn hin und wieder, mal aus dem Alltag herauszutreten und an etwas ganz anderes zu denken.

Vokalzahl „Neun"

Menschen mit der Vokalzahl Neun verfügen über eine ausgeprägte romantische Ader. Sie sind gefühlsbetont und schämen sich ihrer Tränen nicht. Diese Personen können die traurigen Seiten des Lebens akzeptieren und haben eine heimliche Lust am Drama. Keine schlechte Nachricht kann sie erschüttern und sie sind gute Seelentröster.

Sie neigen allerdings dazu, sich zu „verzetteln", weil sie viele Sachen gleichzeitig im Kopf haben. Organisieren fällt ihnen nicht leicht und die suchen oft Gegenstände. Anderen Menschen gegenüber sind Neuner sehr vertrauensvoll, dabei aber oft schon ein paar Mal auf die Nase gefallen.

Numerologie für die Zukunft

In der folgenden Tabelle sind jeder Lebenszahl einige Glücksbringer zugeordnet. Wenn Sie ein wichtiges Ereignis wie zum Beispiel eine Hochzeit planen, können Sie nachschauen, welcher Monat sich dafür anbietet. Oder suchen Sie beispielsweise nach einem Namen für Ihr neues Geschäft oder nach einer Buchstabenkombination für Ihr neues Nummernschild, lassen Sie sich von den Buchstaben leiten, die Ihrer Lebenszahl zugeordnet sind. Und ob Wohnungsrenovierung oder Kleiderwahl für ein wichtiges Gespräch – hinter den persönlichen Glücksfarben steckt mehr, als man denkt. Probieren Sie es aus!

Lebenszahl	Glücksmonate	Glückstage	Glücksbuchstaben	Glücksfarben	Glückszahlen
1	März	5, 14, 26	A, J, S,	Rot	3, 55, 70
2	Mai	10, 20	B, K, T	Gold, Lachs, Blau	11, 19, 30
3	April	15, 27	C, L, U	Rosa, Rotbraun	7, 33, 65
4	Juli	1, 11, 28	D, M, V	Grün, Blau	5, 85, 100
5	Februar	17, 25	E, N, W	Rot, Lila	17, 21, 38
6	Oktober	6, 21, 30	F, O, X	Rosa, Violett	49, 72, 80
7	August	8, 9, 16	G, P, Y	Ziegelrot, Gelb	14, 57, 99
8	November	13, 22	H, Q, Z	Braun, Bronze, Weiß	10, 45, 76
9	Dezember	2, 23, 29	I, R	Grün, Grau	20, 44, 51
11	Januar	3, 18	K	Grün, Schwarz, Silber	8, 11, 77
22	September	7, 24, 31	V	Weiß, Gold	9, 22, 46
33	Juni	4, 12, 19	C, L	Gelb, Oliv	1, 38, 39

Ein praktisches Beispiel

Rahel Berger, geboren am 5. Februar 1969, hat eine Kontaktanzeige aufgegeben und eine Menge Briefe bekommen. Am besten gefällt ihr der von Peter Bruck, der zufälligerweise sein Geburtsdatum angegeben hat.

Er ist am 22. Januar 1950 geboren. Rahel möchte sich gerne mit ihm verabreden und ist neugierig, ab sie schon im Vorwege anhand der Lebens- und Namenszahlen herausfinden kann, ob eine eventuelle Liaison von Erfolg gekrönt sein könnte.

Rahel hat die Lebenszahl Fünf und die Namenszahl Neun. Der unbekannte Peter Bruck trägt die Lebenszahl Zwei und die Namenszahl Elf. Zuerst liest Rahel unter den beiden Lebenszahlen nach. Sie selbst findet sich in der Beschreibung der Fünf wieder. Sie ist begeisterungsfähig und mitreißend, das haben ihr ihre Freunde schon oft genug gesagt. Auch dass sie nun bei der Partnersuche einen unkonventionellen Weg beschreitet, passt in ihr Persönlichkeitsbild. Peter Bruck mit der Lebenszahl Zwei neigt zur Selbstdarstellung, liest Rahel nach. Er braucht Publikum und kann einen ganzen Abend lang lustige Anekdoten erzählen. Rahel nimmt sich vor, ihn heute Abend ganz selbstbewusst zu bremsen, wenn er mit seinen Erzählungen ausufert.

In ihren vorherigen Beziehungen hat Rahel sich zu oft zurückgenommen und als sie anfing, ihre Rechte einzufordern, war es immer schon zu spät. „Wenn ich gleich heute Abend klarstelle, dass ich auch mal was erzählen will, kann ich nicht wieder in meine alten Beziehungsfehler zurückverfallen“, denkt Rahel. Und nun ist sie schon nicht mehr ganz so aufgeregt. Die Stichworte in der Partner-Analyse-Tabelle geben ihr auch Recht: Der Zweier muss schauen, dass er auf seine Kosten kommt, und der Fünfer muss sich bremsen. „Hoffentlich tut er das auch“, denkt Rahel im Stillen.Was die Namenszahl betrifft, ist Rahel etwas vorsichtig. Sie ist nicht so sehr interessiert daran, was Peter Bruck in seinem Leben noch lernen muss, sondern sie möchte lieber im Vorhinein noch etwas über seine Persönlichkeit erfahren. Also schaut sie unter Peter Brucks Vokalzahl Vier nach. Vierer brauchen einen geregelten Lebensrhythmus und mögen keine Überraschungen. Rahel ahnt, dass es gut ist, diese Dinge früh zu wissen. Manchmal geht nämlich ihr Temperament mit ihr durch und dann hat sie verrückte, spontane Einfälle. „Da muss ich mich wohl heute Abend auch etwas zurückhalten!“, schmunzelt sie. Dass Herr Bruck unter Umständen ein Blitzableiter gegen das Chaos sein kann, gefällt ihr gut. Vielleicht kann sie an der Seite eines Vokal-Vierers selbst etwas ausgeglichener werden.

Rahel fühlt sich nun gut gewappnet für den bevorstehenden Abend. Und natürlich wird sie zur Feier des Tages etwas Rotes tragen.

Zum Weiterlesen

Wenn Sie sich noch intensiver mit der Numerologie auseinander setzen wollen, sind die folgenden Bücher für Sie bestimmt interessant:

- Adrienne, Carol: Numerologie der Jahrtausendwende. Heyne 1998
- Barrat, Rodford: Numerologie. Aurum-Verlag 1995
- Javane, Faith/Bunker, Dusty: Zahlenmystik. Das Handbuch der Numerologie. Arkana 1995
- Lingerman, Hal A.: Numerologie kurz und praktisch. Bauer Hermann-Verlag 1998
- McLean, Penny: Numerologie und Namen. Ihr Erfolg ist berechenbar. Hugendubel 2001
- McLean, Penny: Numerologie und Schicksal. Ihr Leben ist berechenbar. Hugendubel 2000
- Numerologie. Was die Zahlen über Sie und Ihr Schicksal verraten. Eurobooks Germany Heitersheim 1999
- Sofos: Die Zahl – Dein Leben. Eine Numerologie des 21. Jahrhunderts. Arkana 2001
- Titanias Buch der Numerologie. Mosaik-Verlag 2000
- Zettel, Christa: Das Geheimnis der Zahl. Geheimlehre und Numerologie. Heyne 1996

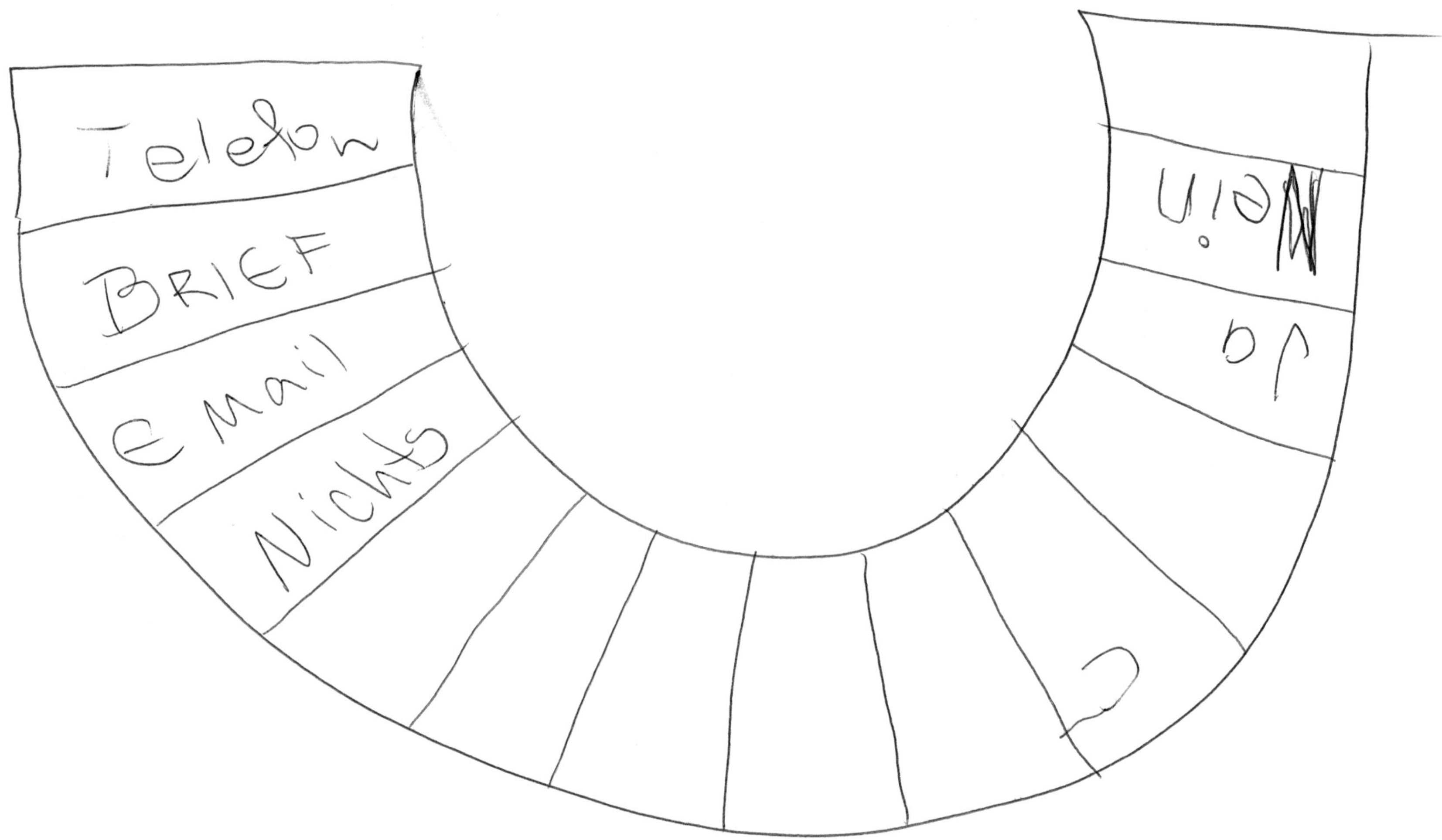
Telefon
BRIEF
e Mail
Nichts
Nein
Ja

PENDELN

... oft mit spektakulären Ergebnissen

Pendeln ist eine Kunst, aber jeder kann sie lernen!

Entgegen der weit verbreiteten Meinung, dass nur besonders sensible Menschen pendeln können, möchte ich Ihnen im Folgenden zeigen, dass jeder Mensch, der sich für diese Technik interessiert und der ein bisschen Geduld mitbringt, schon nach kurzer Zeit erstaunliche Pendel-Ergebnisse für sich verbuchen kann!

Das Pendeln ist eine vielseitig einsetzbare Technik, die in vielen Wissenschaftszweigen immer häufiger eingesetzt wird. Besonders hilfreich ist das Pendeln in der Medizin, Physik, Archäologie, Geologie, Psychologie und sogar in der Kriminalistik. Ein besonders spektakulärer Erfolg ist einem tschechischen Pendler gelungen. Die dortige Polizei suchte verzweifelt nach einem Mädchen, das spurlos verschwunden war. Da die Kriminalbeamten mit den herkömmlichen Methoden nicht weiterkamen, nahmen sie die Hilfe eines Pendlers in Anspruch. Dieser pendelte über einem Stadtplan der betreffenden Stadt, bis das Pendel über einem bestimmten Straßenzug ausschlug. Auf einer Vergrößerungskarte konnte er dann sogar das Haus bestimmen, in dem sich das Mädchen aufhalten sollte. Die Beamten machten sich skeptisch auf den Weg und fanden die Vermisste tatsächlich in dem besagten Gebäude.

Aber auch bei der Lösung von Alltagsproblemen kann das Pendeln von unschätzbarem Wert sein. So zum Beispiel bei der Suche nach verloren geglaubten Gegenständen, bei der Wahl eines Aromaöls zum Wohlfühlen und Entspannen oder bei der Bestimmung des Geschlechts von ungeborenen Kindern.

Naturwissenschaftliches und siderisches Pendeln

Man unterscheidet zwei verschiedene Arten des Pendelns. Zum einen das naturwissenschaftliche Pendeln mit dem Ziel, physikalische Gesetzmäßigkeiten zu beweisen. So hat beispielsweise der französische Physiker Jean Bernard Léon Foucault (1819-1868) mithilfe des Pendels die Erddrehung nachgewiesen. Der Schriftsteller Umberto Eco hat ihm in seinem Buch „Das Foucaultsche Pendel" ein literarisches Denkmal gesetzt. Auch Galileo Galilei hat mithilfe des Pendels die Fall- und Pendelgesetze erforscht.

Galileo Galilei

Die zweite Art des Pendelns, die ich Ihnen im Folgenden vorstelle, wird siderisches Pendeln genannt. Das Wort siderisch kommt aus dem Griechischen und bedeutet wörtlich übersetzt „Eisen" – eine Anspielung, die auf das Material des Pendels hindeutet. Man kann das Wort aber auch von dem lateinischen „sidera" ableiten, was übersetzt „Gestirn" bedeutet und uns daran erinnert, dass das menschliche Streben von den Himmelskörpern beeinflusst wird.

Oft herrscht Verwirrung über die Frage nach dem richtigen Artikel. Heißt es nun das Pendel oder der Pendel? Die richtige Antwort lautet: Es gibt beide Möglichkeiten. Die meisten Autoren wählen heutzutage den sächlichen Artikel. So werde ich es im Folgenden auch halten. Taucht die Unterscheidung der Artikel in einem Buch auf, so wird mit das Pendel meist das naturwissenschaftliche Pendel bezeichnet, während der Pendel den siderischen Gegenstand meint.

Gependelt wurde schon immer und in allen Kulturen. Schon die Römer setzten Pendel als Zukunftsorakel ein und auch die Schriften des Mittelalters berichten häufig von Pendlern. In der Neuzeit hat kein Geringerer als Johann Wolfgang von Goethe das Pendeln salonfähig gemacht. Goethe hatte ein großes Interesse am Pendeln und war regelrecht ein Fachmann auf diesem Gebiet. Von ihm stammt die Aussage, der Mensch sei das genaueste aller Messgeräte. In seinem berühmten Buch „Die Wahlverwandtschaften" beschreibt er ausführlich ein Experiment mit dem Pendel.

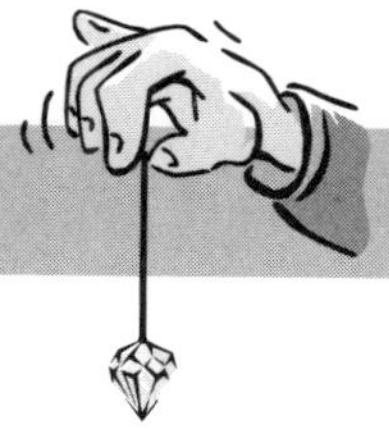

Wie funktioniert das Pendeln?

Dass das Pendeln funktioniert, steht für jeden außer Frage, der es einmal ausprobiert hat. Die ausführliche wissenschaftliche Erklärung für das Funktionieren des Pendelns steht allerdings noch aus. Fest steht, dass der Mensch beim Prozess des Pendelns als eine Art „Antenne" zwischen verschiedenen Bewusstseinsstufen angesehen werden muss. Nicht nur jedes Lebewesen, sondern auch Gedanken und Gefühle besitzen eine ganz bestimmte feinstoffliche Schwingung. Unser Unterbewusstsein kann solche Schwingungen zwar aufnehmen, aber nicht direkt ins Gehirn weiterleiten. Dazu bedarf es eines Überträgers oder Vermittlers. Diese Funktion erfüllt das Pendel. Der Mensch ist, wie Goethe schon sagte, ein präzises Messgerät und das Pendel ist eine Art Zeiger für Schwingungen der unterschiedlichsten Art. Die sensible Muskulatur unserer Hände ist in der Lage, feine, kaum wahrnehmbare Schwingungen weiterzuleiten. Die Kunst des Pendelns besteht also darin, den Ausschlag des Pendel-Zeigers zu interpretieren und in unsere Sprache zu übersetzen. Je besser sich der Pendler auf eine bestimmte Frequenz einstellt, desto eindeutiger sind dann die erzielten Ergebnisse. Einfache „Ja"-/„Nein"-Antworten lassen sich schon nach relativ kurzer Übungszeit mit dem Pendel erzielen.

Welches Pendel ist das beste?

Grundsätzlich kann man mit jedem Gegenstand pendeln, der sich mittig an einer Schnur befestigen lässt. Es gibt Menschen, die mit Eheringen, Schlüsseln, Taschenuhren oder Korken pendeln. Wer einfach mal spontan das Pendeln ausprobieren möchte oder wer sein Pendel vergessen hat, kann sich natürlich selbst ein Pendel basteln. Aber spätestens wenn Sie über einem Diagramm pendeln, werden Sie merken, dass die selbst gebastelten Pendel zu grob sind. Zum einen leiten sie schwache Schwingungen nicht zufrieden stellend weiter und zum anderen sind die Ergebnisse oft ungenau, da man zum Pendeln über einem Diagramm einen Gegenstand benötigt, der nach unten hin spitz zuläuft. Wenn Sie zukünftig öfter pendeln möchten, lohnt sich die Anschaffung eines handelsüblichen Pendels auf jeden Fall. Esoterikläden halten eine große Palette an Pendeln unterschiedlichster Ausformungen bereit.

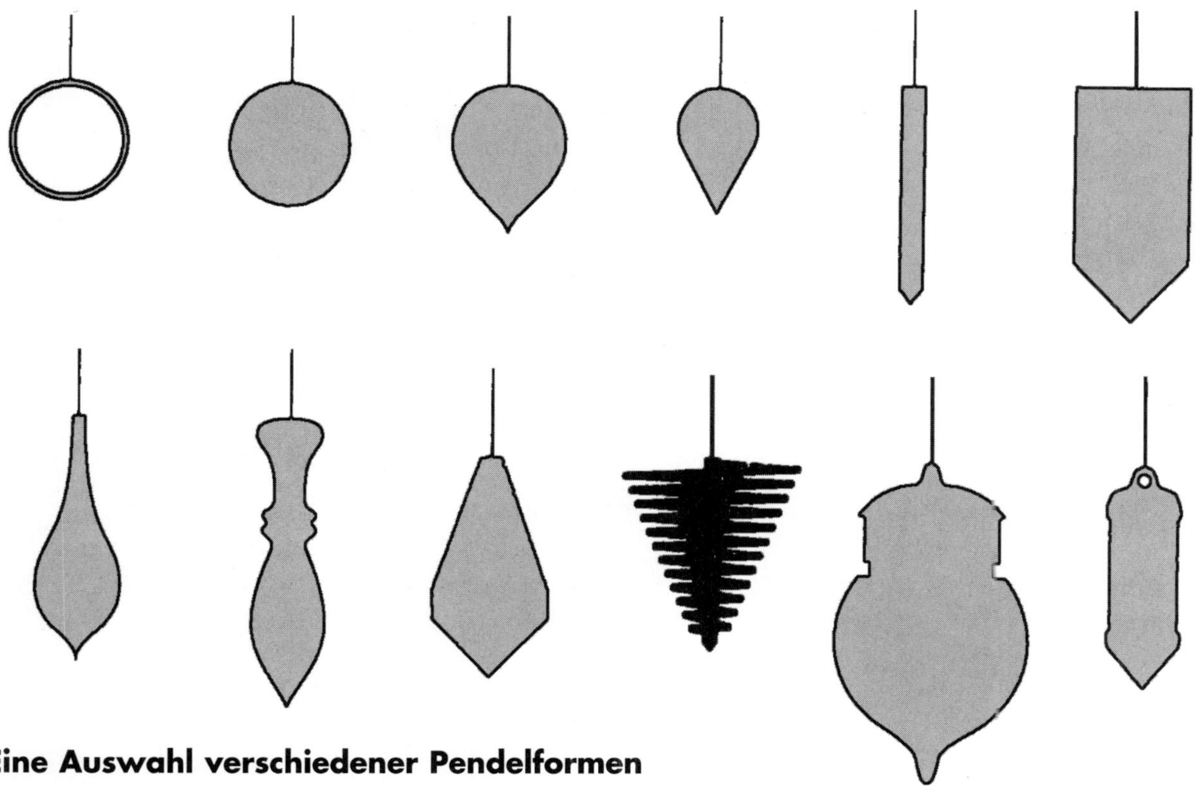

Eine Auswahl verschiedener Pendelformen

Lassen Sie sich aber von der großen Auswahl an Pendeln nicht verwirren. Als Anfänger sollten Sie sich für eine einfache, kostengünstige Variante entscheiden. Wichtig ist nur, dass Sie ein Pendel wählen, dass nach unten hin spitz zuläuft. Damit können Sie die Pendelausschläge am sichersten zuordnen und es eignet sich auch zum Pendeln über Diagrammen. Alle anderen Pendel sind für speziellere Zwecke gedacht und daher für den Anfänger ungeeignet.

Was das Material des Pendels betrifft, machen Sie nie etwas falsch, wenn Sie zu Messing greifen. Messing ist eine Legierung aus minuspoligem Kupfer und pluspoligem Zink und verleiht dem Pendel einen neutralen Charakter. Für Frauen werden darüber hinaus die Materialien Kupfer und Kristall empfohlen, Männer sollen die besten Ergebnisse mit Messing, Eisen und Kristall erzielen.

Das Anfänger-Pendel sollte ca. 20 Gramm schwer sein und an einer ca. 10 Zentimeter langen Schnur oder Kette aufgehängt sein. Individuelle Abweichungen sind natürlich möglich, je nachdem wie zart Ihre Hände und wie gut Ihre Armmuskeln beschaffen sind. Nehmen Sie sich auf jeden Fall Zeit für die Wahl Ihres Pendels. Und beachten Sie, dass Sie das Pendel, nachdem Sie es das erste Mal benutzt haben, nicht mehr weiterverleihen dürfen! Das Pendel ist dann nämlich auf Sie geeicht und würde nach der Benutzung durch eine andere Person nicht mehr exakt ausschlagen.

Der erste Schritt

Zum Pendeln braucht man Ruhe und Energie. Wenn Sie sich abgespannt und gestresst fühlen, sollten sie die ersten Experimente mit dem Pendel auf einen späteren Zeitpunkt verlegen. Außerdem sollten Sie nie vor, während oder kurz nach einem Gewitter pendeln.

Um sich auf das Pendeln einzustimmen, ist es am besten, einige Minuten zu meditieren, um sich von der Last des Alltags zu befreien. Setzen Sie sich entspannt hin, schließen Sie die Augen und lassen Sie ihren Atem ganz bewusst fließen. Nehmen Sie Ihren Körper bewusst wahr und versuchen Sie, Verspannungen zu lösen. Wenn Sie das Gefühl haben, entspannt zu sein, können Sie sich den ersten praktischen Schritten mit dem Pendel zuwenden.

Setzen Sie sich mit gerader Wirbelsäule an einen leeren Tisch und stellen Sie die Fußsohlen auf den Boden auf. Legen Sie Schmuck und Uhren ab und stellen Sie sicher, dass sie keine metallischen Gegenstände wie Schlüssel oder Gürtelschnallen am Körper tragen. Der Tisch, an dem Sie sitzen, sollte nicht mit einer Plastikdecke belegt sein. Als Pendel-Unterlage bieten sich Holz, Papier oder Gummi an.

Stützen Sie den Ellenbogen in einer bequemen Sitzhaltung auf den Tisch auf, nehmen Sie das Pendel in die Haupt-Hand (mit der Sie auch schreiben) und halten Sie, je nach persönlicher Vorliebe, die Schnur zwischen Daumen und Zeigefinger.

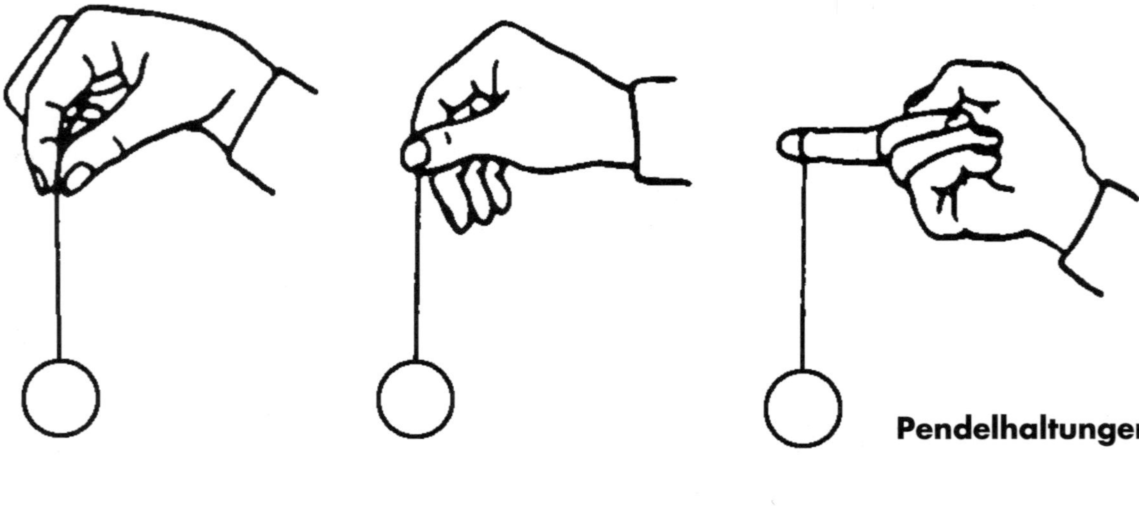

Pendelhaltungen

Die freie Hand legen Sie mit leicht gespreizten Fingern auf die Tischplatte auf. Mit dieser Haltung schaffen sie Stabilität in Ihrem Körper.

Um ein Gefühl für das Pendeln zu bekommen, sollten Sie zuerst passiv pendeln. Denken Sie dabei an nichts Bestimmtes, sondern halten Sie nur das Pendel, bis Sie das Gefühl haben, dass es sich wirklich von alleine bewegt. Das kann bis zu zehn Minuten oder auch länger dauern; haben Sie Geduld! Es wäre sinnvoll, wenn Sie die ersten Schritte alleine ausführen, bis Sie sich an Ihr Pendel gewöhnt haben. Die Anwesenheit von Publikum führt oft dazu, dass man sich unter Druck gesetzt fühlt. Sind die Zuschauer dem Pendeln gegenüber skeptisch eingestellt, kann ihre Anwesenheit sogar das ganze Experiment gefährden.

Wenn Sie wirklich das Gefühl haben, dass sich das Pendel ohne Ihre bewusste Einwirkung in Bewegung setzt, und wenn Sie diesen Prozess mehrfach in Gang gesetzt haben, möglichst an mehreren aufeinander folgenden Tagen, können Sie mit den ersten Experimenten starten.

Die ersten Experimente

Pendeln über verschiedenen Gegenständen: Wie Sie bereits wissen, hat jeder Gegenstand eine unterschiedliche, ganz individuelle Schwingung. Sie können nun darangehen, diese Schwingungen mit Ihrem Pendel sichtbar zu machen. Pendeln Sie zum Beispiel über einer Zimmerpflanze, einem Glas Wasser, Ihrem Lieblingsbuch oder einer Fernbedienung. Sie werden feststellen, dass das Pendel über jedem Gegenstand in eine andere Schwingung verfällt. Sowohl das Muster, in dem das Pendel ausschlägt, als auch die Geschwindigkeit und Intensität der Ausschläge werden variieren.

Pendeln über Fotos: Legen Sie beispielsweise einige Fotos von verschiedenen Personen im Halbkreis auf den Tisch. Auf einem der Fotos sollten Sie abgebildet sein. Fragen Sie nun das Pendel, auf welcher Fotografie Sie zu sehen sind. Warten Sie, bis das Pendel eine eindeutige Schwingung erreicht hat. Dann können Sie nach den Personen auf den anderen Fotos fragen: „Auf welchem Foto ist meine Mutter zu sehen?“ usw. Eine Freundin von mir hat beim Pendeln über den Fotos etwas Interessantes herausgefunden. Das Pendel zeigte bei der Frage „Auf welchem Foto bin ich zu sehen?“ mehrfach auf das Foto der Mutter. Frustriert brach sie das Pendeln ab und erzählte abends ihrer Mutter diese Geschichte. Diese schaute sich das betreffende Foto an und sagte lachend:

> „Das Foto wurde an dem Tag aufgenommen, als ich erfuhr, dass ich mit dir schwanger war.“ – Sie sehen, manchmal ist bei ungewöhnlichen Pendel-Ergebnissen auch ein „Um-die Ecke-Denken“ gefragt!

Trefferquoten-Pendeln: Bitten Sie eine Person, eine von drei Tassen mit Wasser zu füllen und alle Tassen abgedeckt vor Sie hinzustellen. Versuchen Sie nun, mithilfe des Pendels die gefüllte Tasse zu ermitteln. Machen Sie mehrere Durchgänge und ermitteln Sie Ihre Trefferquote. Wenn sie bei 30 Prozent oder darüber liegt, sind Sie ein begabter Pendler, in dem noch viel Potenzial steckt. Sie können Ihre Pendler-Trefferquote auch vergleichen mit der Quote, die Sie erzielen, wenn Sie einfach so raten, welches von den drei Gefäßen gefüllt ist. In der Regel erzielt man beim Pendeln bessere Ergebnisse. Wenn Sie Lust haben, können Sie die Anzahl der Gefäße nun erhöhen. Wie sieht Ihre Trefferquote jetzt aus?

Einen Sprachcode festlegen

Nun können Sie noch einen Schritt weitergehen und einen Sprachcode zwischen sich und dem Pendel festlegen. Sie müssen sich mit Ihrem Pendel darauf einigen, welche Bedeutung mit einem bestimmten Ausschlag verbunden ist. Die wichtigste Frage dabei lautet natürlich: „Welches sind die Zeichen für 'Ja', 'Nein' und für 'Ungültig'?“ In der Praxis hat sich gezeigt, dass es zwei Zeichen für „Ja“ gibt. Zum einen kann die Antwort „Ja“ durch ein Kreisen des Pendels im Uhrzeigersinn angezeigt werden, zum anderen durch ein senkrechtes Vor- und Zurückschwingen des Pendels, ähnlich wie ein Kopfnicken. Auch für die Antwort „Nein“ gibt es dementsprechend zwei Möglichkeiten. Entweder bedeutet ein Kreisen des Pendels gegen den Uhrzeigersinn „Nein“ oder das waagerechte Schwingen von links nach rechts, entsprechend einem Kopfschütteln. Eine ungültige Antwort wird meistens durch eine ungeordnete Kreuz-und-Quer-Bewegung angedeutet. Sobald Sie ein Gefühl für „Ja“ und „Nein“ entwickelt haben, wird es Ihnen leicht fallen, die Bewegung für „Ungültig“ zu identifizieren.

Ja | Nein | Ungültig | Ja | Nein | Ungültig

Am besten ist es, wenn Sie das Pendel bitten, Ihnen zu zeigen, welches Zeichen „Ja“ bedeutet. Dazu gibt es verschiedene Möglichkeiten: Sie können die Frage „Welches Zeichen bedeutet ‘Ja’?“ laut stellen oder auch in Gedanken wie ein Mantra immer wieder vor sich her sagen und das Pendel dabei ruhig halten, bis Sie das Gefühl haben, dass das Pendel eine eindeutig identifizierbare Bewegung macht. Das Gleiche müssen Sie dann für die Frage „Welches Zeichen bedeutet ‘Nein’?“ machen. Sie können auch ein Blatt Papier mit der Aufschrift „Ja“ in die Mitte des Tisches legen und das Pendel darüber halten, bis es einen eindeutigen Ausschlag gibt. Danach wenden Sie dasselbe Verfahren mit der Aufschrift „Nein“ an.

Wenn Sie nun herausgefunden haben, welche Schwingung Ihr Pendel für „Ja“ und „Nein“ benutzt, sollten Sie sich für alle Zeiten darauf festlegen und an diesem System nichts mehr ändern, bis Sie eventuell mit einem neuen Pendel arbeiten und dieses wieder neu „einstellen“ müssen.

Die richtigen Fragen stellen

Wenn Sie das Pendeln hauptsächlich für Ja-Nein-Entscheidungsfragen anwenden, hängt das Ergebnis stark von der richtigen Formulierung der Ausgangsfrage ab. Ein Beispiel: Jemand ist von Allergien geplagt und möchte mithilfe des Pendels herausfinden, welche Nahrungsmittel verträglich sind und auf welche besser verzichtet werden sollte. Pendelt diese Person nun über einer Flasche Milch und stellt dabei die Frage „Kann ich dieses Lebensmittel essen/trinken“? wird das Pendel mit Sicherheit eine positive Antwort geben, denn das Nahrungsmittel ist ja essbar bzw. trinkbar. Das ist es aber gar nicht, was die Person herausfinden wollte! Die exakte Frage hätte nämlich lauten müssen „Ist dieses Nahrungsmittel momentan gut für mich?“ Sie sehen, dass es wichtig ist, sich vor dem Pendeln eindeutig darüber klar zu werden, was man wirklich herausfinden will. Und auch bei den einfachen „Ja/Nein- Fragen“ ist es wichtig, dem Pendel immer eine Kontrollfrage zu stellen. Wenn wir bei unserem Beispiel bleiben, könnte eine passende Kontrollfrage lauten: „Wirkt sich Milch wirklich schädlich auf meine Gesundheit aus?“

Arbeiten mit Pendeldiagrammen

Wenn Sie komplexere Sachverhalte auspendeln wollen, werden Sie schnell merken, dass die „Ja/Nein-Technik“ nicht ausreicht, weil es einfach zu viele mögliche Antworten gibt. Für diesen Fall müssen Sie mit einem Pendeldiagramm arbeiten.

Ein Pendeldiagramm stellt einen Kreis dar, der in Sektoren aufgeteilt ist, in denen die verschiedenen Antwortmöglichkeiten aufgeschrieben sind. Für Anfänger ist es allerdings ratsamer, mit einem Halbkreis (180 Grad) mit maximal 20 Sektoren zu arbeiten statt mit einem vollen Kreis, da die Pendelausschläge in einem Halbkreis einfacher zuzuordnen sind. Sie können sich Ihre Pendeldiagramme selbst herstellen. Dazu finden Sie am Ende dieses Kapitels eine leere Vorlage, die Sie entweder auf stabile Pappe aufkleben oder als Muster für verschiedene Themen verwenden können.

Wenn Sie sich für ein Pendeldiagramm entschieden haben, halten Sie das Pendel über dem Punkt in der Mitte und konzentrieren Sie sich auf die gestellte Frage. Warten Sie ab, auf welches Feld das Pendel zeigt. Wenn auf einem Pendeldiagramm mehrere mögliche Antworten enthalten sind, fragen Sie das Pendel immer weiter, bis es nicht mehr ausschlägt. Egal zu welchem Thema Sie pendeln: Vergessen Sie nie das Feld „Anderes“!

Für die Erstellung von persönlichen Pendeldiagrammen gibt es unendlich viele Möglichkeiten, je nachdem welches Thema oder Problem Sie gerade beschäftigt. Wenn Sie einen Sachverhalt mithilfe des Pendels klären wollen, müssen Sie sich Zeit nehmen für die Erstellung Ihres ganz persönlichen Diagramms. Dabei ist es oft gar nicht so einfach, 19 mögliche Lösungswege für ein Problem zu finden. Aber diese Arbeit hat schon einen ersten psychologischen Effekt, denn die Suche nach unterschiedlichen Handlungsalternativen führt dazu, dass man das eigentliche Problem mit etwas Distanz sehen kann.

Am Ende von diesem Kapitel finden Sie drei fertige Pendeldiagramme zu den zentralen

Vorlage für eigene Pendeldiagramme

Bereichen des Lebens, nämlich Gesundheit, Liebe und Finanzen. Lesen Sie sich die Antwortmöglichkeiten in Ruhe durch und entscheiden Sie dann, ob sie auf Ihre Lebenssituation zutreffen. Wenn nicht, fertigen Sie Ihr persönliches Pendeldiagramm an. Falls Sie trotz genügender Vorerfahrung mit dem Pendel zu unbefriedigenden Ergebnissen gelangen, sollten Sie das Pendeldiagramm „Fehlerquellen“ zurate ziehen.

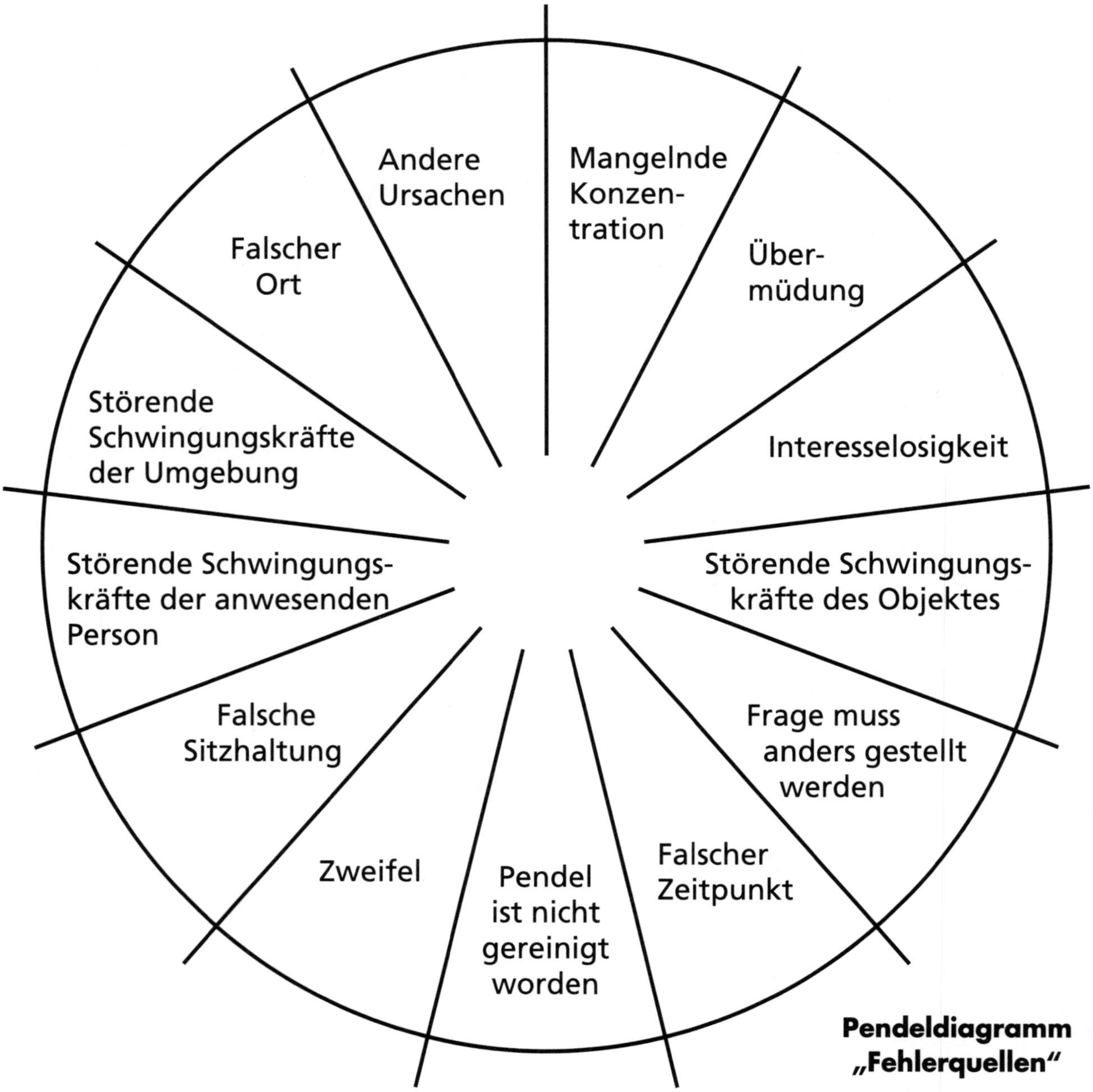

Pendeldiagramm „Fehlerquellen“

Nach verlorenen Gegenständen suchen

Das Pendel ist ein ideales Instrument, um verlorene bzw. verlegte Gegenstände wiederzufinden. Der Erfolg der Suche mit dem Pendel hängt dabei stark von der Fähigkeit des Pendlers ab, sich auf den gesuchten Gegenstand zu konzentrieren. Stellen Sie sich den gesuchten Gegenstand bildlich vor und lassen Sie ihn vor Ihrem geistigen Auge erscheinen.

Die effektivste Methode der Suche ist die so genannte Triangulation. Dabei peilen Sie von zwei verschiedenen Punkten aus den gesuchten Gegenstand an. Wenn Sie beispielsweise auf einem Tisch

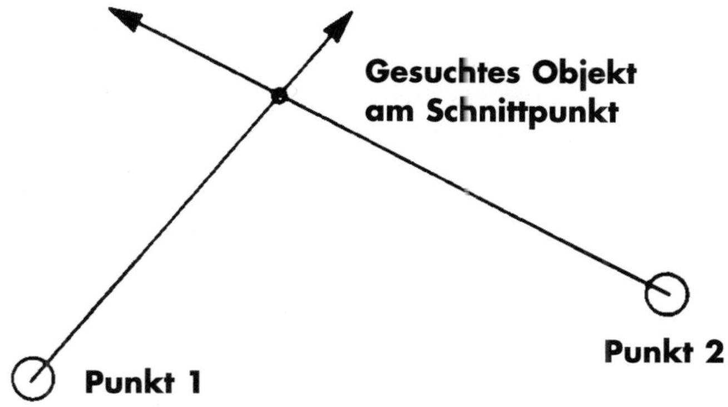

pendeln, können Sie jeweils an den gegenüberliegenden Tischseiten das Pendel fragen: „In welcher Richtung liegt der gesuchte Gegenstand?“ Das Pendel zeigt Ihnen dann von jedem der beiden Punkte aus eine Richtung an. Am Schnittpunkt der sich ergebenden Linien befindet sich dann der Gegenstand.

Sie können aber auch in kleineren Schritten vorgehen und beispielsweise mit der Frage „Befindet sich der gesuchte Gegenstand im Wohnzimmer?“ beginnen, bis Sie den betreffenden Raum ermittelt haben. Dann können Sie nach den genauen Örtlichkeiten fragen: „Befindet sich der gesuchte Gegenstand im Schrank?“ usw.

Dieses Verfahren hat aber seine Tücken, denn wenn sich der gesuchte Gegenstand an einem ungewöhnlichen Ort befindet, den man abzufragen vergisst, wird man ihn auch nicht finden.

Ein Beispiel: Susanne hat ihren Wohnungsschlüssel aus Versehen in den Abfalleimer geworfen und sucht ihn nun verzweifelt mithilfe des Pendels. Das Pendel hat ihr „verraten“, dass sich der Schlüssel in der Küche befindet, und Susanne fragt nun alle möglichen Aufenthaltsorte ab. „Befindet sich der Schlüssel im Korb mit dem Altpapier?“, „Befindet sich der Schlüssel in der Mikrowelle?“, „Befindet sich der Schlüssel auf dem Schrank?“... Wahrscheinlich kommt sie nicht darauf zu fragen, ob sich der gesuchte Schlüssel im Abfalleimer befindet. In diesem Fall hätte Susanne mit der Triangulation größeren Erfolg gehabt!

Sollten Sie bei der Suche nach einem verlorenen Gegenstand in Ihrer Wohnung nicht erfolgreich sein, vergessen Sie nicht, auch Orte außerhalb der Wohnung abzufragen. Gehen Sie dafür Ihren Tag Schritt für Schritt durch und fragen Sie das Pendel: „Befindet sich der gesuchte Gegenstand im Supermarkt/Kindergarten/Auto/Sportverein ...

Mit dem Pendel in die Zukunft schauen

Das Pendel als ein Zukunftsorakel einzusetzen ist für viele Menschen die reizvollste Variante, die allerdings auch großes Verantwortungsgefühl erfordert!

Gerade als Anfänger sollten Sie sich davor hüten, für andere Menschen zu pendeln. Das betrifft nicht nur Fragen nach ihrer Zukunft, sondern auch alle anderen Lebensbereiche. Eine Ausnahme ist vielleicht die oben geschilderte Suche nach verlorenen Gegenständen.

Eine zweite Einschränkung muss hinsichtlich des moralischen Wertes des Pendelns gemacht werden. Sie dürfen das Pendel nur für moralisch wertvolle Zwecke einsetzen. Missbrauchen Sie das Pendel nicht für die Ermittlung von Lottozahlen. Es wird nicht funktionieren! Wohl können Sie aber das Pendel befragen, ob Sie in dieser Woche gute Gewinnchancen haben. Falls das Pendel diese Frage verneint, sparen Sie das Geld lieber.

Um mit dem Pendel in die Zukunft zu schauen, müssen Sie mit ein paar einfachen Übungen beginnen. Versuchen Sie sich doch mal als Wetterfrosch und sagen Sie mithilfe des Pendels das Wetter voraus! Nehmen Sie sich dabei zunächst ein einzelnes Wetterphänomen vor. Fragen Sie beispielsweise: „Wird es morgen regnen?“ oder „Steigt die Temperatur morgen auf über 20 Grad?“ Wenn Sie sich aufgrund Ihrer Trefferquote trauen, nehmen Sie sich wichtigere Bereiche des Lebens vor und lassen Sie sich von Ihrem Pendel beraten, wenn Sie eine wichtige Entscheidung zu treffen haben.

Geschlechtsbestimmung per Pendel

„Wird es ein Junge oder ein Mädchen?“ – diese Frage stellen sich wohl alle werdenden Eltern. Noch bevor man mit medizinischen Methoden das Geschlecht des Ungeborenen bestimmen kann, gibt das Pendel schon Auskunft über diese Frage. Sie können entweder Ihren Partner bitten, über Ihrem Bauch zu pendeln, oder Sie können im Liegen auch alleine pendeln. Dazu muss man das Pendel ca. zehn Zentimeter über den Bauch halten und zwar etwas unterhalb des Nabels. Sie können die Frage nach dem Geschlecht des Kindes entweder laut stellen oder sich gedanklich auf die Frage konzentrieren. Schlägt das Pendel kreis- oder ellipsenförmig aus, können Sie sich mit großer Wahrscheinlichkeit auf die Geburt eines Mädchens einstellen. Schlägt das Pendel strichförmig aus, werden Sie eher Eltern eines Jungen.

Weitere Anwendungsbeispiele

Abschließend möchte ich Ihnen noch einige weitere Beispiele für den Einsatz des Pendels geben, um zu zeigen, welche Möglichkeiten in diesem kleinen Instrument stecken. Setzen Sie die Liste fort, je nachdem auf welchen Gebieten Sie Entscheidungshilfe brauchen. Für die Beantwortung der meisten Fragen müssen Sie ein Pendeldiagramm erstellen, auf das Sie dann immer wieder zurückgreifen können.

Thema Entspannung:
„Welches Aromaöl für meine Duftlampe ist heute für mich das beste?“

Thema Urlaubsziele:
„In welchem Land komme ich in meiner Situation am besten zur Ruhe?“

Thema Gästeliste für eine Party:
„Wen sollte ich einladen?“

Thema Tischordnung:
„Wer sollte neben wem sitzen?“

Thema Liebe:
„Welcher Persönlichkeitstyp passt am besten zu mir?“

Thema Wohnungseinrichtung:
Pendeln über dem Grundriss der Wohnung und das Pendel fragen, wo die einzelnen Einrichtungsgegenstände stehen sollen.

Thema Nahrungsmittel-Unverträglichkeiten/Allergien:
„Wogegen bin ich allergisch?/Auf welche Lebensmittel soll ich verzichten?“

Zum Weiterlesen

Wenn Sie sich noch intensiver mit dem Pendeln auseinander setzen wollen, sind die folgenden Bücher für Sie bestimmt interessant:

- Giessing, Werner: Das richtige Pendeln. Windpferd-Verlagsgesellschaft 1999
- Kirchner, Georg: Pendel und Wünschelrute. Handbuch der modernen Radiästhesie. München 1985
- Kraaz von Rohr, Ingrid: Wege zum richtigen Pendeln. Urania 1995
- Lehner, Reinhard: Pendeln kurz und praktisch. Verlag Hermann Bauer, 1996
- Lübeck, Walter: Das Pendel-Handbuch. Windpferd-Verlagsgesellschaft 1992
- Mala, Matthias: Das Pendel bringt es an den Tag. Mvg-Verlag 1998
- Schreiber, Nicola: Pendeln. Falken-Verlag 2000
- Stangl, Anton: Pendeln. Ullstein-Taschenbuchverlag 2002

Pendeldiagramm „Gesundheit"

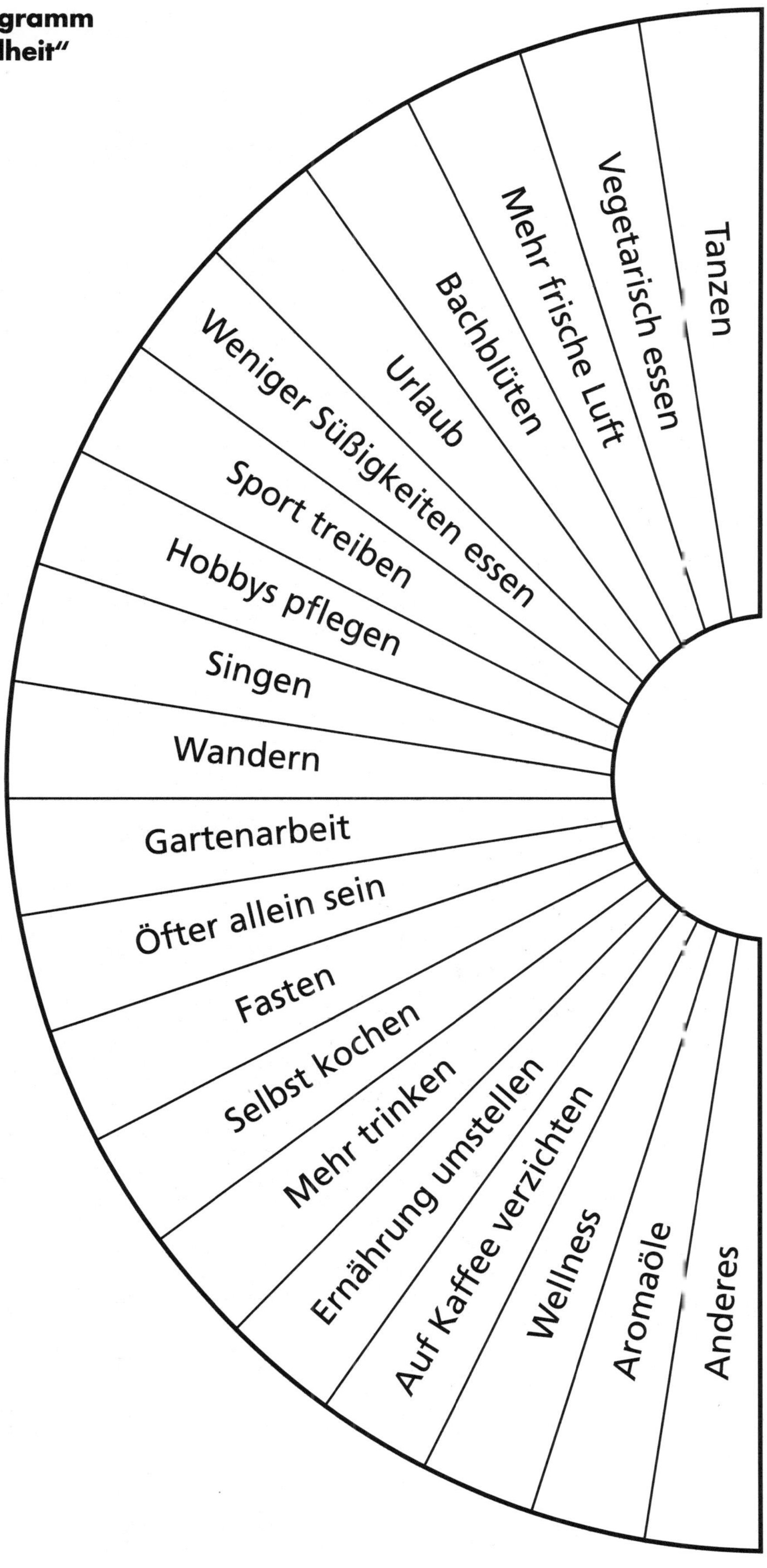

Pendeldiagramm „Partnerschaft“

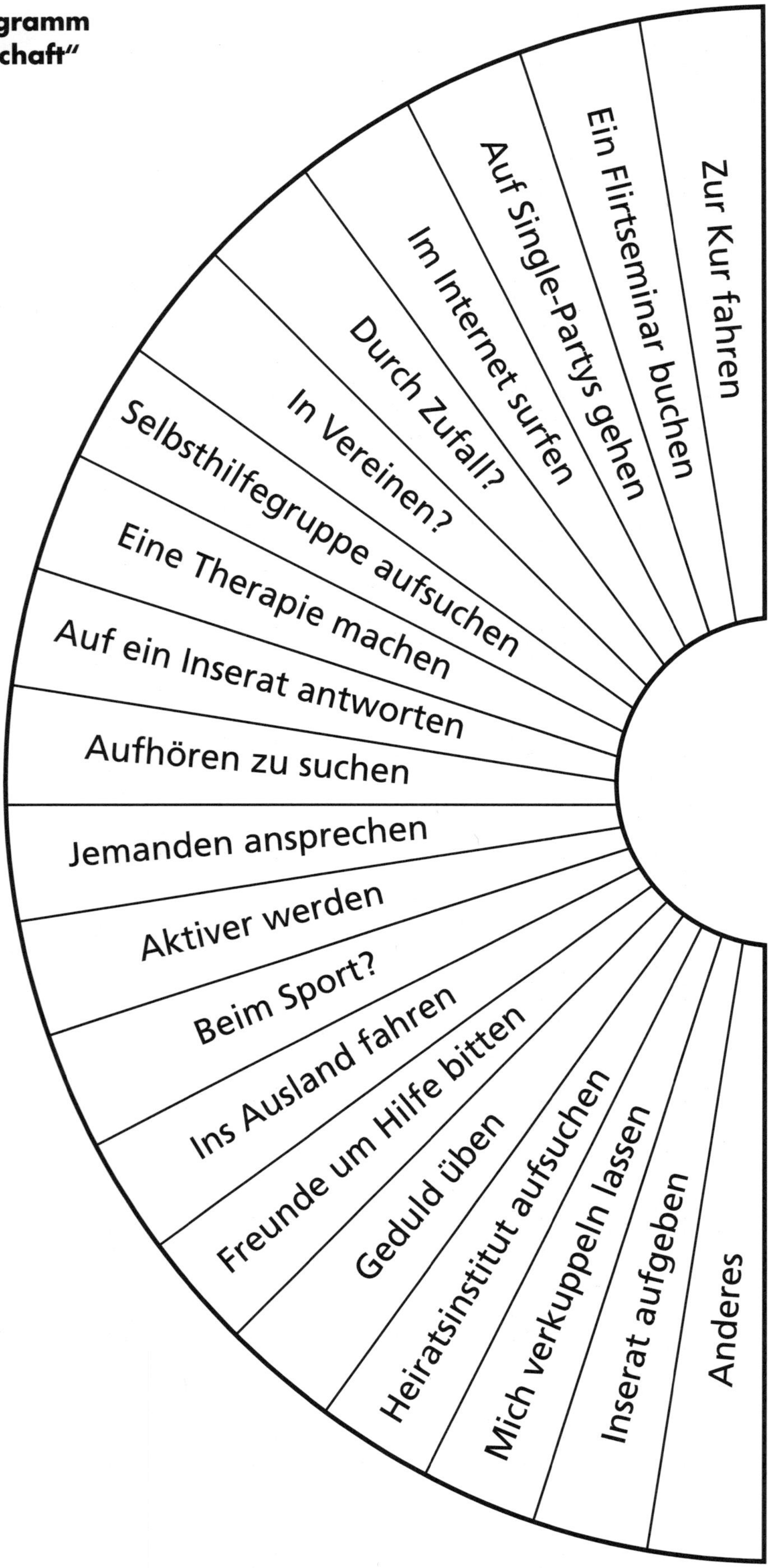

Pendeldiagramm „Finanzen"

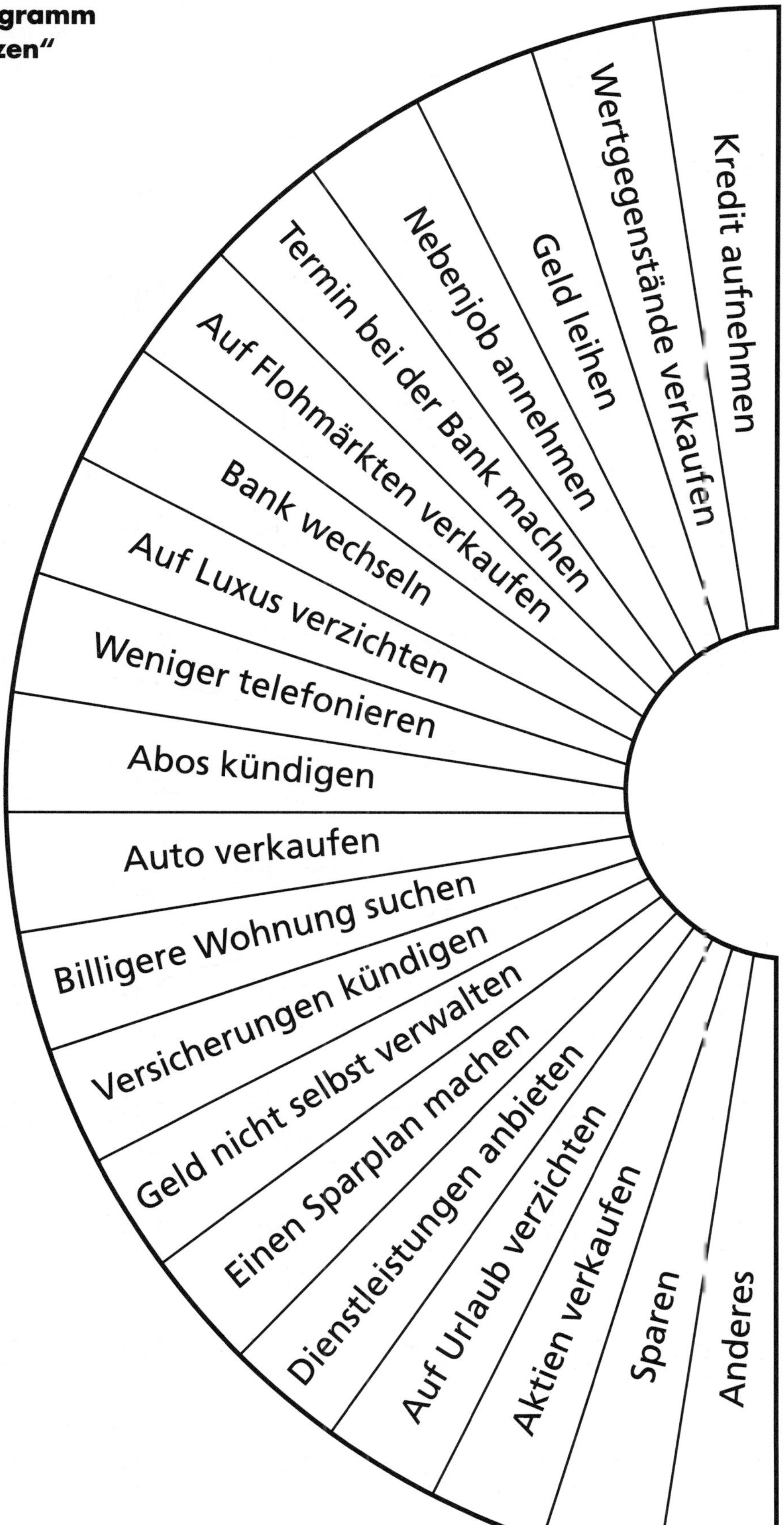

Hande
Block
Haus

DAS CHINESISCHE HOROSKOP

Die Macht der Urtiere

Was ist chinesische Astrologie?

Die chinesischen Astrologen erforschten den Lauf der Sterne und Planeten bereits zu einer Zeit, als im Mittleren Osten die ersten Zivilisationen erst im Entstehen waren – vor ca. 5000 Jahren nämlich.

Im Gegensatz zur westlichen Astrologie, bei der die Sonne den ausschlaggebenden Einfluss auf das Schicksal eines Menschen hat, gehen die Chinesen davon aus, dass der Mond die allbestimmende Macht ist. Auch kamen die alten Chinesen zu einem anderen astrologischen Zyklus. In China herrscht ein Tier nicht, wie bei uns, über einen Monat, sondern über ein ganzes Jahr. Jedes Tierzeichen wiederholt sich also erst alle zwölf Jahre wieder. Da sich der chinesische Kalender etwas von unserem unterscheidet, müssen Sie die nachfolgende Tabelle zu Rate ziehen, um zu erfahren, welches Tierzeichen Sie im chinesischen Horoskop sind.

10.02.1899 - 30.01.1900	Schwein
31.01.1900 - 18.02.1901	Ratte
19.02.1901 - 26.01.1902	Büffel
27.01.1902 - 29.01.1903	Tiger
30.01.1903 - 16.02.1904	Hase
17.02.1904 - 04.02.1905	Drache
05.02.1905 - 24.01.1906	Schlange
25.01.1906 - 13.02.1907	Pferd
14.02.1907 - 01.02.1908	Ziege
02.02.1908 - 21.01.1909	Affe
22.01.1909 - 09.02.1910	Hahn
10.02.1910 - 29.01.1911	Hund
30.01.1911 - 17.02.1912	Schwein
18.02.1912 - 06.02.1913	Ratte
07.02.1913 - 26.01.1914	Büffel
27.01.1914 - 14.02.1915	Tiger
15.02.1915 - 03.02.1916	Hase
04.02.1916 - 23.01.1917	Drache
24.01.1917 - 11.02.1918	Schlange
12.02.1918 - 31.01.1919	Pferd
01.02.1919 - 20.01.1920	Ziege
21.01.1920 - 07.02.1921	Affe
08.02.1921 - 06.02.1922	Hahn
07.02.1922 - 14.02.1923	Hund
15.02.1923 - 04.02.1924	Schwein
05.02.1924 - 24.01.1925	Ratte
25.01.1925 - 13.02.1926	Büffel
14.02.1926 - 02.02.1927	Tiger
03.02.1927 - 22.01.1928	Hase
23.01.1928 - 10.02.1929	Drache
11.02.1929 - 30.01.1930	Schlange
31.01.1930 - 17.02.1931	Pferd
18.02.1931 - 06.02.1932	Ziege
07.02.1932 - 25.01.1933	Affe
26.01.1933 - 13.02.1934	Hahn
14.02.1934 - 04.02.1935	Hund
05.02.1935 - 23.01.1936	Schwein
24.01.1936 - 11.02.1937	Ratte

12.02.1937 - 31.01.1938	Büffel
01.02.1938 - 18.02.1939	Tiger
19.02.1939 - 07.02.1940	Hase
08.02.1940 - 27.01.1941	Drache
28.01.1941 - 15.02.1942	Schlange
16.02.1942 - 04.02.1943	Pferd
05.02.1943 - 25.01.1944	Ziege
26.01.1944 - 12.02.1945	Affe
13.02.1945 - 01.02.1946	Hahn
02.02.1946 - 21.01.1947	Hund
22.01.1947 - 09.02.1948	Schwein
10.02.1948 - 29.01.1949	Ratte
30.01.1949 - 17.02.1950	Büffel
18.02.1950 - 06.02.1951	Tiger
07.02.1951 - 26.01.1952	Hase
27.01.1952 - 14.02.1953	Drache
15.02.1953 - 03.02.1954	Schlange
04.02.1954 - 23.01.1955	Pferd
24.01.1955 - 11.02.1956	Ziege
12.01.1956 - 30.01.1957	Affe
31.01.1957 - 18.02.1958	Hahn
19.02.1958 - 07.02.1959	Hund
08.02.1959 - 27.01.1960	Schwein
28.01.1960 - 15.02.1961	Ratte
16.02.1961 - 05.02.1962	Büffel
06.02.1962 - 25.01.1963	Tiger
26.01.1963 - 13.02.1964	Hase
14.02.1964 - 02.02.1965	Drache
03.02.1965 - 21.01.1966	Schlange
22.01.1966 - 08.02.1967	Pferd
09.02.1967 - 29.01.1968	Ziege
30.01.1968 - 16.02.1969	Affe
17.02.1969 - 05.02.1970	Hahn
06.02.1970 - 26.01.1971	Hund
27.01.1971 - 18.02.1972	Schwein
19.02.1972 - 02.02.1973	Ratte
03.02.1973 - 23.01.1974	Büffel
24.01.1974 - 10.02.1975	Tiger

11.02.1975 - 30.01.1976	Hase
31.01.1976 - 17.02.1977	Drache
18.02.1977 - 07.02.1978	Schlange
08.02.1978 - 27.01.1979	Pferd
28.01.1979 - 15.02.1980	Ziege
16.02.1980 - 04.02.1981	Affe
05.02.1981 - 24.01.1982	Hahn
25.01.1982 - 12.02.1983	Hund
13.02.1983 - 01.02.1984	Schwein
02.02.1984 - 19.02.1985	Ratte
20.02.1985 - 08.02.1986	Büffel
09.02.1986 - 28.01.1987	Tiger
29.01.1987 - 16.02.1988	Hase
17.02.1988 - 05.02.1989	Drache
06.02.1989 - 26.01.1990	Schlange
27.01.1990 - 14.02.1991	Pferd
15.02.1991 - 03.02.1992	Ziege
04.02.1992 - 22.01.1993	Affe
23.01.1993 - 09.02.1994	Hahn

10.02.1994 - 30.01.1995	Hund
31.01.1995 - 18.02.1996	Schwein
19.02.1996 - 06.02.1997	Ratte
07.02.1997 - 27.01.1998	Büffel
28.01.1998 - 15.02.1999	Tiger
16.02.1999 - 04.02.2000	Hase
05.02.2000 - 23.01.2001	Drache
24.01.2001 - 11.02.2002	Schlange
12.02.2002 - 31.01.2003	Pferd
01.02.2003 - 21.01.2004	Ziege
22.01.2004 - 08.02.2005	Affe
09.02.2005 - 28.01.2006	Hahn
29.01.2006 - 17.02.2007	Hund
18.02.2007 - 06.02.2008	Schwein
07.02.2008 - 27.01.2009	Ratte
28.01.2009 - 13.02.2010	Büffel
14.02.2010 - 02.02.2011	Tiger
03.02.2011 - 22.02.2012	Hase

Um ein noch präziseres Bild über Ihr Schicksal zu erhalten, müssen Sie zusätzlich Ihren Wegbegleiter, der unserem Aszendenten entspricht, berechnen. Die meisten Astrologen glauben, dass sich der Aszendent darin äußert, wie man auf andere Menschen wirkt.

Interessieren Sie sich für Horoskope, weil Sie Probleme mit Ihren Mitmenschen haben oder sich einsam fühlen? Dann sollten Sie die Beschreibung Ihres Aszendenten sehr sorgfältig lesen! Maßgeblich für die Bestimmung Ihres Aszendenten ist die genaue Stunde Ihrer Geburt. In der chinesischen Astrologie sind je zwei Stunden des Tages einem Wegbegleiter/Aszendenten zugeordnet.

23-01 Uhr Ratte
01-03 Uhr Büffel
03-05 Uhr Tiger
05-07 Uhr Hase
07-09 Uhr Drache
09-11 Uhr Schlange
11-13 Uhr Pferd
13-15 Uhr Ziege
15-17 Uhr Affe
17-19 Uhr Hahn
19-21 Uhr Hund
21-23 Uhr Schwein

Der Legende nach stammt die Zuordnung der Tiere zu einem Zyklus von Buddha selbst. Buddha hat nach der Schöpfung alle Tiere eingeladen, um ein großes Fest zu feiern. Doch von allen tierischen Geschöpfen sind nur zwölf Tiere seiner Einladung gefolgt. Als Lohn für seine Mühe bot Buddha jedem Tier die Regentschaft über einen Zyklus von zwölf Jahren an. Jedes Tier sollte auf die Ereignisse während seiner Jahre Einfluss nehmen können und damit auch auf das Schicksal der Menschen, die in diesen Jahren geboren werden. Das erste Jahr wurde der flinken und schnellen Ratte zugesprochen, weil sie als Erste bei Buddha erschien.

Beschreibung der einzelnen Tierzeichen

鼠

Die Ratte – Tzu

Allgemeines
Um dem Wesen der Ratte gerecht werden zu können, muss man sich von dem negativen Bild befreien, mit dem die Ratte in unserem Kulturkreis belegt ist. Die Ratten gehören zu den intelligentesten und einfallsreichsten Tieren auf der Erde. Sie sind enorm anpassungsfähig, schnell und haben ein ausgeprägtes Sozialleben.

Positive Merkmale
Ratten sind geborene Überlebenskünstler. Sie können sich ohne Probleme schnell an neue Lebensumstände anpassen. Ihre Flexibilität geht mit vielen Talenten einher. Ratten können gut mit Menschen umgehen, da sie sehr charismatisch sind. Auf Partys stehen sie im Mittelpunkt und selbst wenn sie sich intensiv unterhalten, hören sie auf einem Ohr noch, was in den anderen Räumen gesprochen wird. Sie haben ein gutes Gedächtnis und besitzen die Gabe, Eindruck bei den Menschen zu hinterlassen, die ihnen später noch einmal behilflich sein können.

Negative Merkmale
Ratten neigen dazu, berechnend zu sein. Sie sind denjenigen gegenüber freundlicher, die ihnen bei der Karriere nützlich sein könnten. Ratten haben immer zuerst ihr eigenes Wohl vor Augen. Nicht zuletzt deswegen erreichen sie auch viel. Auch kann man ihnen eine gewisse Gier nicht absprechen. Sie häufen viel materiellen Luxus an und führen ihre Besitztümer gerne vor. Da ist Neid natürlich vorprogrammiert. Auch beim Essen und Trinken können sie sich schlecht zurückhalten.

Gesundheit
Das größte gesundheitliche Problem für die Ratten stellt ihr übermäßiges Essen und Trinken dar. Sie haben einen Hang zum Übergewicht und zur Völlerei. Herz- und Kreislaufbeschwerden sowie Erkrankungen der Niere gehören oft zu ihrem Schicksal. Aufgrund ihres Temperaments leiden sie ebenfalls häufig unter Schlaflosigkeit und Nervosität.

Die Ratte als Arbeitskollege
Die Ratte ist kein guter Teamarbeiter. Sie will ihre Erfolge für sich alleine verbuchen und kann Kritik nicht gut vertragen. Die Ratte scheut sich, ältere Kollegen oder Vorgesetzte um Rat zu fragen – sie will alles alleine schaffen. Sie gehört zu den Tierzeichen, die beinahe süchtig nach positiver Bestätigung sind. Das kann für Kollegen sehr anstrengend sein. Die Ratte kann auch Konkurrenzdruck unter anderen Kollegen erzeugen, da sie so ehrgeizig ist und immer an ihrer Karriere arbeitet. Ist die Ratte ein Verkäufer, so ist Vorsicht geboten! Da sie ein guter Redner ist, kann sie einem schnell das Gefühl geben, man hätte ein Schnäppchen erstanden, das sich leider hinterher als Fehlkauf entpuppt.

Harmonie mit anderen Tierzeichen
Die Ratte passt gut zu Drache und Ratte.
Die Ratte passt nicht gut zu Pferd und Ziege.

Berühmte Ratten-Persönlichkeiten
Louis Armstrong, Wolfgang Amadeus Mozart, William Shakespeare, Richard Gere, Leo Tolstoi, Ephraim Kishon

Der Büffel – Chou

Allgemeines
Es ist sicherlich richtig, in dem Büffel das eher träge und weise Tier zu sehen, das sich wenig von der Stelle bewegt. Die andere Seite des Büffels wird nur selten sichtbar: Wenn man ihn ärgert oder seine Familie angreift, wird er schnell wütend und aggressiv. Einen Büffel darf man eben nicht reizen!

Positive Merkmale
Büffel handeln nicht unüberlegt. Sie werden erst aktiv, nachdem sie einen klaren Plan verfasst haben. Wenn sie sich einmal auf einem eingeschlagenen Weg befinden, werden sie diesen Pfad nicht mehr verlassen, denn Büffel sind sehr beharrlich und ausdauernd. Büffel-Menschen sind stark auf die Familie bezogen und dazu bereit, das eigene Fleisch und Blut gegen alle Angriffe von außen zu verteidigen. Eine gewisse Schwerfälligkeit kann man ihnen nicht absprechen, aber Büffel scheuen vor harter Arbeit nicht zurück und sind sehr oft gute Handwerker. Viele Büffel haben klein angefangen und es später zu Millionären gebracht.

Negative Merkmale
Büffel kann man nicht davon überzeugen, dass sie sich auf dem Holzweg befinden. Sie sind stur und wenn es sein muss, gehen sie mit dem Kopf durch die Wand. Innerhalb der Familie herrschen sie mit einer gewissen Autorität und sie räumen ihren Kindern relativ wenig Freiraum ein. Insgesamt sind Büffel eher altmodisch und rückwärtsgewandt, sodass Konflikte mit der jüngeren Generation nicht ausbleiben. Da Büffel harte Arbeitstiere sind, zeigen sie wenig Verständnis, wenn andere Menschen nicht so belastbar sind. Büffel haben häufig Probleme, ihre Freizeit sinnvoll zu verbringen, da sie immer etwas zu tun haben müssen. Sie sind nicht besonders experimentierfreudig und aufgrund ihrer überstarken Vorsicht entgeht ihnen einiges.

Gesundheit
Insgesamt erfreuen sich Büffel einer robusten Gesundheit. Jedoch übersehen sie oft die ersten Anzeichen einer Krankheit, da es ihnen schwer fällt, sich einige Tage ins Bett zu legen. Wenn sie dann auf der Nase liegen, braucht es meistens eine lange Zeit, bis sie sich wieder erholt haben. Büffel haben überdurchschnittlich häufig Probleme mit den Gelenken, insbesondere mit den Knien.

Der Büffel als Arbeitskollege
Tugenden wie Geduldigkeit, Ausdauer und Beharrlichkeit werden bei Vorgesetzten natürlich gerne gesehen. Schwierig wird es bei technischen oder personellen Umstellungen im Betrieb, die Flexibilität und Umdenken verlangen. Veränderungen hat der Büffel nämlich gar nicht gerne. Er stellt sich nicht gerne auf etwas Neues ein. Bei den Kollegen ist der Büffel nicht immer beliebt, weil dieser ohne zu murren Überstunden macht oder seinen Urlaub verschiebt und der Chef gerne geneigt ist, den Büffel als positives Beispiel anzuführen. Richtig schwierig wird es für den Büffel bei der Pensionierung oder im Falle von Arbeitslosigkeit. Wenn dann die Kinder auch schon ausgeflogen sind und er keinen Rückhalt mehr in der Familie hat, kann es zu ernsthaften psychischen Problemen kommen.

Harmonie mit anderen Tierzeichen
Der Büffel passt gut zu Schlange und Ratte.
Der Büffel passt nicht gut zu Ziege und Affe.

Berühmte Büffel-Persönlichkeiten
Napoleon, Walt Disney, Charlie Chaplin, Paul Newman, Johann Sebastian Bach, Jane Fonda, Katharina die Große

Der Tiger – Yin

Allgemeines
Auch der menschliche Tiger hat Etliches mit seinem tierischen Genossen gemein: Beide sind wild, unberechenbar und brauchen ihre Freiheit. Zwar sind sie nicht ständig auf Raubzug, aber man darf nie vergessen, dass Tiger scharfe Krallen haben!

Positive Merkmale
Tiger-Menschen gehen alles im Leben schnell und unerschrocken an. Angst ist ihnen fremd und ungewohnte oder gefährliche Situationen lieben sie über alles. Sie scheinen eine natürliche Eleganz zu besitzen. Sie bevorzugen geschmackvolle Kleidung und Einrichtungsgegenstände und stehen den schönen Künsten – die sie auch oft selbst ausüben – aufgeschlossen gegenüber. Tiger verfügen über einen ausgeprägten Gerechtigkeitssinn und oft haben sie eine führende Position in einer humanitären Einrichtung inne. Weite Reisen in exotische Länder sind für den Tiger-Menschen das Schönste.

Negative Merkmale
Ein Tiger hat einen ausgeprägten Freiheitswillen und das gilt auch für die Tiger-Menschen. Sobald sie das Gefühl haben, in einer Beziehung eingesperrt zu sein, macht sich ihr Freiheitsdrang bemerkbar. In Konflikten zeigen sie auch schon mal die Krallen – man muss konfliktfreudig sein, um es mit einem Tiger aufnehmen zu können! Tiger legen sich nicht gerne fest und ändern häufig ihre Meinung. Es kommt ihnen gelegen, wenn man über sie sagt, man würde nicht aus ihnen schlau und sie blieben einem ein ewiges Rätsel. Es dauert lange, bis man in das Innerste eines Tiger-Menschen schauen kann.

Gesundheit
Im Allgemeinen haben Tiger eine stabile Gesundheit und erreichen häufig ein stattliches Alter.
Aufgrund ihrer Unerschrockenheit und Abenteuerlust passieren ihnen aber oft kleinere Unfälle, die sie längere Zeit ans Bett fesseln können. Leider sind Tiger schwierige Patienten, denn es zieht sie früher wieder vor die Tür, als es ihrer Gesundheit eigentlich zuträglich wäre. Der Tiger-Physis kommt ein Lebenswandel mit viel Sport und Bewegung an der frischen Luft entgegen.

Der Tiger als Arbeitskollege
Der Tiger mutet seinen Kollegen einiges zu, denn er kann sich schlecht strukturieren und auf seinem Schreibtisch findet er selbst oft nichts wieder. Aufgrund seiner Veranlagung ist er am besten in Berufen aufgehoben, die eine ausgeprägte Reisetätigkeit mit sich bringen. Überhaupt werden Tiger sehr launisch, wenn sie stupide oder wenig abwechslungsreiche Arbeiten verrichten müssen. Dann sind die Kollegen mit einem unzufriedenen Tiger konfrontiert und das ist wahrlich kein Spaß!

Harmonie mit anderen Tierzeichen
Der Tiger passt gut zu Pferd und Hund.
Der Tiger passt nicht gut zu Affe und Büffel.

Berühmte Tiger-Persönlichkeiten
Fidel Castro, Jody Foster, Karl Lagerfeld, Marylin Monroe, Margret Thatcher, Marco Polo

Der Hase – Mao

兔

Allgemeines

Hasen sind absolut friedliebende Tiere, die aber ständig von natürlichen Feinden bedroht werden. Ihre Schnelligkeit, Klugheit und nicht zuletzt ihre gute Tarnung retten ihnen oft das Leben. Hasen sind kuschelig und wirken wegen ihres weichen Fells sehr anziehend.

Positive Merkmale

Hasen sind absolut freundliche Menschen, mit denen man viel Spaß haben kann. Da sie die Geselligkeit schätzen und das Alleinsein scheuen, sind sie immer offen für Unternehmungen. Am liebsten halten sie sich aber zu Hause auf. Freunde zum Kochen und Spielen einzuladen ist eine ihrer beliebtesten Freizeitbeschäftigung.
Hasen brauchen nicht viel Luxus, um glücklich leben zu können. In der Regel sind sie sehr zufrieden mit dem, was sie haben. Sie hegen keine übermäßig starken Karrieregedanken und das Markenbewusstsein ist bei ihnen ebenfalls nicht sonderlich stark ausgeprägt.

Negative Merkmale

Hasen wirken zwar freundlich und unscheinbar, so „als könnte sie kein Wässerchen trüben", aber dahinter verbirgt sich oft eine Portion List. Mit der Ehrlichkeit nehmen sie es nicht immer so genau und eine kleine Gaunerei belastet ihr Gewissen nicht allzu stark.
Hasen verfügen über ein großes Talent, Menschen zu manipulieren, ohne dass diese es merken. Insofern besitzen sie eine große Macht über Menschen, die sich aber nur im Verborgenen manifestiert. Da Hasen sehr stark auf ihren eigenen Vorteil bedacht sind, sollte man gerade am Anfang im Kontakt mit einem Hasen ein wenig misstrauisch bleiben.

Gesundheit

Hasen haben einen starken Sexualtrieb und sind oft bis ins hohe Alter fruchtbar. Im Winter leiden sie häufig unter besonders starken und hartnäckigen Erkältungen. Da ihr Immunsystem gerade in stressigen Phasen nicht so gut arbeitet, sollten sie immer auf eine gesunde – am besten vegetarische – Ernährung achten.
Hasen sind von Natur aus faul und müssen zum Sport meistens überredet werden. Aber das Resultat lohnt sich!

Der Hase als Arbeitskollege

Hasen-Menschen sind beliebte Arbeitskollegen, denn sie sind ausgeglichen und selten launisch. Mit einer gehörigen Portion Humor gesegnet, sorgen sie für gute Stimmung am Arbeitsplatz. Allerdings hassen es Hasen, sich die Hände schmutzig zu machen. Und Überstunden schätzen sie auch nicht übermäßig, denn es erwartet sie ja ein gemütliches Zuhause. Nicht selten machen sich Hasen mit großem Erfolg selbstständig. Sie sind gute Buchhalter und auf ihre Bilanzen kann man sich verlassen.

Harmonie mit anderen Tierzeichen

Der Hase passt gut zu Ziege und Schwein.
Der Hase passt nicht gut zu Hahn und Pferd.

Berühmte Hasen-Persönlichkeiten

Albert Einstein, John Cleese, Frank Sinatra, Kurt Russel, Roger Moore, Michael Jordan, Königin Victoria, Quentin Tarantino

Der Drache – Chen

Allgemeines
Die Chinesen haben von jeher eine große Vorliebe für Drachen, weswegen dieses Fabelwesen ihr Lieblings-Tierzeichen ist. Junge chinesische Paare planen die Geburt eines Kindes möglichst so, dass es in einem Drachenjahr geboren wird, und wichtige Projekte werden auf Drachenjahre verschoben.
Der Drache ist in allen Kulturkreisen ein Furcht einflößendes Wesen, das alle Widerstände, denen es auf seinem Weg begegnet, vernichtet. Wer es aber schafft, einen Drachen zum Freund zu haben, hat einen treuen Lebensgefährten bis ans Lebensende.

Positive Merkmale
Der Drache ist mit fast übermenschlichen Kräften ausgestattet. Er setzt sich für seine Ziele hundertprozentig ein und gibt niemals auf. Der Drache hat hohe moralische Wertmaßstäbe und würde sich niemals für einen zwielichtigen Zweck engagieren. Er besitzt eine natürliche Dominanz und wenn er redet, hört man ihm automatisch zu. Seinen Freunden gegenüber ist der Drache absolut loyal und es ist kaum vorstellbar, dass er eine Freundschaft von sich aus beendet. Unter seiner rauen Schale versteckt sich ein gutes Herz voller Großzügigkeit und Mitgefühl.

Negative Merkmale
Allen anderen Tierzeichen muss der Drache fast zwangsläufig übereifrig erscheinen. Daher sind Drachen oft einsame Charaktere. Drachen wollen am liebsten immer Recht haben und sie können nicht zugeben, wenn sie sich irren. „Fehler machen nur die anderen“ – das denkt der Drache oft insgeheim. Er hat einen Hang, andere zu tyrannisieren, und neigt dazu, pedantisch zu sein. Er sieht die Fehler der anderen schnell und thematisiert sie auch entsprechend.

Gesundheit
Trotz des Drucks, dem sich Drachen täglich aussetzen, sind sie relativ selten krank. Wenn überhaupt, erkranken sie eher psychisch als physisch. Sie essen viel und gerne und haben häufig Gewichtsprobleme. Die damit einhergehenden Blutfettwerte sollten sie daher regelmäßig kontrollieren lassen. Drachen sollten regelmäßig Urlaub machen und dabei Abstand von ihren alltäglichen Verpflichtungen nehmen.

Der Drache als Arbeitskollege
Der Drache ist ein schwieriger Arbeitskollege, auch für den Vorgesetzten. Zwar kann man sich auf den Arbeitseifer des Drachen verlassen, aber leider weiß er auch oft besser, wie etwas erledigt werden kann. Er hat häufig Verbesserungsvorschläge und bringt damit viel Unruhe in einen Betrieb. Aber man muss ehrlicherweise zugeben, dass der Drache in vielen Fällen tatsächlich Recht hat. Am besten ist es natürlich, wenn der Drache seine analytischen Fähigkeiten gleich zum Beruf macht, beispielsweise als Unternehmensberater.

Harmonie mit anderen Tierzeichen
Der Drache passt gut zu Ratte und Affe.
Der Drache passt nicht gut zu Hund und Hase.

Berühmte Drachen-Persönlichkeiten
Martin Luther King, Jehudi Menuhin, Oscar Wilde, Siegmund Freud, Wladimir Putin, Pele, Salvador Dali, John Lennon

Die Schlange - Ssu

Allgemeines
Die Schlange ist ein zurückgezogenes Tier, das nicht im Familienverband auftritt, sondern ein einzelgängerisches Wesen hat. In der Regel sind es friedliche Tiere, die sich aber durchaus wirksam verteidigen können.

Positive Merkmale
Menschen, die im Jahr der Schlange geboren wurden, sind faszinierende und geheimnisvolle Wesen, die man nie richtig durchschaut. Es handelt sich um kultivierte, gebildete Menschen, die gerne gut essen und nur die teuersten Weine bestellen. Ein perfektes äußeres Erscheinungsbild ist ihnen wichtig. Eine Schlange-Frau würde nie ungeschminkt aus dem Haus gehen.
Schlangen genießen das Alleinsein sehr. Sie verbringen gerne einmal einen Tag im Bett und können sich dabei ohne schlechtes Gewissen entspannen. Sie breiten ihr Seelenleben nie vor anderen aus, und bis sie Vertrauen zu einem anderen Menschen gefasst haben, vergeht meistens lange Zeit.
Man sollte die Schlange nicht unter Druck setzen: Wenn sie nichts erzählen will, kann sie eisern schweigen.

Negative Merkmale
Eine gewisse Faulheit ist der Schlange nicht abzusprechen. Am liebsten würde sie gar nicht arbeiten. Das kollidiert aber mit ihrem Bedürfnis nach Luxus. Viele Jobs sind unter der Würde einer Schlange. Sie ist eben auch in dieser Hinsicht sehr anspruchsvoll! Schlangen mischen sich gerne in das Leben anderer Menschen ein und geben ungebeten gute Ratschläge.
Auch Spontaneität ist nicht die starke Seite der Schlange. Sie ist nicht entscheidungsfreudig und wägt das Für und Wider einer Sache lange ab. Das erfordert viel Geduld. Meistens hat man das Gefühl, mit einer Schlange könne man „nicht richtig warm werden“. Sie gibt selten etwas von sich preis.

Gesundheit
Schlangen leiden häufig unter so genannten Wehwehchen, die keine erklärbare Ursache haben. Sie gehen gerne zum Arzt und verpassen mit Sicherheit keine Vorsorgeuntersuchung. Einen gewissen Hang zur Hypochondrie kann man ihnen nicht absprechen. In der Regel haben Schlangen aber eine gute Gesundheit. Sie hören eben nur öfter und intensiver in ihren Körper hinein.

Die Schlange als Arbeitskollege
Schlangen sind im Kollegenkreis keine leuchtenden Vorbilder, weil sie sich nur engagieren, wenn es unbedingt sein muss. Sie können ohne Probleme einen ganzen Vormittag verquatschen und ehrgeizige Mitarbeiter sind ihnen irgendwie suspekt. Da es sich bei den Schlangen aber um gebildete und sprachlich begabte Menschen handelt, sind sie im Grunde doch sehr beliebt und werden zum Beispiel häufig in den Betriebsrat gewählt.

Harmonie mit anderen Tierzeichen
Die Schlange passt gut zu Hahn und Büffel.
Die Schlange passt nicht gut zu Schwein und Pferd.

Berühmte Schlangen-Persönlichkeiten
Bob Dylan, Johannes Brahms, John F. Kennedy, Pablo Picasso, Placido Domingo, Jean Paul Sartre, Gracia Patricia, Mao Tse Tung

Das Pferd – Wu

Allgemeines

Wer schon einmal ein Pferd in freier Wildbahn beobachtet hat, wird wissen, dass es sich bei Pferden um schnelle und überschwängliche Wesen handelt. Pferde können sehr ungestüm und temperamentvoll sein. Außerdem zählen Pferde zu den Tieren mit einer hohen Intelligenz.

Positive Merkmale

Pferde sind Herdentiere. Sie sind gesellig und lieben es, sich in einer Gruppe von Menschen aufzuhalten. Für sie muss immer etwas los sein und Langeweile darf gar nicht erst aufkommen. Wer ein zweibeiniges Pferd zum Freund hat, muss einige Kondition im Feiern mitbringen. Da sie sehr impulsiv sind, kann es passieren, dass sie ihre Meinung schnell ändern: Ist man auf dem Weg ins Kino, wollen sie plötzlich an den Baggersee! Pferde sind lustig und haben immer einen Witz parat. Sie stehen gerne im Mittelpunkt und können sich gut ausdrücken.
In einer Liebesbeziehung sind Pferde sehr romantisch veranlagt. Ein Candle-Light-Dinner gehört ebenso zum Repertoire des Pferdes wie öfter mal eine kleine Überraschung für die Liebsten.

Negative Merkmale

Das Ungestüm-Sein ist das größte Problem der Pferde. Sie sind ständig mit mehreren Dingen gleichzeitig beschäftigt und oft führen sie eine Sache nicht bis zum Ende durch, fangen aber schon mit etwas Neuem an. Sie leben in der ständigen Angst, etwas zu verpassen, und dadurch stressen sie sich oft selbst. Pferde haben die Neigung, auch dann mitzureden, wenn sie eigentlich gar keine Ahnung vom Thema haben. Da sie rhetorisch sehr gewandt sind, merkt man das nicht immer gleich. Und Pferde sind vergesslich. Sie können sich Namen nicht merken und sie sind diejenigen, die am häufigsten ihre Schlüssel oder ihre Geldbörse suchen.

Gesundheit

Pferde sind aufgrund ihres unsteten Lebenswandels eher anfällig für Krankheiten. Da sie unregelmäßig und zu wenig schlafen und sich häufig von Fastfood ernähren, reagieren ihr Magen und das vegetative Nervensystem oft empfindlich und gereizt. Es hat zwar wenig Aussicht auf Erfolg, einem Pferd mehr Ruhe zu empfehlen, aber man sollte es trotzdem immer wieder versuchen!

Das Pferd als Arbeitskollege

Das Pferd bereichert jedes Team mit spritzigen Ideen. Haben sich die Kollegen erst einmal daran gewöhnt, dass es beim Pferd sehr impulsiv zur Sache geht, ist alles in Ordnung. Pferde können sehr gut mit Kunden umgehen oder am Telefon arbeiten. Die Hauptsache ist, dass die Arbeit nicht zu routiniert und stumpfsinnig werden darf; denn darauf reagieren Pferde allergisch! Während andere Menschen gestresst sind, wenn sie täglich mit einer neuen Situation konfrontiert werden, laufen die Pferde dabei zur Hochform auf. Pferde arbeiten selten geradlinig an ihrer beruflichen Laufbahn. Sie sind häufig Quereinsteiger, die schon mehrere Berufe ausgeübt haben und trotzdem immer noch eine Idee für eine Zusatzausbildung entwickeln.

Harmonie mit anderen Tierzeichen

Das Pferd passt gut zu Tiger und Hund.
Das Pferd passt nicht gut zu Ratte und Schlange.

Berühmte Pferde-Persönlichkeiten

Frederic Chopin, Leonard Bernstein, Sean Connery, Kevin Costner, Cindy Crawford, Lenin, Greta Garbo

Die Ziege – Wei

Allgemeines
Die Ziege im chinesischen Horoskop meint nicht das domestizierte Tier, das wir aus unseren Breiten kennen, sondern die wilde Ziege, die nur noch im unberührten Hochland zu finden ist. Dieses Tier ist sehr scheu und flieht vor allem Unbekannten. Im Herdenverband allerdings fühlt es sich wohl und es ist sehr mitteilsam.

Positive Merkmale
Die menschliche Ziege ist sehr gelassen und regt sich selten über etwas auf. Kaum ein anderes Tierzeichen ist unkomplizierter als die Ziege. Egal ob es sich um Verabredungen oder um geschäftliche Dinge handelt, mit der Ziege ist alles schnell unter Dach und Fach. Die Ziege ist sehr hilfsbereit – für sie werden die Sorgen und Nöte ihrer Mitmenschen schnell zu den eigenen. Sie hat kein dickes Fell und vor allem wenn ihre Mitmenschen leiden, wird die Ziege ebenfalls schnell traurig. Die Ziege macht gerne ein Geheimnis aus der eigenen Person. Sie erzählt nicht viel von sich, dafür hat sie aber ein großes Talent, andere zum Reden zu bringen. Was die Talente betrifft, ist die Ziege darüber hinaus mit einer großen künstlerischen Ader und einem guten Blick für das Ästhetische ausgestattet. Räume, die sie eingerichtet hat, strahlen eine besondere Gemütlichkeit aus und wer von einer Ziege etwas Gebasteltes zum Geburtstag geschenkt bekommt, wird dieses Präsent bestimmt in Ehren halten, weil es so geschmackvoll ist.

Negative Merkmale
Leider ist die Ziege manchmal etwas weltfremd. Das liegt nicht etwa daran, dass sie bestimmte Zusammenhänge nicht versteht, sondern an ihrer Sensibilität. Tatbestände, die die Ziege quälen oder ihr nicht in den Kram passen, werden sozusagen ausgeblendet. Das ist eine Art Selbstschutz, denn die Ziege ist sehr sensibel und leidet häufig mit anderen mit. Mit einer Ziege sollten Sie sich möglichst nicht streiten, denn sie ist sehr nachtragend und hat ein gutes Gedächtnis. Es kann sein, dass Sie eine unpassende Bemerkung schon längst vergessen haben – die Ziege ist aber in der Lage, Ihnen das noch nach Jahren aufs Butterbrot zu schmieren!
Im alltäglichen Leben neigt die Ziege dazu, ängstlich zu sein. Sie wartet insgeheim auf jemanden, der sie beschützt oder ihr die Dinge aus der Hand nimmt.

Gesundheit
Solange die Ziege glücklich ist, wird sie auch gesund sein. Aber sobald die Sorgen und Kümmernisse zu groß werden, wird die Ziege leicht krank. Bei ihr beginnt eine Krankheit oft mit einer extremen Verspannung. Regelmäßige Gymnastik zur Lockerung und Entspannung der Muskulatur würden der Ziege gut tun.

Die Ziege als Arbeitskollege
Da die Ziege ein extrem guter Zuhörer ist, wird sie von Kollegen und Vorgesetzten sehr geschätzt. Sie interessiert sich auch für das Privatleben ihrer Kollegen und ist gerne bereit, einmal eine Überstunde zu machen, wenn ein Kollege in Not ist. Die Ziege hat selten Ambitionen, in eine Führungsposition aufzusteigen, daher entbrennt mit ihr an der Seite auch selten ein Konkurrenzkampf. Aufgrund ihres ausgeprägten Helfersyndroms ist die Ziege häufig in sozialen und pflegenden Berufen anzutreffen. Allerdings läuft die Ziege dabei immer Gefahr, dass sie die Probleme ihrer Patienten zu nah an sich heranlässt und auch noch nach Feierabend über schwierige Fälle nachdenkt.

Harmonie mit anderen Tierzeichen
Die Ziege passt gut zu Schwein und Hase.
Die Ziege passt nicht gut zu Büffel und Hund.

Berühmte Ziegen-Persönlichkeiten
Bill Gates, Boris Becker, John Wayne, Michail Gorbatschow

Der Affe – Shen

Allgemeines
Zweifelsohne gehört der Affe zu den intelligentesten Tieren. Er ist ständig in Bewegung und sehr wendig. Aber er kann auch sehr listig sein, wenn er seine eigenen Interessen durchsetzen will.

Positive Merkmale
Affen scheinen wirklich alles zu können. Sie werden oft gefragt, wann sie sich denn eine Fertigkeit eigentlich angeeignet haben, und dann können die Affen nur den Kopf schütteln, denn die vielseitige Begabung ist ihnen wirklich in die Wiege gelegt worden. Außerdem können sie mit ihrem scharfen Verstand schnell Dinge analysieren, leider manchmal auch über die Köpfe der Mitmenschen hinweg. Für Affen ist es dabei schwierig nachzuvollziehen, dass nicht alle Menschen so veranlagt sind wie sie selbst.
Wer einen Affen zum Freund hat, besitzt einen treuen Gefährten fürs ganze Leben, der immer hilft, wenn Not am Mann ist. Da Affen sehr tapfer und mutig sind, nehmen sie ihren Freunden gerne unangenehme Aufgaben ab. Sei es eine Reklamation oder ein schwieriges Telefonat: Der Affe ist sofort dabei. Er macht auch nicht viel Aufhebens darum, denn für ihn sind die Sachen oft ein Klacks.

Negative Merkmale
Der Affe möchte möglichst immer dominieren und er kommandiert – oft ohne dass er es merkt – seine Mitmenschen herum. Leider verträgt er auch sehr schlecht Kritik, sodass es manchmal gar nicht so einfach mit ihm ist. Interessanterweise klappen die Dinge oft erstaunlich gut, wenn man dem Affen die Führung überlässt – man muss also abwägen, ob es sich wirklich lohnt, den Affen zu kritisieren. Kommt es zu Konflikten und Streitigkeiten, wird der Affe oft aggressiv. Es ist keine Seltenheit, dass etwas durch die Gegend fliegt, denn der Affe reagiert stets emotional. Warten Sie nicht auf eine Entschuldigung von einem Affen: Das kann er nämlich auch nicht gut!

Gesundheit
Der Affe ist mit einer guten Gesundheit gesegnet. Probleme erwachsen nur aus der Tatsache, dass der Affe sich nicht genug schont. Er muss immer mitmischen, auch wenn er längst müde ist. Im höheren Alter neigen Affen oft zu Herzerkrankungen, die sich mit Ruhe und der Fähigkeit, auch mal abzuschalten, in der Regel beheben lassen. Eine gesunde Lebensweise würde dem Affen auch schon in jüngerem Alter gut tun!

Der Affe als Arbeitskollege
Da der Affe gerne die erste Geige spielt, haben es die Kollegen häufig schwer mit ihm. Mehrere Affen gleichzeitig im Team erzeugen eine explosive Stimmung. Solange sich die Kollegen dem Affen unterordnen, kann alles gut funktionieren. Affen haben die Angewohnheit, jede Idee, vor allem wenn es sich um eine gute handelt, als ihre eigene zu verkaufen. Da hilft oft nur noch ein ruhiges Gespräch mit dem Vorgesetzten. Ist die Atmosphäre am Arbeitsplatz ausgeglichen und sind die Kräfteverhältnisse geklärt, ist der Affe zu Höchstleistungen fähig. Halten Sie ihn bei Laune, indem Sie ihn möglichst oft loben!

Harmonie mit anderen Tierzeichen
Der Affe passt gut zu Ratte und Drache.
Der Affe passt nicht gut zu Tiger und Schlange.

Berühmte Affen-Persönlichkeiten
Uschi Glas, Michael Douglas, Michael „Bully“ Herbig, Tom Hanks, Günther Jauch

Der Hahn – Yu

Allgemeines
Wer schon einmal einen Hahn auf dem Bauernhof beobachtet hat, weiß, dass es sich um ein hellwaches und aufgeregtes Tier handelt, das die wichtige Aufgabe erfüllt, die Seinen zusammenzuhalten. Der Hahn scheint zu wissen, dass das Wohl seiner Familie zu einem großen Teil von ihm abhängt, und er nimmt diese Aufgabe entsprechend ernst.

Positive Merkmale
Der menschliche Hahn ist kein Luftikus, sondern jemand, der das Leben sehr ernst nimmt. Er kann Probleme und kleine Kümmernisse nicht mit einem harmlosen Witz zur Seite schieben, sondern neigt dazu, lange zu grübeln und seine Gedanken hin und her zu wälzen.
Der Hahn ist sehr sparsam und er kann leicht ohne viel Geld und Luxus glücklich werden. Seine Finanzen hält der Hahn stets in Ordnung und er würde sich nach Möglichkeit nie Geld leihen. Die Ordnung herrscht bei ihm nicht nur in finanziellen Angelegenheiten, sondern betrifft alle Bereiche des Lebens. Er heftet Papiere immer sofort mustergültig ab und im Kleiderschrank herrscht nie Chaos. Der Hahn ist von Natur aus neugierig und er möchte immer hinter die Kulissen schauen. Hahn-Kinder fragen ihre Eltern oft Löcher in den Bauch, aber sie erfahren auf diese Art und Weise auch mehr als andere Kinder. Der Hahn redet gerne und viel und er kann eine Gruppe von Menschen gut einen Abend lang unterhalten.

Negative Merkmale
Die Ordnungsliebe des Hahns wächst sich manchmal zur Pedanterie aus. Teilt man mit einem Hahn den Haushalt, sollte man tunlichst darauf achten, dass immer alle Gegenstände am selben Ort liegen. Veränderungen – wie zum Beispiel ein spontanes Umräumen der Möbel – liegen dem Hahn gar nicht. Von ihm aus sollte immer alles so bleiben, wie es gewesen ist.
Der Hahn neigt dazu, ungebeten Ratschläge zu erteilen. Er scheint immer noch einen besseren Tipp zu haben und ist häufig beleidigt, wenn man ihn nicht annimmt. Dahinter steckt das Bedürfnis, anderen Menschen zu helfen. Doch der Hahn beteiligt sich selten an praktischen Dingen, weil er sich nicht gerne die Hände schmutzig macht. Er steht lieber dabei und dirigiert das ganze Unternehmen.

Gesundheit
Auch der Hahn verfügt über eine robuste Gesundheit. Da es ihm von Natur aus ein großes Bedürfnis ist, sich an der frischen Luft aufzuhalten, hat er viele Probleme, die Stubenhocker haben, nicht. Jedoch ist sein Immunsystem oft angeschlagen und er sollte immer genügend Vitamine zu sich nehmen. Auch regelmäßiges Saunieren dürfte seiner Gesundheit zuträglich sein.

Der Hahn als Arbeitskollege
Der Hahn kann ein wahres Arbeitstier sein, aber er arbeitet eher langsam. Da er so pedantisch ist, kontrolliert er seine Ergebnisse auch ziemlich lange und wird so meistens nicht rechtzeitig fertig. Lösungswege erschließen sich ihm selbst nicht. Dazu ist er auf ein gut funktionierendes Team angewiesen. Er kann sehr gut mit Finanzen umgehen und man darf ihm ohne Probleme große Geldsummen anvertrauen. Er wird sie mit hoher Wahrscheinlichkeit sogar noch vermehren.

Harmonie mit anderen Tierzeichen
Der Hahn passt gut zu Büffel und Schlange.
Der Hahn passt nicht gut zu Hase und Hahn.

Berühmte Hähne-Persönlichkeiten
Franz Beckenbauer, Harald Schmidt, Steffi Graf, Peter Ustinov, Bernhard Langer, Richard Wagner

Der Hund – Hsu

Allgemeines
Der Hund wird von den Menschen wegen seiner Beschützerfunktion geschätzt und so verhält es sich auch mit den menschlichen Hunden – sie passen auf ihre Familie auf. Der Hund ist ein freundliches Tier und ein treuer Kamerad fürs ganze Leben.

Positive Merkmale
Der Hund legt großen Wert auf ein intaktes Familienleben. Die Wochenenden werden gerne mit Ausflügen verplant und Geburtstage oft groß gefeiert. Der Hund hat sich schon immer viele Kinder gewünscht und ist stolz auf seine Rolle als Familienvorstand.
Auch Menschen, die nicht zur Familie gehören, sind oft von den Hunden angetan, denn sie besitzen eine große Portion Charme. An ihrer Seite fühlt man sich sofort wohl. Hinzu kommt, dass der Hund auch verschwenderische Seiten hat und gerne und oft Einladungen ausspricht. Er findet fast immer einen Anlass zum Feiern und ist auch nach Mitternacht noch fröhlich, wenn er sich von guten Freunden umgeben weiß.

Negative Merkmale
Der Hund gehört zu den Tierzeichen, denen der Pessimismus in die Wiege gelegt wurde. Selbst wenn alles nach den Wünschen des Hundes läuft und er allen Grund hätte, glücklich zu sein, findet er ein Haar in der Suppe. Dann wird er grüblerisch und kann sich oft nicht selbst aus seinem Stimmungstief befreien. In diesen Situationen ist es gut, wenn ihm ein enger Freund zur Seite steht. Der Hund neigt zur Sprunghaftigkeit. Er ändert seine Meinung unter Umständen binnen Sekunden und für alle Beteiligten kann es schwierig sein, sich immer wieder auf etwas Neues einstellen zu müssen. Diese Wankelmütigkeit resultiert aus der Angst des Hundes, eine falsche Entscheidung zu treffen. Er dreht und wendet die Argumente so lange, bis er selbst gar nicht mehr weiß, was er eigentlich will.

Gesundheit
Der Hund gehört zu den Tierzeichen, deren Gesundheit nicht so robust ist, aber er besitzt dafür eine große Zähigkeit. Da die Hunde sowieso zu Pessimismus neigen, kann eine leichte Erkältung schon als schlimme Lungenentzündung angesehen werden. Außerdem sind Hunde schwierige Patienten, weil sie viel stöhnen und jammern. Sie möchten nicht alleine sein, wenn sie krank sind, und gleichzeitig machen sie es den Menschen, die sich um sie kümmern, nicht gerade einfach. Hunde sollten – nicht nur in Hinblick auf ihre Gesundheit – alles tun, um gelassener zu werden!

Der Hund als Arbeitskollege
Der Hund ist ein beliebter Arbeitskollege, da er ein freundliches und charmantes Wesen hat. Er verbreitet gute Stimmung und ist immer dazu bereit, kleine Unstimmigkeiten oder Konflikte zu entschärfen. Der Hund ist nämlich auch ein guter Vermittler. Er kann sich in beide Parteien hineinversetzen und die Kontrahenten dazu bringen, sich wieder zu vertragen. Wenn es sein muss, kann der Hund für zwei arbeiten und er ist gerne bereit, hin und wieder für einen verhinderten Kollegen einzuspringen.

Harmonie mit anderen Tierzeichen
Der Hund passt gut zu Tiger und Hase.
Der Hund passt nicht gut zu Drache und Büffel.

Berühmte Hunde-Persönlichkeiten
Bill Clinton, Bertolt Brecht, Cher, Elvis Presley, Freddy Mercury, Claudia Schiffer, David Bowie, Konrad Adenauer

Das Schwein – Hai

豬

Allgemeines

Wenn die alten Chinesen vor 5000 Jahren von dem Tierzeichen Schwein sprachen, meinten sie damit nicht das gewöhnliche Hausschwein, das wir heute vor Augen haben. Das ursprüngliche, nicht domestizierte Schwein war ein scheues und verletzliches Tier, in dem aber ein zäher und ausdauernder Kämpfer schlummerte.

Positive Merkmale

Das Schwein ist das widersprüchlichste Tier der chinesischen Astrologie. Ein Schwein wirklich kennen zu lernen kommt einer Lebensaufgabe gleich! Eigentlich sind Schweine-Menschen sehr gesellig, unter Umständen täuscht der äußere Eindruck völlig. Schweine können unter Menschen sehr einsam sein. Sie sind gute Schauspieler und lassen sich selten ihr Unwohlsein anmerken. Wenn alle denken, dass ein gemeinsamer Abend sehr schön gewesen sei, kann es sein, dass das Schwein denkt: „Endlich vorbei!"
Das Schwein gehört zu den Lebenskünstlern unter den Tieren, da es den Weg des geringsten Widerstandes einschlägt. Ein Schwein macht sich keine unnötigen Gedanken. Es redet nicht, sondern handelt. Wenn es einmal einen Entschluss gefasst hat, weicht es nicht mehr von seinem Weg ab. Und das Schwein kann große Energie aufbringen, wenn es ein Ziel erreichen will!

Negative Merkmale

Aus einem Schwein wird man selten schlau. Schweine scheinen sich immer mit einer Art Schutzschild zu umgeben und sie erzählen selten wirklich etwas über sich. Sie haben Angst, ihre Gefühle zu zeigen und sich verletzbar zu machen. Schweine fassen nur langsam Vertrauen und sie brauchen das Gefühl, dass man ihnen Zeit lässt, sich zu öffnen.
Obwohl sie nicht gerne im Mittelpunkt stehen, möchten sie doch ihren Willen durchsetzen. Das Problem ist nur, dass sie so selten sagen, was sie wirklich wollen! Insgeheim hoffen die Schweine, dass ihnen die Menschen ihre Wünsche von den Augen ablesen. Derjenige, der die Bedürfnisse eines Schweins intuitiv erfassen kann, wird deshalb einen Freund fürs Leben gefunden haben.

Gesundheit

Das Schwein hat eine durchschnittlich gute Gesundheit. Das größte Problem besteht für dieses Tierzeichen darin, dass es seine Gefühle nicht rauslässt, sondern in sich hineinfrisst. Viele Schweine neigen daher zu Magenbeschwerden, die sich aber oft eher von einem Psychologen als von einem Hausarzt kurieren lassen.

Das Schwein als Arbeitskollege

Das Schwein kann am besten alleine arbeiten. Es lässt sich im Team leicht ablenken und ist mehr mit den zwischenmenschlichen Aspekten beschäftigt als mit der Arbeit selbst. Das Schwein scheut jede Art von Routine und wenn es erforderlich ist, krempelt es die Ärmel hoch und macht die Arbeiten, vor denen die anderen Kollegen davonlaufen. Viele Schweine sind als Selbstständige sehr erfolgreich. Da sie sich gut anpassen können, werden sie von Kunden sehr geschätzt.

Harmonie mit anderen Tierzeichen

Das Schwein passt gut zu Ziege und Hase.
Das Schwein passt nicht gut zu Schlange und Hahn.

Berühmte Schweine-Persönlichkeiten

Elton John, Hillary Clinton, Luciano Pavarotti, Pete Sampras, Christo, Arnold Schwarzenegger

Ein tierisches Quiz

Die alten Chinesen waren wirkliche Meister im Beschreiben von Persönlichkeitstypen. In den zwölf Tierzeichen kann man die gesamte Palette der menschlichen Eigenschaften wiederfinden! Immer mehr astrologisch interessierte Menschen neigen der Ansicht zu, dass die chinesischen Tierzeichen psychologisch ausgefeilter und dadurch noch passender sind als die Tierkreiszeichen der westlichen Horoskope. Letztlich müssen Sie aber natürlich selbst herausfinden, in welcher Art von Horoskop Sie sich am ehesten wiederfinden.

Damit Sie sich ein bisschen besser in die chinesischen Tierzeichen hineinfühlen können, wurde das folgende Quiz entwickelt. Sie können es alleine spielen oder – was noch mehr Spaß macht – in einer größeren Runde. Perfekt wäre es, wenn diese Runde aus einer kompletten Besetzung aller chinesischen Tiere bestehen würde. Wenn möglich, laden Sie also jedes Tier einmal ein und spielen Sie folgende Situation durch:

Buddha hat nach der Erschaffung der Welt alle Tiere zu einem großen Fest versammelt. Fünf der zwölf Tiere geht es an diesem Abend nicht besonders gut und auf Buddhas Nachfrage hin geben sie zu, dass sie Sorgen haben und nicht so recht wissen, was sie dagegen tun sollen.
Buddha schlägt vor, dass jedes Tier den anderen von seinem Kummer erzählt und dass die anderen elf Tiere jeweils der Reihe nach einen Ratschlag erteilen sollen. Und so wird es gemacht: Versuchen Sie nun herauszufinden, welcher Ratschlag von welchem Tier stammen könnte. Bitte bedenken Sie dabei aber, dass es sich um ein erfundenes Spiel handelt, bei dem es kein hundertprozentiges „Richtig“ oder „Falsch“ gibt, sondern nur tendenzielle Antworten! Sie werden dabei schnell merken, dass das Quiz eine tolle Übung darstellt, um sich die verschiedenen Persönlichkeiten und Denkstrukturen der einzelnen chinesischen Tierzeichen anzueignen. Und vielleicht stellen Sie dann ja in den nächsten Tagen sogar fest, dass sie die Reaktionen und Verhaltensmuster Ihrer Mitmenschen besser verstehen können, weil Sie nun wissen, wie unterschiedlich die einzelnen Tiertypen eigentlich „ticken“!

Für alle, die es genau wissen wollen, gibt es am Ende jeder Runde eine Auflösung zum Nachlesen. Aber bitte immer daran denken: Bei diesem Gedankenspiel gibt es keine Gewinner oder Verlierer, sondern nur viel Spaß! Die Auflösungen finden Sie am Ende des Kapitels.

1. Die Sorgen des Büffels

Der Büffel hat Ringe unter den Augen und ist ganz schlapp. Er erzählt: „Ich muss unbedingt bis zum Monatsende ein Projekt zu Ende bringen. Ich arbeite fast jede Nacht durch. So langsam habe ich keine Kraft mehr und es ist noch so viel zu tun. Die Zeit rennt mir einfach davon.“

Die anderen elf Tiere denken kurz nach und jedes Tier gibt dem Büffel einen Tipp:

Tier 1: „Du musst die Arbeit besser delegieren. Lass die Kollegen doch mehr arbeiten. Für ein gutes Honorar nehme ich dir auch gerne Arbeit ab. Ruf mich einfach mal an!“

Tier 2: „Also wenn du willst, helfe ich dir gerne. Sag einfach Bescheid, wann ich wo sein soll. Wir kriegen das schon hin!“

Tier 3: „Das Problem muss man schon ernst nehmen. Aber es wäre doch schade, wenn du noch Geld investieren müsstest, um dein Projekt zu Ende zu bringen. Vielleicht können wir nach dem Fest noch auf ein Bier in die Kneipe gehen und dann kannst du mir etwas mehr erzählen!“

Tier 4: „Lade doch einfach alle deine Freunde ein und jeder hilft dir dann bei irgendetwas. Dann kriegst du es schon hin. Wäre doch gelacht!“

Tier 5: „Man darf sich von Zeitdruck nicht stressen lassen. Mach einfach weiter wie bisher, das klappt schon!“

Tier 6: „Gib bloß nicht vorzeitig auf. Du wirst merken, dass du noch Kraftreserven hast, von denen du bisher noch gar nichts geahnt hast!“

Tier 7: „Ich kann mit meiner Frau und mit meinen Kindern vorbeikommen und dann schaukeln wir das Kind schon. Gemeinsam schaffen wir es ganz bestimmt!“

Tier 8: „Du solltest dir trotz des Termindrucks mal etwas gönnen. Belohn dich doch mal mit einem leckeren Essen oder einer guten Flasche Wein. Dann tankst du wieder frische Kräfte auf und hinterher klappt die Arbeit viel besser. Probier es mal aus!“

Tier 9: „Stell dich doch nicht so an! Mit Jammern kriegst du deinen Auftrag bestimmt nicht erledigt!“

Tier 10: „Ich weiß zwar nicht genau, worum es sich bei deinem Projekt eigentlich handelt, aber vielleicht kann ich was für dich tun. Ich kenn da ein paar Typen, die dir bestimmt helfen könnten. Alles klar?“

Tier 11: „Mensch, hast du die Unterlagen dabei? Ich kann ja mal einen Blick darauf werfen. Oh, mein Handy klingelt. Ich glaub, das ist mein Mann. Ich muss los. Alles Gute!“

2. Die Sorgen des Pferdes

Auch das Pferd ist betrübt. „Ich habe mir den Schlamassel selbst eingebrockt. Ich bin gleichzeitig in zwei Menschen verliebt und jetzt muss ich mich irgendwie entscheiden. Ich weiß bloß nicht, für wen!“

Die anderen elf Tiere denken kurz nach und jedes Tier gibt dem Pferd einen Tipp:

Tier 1: „Das ist wirklich ein schwerwiegendes Problem. Ich hätte Lust, die beiden mal kennen zu lernen. Vielleicht kann ich dir dann bei deiner Entscheidung helfen.“

Tier 2: „Ich bin auch gerade auf der Suche. Vielleicht können wir uns das Problem ja teilen, wenn du verstehst, was ich meine?“

Tier 3: „Wer sagt denn, dass du dich entscheiden musst?“

Tier 4: „Also ich hätte an deiner Stelle kein Problem. Ich habe in meinem Leben schon ganz andere Sachen gewuppt. Kopf hoch!“

Tier 5: „Du musst für deine Liebe kämpfen. Eine gute Beziehung fällt einem nun mal nicht in den Schoß!“

Tier 6: „Eine Beziehung bedeutet nicht nur Spaß, sondern sie kann auch harte Arbeit sein. Davon hast du wohl noch nie gehört, oder?"

Tier 7: „Du bist ein freier Mensch und solltest nur auf dein Herz hören. Tu, was dir gefällt!"

Tier 8: „Ich würde dir ja gerne helfen. Aber dazu müssten wir uns mal in Ruhe zusammensetzen und über alles sprechen."

Tier 9: „Du kannst ja mal in unsere Selbsthilfegruppe kommen. Es tut dir bestimmt gut, alles mal mit anderen zu reflektieren."

Tier 10: „So ein Beziehungs-Chaos ist nicht meine Sache. Ich kann mich da nicht hineinversetzen. Lade doch einfach beide zum Essen ein und mach reinen Tisch!"

Tier 11: „Mensch, reiß dich zusammen. Du willst doch auch mal eine Familie gründen. Werde endlich solider!"

3. Die Sorgen der Schlange

Die Schlange ist traurig. Sie erzählt: „Ich fühle mich in letzter Zeit etwas einsam. Mein Telefon klingelt oft tagelang nicht und am Wochenende sitze ich meistens allein auf dem Sofa. Was kann ich tun?"

Die anderen elf Tiere denken kurz nach und jedes Tier gibt der Schlange einen Tipp:

Tier 1: „Geh einfach mehr unter Menschen. Ein Abend in der Kneipe und du hast fünf Telefonnummern!"

Tier 2: „Lass uns doch mal abends zusammen losziehen. Wir haben bestimmt jede Menge Spaß und ich stelle dich meinen Freunden vor. Wie wär's?"

Tier 3: „Ich veranstalte am Wochenende oft einen Spieleabend. Wenn du Lust hast, komm doch mal vorbei. Aber bring was zum Essen mit!"

Tier 4: „So ein Abend in der Kneipe ist doch ganz schön teuer. Hinter deinem Problem muss noch eine andere Ursache stecken. Warst du schon mal bei einem Psychologen?"

Tier 5: „Es ist doch so einfach, neue Menschen kennen zu lernen. Stell dich nicht so an!"

Tier 6: „Mach doch mal was total Verrücktes! Geh auf Safari oder Tiefseetauchen. Da wimmelt es doch nur so vor lauter interessanten Menschen!"

Tier 7: „Mach doch eine riesige Party und aktiviere alte Kontakte. Ein bisschen in der Vergangenheit graben kann ganz spaßig sein!"

Tier 8: „Sei doch froh, dass du Zeit für dich hast. Ich weiß gar nicht, wann ich das letzte Mal ein freies Wochenende hatte!"

Tier 9: „Wir können ja nachher noch weiterziehen und die Nacht zum Tag machen. Ich bin immer bereit für einen Spaß!“

Tier 10: „Ich kenne da jemanden, der gut zu dir passen könnte und sonst auch noch einen großen Bekanntenkreis hat “

Tier 11: „Du darfst den Kopf nicht hängen lassen. Es kommen bestimmt bessere Zeiten. Setz dir ein paar Ziele, dann hängst du nicht so durch!“

4. Die Sorgen des Hundes

Der Hund wirkt auch bedrückt. „In letzter Zeit sehe ich alles ziemlich schwarz. Ich weine schon wegen Kleinigkeiten und habe gar keinen richtigen Spaß mehr am Leben. Wie soll ich mich nur aus meinem Tief befreien?“

Die anderen elf Tiere denken kurz nach und jedes Tier gibt dem Hund einen Tipp:

Tier 1: „Lass dich mal in den Arm nehmen, du Armer! Ich geb dir mal meine Telefonnummer, dann kannst du mich jederzeit anrufen!“

Tier 2: „Kopf hoch. Solche Phasen hat jeder mal. Das geht von selbst wieder vorbei!“

Tier 3: „Ich kenne da einen guten Psychologen, der hat bestimmt noch Termine frei. Du kannst mir natürlich auch jederzeit dein Herz ausschütten!“

Tier 4: „Diese dunklen Tage gehören eben auch zum Leben dazu. Du solltest sie akzeptieren. Sie lassen sich nicht einfach so auf Knopfdruck abschalten.“

Tier 5: „Verwöhn dich doch einmal mit etwas Luxus. Das wirkt oft Wunder!“

Tier 6: „Ich habe da ein paar Pillen von meinem Arzt bekommen. Ich gebe dir gerne welche ab!“

Tier 7: „Depressionen sind ein schwerwiegendes Problem. Das darf man nicht auf die leichte Schulter nehmen. Vielleicht solltest du professionelle Hilfe in Anspruch nehmen?“

Tier 8: „Hab keine Angst vor den dunklen Seiten des Lebens. Sie machen dich stark und unangreifbar!“

Tier 9: „Man darf nie aufhören, an sich zu arbeiten. Geh deinen Weg unbeirrt weiter!“

Tier 10: „Lade mich doch mal zum Essen ein. Dann können wir ausführlich über dein Problem sprechen!“

Tier 11: „Das Leben macht es einem manchmal wirklich schwer. Aber auf jede schlechte Phase folgt auch eine gute!“

5. Die Sorgen des Tigers

Der Tiger hat Beziehungsprobleme. „Ich fühle mich in meiner Beziehung eingesperrt. Mein Partner lässt mir keine Freiheit und ich habe Angst zu ersticken. Was soll ich tun?“

Die anderen elf Tiere denken kurz nach und jedes Tier gibt dem Tiger einen Tipp:

Tier 1: „Die Familie ist das Wichtigste im Leben. Wirf das nicht leichtfertig weg!“

Tier 2: „Du musst dich ein bisschen zusammennehmen. So schlimm wird es doch auch wieder nicht sein!“

Tier 3: „Fahr doch mal ein Wochenende alleine weg und ordne deine Gedanken. Du bist ja ganz durcheinander!“

Tier 4: „Soll ich mal mit deinem Partner reden? Ich bin eine neutrale Person und kann bestimmt gut vermitteln!“

Tier 5: „So schlimm kann das doch nicht sein. Ein gemütliches Heim mit allem Drum und Dran ist doch nicht zu verachten!“

Tier 6: „Sag deinem Partner doch ganz offen, was du empfindest. Ehrlichkeit währt am längsten!“

Tier 7: „Kämpf um deine Freiheit. Das lohnt sich auf jeden Fall!“

Tier 8: „Lass dich nicht einengen! Kein Mensch darf dem anderen die Freiheit einschränken!“

Tier 9: „Das klingt nach einer schwierigen Phase. Aber sie wird vorübergehen, wenn ihr euch nur gegenseitig öffnet!“

Tier 10: „Nimm deine Gefühle ernst. Und geh keine Kompromisse ein. Das ist dein Leben!“

Tier 11: „Muss dein Partner denn wirklich wissen, was du so in deiner Freizeit treibst?“

Auflösungen:

1. Die Sorgen des Büffels: 1. Ratte, 2. Ziege, 3. Hahn, 4. Schwein, 5. Tiger, 6. Drache, 7. Hund, 8. Schlange, 9. Affe, 10. Hase, 11. Pferd

2. Die Sorgen des Pferdes: 1. Hahn, 2. Ratte, 3. Schwein, 4. Affe, 5. Drache, 6. Büffel, 7. Tiger, 8. Ziege, 9. Hase, 10. Schlange, 11. Hund

3. Die Sorgen der Schlange: 1. Schwein, 2. Ziege, 3. Hase, 4. Hahn, 5. Affe, 6. Tiger, 7. Hund, 8. Büffel, 9. Pferd, 10. Ratte, 11. Drache

4. Die Sorgen des Hundes: 1. Pferd, 2. Affe, 3. Ziege, 4. Schwein, 5. Schlange, 6. Hase, 7. Hahn, 8. Tiger, 9. Büffel, 10. Ratte, 11. Drache

5. Die Sorgen des Tigers: 1. Hund, 2. Affe, 3. Schlange, 4. Ziege, 5. Hase, 6. Schwein, 7. Drache, 8. Pferd, 9. Büffel, 10. Hahn, 11. Ratte

Zum Weiterlesen

Wenn Sie sich noch intensiver mit dem chinesischen Horoskop auseinander setzen wollen, sind die folgenden Bücher für Sie bestimmt interessant:

- Compact Miniratgeber Chinesisches Horoskop. Compact-Verlag 1991
- Elliot, Roger: Die Chinesische Astrologie. Heyne 1989
- Haddenbach, Georg: Chinesisches Horoskop. Falkenverlag 1995
- Ihr Original Chinesisches Horoskop 2004. Ritters Goldener Kalender. Bio Ritter Verlag 2003
- Leitner, Annette von: Das große Buch der Horoskope. Tosa Verlagsgesellschaft 2002
- Jen, Tung: Einführung in die chinesische Astrologie. Arkana 1998

DAS KELTISCHE BAUMHOROSKOP

... mit verblüffenden Erkenntnissen

Wer waren die Kelten?

Die keltische Kultur ist sehr alt. Sie lässt sich ca. 2700 Jahre zurückverfolgen und sie ist zum Teil immer noch lebendig: in der Dichtung, der Musik und dem Baumhoroskop, das in diesem Kapitel vorgestellt wird.

Der Ursprung der Völker, die wir als Kelten bezeichnen, liegt östlich des Rheins, in einer Gegend, die wir heute Süddeutschland, Österreich, Slowakei Tschechien und Ungarn nennen. Vor etwa 3400 Jahren breiteten sich vorkeltische Völker über den gesamten europäischen Kontinent aus und ließen sich schließlich in einem großen Teil des mittleren, westlichen und nordwestlichen Europa nieder. Während der klassischen Antike in Griechenland und Rom beherrschte die keltische Kultur die Gebiete nördlich der Alpen. Schottland, Wales, Irland, Cornwall und die Bretagne sind auch heute noch keltisch geprägt und wer diese Länder aufmerksam bereist, wird immer noch Relikte von Bräuchen und Traditionen finden, die keltischen Ursprungs sind.

Die Griechen und Römer, die diese Gebiete oft bereisten, beschrieben die Kelten als große muskulöse Menschen mit heller Haut, blauen Augen und blond-rötlichem Haar. Diese Beschreibung verführt zu der Annahme, dass es sich bei den Kelten um einen genetisch homogenen Volksstamm handelte. Dem ist aber nicht so. Die Kelten waren, ähnlich wie die Germanen, ein Volk von Menschen unterschiedlichster Herkunft. Übrigens stammt auch die Benennung Kelte von den Griechen. Sie nannten die nordischen Völker „Keltoi“, was übersetzt wahrscheinlich so viel wie Krieger bedeutet.

Keltische Religion

In der keltischen Gesellschaft gab es nur zwei Klassen von Menschen, die hohes Ansehen genossen. Das waren zum einen die Edelleute und zum anderen die Druiden, die das Amt eines Richters und Priesters innehatten. In der keltischen Religion spielt die Natur eine große Rolle. Das zentrale Thema der druidischen Lehre war die Unsterblichkeit der Seele und ihre Wiedergeburt. Das bestärkte den Mut der Krieger, denn die Hoffnung auf eine Auferstehung ließ sie die Angst vor dem Tod verlieren. Die Druiden lehrten aber nicht nur die Unsterblichkeit der menschlichen Seele, sondern auch die des gesamten Kosmos. Insofern waren diese keltischen Priester nicht nur Meister in theologischer Hinsicht, sondern sie waren auch Spezialisten auf den Gebieten der Physik, Astrologie und nicht zuletzt auch der Kräuterkunde und Medizin.

Die Kelten glaubten, dass die Welt, in der sie lebten, nicht die einzige Daseinsebene ist. Die jenseitige Welt der Geister, Götter, Göttinnen, Gespenster und Feen befand sich ihrer Ansicht nach dicht unter der Oberfläche der Wirklichkeit und beeinflusste sie auf vielerlei Art und Weise.

Das keltische Baumwissen

Wer die keltische Kultur wirklich verstehen will, muss sich mit dem Geheimnis der Bäume beschäftigen. Die Druiden verehrten die Bäume Irlands und Britanniens. Sie ordneten jeder Gattung verschiedene Eigenschaften und Kräfte zu und beschrieben die Wirkung der Bäume in medizinischer und in magischer Hinsicht. In Irland wurden die Qualitäten der Bäume in einem Alphabet mit 25 Schriftzeichen zusammengefasst. Dieses mystische Baumalphabet wurde Ogham genannt. Auch heute wird das Wissen um die Kraft der Bäume noch von Generation zu Generation weitergegeben und das Wissen um die Kräfte der Natur lebt nicht nur in der Folklore der keltischen Länder fort. Ein Beispiel: Die keltischen Herolde trugen entrindete Haselzweige und solange die weißen Zweige noch zu sehen waren, durfte nicht gekämpft werden. Aus diesem Brauch heraus entstand die weiße Flagge, die auch heute noch weltweit das Zeichen für Waffenstillstand und Friede ist.

Archäologen und Historiker haben bis heute keinen Hinweis auf eine typisch keltische Schöpfungsgeschichte gefunden. Aber es gibt keltische Legenden, in denen erzählt wird, dass die ersten Menschen Bäume waren, die von göttlichen Kräften zum Leben erweckt wurden. Die

Bäume, aus denen Mann und Frau geboren wurden, sind Inspiration und Grundmaterial für die keltische Dichtung. Auch heute noch gibt es viele Beispiele aus dem keltischen Sprachraum, die auf einen Zusammenhang zwischen dem Wort für Holz und dem Wort für Bewusstsein bzw. die Seele verweisen.

Der keltische Baumkalender

Der keltische Baumkalender ist vor 2000 – 3000 Jahren entstanden. Die Druiden nutzten zur Berechnung eines Jahres und zur Festlegung der Termine ihrer religiösen Feste einen Mondkalender aus 13 Monaten. Jeder Monat hatte 28 Tage, wobei ein zusätzlicher Schalttag eingeschoben war. Der keltische Baumkalender ist auf den ersten Blick nicht so leicht zu verstehen. Wer einfach nur auf die nachfolgende Tabelle schaut, wird sich wundern, dass einige Bäume zweimal vertreten sind. Das erklärt sich folgendermaßen:

Der keltische Baumkalender umfasst insgesamt 21 Bäume. Da nach keltischer Auffassung jeder Baum einen dreifachen Aufbau hat (Wurzel, Stamm und Krone) und aus sieben Teilen besteht (Wurzel, Stamm, Rinde, Geäst, Blätter, Blüten und Früchte) multiplizierten unsere Vorfahren die Zahlen 3 und 7 und kamen so zu einem Zyklus von 21 Bäumen. Davon werden vier Bäume nur jeweils einem Tag zugeordnet:

- Die Eiche herrscht über den 21. März, dem Datum der Tag-und-Nacht-Gleiche im Frühling.
- Die Birke herrscht über den 24. Juni, den Tag der Sommersonnenwende.
- Der Olivenbaum ist dem 23. September zugeordnet, der Tag-und-Nacht-Gleiche im Herbst.
- Die Buche prägt den 22. Dezember, den Tag der Wintersonnenwende.

Die restlichen 17 Bäume kommen einmal in jeder Jahreshälfte vor. Die Pappel bildet dabei eine Ausnahme, sie gibt es sogar dreimal im Jahr.

Sind Sie jetzt neugierig geworden, welcher Baum Ihrem Geburtstag zugeordnet ist? Dann schauen Sie einfach in der folgenden Auflistung nach!

Der keltische Baumkreis

21.03.	Die Eiche	23.09.	Der Olivenbaum
22.03.–31.03.	Der Haselbaum	24.09.–03.10.	Der Haselbaum
01.04.–10.04.	Die Eberesche	04.10.–13.10.	Die Eberesche
11.04.–20.04.	Der Ahorn	14.10.–23.10.	Der Ahorn
21.04.–30.04.	Der Nussbaum	24.10.–11.11.	Der Nussbaum
01.05.–14.05.	Die Pappel		
15.05.–24.05.	Die Kastanie	12.11.–21.11.	Die Kastanie
25.05.–03.06.	Die Esche	22.11.–01.12.	Die Esche
04.06.–13.06.	Die Hagebuche	02.11.–11.12.	Die Hagebuche
14.06.–23.06.	Der Feigenbaum	12.12.–21.12.	Der Feigenbaum
24.06.	Die Birke	22.12.	Die Buche
25.06.–04.07.	Der Apfelbaum	23.12.–01.01.	Der Apfelbaum
05.07.–14.07.	Die Tanne	02.01.–11.01.	Die Tanne
15.07.–25.07.	Die Ulme	12.01.–24.01.	Die Ulme
26.07.–04.08.	Die Zypresse	25.01.–03.02.	Die Zypresse
05.08.–13.08.	Die Pappel	04.02.–08.02.	Die Pappel
14.08.–23.08.	Die Zeder	09.02.–18.02.	Die Zeder
24.08.–02.09.	Die Kiefer	19.02.–29.02.	Die Kiefer
03.09.–12.09.	Der Weidenbaum	01.03.–10.03.	Der Weidenbaum
13.09.–22.09.	Die Linde	11.03.–20.03.	Die Linde

Das Baumorakel

Im Folgenden werden die einzelnen Baumpersönlichkeiten besprochen. Mit Sicherheit werden auch Sie interessante Anregungen finden, völlig neu über sich selbst nachzudenken. Jedes Baumkapitel endet mit einem Baumorakel. Es ist die Botschaft, die der entsprechende Baum für Sie hat, und es sind die Worte, die der Baum Ihnen sagen würde, wenn er die menschliche Sprache sprechen könnte. Mit diesem Orakelspruch werden Sie Ihre Zukunft meistern können. Kommt Ihnen Ihre persönliche Baum-Botschaft manchmal etwas mystisch und geheimnisvoll vor? Das liegt in der Natur der Sache. Oft brauchen Orakel etwas Zeit, bis sie sich vollenden oder einen Sinn erhalten. Schreiben Sie sich Ihr Baumorakel am besten ab und tragen Sie es immer bei sich. Lesen Sie es wieder und wieder und Sie werden merken, dass die Sätze plötzlich einen Sinn für Sie ergeben.

Und suchen Sie Ihren persönlichen Baum auch wirklich auf! Es ist wahr, dass es einen bestimmten Baum gibt, der Ihnen zugeordnet ist und der nur auf Sie wartet. Und wenn Sie nicht glauben, dass Bäume Kraft und Trost spenden können? Dann müssen Sie es unbedingt ausprobieren. Sie werden nach Ihrem ersten Besuch bei einem Baum mit Sicherheit anders sprechen und denken.

Die Beschreibung der einzelnen Baum-Persönlichkeiten

Die Eiche – Die Robuste

Die Eiche als Baum
Die Eiche wächst zwar langsam, aber sie zählt zu den größten und ältesten noch erhaltenen Bäumen Europas. Die hervorragende Qualität ihres Holzes wurde damals wie heute hoch geschätzt. Eichenholz dient zum Bau von Häusern, Kirchen und Schiffen.
Für die keltischen Druiden hatte die Eiche eine besondere Bedeutung, da dieser Baum den Blitzstrahl anzieht.
In der Mitte des Jahres, wenn die Sommergewitter zum Alltag gehörten, schnitzten die Kelten einen Kreis, der in vier Teile aufgeteilt wurde, in den Stamm der Eiche. Dieses Zeichen sollte ein Schutz gegen den Blitz und die damit verbundenen Gefahren sein. Dieser Brauch hat sich übrigens bis heute erhalten: In England kann man im Sommer auch heute noch Förster beobachten, die solche Kreise in die Eichenrinde schnitzen.

Medizinische Verwendung
Eichensud hilft gegen Hautunreinheiten und Akne.

Die Eiche als Mensch
Wie der Baum, der allen Stürmen standhält, egal wie sehr der Wind auch bläst, ist die menschliche Eiche voller Lebenskraft und mit einer Stärke gesegnet, die sie gegen alle Anfeindungen und Stürme immun sein lässt. Nach einem starken Sturm ordnet die Eiche ihre Haare, streicht die Kleidung glatt, zieht sich die abgebrochenen Zweige aus den Haaren und geht gelassen zur Tagesordnung über. Nach ein paar Stunden scheint sie den Sturm schon wieder vergessen zu haben. Diese Kraft rührt daher, dass die Eiche mit ihren Wurzeln tief in der Erde verankert ist. Das gibt nicht nur ihr Halt, sondern auch all den Menschen, die sich an ihren Stamm anlehnen: den Kindern, die in ihren Ästen herumklettern und den Neugierigen, die sich ein Baumhaus in ihrer Krone errichten. Die Eiche gehört zu den größten Bäumen und von dort oben hat man einen

guten Überblick über das, was sich in der Welt tut. Und das ist auch für die Eiche selbst wichtig, denn sie ist ein neugieriges Wesen. Sie prüft neue Ideen und Denkanstöße kritisch und wohlwollend und hat keine Probleme damit, sich auf etwas Neues einzustellen. Trotz dieser Flexibilität wirkt die Eiche aber nie sprunghaft. Man hat bei der Eiche immer das Gefühl, sie sei ein beständiges Wesen, das seinen Prinzipien stets treu bleibt.

Stärken

Die größte Stärke der Eiche ist natürlich ihre innere Kraft. Sie meistert die Stürme des Lebens perfekt und sie kann gut mit Konflikten umgehen. Dabei ist es nicht so, dass die Eiche Konflikte sucht oder sie gar provoziert. Die Eiche ist nämlich ein friedfertiger Mensch, der trotz seiner Konfliktfähigkeit sehr harmoniebedürftig ist. Wenn im zwischenmenschlichen Bereich etwas nicht stimmt, kann die Eiche auch schon mal eine schlaflose Nacht mit Grübeln verbringen. Im Gegensatz zu anderen Baumzeichen, die dann zu dem Entschluss kommen, lieber nichts zu unternehmen, spricht die Eiche Konflikte offen an und macht konkrete Lösungsvorschläge. Die Eiche wird oft konsultiert, wenn es irgendwo zwischen Menschen „knallt" – schließlich ist sie der Baum, der Blitze anzieht! Im Stillen wundert sich die Eiche oft, worüber Menschen so in Zorn geraten können, aber sie nimmt die Marotten und Eigenheiten anderer gütig hin, denn sie besitzt die Weisheit, dass man Menschen nur sehr schwer ändern kann.
Von allen Bäumen hört die Eiche den Satz „Ich möchte mal ein paar Tage mit dir tauschen" am häufigsten. Ihre Stärken treten so deutlich zutage und ihre Fähigkeit, Konflikte zu schlichten, ist in unseren Zeiten so wichtig, dass man nicht umhinkommt, die Eiche zu beneiden. Für viele Menschen ist sie ein Vorbild und so sollte es auch bleiben!

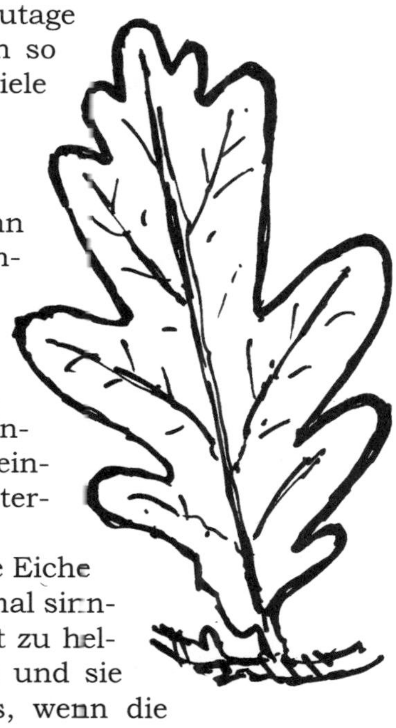

Schwächen

Die Stärke der Eiche ist gleichzeitig auch ihre Schwäche. Denn wenn es der Eiche selbst einmal schlecht geht, gibt es nur wenige Menschen, die sie auffangen und trösten können. Insgeheim spürt die Eiche auch, dass sie wahrscheinlich allein dasteht, wenn sie droht umzukippen oder gefällt zu werden.
Die Eiche ist so lange glücklich, wie sie geben und helfen kann. Aber sie hat nie gelernt, anzunehmen oder gar von jemandem abhängig zu sein. Und es kann gut sein, dass selbst die stärkste Eiche einmal in eine Situation kommt, in der es ohne fremde Hilfe nicht weitergeht.
Bei alldem läuft die Eiche immer Gefahr, ausgenutzt zu werden. Die Eiche hilft gerne und effektiv, aber für ihre Mitmenschen wäre es manchmal sinnvoller, wenn die Eiche die Betreffenden anleiten würde, sich selbst zu helfen. Natürlich ist es einfacher, immer zuerst zur Eiche zu gehen und sie machen zu lassen. Aber ändern tut sich auf Dauer erst etwas, wenn die Menschen sich alleine aus dem Schlamassel befreien können. Aber abwarten und dabei zuschauen, wie andere sich mit Problemen abrackern, ist nicht die Sache der Eiche. Sie ist ein Mensch der Tat und nicht der großen Worte!

Die Eiche und ihre Beziehungen

Die Eiche wird in einer Beziehung immer die Dominante sein. Beziehungen mit Eichen laufen schnell Gefahr, einseitig zu werden. Die Eiche ist die Gebende und der Partner der Empfangende. Solange sich beide Partner dieser Rollenverteilung bewusst sind und sie akzeptieren, treten keine Probleme auf. Aber sobald dieses Kräfteverhältnis verschoben wird, kann die Eiche unglücklich werden und Ausbruchsversuche wagen. Unabhängigkeit ist das Schlüsselwort zum Charakter der Eiche. Sie kann es nicht vertragen, wenn man sie einsperrt oder ihr gar einen Lebensstil vorgibt. Die Eiche muss immer das Gefühl haben, dass die Dinge so laufen, weil sie es selbst so wollte. Und es gibt Partnerschaften, in denen der eine Partner so geschickt ist, dass er zwar seinen Willen durchsetzt, aber die Eiche immer noch das Gefühl hat, dass alles nach Eiche-Plan läuft. Die Eiche ist beständig und treu und man kann nach einigen Jahren des Zusammenlebens auf jeden Fall eine Familie gründen. Eichen sind gute Eltern, die ihren Kindern Werte vermitteln, die sich vielleicht manchmal etwas antiquiert anhören mögen, aber dazu geeignet sind, unsere Welt ein bisschen besser zu machen.

Die Eiche und die Zukunft
Die Eiche wird in der Regel alt und ihr ist eine gute Lebensqualität bis ins hohe Alter beschieden. Aber die Eiche muss unter Umständen einen einsamen Lebensabend verbringen, weil ihre Mitmenschen nicht mehr über so viel Kraft verfügen. Im Stillen fragt sich die alte Eiche oft, wofür die ganzen Grabenkämpfe eigentlich gut waren und ob sich ihr Einsatz wirklich immer gelohnt hat? Gerade jetzt, wo auch der Eiche die Kräfte schwinden, wünscht sie sich, etwas mehr für sich selbst getan zu haben, anstatt immer nur für andere da gewesen zu sein.
Wenn es irgendwie geht, sollte die Eiche sich ihre geheimsten Wünsche erfüllen – gerade im Alter.

Die Eiche spricht
„Ich bin dein Baum. Du hast etwas verloren und an die Stelle des Verlustes ist noch nichts Neues getreten. Du fühlst dich, als hättest du eine offene Wunde, die nie wieder zuwächst. Aber du irrst! Und du erleidest nicht nur einen Verlust, sondern du kannst auch einen Zugewinn verbuchen. Ein Zugewinn an wichtigen Gedanken und eine Leerstelle, die du neu und nach eigenem Belieben füllen kannst. Manchmal entpuppt sich ein Verlust auch als Freiheit. Doch um dieses Gefühl zu erkennen, musst du noch Geduld haben. Es ist so ein unbekanntes Gefühl und du musst das Neuland erst kennen lernen. Aber du bist stark! Das Warten lohnt sich, glaube mir!"

Der Haselbaum – Der Freundliche

Der Haselbaum als Baum
Der Haselbaum ist eine eher unscheinbare Pflanze. Sie fällt weder durch besondere Schönheit noch durch Größe auf. Aber es gibt eine interessante Besonderheit: Der Haselbaum ist in Europa sehr weit verbreitet, da es sich um eine mönözische Pflanze handelt. Das bedeutet, dass sich an ihrem Strauch sowohl männliche als auch weibliche Organe befinden und der Haselbaum daher in der Lage ist, sich selbst zu befruchten und zu vermehren.
In der keltischen Mythologie ist der Haselbaum immer ein Symbol der Weisheit gewesen. Die Druiden benutzten die Äste des Haselbaums zur Herstellung von Wünschelruten. Mit diesen Ruten suchten sie versteckte Wasseradern, die für das Überleben in der Vorzeit sehr wichtig waren.
Im 17. Jahrhundert verwendeten die Engländer die Haselruten nicht nur zum Aufspüren von Wasseradern und anderen Bodenschätzen, sondern ein gegabelter Haselstrauch sollte dem Träger auch die Fähigkeit verleihen, sich unsichtbar zu machen. Allerdings nur, wenn man auch eine dazugehörige Zauberformel aufsagte. Diese ist leider nicht überliefert!

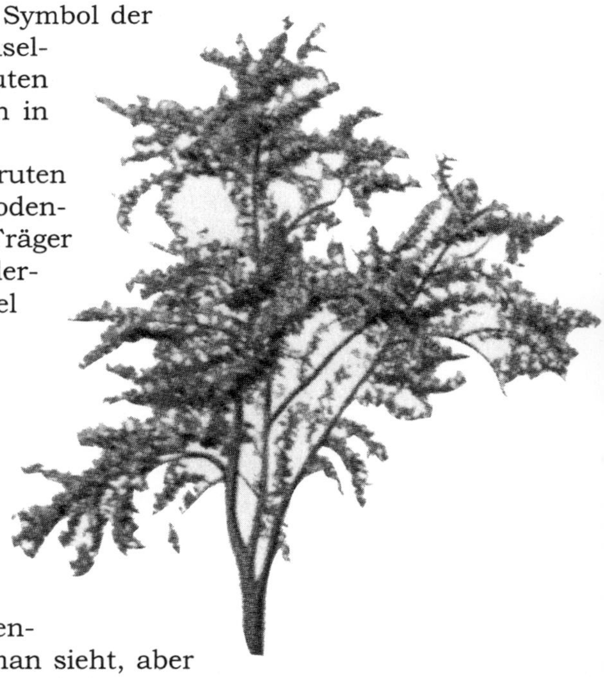

Medizinische Verwendung
Tee aus dem Haselbaum reinigt die Nieren und entgiftet den Körper.

Der Haselbaum als Mensch
Ebenso wie das pflanzliche Vorbild handelt es sich bei den Menschen, die unter dem Zeichen des Haselbaums geboren wurden, auf den ersten Blick um unscheinbare Menschen ohne besondere Merkmale. Es sind Menschen, die man sieht, aber von denen man später oft nicht mehr sagen kann, wie sie eigentlich aussahen. Aber Haselbäume – egal ob in pflanzlicher oder menschlicher Gestalt – verfügen über eine stille, fast überirdische Güte, die alle Menschen, die mit ihnen zu tun haben, schnell in den Bann zieht. Die Quelle dieser Ausstrahlung liegt im Verborgenen und ist das größte Geheimnis des

Haselbaums, der sich dieser Ausstrahlung übrigens häufig gar nicht bewusst ist. Haselbaum-Menschen sind ehrliche Charaktere und gehen auf ihre Mitmenschen stets freundlich und offen zu. Und sie gehören zu den großzügigsten Menschen, die man sich vorstellen kann. Ein Haselbaum würde tatsächlich sein letztes Hemd geben, wenn er jemanden damit retten oder glücklich machen könnte.

Stärken

Die größten Stärken, die dem Haselbaum auf seinem Lebensweg verliehen wurden, sind seine Ehrlichkeit und seine Offenheit. Viele Menschen behaupten von sich, ehrlich und offen zu sein, aber nur dem Haselbaum gelingt es, dies wirklich konsequent in die Tat umzusetzen – und zwar deshalb, weil er sich dieser Charaktereigenschaften gar nicht bewusst ist. Der Haselbaum muss sich nicht vornehmen, freundlich zu sein, er ist es von Natur aus. Und diesen Unterschied merken alle, die mit dem Haselbaum näher zu tun haben, schnell.

Haselbaum-Kinder nehmen ihren Spielkameraden selten etwas weg und haben schon sehr früh die Fähigkeit, mit anderen Kindern mitzuempfinden und mitzuleiden. Sie laden zu einer Geburtstagsparty eher die Kinder ein, die sonst nie Einladungen bekommen, und auf einem Schulausflug setzen sie sich neben diejenigen, die sonst immer alleine im Bus sitzen müssen. Später werden sie zum Klassensprecher gewählt und immer kommt den Haselbäumen alles ganz natürlich vor. Ihre Freundlichkeit kostet sie keine Anstrengung oder Überwindung. Zivilcourage ist für sie ebenso eine Selbstverständlichkeit, wie der Einsatz für sozial Benachteiligte oder Menschen, die aus welchen Gründen auch immer in Not geraten sind.

Haselbäume sind sehr tolerant und sie informieren sich gerne über andere Kulturen und Lebensweisen. Wenn sie die finanziellen Mittel haben, reisen sie gerne in ferne Länder, um vor Ort Beobachtungen zu machen. Ansonsten sind in den Bücherregalen der Haselbäume viele Reiseberichte und Biografien von Eroberern und Entdeckern zu finden.

Schwächen

Der Haselbaum lebt in dem Zwiespalt, dass er zwar sehr ehrlich ist, aber auf der anderen Seite niemanden verletzen möchte. Daher wägt er alles, was er eigentlich sagen möchte, so lange ab, bis die Gelegenheit, etwas zur Sprache zu bringen, schon längst vergangen ist. In Diskussionen wirkt der Haselbaum eher still und zurückhaltend, aber wenn man in seinen Kopf schauen könnte, wäre man erstaunt, was sich dort alles abspielt! Der Haselstrauch reagiert selten spontan oder aus dem Bauch heraus.

Ebenso wie die Eiche kann auch der Haselbaum besser geben als nehmen. Er ist wirklich großzügig, macht gerne üppige Geschenke und verleiht auch Geld, wenn man ihn darum bittet. Dem Haselstrauch würde es gut tun, auch einmal etwas für sich zu tun und sich selbst ein Geschenk zu machen. Aber meistens denkt er gar nicht daran. Er wird erst darauf aufmerksam, dass etwas nicht stimmt, wenn er kränkelt. Dann hat er sich wieder zu stark für andere verausgabt und zu wenig an sich gedacht.

Haselbäume können andere verrückt machen, weil sie auf Fragen, worüber sie sich zum Geburtstag freuen würden, immer antworten: „Ich habe schon alles, ich bin wunschlos glücklich!“ In Wirklichkeit warten sie aber doch immer auf das eine Geschenk, das sie auf der Stelle glücklich macht. Was das allerdings sein könnte, wissen sie selbst nicht so genau.

Haselbäume sind zwar meistens mit sich zufrieden, aber glücklich können sie nur an der Seite eines anderen Menschen werden.

Der Haselbaum und seine Beziehungen

In der Liebe hat der Haselbaum manchmal Schwierigkeiten damit, sich festzulegen. Weil er stets freundlich ist, fällt es ihm schwer, auf den Tisch zu hauen, wenn es nötig wäre. Wenn ein Haselbaum einmal wirklich wütend ist, bricht er alleine zu einem Spaziergang auf. Wenn er dann nach ein paar Stunden zurückkommt, ist er wie ausgewechselt und kann selbst nicht mehr

sagen, was eigentlich los war. Leider schwelen die Konflikte in der Zwischenzeit weiter und es fehlt an einem reinigenden Gewitter in Form einer Auseinandersetzung, in der jeder mal sagt, was ihn eigentlich stört.
Der Haselbaum liebt die romantische Zweisamkeit und es macht ihm nichts aus, wenn man viele Abende zu Hause auf dem heimischen Sofa verbringt. Allerdings braucht er auch in regelmäßigen Abständen Kontakt zu Freunden und Bekannten. Der Haselstrauch hört gerne, was bei den anderen passiert, und bei Problemen ist er in der Lage, sehr gute Ratschläge zu erteilen, die man auch tunlichst befolgen sollte!

Der Haselbaum und die Zukunft
Aufgrund seines großen Engagements für andere Menschen passiert es dem Haselbaum im Alter häufig, dass er sich fragt, ob er eigentlich wirklich immer das Richtige getan hat. „Was wäre gewesen, wenn ich mich damals zurückgehalten und mir meinen Ratschlag verkniffen hätte?“, das sind die Fragen, mit denen sich der Haselbaum herumschlägt. Ihm wird mit fortschreitendem Alter die Verantwortung bewusst, die er für andere Menschen hatte und immer noch hat. Es kann sein, dass sich ein alter Haselbaum etwas zurückzieht und sich stärker um sich selbst kümmert. Und diese Freiheit sollte man ihm auch unbedingt lassen!

Der Haselbaum spricht
„Ich bin dein Baum. Du kommst zu mir, weil du nicht weißt, was du eigentlich glauben sollst. Die Welt um dich herum scheint Kopf zu stehen und du bist mittendrin. Weißt nicht mehr, wo vorne ist und wo hinten und hast deinen Weg verloren. Bis hierher bist du richtig gegangen, hier kann dir nichts passieren. Du musst innehalten und warten, bis sich der Sturm gelegt hat. Versuch nicht, dagegen anzukämpfen, sonst brichst du in der Mitte entzwei. Du machst momentan grundlegende Erfahrungen, die für deinen weiteren Weg wichtig werden können. Wenn die Zeit reif ist, wirst du eines Morgens aufwachen und wissen, was richtig ist. Bleib noch ein bisschen bei mir und halte inne, du gütiger Mensch!“

Die Eberesche – Die Visionärin

Die Eberesche als Baum
Die Eberesche ist nicht mit der wirklichen Esche verwandt. Ihr korrekter Name müsste eigentlich Vogelbeere lauten. Im Volksmund wird die Vogelbeere auch „Flüsterbaum“ genannt, weil sie denjenigen, die ihrem Blätterrauschen konzentriert lauschen, die Zukunft zuflüstern können soll. In Schottland, wo die Eberesche weit verbreitet ist, wird sie auch „Herrin der Berge“ genannt. Die Kelten glaubten, dass die Eberesche vor bösen Geistern schützen kann, und befestigten daher einen Zweig über jeder Türschwelle. Zweige der Eberesche wurden von den Druiden auch bei magischen Ritualen benutzt, wenn es darum ging, die Dämonen nach der Zukunft zu fragen.

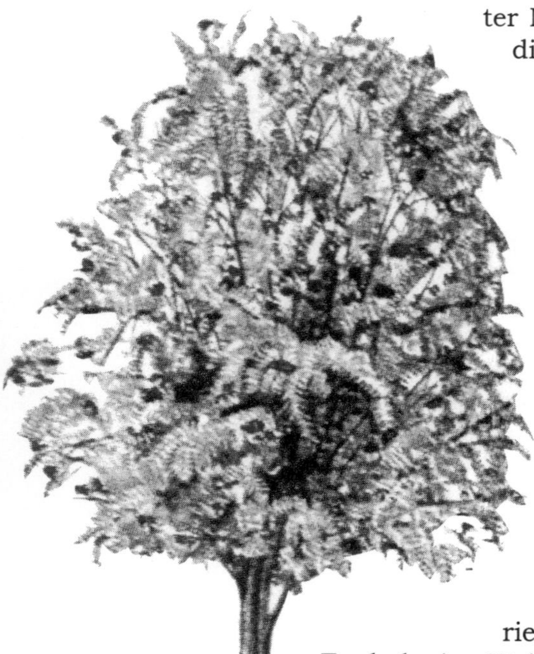

Medizinische Verwendung
Ebereschen-Tee hilft bei Magen- und Darmerkrankungen und bei Durchfall.

Die Eberesche als Mensch
Ebereschen sind sozial engagierte Personen, die zu einem schlechten Gewissen neigen, weil es ihnen momentan besser geht als anderen Menschen. Sie sind großzügig sowohl in materieller Hinsicht als auch was praktische Hilfeleistungen angeht. Egal ob eine Wohnung gestrichen werden oder das Baby einer Freundin gehütet werden muss – Ebereschen sind immer zur Stelle.
Die Eberesche ist ein soziales Wesen und hält sich gerne unter Menschen auf.

Oft wundert man sich, für welch unterschiedliche Wissensgebiete die Eberesche Interesse aufbringt. Sie kann am Montag ihr Briefmarkenalbum pflegen, am Dienstag zum Segelfliegen gehen und am Donnerstag im Kirchenchor singen. Ebereschen sind nämlich sehr begeisterungsfähig und lassen sich gerne dazu überreden, etwas Neues auszuprobieren. Oft bringen sie bereits als Neuling interessante Aspekte ein, sodass die ganze Gruppe von der Anwesenheit der Eberesche profitiert. Obwohl Ebereschen zeitlich sehr stark beansprucht sind, scheinen sie doch in sich selbst zu ruhen. Sie sind selten nervös und wenn es sein muss, können sie auch einen ganzen Abend lang zuhören, ohne sich zu Wort zu melden.

Stärken

Ihre Hilfsbereitschaft ist die Eigenschaft, die man mit der Eberesche am stärksten verbindet. Im Gegensatz zu anderen Personen, die zuerst darauf hingewiesen werden müssen, dass jemand Hilfe benötigt, sehen die Ebereschen sofort, wo sie anpacken können. Sie scheuen dabei auch nicht vor körperlicher Arbeit zurück. Als Umzugshelfer sind sie genauso beliebt wie beim Reparieren eines kaputten Autos.

Ebereschen achten im täglichen Leben darauf, niemandem zu schaden. Sie kaufen Nahrungsmittel, die einem Dritte-Welt-Projekt zugute kommen, und sind immer gerne bereit, umweltverträgliche Produkte zu konsumieren, auch wenn sie etwas teurer sind. Denn die Eberesche hat immer den Gesamtzusammenhang vor Augen. „Man kann ja sowieso nichts ändern, denn die da oben machen mit uns doch, was sie wollen“ – diesen Satz würden Sie von einer Eberesche nie hören. Die Eberesche ist überzeugt davon, dass auch kleine Dinge dabei helfen, die große Welt zu verändern. Und nicht selten kann sie auch andere davon überzeugen. Schließlich ist die Eberesche ein visionärer Charakter!

Schwächen

Trotz der vielen Aktivitäten hat die Eberesche immer das Gefühl, nicht so richtig dazuzugehören. Sie findet, sie sei irgendwie anders als die anderen, kann aber auch nicht begründen, woher dieses Gefühl rührt. Wahrscheinlich hat dieses Gefühl sogar einen realistischen Kern, denn Ebereschen sind, ohne es zu wissen, magisch veranlagt. Ihr visionärer Geist lässt sie die Dinge in einem einmaligen Licht sehen, und das kann man schlecht mit anderen Menschen teilen.

Die Eberesche ist schon öfter enttäuscht worden, wenn sie sich anderen – was selten genug vorkommt – geöffnet hat. Jedes Mal wenn sie versucht, ihre Seele offen zu legen, stößt sie auf Unverständnis. Daher zieht sie sich im Laufe der Zeit immer öfter in ihr Schneckenhaus zurück und nimmt lieber die Rolle der Zuhörerin ein.

Die Eberesche und ihre Beziehungen

Mit einer Eberesche als Partner wird das Leben nie langweilig. Allerdings sollte der Partner möglichst einige der Interessen und Hobbys der Eberesche teilen. In jungen Jahren ist die Eberesche sehr sprunghaft und hat ständig Angst davor, sich festzulegen. Die Eberesche überkommt häufig das Gefühl, „dass da noch etwas Besseres kommen muss“. Und da bei ihr ja ein gewisser Draht in die Zukunft besteht, hat die Eberesche schon oft gut daran getan, sich von einer Person zu trennen. Eine Eberesche darf man mit dem Heiraten nicht unter Druck setzen. Sie muss das Gefühl haben, als sei es ihr ureigenster Entschluss! Ebereschen-Menschen brauchen viel persönliche Freiheit und sobald sie das Gefühl haben, eingeengt oder eingesperrt zu sein, ergreifen sie die Flucht. Und auch wenn sie verheiratet sind, bestehen sie weiterhin auf einem eigenständigen Leben. Zwar schätzen sie schöne Stunden zu zweit, aber sie wollen auch mal alleine losziehen und hassen jede Art von Kontrolle.

Ebereschen sind erotisch orientierte Menschen. Flirten und Erobern liegt ihnen, aber sie bewahren dabei immer einen gewissen Stil. Ebereschen-Männer würden eine Frau nie plump ansprechen, etwa mit den Worten „Hast du mal Feuer?“ Sie würden die Person eher in ein Gespräch über das Wetter oder Ähnliches verwickeln.

Die Eberesche und die Zukunft

Die Ebereschen neigen dazu, sich im fortgeschrittenen Alter mit der Frage zu quälen, ob sie aus ihren visionären Gedanken wirklich das Optimale gemacht haben. Es kommt häufig vor, dass ältere Ebereschen damit beginnen, ein Buch über ihr Leben und ihre Gedanken zu schreiben. Sie haben nämlich oft die Befürchtung, dass ihre Stimme nicht laut genug war oder dass sie sich nicht oft genug mit ihren revolutionären Gedanken zu Wort gemeldet haben.

Die Eberesche spricht

„Ich bin dein Baum. Du bist besorgt, weil die Zeit so schnell verrinnt. Du wirst von Tag zu Tag älter und das macht dir Angst. „Was bleibt, wenn ich einmal nicht mehr bin?" – diese Frage stellst du dir in letzter Zeit öfter. Bedenke einmal: Du hast so viele Menschen glücklich gemacht und hast geholfen, wo immer du konntest.

Aber du hast ständig das Gefühl, es sei zu wenig gewesen. Liegt es vielleicht daran, dass tief in dir Wünsche schlummern, die du dir nicht eingestehen willst? Du meinst, du seiest zu alt, es würde sich nicht mehr lohnen? Lass dir gesagt sein: Selbst wenn du tatsächlich nur noch einen Tag zu leben hättest, würde sich die Verwirklichung jedes einzelnen Traumes lohnen. Glaub mir!"

Der Ahorn – Der Ehrgeizige

Der Ahorn als Baum

Ältere Menschen kennen den Ahorn vielleicht noch unter der Bezeichnung „Engelsköpfchenbaum". Die großen Flügelsamen des Ahorns fliegen wie Engel von der Krone herunter und drehen sich dabei schnell im Kreis.

Schon die Kelten stellten fest, dass der Ahorn oft zweistämmig in der Natur auftaucht, und so ließen sie nach dem Tag der Eiche zweimal zehn Tage vergehen bis zum Beginn der Ahorntage. Im Herbst zapften die kräuterkundigen Druiden dem Ahorn seinen süßen Saft ab, der eine beruhigende Wirkung auf aggressive Menschen hat.

Medizinische Verwendung

Eingeweichte Ahornblätter heilen Insektenstiche.

Der Ahorn als Mensch

Der typische Ahorn-Mensch ist ein ehrgeiziger und willensstarker Charakter. Der Ahorn weiß oft sehr schnell, was in einer Situation das Richtige wäre oder wie man ein Problem lösen könnte. Ahorn-Menschen haben eine starke intuitive Ader und einen guten Draht in ihr eigenes Unbewusstes. Leider wissen das Freunde und Kollegen nur selten zu schätzen, denn die Lösungsvorschläge, die die Ahorn-Geborenen parat haben, sind oft unkonventionell und muten auf den ersten Blick nicht Erfolg versprechend an. So wird dem Ahorn meist nur die Rolle des einsamen Einzelkämpfers zugeschrieben. Selbst dann, wenn alle zugeben müssen, dass der Ahorn im Nachhinein doch Recht hatte, ändert das dann nichts an seinem Ruf. Die Tatsache, dass ihre Visionen und Ideen oft aus einer anderen Sphäre zu kommen scheinen (was sie auch tatsächlich tun), macht den Ahorn den Leuten suspekt.

Dabei arbeitet der Ahorn gerne und viel. Aber Routine ist Gift für seinen Geist. Ahorn-Typen brauchen Aufgaben, an denen sie wachsen können. Ihre humanitäre Einstellung verbinden Ahorne oft mit einem Beruf im sozialen Bereich. Sie kommen gut mit den unterschiedlichsten Menschen klar und reisen auch gerne.

Ein Ahorn muss nicht unbedingt Erfüllung in der Arbeit finden. Er hat immer vor Augen, dass es im Leben noch etwas anderes als Arbeit gibt, und freut sich über ein arbeitsfreies Wochenende, an dem er Kraft schöpfen kann.

Stärken

Der typische Ahorn-Geborene ist ehrgeizig und willensstark, und das sind auch die stärksten Eigenschaften dieses Charakters. Dem Ahorn scheint fast alles zu gelingen, was er sich vorgenommen hat. Der Ahorn liebt Herausforderungen jeglicher Art und versucht sich gerne an Aufgaben, an denen andere bereits gescheitert sind. Damit macht er sich nicht immer beliebt, aber selbst die Tatsache, dass sich der Ahorn öfter neue Freunde suchen muss, spornt ihn nur noch stärker an. Der Ahorn gibt niemals auf. Wenn er etwas tatsächlich nicht geschafft hat, schreibt er es eher den äußeren Einflüssen zu als sich selbst.

Der Ahorn weiß immer, was er will, und er kann seinen Willen auch durchsetzen, ohne dabei unangenehm zu sein. Eine gewisse Kompromissbereitschaft musste er sich in seinem bisherigen Leben aneignen und er kommt damit zurecht, sich auch einmal nach den Bedürfnissen der anderen zu richten.

Der Ahorn ist vielseitig talentiert. Dabei kommt ihm zugute, dass er als Kind wahrscheinlich dazu angehalten wurde, alles einmal auszuprobieren. Angst ist dem Ahorn ein unbekanntes Gefühl. Er hat schon damals immer als Erster die höchsten Klettergerüste erklommen und am wildesten geschaukelt. Und er hat sich schon damals gewundert, warum nicht alle Kinder so sind wie er.

Schwächen

Ein so vielseitiger und begabter Charakter muss zwangsläufig etwas eitel sein. Der Ahorn kann ohne die Bewunderung und Anerkennung seiner Mitmenschen nicht überleben. Er braucht für alles, was er tut, ein ihm zugeneigtes Publikum. Leistungen, die niemand bewundert, zählen in den Augen des Ahorns nicht richtig.

Der Ahorn liebt es, für seine Aufgaben bewertet und benotet zu werden – weil er natürlich immer zu denjenigen mit den besten Leistungen zählt. Man erwischt den Ahorn auch oft beim Kräftemessen mit anderen. Ohne dass er es selbst merkt, macht er auch aus den alltäglichsten Verrichtungen einen Wettkampf. Und er ist ein sehr schlechter Verlierer! Wer den Ahorn beim Schach besiegt, muss oft nach dem Spiel die Figuren vom Boden aufheben.

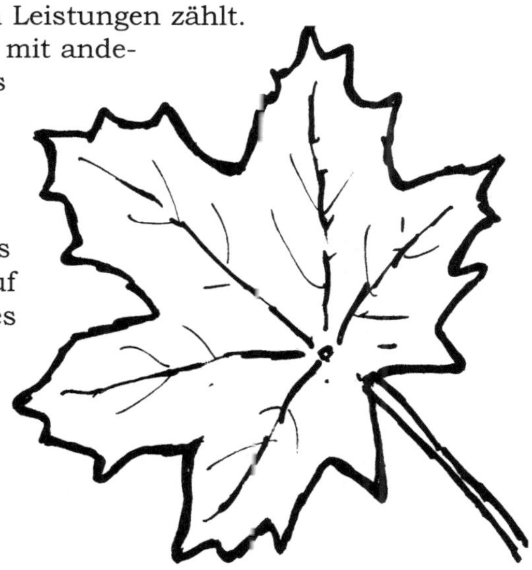

Der Ahorn leidet prinzipiell unter der Tatsache, dass nicht alle Menschen so sind wie er. Gäbe es aber auf der Welt nur Ahorn-Geborene, würde das ein einziges Hauen und Stechen geben! Aber mit diesem Widerspruch muss der Ahorn leben: Er findet selten einen ebenbürtigen Gegner und wenn er einen gefunden hat, sucht er doch lieber die Gegenwart von Menschen, die ihm unterlegen sind, ihn aber dafür bewundern.

Der Ahorn und seine Beziehungen

Der Ahorn ist ein dominanter Charakter, der sich nur schlecht unterordnen kann. Er will die wichtigen Entscheidungen alleine fällen und auch die Lorbeeren dafür ernten. In der Partnerschaft öffnet sich der Ahorn nur selten. Er liebt es, ein wenig rätselhaft zu bleiben, und lässt seinen Partner gerne bohren.

Der Ahorn hält sich mit Vorliebe einige Abende pro Woche für seine eigenen Aktivitäten frei, über die er dann aber auch nicht viele Worte fallen lässt. Er flirtet sehr gerne und wenn sein Partner ein bisschen eifersüchtig ist, ist das für den Ahorn wie das Salz in der Suppe. Aber wenn sein Partner ihn wirklich braucht, ist er zur Stelle und in der Not kann man sich auf den Ahorn wirklich verlassen. So ehrgeizig, wie er an alle Projekte herangeht, ist er auch bereit, für seine Beziehung zu kämpfen.

Der Ahorn und die Zukunft
Wenn der Ahorn älter wird, fragt er sich oft, ob ihm noch genug Zeit dafür bleibt, alles zu tun, was noch auf seiner langen Liste steht. Er hat das Gefühl, er bräuchte zwei Leben, um seine ganzen Pläne zu verwirklichen. Er kann sich nur schlecht mit seinen schwindenden Kräften abfinden und zur Not geht er auch unter Schmerzen immer noch regelmäßig spazieren. Gerade in dieser Phase beneidet er jüngere Menschen und hat das Gefühl, sie hätten heute viel mehr Möglichkeiten, sich zu verwirklichen, als er sie in seiner Jugend gehabt hat. In diesem Lebensabschnitt muss sich der Ahorn davor hüten, verbittert zu werden.

Der Ahorn spricht
„Ich bin dein Baum. Du weißt nicht, wohin mit deinen Gefühlen und deshalb kommst du zu mir. Du bist wütend, hast aber gleichzeitig Angst, die Wut rauszulassen. Du unterdrückst deine negativen Gefühle aus Angst, die Kontrolle zu verlieren. Wann hast du zum letzten Mal auf den Punkt gebracht, was dich stört? Du kannst dich kaum an solche Augenblicke erinnern und daher hast du auch keine Erinnerung an die Befreiung, die du danach empfunden hast. Du musst wieder anfangen, ehrlicher zu dir selbst und zu den anderen zu werden. Schluck nicht alles hinunter. Schon gar nicht die Brocken, die dir im Halse stecken bleiben könnten."

Der Walnussbaum – Der Tiefsinnige

Der Walnussbaum als Baum
Der Walnussbaum unterscheidet sich von anderen Bäumen dadurch, dass er einen relativ kurzen Stamm hat. Die Äste mit den Blättern setzen tief unten an, wodurch der Nussbaum ein optimaler Schattenspender im Sommer ist. Nussbäume bleiben auf wundersame Art und Weise von Insekten weitestgehend verschont, sodass sich der Baum ganz und gar seinem Wachstum hingeben kann.

Die Kelten näherten sich dem Nussbaum mit praktischen Absichten. Die Nüsse, die sie im Herbst ernteten, waren eine gute Nahrungsgrundlage für den bevorstehenden Winter. Sie enthalten lebenswichtige Fette und Proteine, ohne die der menschliche Körper gefährliche Mangelerscheinungen aufweisen würde.

Medizinische Verwendung
Zerstoßene Walnussblätter sind ein zuverlässiger Schutz gegen Insekten.

Der Walnussbaum als Mensch
Der Walnussbaum ist mit einer gewissen Härte, vor allem gegen sich selbst, auf die Welt gekommen. Das verleiht ihm zum einen die Kraft, viele Pläne zu verwirklichen, aber oft geht das unermüdliche Wirken des Nussbaums auch sehr zu Lasten seiner Gesundheit. Doch der Nussbaum ist nicht nur hart, wenn es um praktische Dinge geht, sondern auch in seinem Kopf spielen sich häufig wahre Dramen ab. Der Nussbaum ist ununterbrochen geistig aktiv. Er schmiedet Pläne, hinterfragt, grübelt und zaudert. Er würde einiges dafür geben, seinen Kopf manchmal für ein paar Stunden ausstellen zu können, aber diese Fähigkeit ist ihm nicht vergönnt. Sein Leben erreicht dadurch zwar einen gewissen Tiefgang, aber im Stillen beneidet der Nussbaum alle Lebenskünstler, die sich nicht so viele Gedanken machen, sondern ihr Leben einfach aus dem Bauch heraus führen.

Stärken
Der Walnussbaum ist ein Kopf- und Verstandesmensch. Er hat eine gute Auffassungsgabe und kann sich fremde Sachverhalte schnell aneignen. In der Schule haben sich Nussbäume oft

gelangweilt, weil sie den Unterrichtsstoff meistens schneller verstanden haben als ihre Mitschüler. Die anderen waren natürlich froh, beim Nussbaum abschreiben zu dürfen, aber wenn es ums Rumalbern, Toben und Raufen ging, war mit dem Nussbaum nicht viel anzufangen. Oft bekommen Nussbäume erst wieder einen Zugang zu ihren Gefühlen, wenn sie Eltern oder sogar Großeltern werden. Sie können dann unter Umständen einen solchen Wandel ihrer Lebenseinstellung durchmachen, dass sich so mancher fragt, warum diese Seiten des Nussbaumes nicht viel früher zum Tragen gekommen sind!
Nussbäume sind gute Ratgeber. Was die anderen aber oft nicht merken, ist die Tatsache, dass Nussbäume sich nicht gut abgrenzen können und die Probleme und Sorgen der anderen oft zu ihren eigenen Sorgen machen. Wer die Tagebucheinträge eines Nussbaumes liest, wird erstaunt sein, wie viel Gedanken sich der Schreiber über das Wohl der anderen macht. Überhaupt philosophiert der Nussbaum gerne. Und er quält sich nur allzu oft mit der schwierigen Frage nach dem Sinn des Lebens.

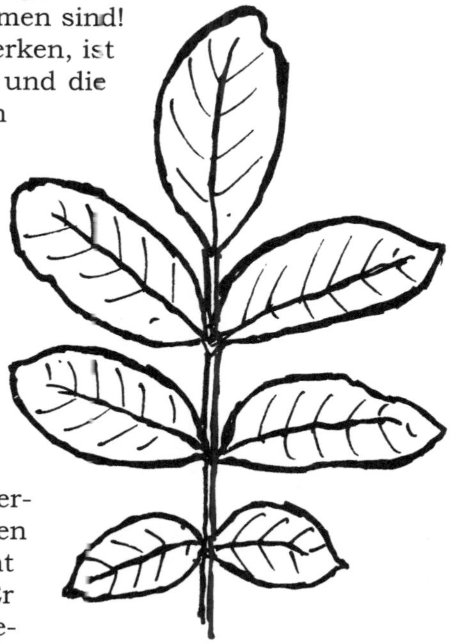

Schwächen
Nur allzu gerne würde der Walnussbaum sich auf einer Weihnachtsfeier einfach amüsieren oder Spaß daran empfinden, zu einem Fußballspiel zu gehen. Was für andere ein harmloses und selbstverständliches Vergnügen ist, kostet den Nussbaum-Menschen aber immer wieder Überwindung und Anstrengung. Andererseits könnte er sich problemlos einen ganzen Abend lang über den Tod unterhalten, denn der beschäftigt ihn oft. Dabei muss gar nicht mal gesagt sein, dass der Nussbaum den Tod besonders fürchtet. Er lebt nur in der ständigen Angst, aus seinem Leben nicht alles herausgeholt zu haben, was möglich war. Da er möglichst alles philosophisch untermauern will, kann er seine Gesprächspartner oft zur Weißglut bringen. Nur wenige Menschen ahnen, was hinter der morbiden Lust des Nussbaumes am Tod steht: die immer während Frage nach dem Warum und Wozu.
Der Nussbaum schafft es, sich schlecht zu fühlen und zu leiden, wenn er eigentlich allen Grund hätte, glücklich zu sein. Er ist Glück gegenüber skeptisch, da er sich eher auf der dunklen Seite des Lebens zu Hause fühlt. Und obwohl ihn das Leben, so oft es geht, vor Krisen und großen Kümmernissen schützt, hat der Nussbaum doch das Gefühl, dass er sich im Traurig-Sein besser auskennt als im Glücklich-Sein. Menschen, die einfach nur ihren Spaß haben und sich von den Alltagssorgen ablenken wollen, werden sich an dem Nussbaum die Zähne ausbeißen.

Der Nussbaum und seine Beziehungen
Eine Beziehung mit Tiefgang, geprägt von Gesprächen über den Sinn des Lebens, Gott und gute Literatur – das ist eine Ehe mit einem Nussbaum. Keine Frage, dass für einen Nussbaum die inneren Werte zählen. Überspitzt gesagt kann der Nussbaum nicht auf die Frage antworten „Wie sieht deine Partnerin (oder dein Partner) aus?“. Dafür kann er aber genau sagen, welche geistigen Eigenschaften sie hat, was sie gerne liest und wie sie über das Leben denkt.
Der Nussbaum kann sich schlecht verändern. Zwar weiß er von der Notwendigkeit, in einer Partnerschaft Kompromisse eingehen zu müssen, aber er scheitert immer wieder daran. Eine zerbrochene Ehe wegen einer falsch ausgedrückten Zahnpastatube? Das kann einem am ehesten mit einem Nussbaum passieren. Er hat das immer schon so gemacht und bisher hat es auch niemanden gestört – das ist das Hauptargument des Nussbaumes. Überhaupt pflegt er seine kleinen Eigenheiten und Marotten, wo es geht, aber es gibt zum Glück auch Menschen, die das liebenswert finden und diese Eigenheiten eher belächeln. Aber lachen Sie nie laut über einen Nussbaum, denn das kann ihn dermaßen kränken, dass er Ihnen den Rücken zukehren könnte!

Der Nussbaum und die Zukunft
Je älter der Nussbaum wird, desto mehr Gedanken macht er sich über den Tod. Oft wird ihm sogar vorgeworfen, dass er dem Leben weniger Aufmerksamkeit schenke als dem Tod. Der

Nussbaum fängt schon früh an, sein Leben zu bilanzieren, und es fällt ihm schwer zu akzeptieren, dass er nicht mehr alles unter Kontrolle hat. Gerade im Alter sollte sich der Nussbaum Menschen suchen, mit denen er seine Gedankengänge teilen kann und die ihm gute Zuhörer sind, auch wenn er einmal schweigt.

Der Nussbaum spricht
„Ich bin dein Baum. Du wolltest einfach nur weg von zu Hause. Alles ist so anstrengend und es gibt so viele Aufgaben, die du auf einmal erledigen müsstest. Es ist gut, dass du eine Pause eingelegt hast. Du bist nicht auf der Welt, um dich nur tagein und tagaus zu schinden. Du musst wieder lernen, deine Zeit und dein Leben zu genießen. Atme ein paar Mal tief und bewusst durch. Ich stelle dir frischen Sauerstoff zur Verfügung, der dich wieder munter macht. Musst du eigentlich wirklich alles alleine machen? Stimmt es denn, dass dir niemand hilft, oder willst du dir vielleicht gar nicht helfen lassen? Nimm dir Zeit, diese Frage zu beantworten. Sie kann dein Leben ändern!“

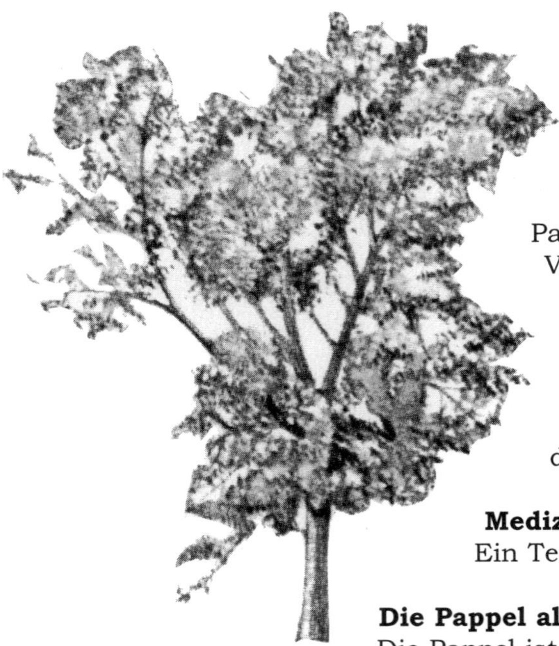

Die Pappel – Die Fragende

Die Pappel als Baum
Die Pappel kann man getrost als einen unkomplizierten Baum bezeichnen. In Europa gibt es lange Alleen, die von Pappeln gesäumt sind. Das liegt nicht zuletzt an der leichten Vermehrung dieses Baumes. Es genügt, einen Pappelzweig in die Erde zu stecken, und schon nach kurzer Zeit wächst in rasanter Geschwindigkeit eine neue Pappel heran.
Die Kelten schätzten die Pappel aufgrund ihres Holzes. Pappelholz ist sehr weich und elastisch und die Kelten schnitzten daraus haltbare Schuhe und auch Schilde, mit denen sie ihre kriegerischen Auseinandersetzungen führten.

Medizinische Verwendung
Ein Tee aus Pappelknospen lindert Blasen- und Prostataleiden.

Die Pappel als Mensch
Die Pappel ist ein genügsamer Mensch, der nicht viel Wert auf Äußerlichkeiten legt. Wer darauf wartet, von einer Pappel für ein neues Auto oder eine teure Uhr gelobt zu werden, kann lange warten. Die Pappel hat keinen Blick für so etwas. Eine Pappel kann man mit geistreichen Ideen beeindrucken. Sie liebt Menschen, die die richtigen Fragen stellen, anstatt immer gleich schnelle Antworten parat zu haben.
Als Jugendliche war die Pappel in der Regel sehr schüchtern. Sie wurde oft als Spätzünder tituliert. Aber aus der Schüchternen von damals ist ein Mensch mit Anstand und Charme geworden. Alle Menschen, die einen gewissen Tiefgang schätzen, fühlen sich an der Seite der Pappel sehr wohl.

Stärken
Ebenso wie ihr botanisches Vorbild, das sich jedem Sturm anpasst, indem es sich beugt, statt sich gegen den Wind zu stemmen, ist auch die menschliche Pappel geistig sehr beweglich. Sie ist mit der Weisheit gesegnet zu wissen, wann es sich lohnt zu kämpfen und wann es besser ist, lieber nachzugeben. Die Pappel hat eine schnelle Auffassungsgabe und ist oft in lehrenden oder pädagogischen Berufen anzutreffen. Sie verrennt sich selten in verrückte Ideen, da sie jeden ihrer Schritte sorgfältig abwägt.
Die Pappel ist sehr interessiert an philosophischen und theologischen Fragestellungen. Fragen nach dem Sinn des Lebens und danach, ob es einen Gott gibt, stehen bei ihr auf der Tagesordnung. Aber die Pappel ist dabei nicht dogmatisch und sie hat keinerlei missionarischen Eifer. Dafür schätzt sie Gespräche mit Andersdenkenden viel zu sehr. Kein Wunder also, dass die Pappel ein toleranter Mensch ist, der mit seinen Urteilen über andere sehr sorgfältig umgeht. Ein

Pappel-Mensch achtet nicht auf Äußerlichkeiten. Ihm fällt deshalb häufig nicht mal auf, ob eine Wohnung unaufgeräumt oder das Essen nicht selbst gekocht ist. Die Pappel behält nur in Erinnerung, ob man sich gut unterhalten hat und ob sie mit einem Erkenntnisgewinn nach Hause geht oder nicht.

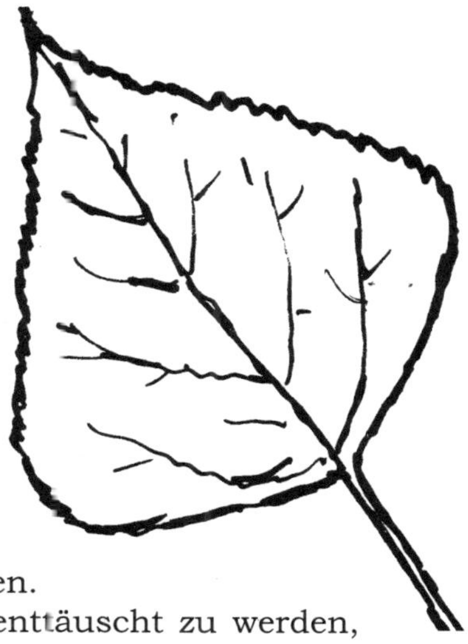

Schwächen
Die Pappel kann sich schlecht entspannen, weil sie stets von großer Ungewissheit gequält wird. Sie hinterfragt sich genauso wie ihre Entscheidungen nur allzu oft und braucht ständig die Gewissheit, alles richtig gemacht zu haben. Manchmal hat man das Gefühl, dass die Pappel, ebenso wie die Äste des Baumes, nie zur Ruhe kommt. Die Pappel ist immer auf Achse und wird oft von der Angst getrieben, etwas zu verpassen. Zu viele Verabredungen und Termine führen dazu, dass sich die Pappel im Endeffekt auf gar nichts mehr richtig konzentrieren kann. In diesem Stadium muss man die Pappel einmal zur Seite nehmen und ein ernstes Wort mit ihr sprechen.
Wer auf Zweisamkeit mit einer Pappel aus ist, läuft leicht Gefahr, enttäuscht zu werden, denn die Pappel hält sich am liebsten in einem großen Kreis von Freunden auf. Veränderungen im Bekanntenkreis wie Umzüge oder Trennungen kann sie schlecht vertragen Die Pappel ist nämlich ein nostalgischer Mensch, für den gerne alles so bleiben kann, wie es schon immer war.
Pappeln tun sich auch sehr schwer, wenn Veränderungen in ihrem eigenen Leben anstehen. Umzüge und Wechsel des Arbeitsplatzes vermeiden sie tunlichst. Oft scheint es das Schicksal der Pappel zu sein, dass sie von Menschen umgeben ist, die ein sehr unstetes Leben führen und der Pappel keine Sicherheit und Kontinuität vermitteln können.

Die Pappel und ihre Beziehungen
Die Pappel ist ein treuer und beständiger Partner, der nicht schnell das Weite sucht, wenn es in der Beziehung einmal kriselt. Um eine Partnerschaft oder Freundschaft zu retten, würde die Pappel sehr viel tun. Wenn sie sich einmal für jemanden entschieden hat, bleibt sie auch bei ihrer Meinung. Für die Pappel ist die Ehe ein wichtiger Schritt, den sie nicht leichtfertig tut. Sie möchte der Öffentlichkeit gerne kundtun, dass sie jemanden liebt, und die Hochzeit ist dann oft tatsächlich der schönste Tag im Leben einer Pappel.
Pappeln sind gute Eltern, die ihre Kinder früh und umfassend fördern. Vor allem musisch und künstlerisch haben sie ihren Sprösslingen viel zu bieten. Sie lassen ihren Kindern viel durchgehen und freuen sich, wenn das auch honoriert wird.
Eine Pappel ist in der Regel ein Freund fürs Leben, der alle Höhen und Tiefen verantwortungsvoll mitmacht und begleitet.

Die Pappel und die Zukunft
Die Pappel ist dazu prädestiniert, glücklich alt zu werden. Da sie immer einen großen Freundeskreis hatte, ist sie im Alter nur selten allein. Aber sie neigt auf der anderen Seite auch dazu, sich selbst ein wenig zu quälen, denn sie bilanziert schonungslos all die Dinge, die sie noch gerne gemacht hätte und für die es jetzt fast zu spät ist. Daher sollte schon die junge Pappel darauf achten, Pläne und unerfüllte Wünsche nicht auf später zu verschieben. Auch Pappeln sollten im Hier und Jetzt leben!

Die Pappel spricht
„Ich bin dein Baum. Du hast etwas Großes vor und bist unsicher, ob dein Plan auch wirklich funktioniert. Es gibt so viele Fürs und Widers. Wie soll man sich entscheiden? Welcher Weg ist richtig? Mit diesen Fragen quälst du dich und nun erhoffst du dir eine Antwort von mir. Aber auch ich kann dir nicht sagen, was du tun sollst. Ich kann dir jedoch einen Platz zum Nachdenken und zur inneren Einkehr anbieten. Ist es nicht so, dass du in der Tiefe deines Herzens schon längst ahnst, was du tun wirst? Hör in dich hinein. Dabei kann ich dir jederzeit helfen.“

Die Kastanie – Die Redliche

Die Kastanie als Baum

Wenn im keltischen Horoskop von der Kastanie die Rede ist, so ist eigentlich die Edelkastanie gemeint und nicht die Rosskastanie, deren Name übersetzt „die falsche Kastanie“ bedeutet. Vielleicht hat gerade das die Kelten dazu inspiriert, in der „echten“ Kastanie einen Baum der Redlichkeit zu sehen.
Bis heute gehören beide Arten der Kastanie zu den beliebtesten Bäumen – nicht zuletzt wegen ihrer handschmeichelnden Früchte, die nicht nur Kinder zum Basteln anregen und als Maronen auch noch sehr gut schmecken. Viele Menschen pflegen ihr Leben lang den alten Brauch, die erste gefundene Kastanie eines Herbstes bis zum Frühling aufzubewahren, damit der Winter nicht so hart wird.

Medizinische Verwendung

In Wasser gelöst, schützt die Rinde der Edelkastanientriebe vor Sonnenbrand.

Die Kastanie als Mensch

Kastanien-Geborene sind äußerst selbstkritische Charaktere. Niemals würden sie von sich selbst sagen, sie seien gute Menschen, denn nach ihrer Meinung sind ihre Taten nie gut genug! Durch dieses ständige Streben nach immer mehr Vollkommenheit wirken Kastanien auf andere oft starrsinnig, denn die Kastanie lässt sich vom einmal als richtig erkannten Pfad kaum abbringen – auch wenn es tatsächlich doch ein Irrweg ist. Die Kastanie hasst es nämlich, anders zu handeln, als sie spricht, denn auch das ist für sie schon Unredlichkeit!
In ihrer Kindheit sind die Kastanien-Menschen oft „gestutzt“ worden. Sie durften sich nicht so frei entfalten, wie es ihrer Natur entsprochen hätte, sondern wurden in ihrem Wachstum von außen gesteuert und immer wieder gebremst.

Stärken

Die Kastanie ist in aller Regel ein sehr beliebter Mitmensch. Da sie einen ausgeprägten Gerechtigkeitssinn besitzt, wird sie niemals jemanden hintergehen oder Intrigen schmieden. Kastanien-Menschen setzen sich auch gerne und mit großer Energie für andere ein, wenn sie das Gefühl haben, dass diese ungerecht behandelt werden oder einfach Pech hatten. Dieser Gerechtigkeitssinn in Verbindung mit ihrer absoluten Ehrlichkeit macht die Kastanie zum geborenen Vermittler oder sogar Diplomaten. Verhandlungen mit Kastanien werden oft als besonders angenehm empfunden, weil alle Beteiligten das Gefühl haben, dabei auf ihre Kosten zu kommen.
Besonderes Glück haben Kastanien, die eine große Portion Humor besitzen! Der hilft ihnen nämlich dabei, die Dinge etwas distanzierter zu betrachten. Gerade eine Kastanie kann diese Distanz im Leben sehr gut gebrauchen, damit ihre Stärken nicht von ihren Schwächen überlagert werden, sondern sich voll entfalten können. Kastanien sind sparsame Menschen, die es oft zu einem gewissen Wohlstand bringen. Sie würden damit jedoch niemals angeben oder schlecht über Menschen reden, die es „zu nichts gebracht haben“. Im Gegenteil: Wenn jemand in Not ist, hilft die Kastanie auch materiell, wo sie kann, und das, ohne eine Gegenleistung dafür zu erwarten.

Schwächen

Bedingt durch ihren ausgeprägten Hang zur totalen Redlichkeit stellt die Kastanie häufig viel zu hohe Anforderungen an sich selbst. Da sie diese Ansprüche dann natürlich nicht erfüllen kann,

hadert die Kastanie mit sich und neigt dazu, das Leben allzu schwer zu nehmen. Sie setzt ihre große Kraft für ihre Arbeit oder ein privates Engagement ein, schuftet unermüdlich manchmal Nächte durch und erreicht doch häufig nicht ihr selbst gestecktes Ziel.
Wenn die Kastanie Kampfeslust entwickelt, dann kann sie selten sagen, wofür sie eigentlich kämpft, sondern nur wogegen! Dadurch fehlen der Kastanie oft klare, erstrebenswerte Ziele in ihrem Leben. Das liegt zum einen daran, dass sie jedes Ziel sofort wieder hinterfragt, und zum anderen an den vielen Grenzen, die ihr in ihrer Jugend gesetzt wurden. Und so, wie sich die Kastanie ihr Leben lang redlich bemüht, tat sie es auch schon in ihrer Kindheit, in der sie immer gehorsam war, aber dadurch manchmal ihren eigenen Weg nicht finden konnte.

Die Kastanie und ihre Beziehungen
Die Kastanie braucht einen zuverlässigen und treuen Partner, der ihren ausgeprägten Sinn für Ehrlichkeit zu schätzen weiß. Da der Kastanie Redlichkeit über alles geht, wird sie sich erst auf eine Partnerschaft einlassen, wenn sie zu wissen glaubt, dass es etwas Ernstes ist, wo sie Wurzeln schlagen kann. Genau so verhält es sich auch bei Freundschaften: Die Kastanie möchte Freunde fürs Leben haben und hält nicht viel von einem großen, aber oberflächlichen Bekanntenkreis. Grundsätzlich lässt sich die Kastanie nicht viel gefallen, sondern wird in Konflikten schnell und ausdauernd ihre Position vertreten – von der sie ja fest glaubt, dass es die richtige ist!
Wer es aber geschafft hat, eine Kastanie zum Freund oder sogar Lebenspartner zu gewinnen, hat einen wahren Fels in der Brandung gefunden. Die Kastanie wird immer für den anderen da sein und erwartet dafür noch nicht einmal Dank, denn sie glaubt, eher noch zu wenig getan zu haben! Ein mögliches Konfliktfeld könnte das Geld sein. Da die Kastanie sehr sparsam ist und Ausgaben dreimal überdenkt, kann es schon mal zu Streitereien kommen. Aber zum Glück lässt sich die Kastanie ja auch überzeugen.

Die Kastanie und die Zukunft
Ob die Kastanie ein glückliches Alter haben wird, hängt stark davon ab, wie sehr sie es in ihrem Leben geschafft hat, die „Stutzungen" ihrer Kinderzeit zu überwinden. Wenn die Kastanie im Laufe der Jahre ihren eigenen Lebensweg gefunden hat und ihn auch gegangen ist, wird sie am Ende auf ein erfülltes Leben zurückblicken und zufrieden sein.
Leider neigen Kastanien in ihrer Redlichkeit aber dazu, zu lange den fremdbestimmten Wegen zu folgen. Ein Ausbruch käme ihnen wie eine große Ungerechtigkeit vor und sie wollen sich selbst ja auch nicht zu wichtig nehmen! Den eigenen Weg zu finden ist für die Kastanie die entscheidende Lebensaufgabe. Um sie zu erfüllen, wird sie viel Zeit und Energie brauchen, aber es lohnt sich!

Die Kastanie spricht
„Ich bin dein Baum. Mühsam und beladen kommst du zu mir. Dir fällt nichts in den Schoß, denkst du? Du erreichst nie dein angestrebtes Ziel, obwohl du dich so sehr anstrengst? Vielleicht fällt dir auch vieles wieder sofort aus dem Schoß, weil du nie ruhig dasitzt. Wenn man ständig auf Achse ist, bietet man dem Schicksal keinen Schoß, in den etwas hineinfallen könnte.
Je weniger man will, desto mehr erreicht man oft. Starre Anstrengung und Verbissenheit sind die größten Feinde des wirklichen Erfolgs. Erst wenn alles fließt und du dich im Einklang mit dir selbst befindest, kann das Schicksal etwas für dich tun. Entspannung kannst du von mir lernen. Schraube deine Ansprüche etwas herunter. Und du musst nur offen sein für meine heilenden Kräfte."

Die Esche – Die Unkonventionelle

Die Esche als Baum
Die Traueresche taucht in den Sagen und Mythen aller Kulturen auf. In dem Kapitel über die Runen war von der Weltesche Yggdrasil die Rede. Auch in der irischen Mythologie genießt die Esche hohes Ansehen – sie versinnbildlicht den Sieg des Christentums über das Heidentum.
Bei den Kelten galt die Esche als Zauberbaum, aus dessen Zweigen die Druiden Zauberstäbe anfertigten. Da Eschenholz sehr hart und elastisch ist, fällten die Kelten nach dem langen Winter Eschen, um aus dem kostbaren Holz Ruder für ihre Boote zu machen.

Die Esche als Mensch
Eschen-Persönlichkeiten haben eine unverkennbare künstlerische Ader. Sie führen ein unkonventionelles Leben, das oft mit langen Reisen in ferne Länder verbunden ist. Einen geregelten Lebensrhythmus wird man bei der Esche ebenso wenig antreffen wie eine nach den Maßstäben anderer Baum-Persönlichkeiten aufgeräumte Wohnung. Eschen sind oft diejenigen, von denen man sagt, „sie seien irgendwie anders als andere". Aber sie üben eine große Faszination auf ihre Mitmenschen aus, weil sie vieles in die Tat umsetzen, wovon andere Menschen nur träumen.

Stärken
Das Glück der Eschen hängt in starkem Maße davon ab, inwieweit sie künstlerisch/kreativ aktiv werden können. Auch wenn es sich um einen anscheinend „trockenen" Job handelt, sind Eschen in der Lage, sich eine Nische zu suchen, in der sie ihre Talente ausleben können. Eschen haben oft interessante Lebensläufe und ihre Karriereplanung läuft nicht darauf hinaus, mehrere Jahrzehnte in derselben Firma zu bleiben. Aber Eschen planen überhaupt nicht viel. Sie lassen sich auch bei wichtigen Entscheidungen von ihrem Bauch leiten und es kommt vor, dass sie spontan kündigen, wenn sie eine neue Idee haben.

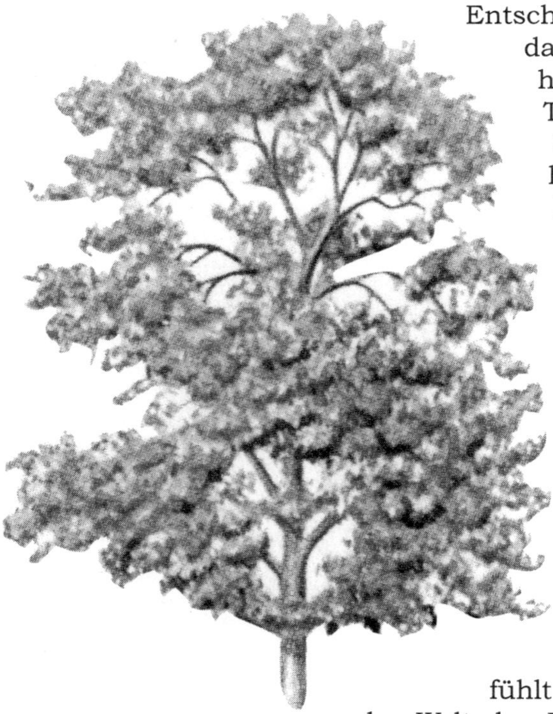

Traueresche haben neben ihrer künstlerischen Begabung oft auch die Fähigkeit, andere Menschen zu heilen. Sie besitzen eine große Portion Mitgefühl und haben oft Recht, wenn sie intuitiv ein Krankheitsbild beurteilen. Es ist daher kein Wunder, dass sich viele Eschen mit Reiki, Bachblüten und Aromatherapie beschäftigen.
Leider sind die Eschen nicht so erfolgreich im Verrichten der alltäglichen Kleinigkeiten, denn sie sind keinen Deut praktisch veranlagt. Beim Einkaufen vergessen sie die Hälfte und beim Versuch eines Frühjahrsputzes sieht die Wohnung hinterher schlimmer aus als vorher. Aber da diese Dinge einer Esche sowieso nicht so wichtig sind, kann sie mit ihren einzigartigen Talenten gut leben.

Schwächen
Die Esche neigt ein wenig zur Oberflächlichkeit. Sie fühlt sich von Glanz und Glamour ebenso angezogen wie von der Welt des Films und Theaters. Wenn sie nicht sogar selbst als Schauspielerin auf der Bühne steht, wird sie oft als Zuschauerin anzutreffen sein. Sie liebt alles, was ihre Fantasie anregt, und wenn die Esche einen Film sieht, wird sie in ihren Gedanken selbst einer der Hauptdarsteller. Diese Fähigkeit bezahlt die Esche oft mit einem Verlust des Realitätssinns, denn die Grenzen zwischen Fantasie und Wirklichkeit verschwimmen bei ihr manchmal.
Die Esche wird in ihrer Freizeit sehr darauf achten, dass die Menschen, mit denen sie sich umgibt, Gleichgesinnte sind, vor denen sie sich nicht erklären oder rechtfertigen muss. Ihre

Freunde haben Verständnis für ihr sprunghaftes Leben und wundern sich nicht, wenn sie von der Esche lange Zeit nichts hören. Eschen sind sehr empfindsam und leicht zu verletzen. Ein falsches Wort oder eine unbedachte Bemerkung kann oft ungeahnte Folgen haben.
Oft können Eschen selbst nicht erklären, warum sie so gefühlsbetont sind. Die Antwort darauf liegt in dem Geheimnis ihres Wesens: Sie sind eben keine rationalen Kopfmenschen, sondern in ihrem Unterbewusstsein schlummert immer noch das Potenzial, das die Kelten dazu veranlasst hat, Eschenholz zum Zaubern zu verwenden. Und bis heute sind Eschen die geheimnisvollsten und am schwierigsten zu erklärenden Persönlichkeiten geblieben.

Die Esche und ihre Beziehungen
Eschen sind sehr romantisch veranlagte Menschen, die ihre Partner oft fantasiereich überraschen. Wer mit einer Esche zusammenlebt, wird eine intensive, gefühlsbetonte Partnerschaft erleben, in der Lachen und Weinen einen festen Platz haben. Eschen gehen ihren Gefühlen gerne auf den Grund und sie können gerade am Anfang einer Partnerschaft noch sehr zögerlich oder unentschlossen wirken.
In ihrem Unterbewusstsein spielen sich so viele Impulse und Prozesse ab, dass die Esche einfach etwas länger braucht, bis sie weiß, wo sie emotional hingehört. Eschen haben eine interessante Ausstrahlung und sind oft von Menschen des anderen Geschlechts umgeben. Häufig merken sie gar nicht, dass man mit ihnen flirtet – oder dass sie mit jemandem flirten! Sie stürzen sich immer sofort Hals über Kopf in neue Kontakte und machen keinen Unterschied zwischen Menschen, die sie schon seit Jahren kennen, und solchen, die sie gerade eben erst kennen gelernt haben. Eine Esche weiß nach ein paar Sekunden, ob jemand ein Freund ist oder nicht.
Wenn man sich in eine Esche verliebt hat, kann man relativ schnell das Gefühl haben, man sei in seinem Werben erfolgreich, aber man kann mit diesem Eindruck auch falsch liegen. Die Esche stürzt sich eben gerne intensiv auf alle menschlichen Kontakte und das ist so ungewöhnlich, dass man es schnell falsch interpretiert.

Die Esche und die Zukunft
Auch die Esche wird älter, obwohl sie davon nichts wissen will. Sie kann schlecht akzeptieren, dass sie sich in ihrem rasanten Lebenstempo etwas zurücknehmen muss. Und sie leidet darunter, dass um sie herum „alle Menschen so langweilig geworden sind". Wenn alles um sie herum in festen Bahnen läuft, wird die Esche kribbelig. Es kann gut sein, dass die Esche im Rentenalter ihren Koffer packt und auf Weltreise geht.
Ältere Eschen suchen gerne die Nähe von jüngeren Menschen, um auf dem Laufenden zu bleiben. Und sie können der jüngeren Generation einiges mit auf den Weg geben! Eschen vergällen sich ihren Lebensabend nicht mit der Frage, ob sie alles richtig gemacht haben. Für sie ist es wichtig, überhaupt etwas getan und damit auf ihre innere Stimme gehört zu haben.

Die Esche spricht
„Ich bin dein Baum. Oft kommen Menschen zu mir, wenn sie sich einsam und alleine fühlen. In dieser Situation kann die Natur dein Freund werden. Du kannst Zwiesprache halten mit Sträuchern und Bäumen. Und du kannst hier bei mir eine wichtige Lektion für dein Leben lernen. Das Alleinesein ist eine Grundvoraussetzung für das befriedigende Zusammensein mit anderen Menschen. Hier bei mir wirst du nicht abgelenkt von dir selbst. Flüchte nicht gleich wieder. Spüre deinen Gefühlen nach und frage dich ganz kritisch, was du von anderen Menschen erwartest und was du ihnen zu geben bereit bist. Lass dir Zeit mit deiner Antwort. Ich warte gerne auf dich!"

Die Hagebuche – Die Ästhetin

Die Hagebuche als Baum

Das Holz der Hagebuche ist wertvoll, da es sehr hart ist. Daher rührt auch die Bezeichnung „Eisenholz“. Die Kelten pflanzten Hagebuchen als Hecken und Einfriedungen für ihre Gehöfte und Tierherden. Eng aneinander gepflanzte Hagebuchen können eine dicke Mauer ersetzen. Und auch heute noch findet man die Hagebuche oft im Verband mit anderen Bäumen als natürliche Barriere vor fremden Blicken.

Medizinische Verwendung

Zerstoßene Hagebuchenblätter strömen ein angenehmes Aroma aus, das die Lebensgeister stärkt und Depressionen vertreiben kann.

Die Hagebuche als Mensch

Die Hagebuche ist mit sensiblen Sinnesorganen auf die Welt gekommen. Sie hat ein gutes Gespür für alles Schöne. Ihr Farbempfinden ist gut ausgeprägt, ebenso wie ihr Blick für Proportionen. Sie ist künstlerisch begabt und träumt davon, irgendwann von ihren Talenten leben zu können.
Auf die Hagebuche ist jederzeit Verlass. Wer immer in Not gerät, die Hagebuche lässt sofort alles stehen und liegen und versucht zu helfen. Sie hat immer ein offenes Ohr für die Sorgen und Nöte ihrer Freunde und vielen hat sie schon mit ungewöhnlichen Mitteln geholfen. Wer sich bei einer Hagebuche ausweint, kann nicht hoffen, viele tröstende Worte zu finden. Aber dafür wird man auf andere Art und Weise getröstet: Man darf aus der Lieblingstasse der Hagebuche einen stärkenden Tee trinken und man bekommt eine Glücksmuschel geschenkt, die man immer bei sich tragen kann und die den Kummer vertreiben soll. Und oft wirken diese kleinen Aufmerksamkeiten wirklich Wunder.

Stärken

Hagebuchen sind engagierte Kämpfer für die Gerechtigkeit. Abgesehen davon, dass sie finden, dass glückliche Menschen eher eine Augenweide sind als Unglückswürmer, sind sich Hagebuchen immer darüber bewusst, dass es Menschen gibt, die im Leben einfach Glück hatten. Das ist kein Privileg, auf das man sich etwas einbilden darf, sondern blanker Zufall.
Und daraus entspringt in den Augen der Hagebuche ein Verantwortungsgefühl für all diejenigen, denen es nicht so gut geht wie ihr selbst. Eine öffentliche Suppenküche zu organisieren ist nicht die Sache der Hagebuche. Sie würde eher einen Malkurs für obdachlose Kinder ins Leben rufen und mit Sicherheit würde sie zuerst belächelt werden. Aber wer näher hinschaut, wird erstaunt sein, was sie diesen Kindern geben kann. In ihren Augen ist jeder Mensch ein Künstler und die Hagebuche hat die seltene Fähigkeit, dies auch aus den Menschen herauszukitzeln. Dabei geht es ihr gar nicht so sehr um das fertige Ergebnis. Der Prozess ist für sie wichtig.
Sie schätzt Perioden, in denen sich der Mensch völlig in sich selbst versenken kann und gar nicht mehr bemerkt, was um ihn herum geschieht. Wenn die Hagebuche diese Stimmung erzeugt hat, ist sie überglücklich. Leider wird der Hagebuche oft vorgeworfen, sie sei etwas weltfremd und zu idealistisch. Mit diesem Vorwurf muss man aber sehr vorsichtig sein. Man sollte die Hagebuche gewähren lassen und sie an ihrem Erfolg und dem Spaß messen, den sie anderen Menschen bereiten kann.

Schwächen

Die Hagebuche setzt gerne ihren Willen durch. Aber sie macht es auf eine sanfte Art und Weise. Sie geht nicht mit dem Kopf durch die Wand, sondern sie hat die Fähigkeit, die anderen gar nicht erst merken zu lassen, dass sie die Fäden in der Hand hat. Im Manipulieren ist die Hagebuche ein großer Meister. Und da sie diese Fähigkeit selten bewusst einsetzt und schon gar nicht, um jemandem zu schaden, kann man ihr auch so recht keinen Vorwurf machen.
Die Hagebuche hat gerne Bewunderer und sie steht liebend gerne im Mittelpunkt. Wie viele Künstler braucht sie das Publikum, das in ihren Augen die Werke erst veredelt. Ein Kunstwerk, das nur ihr gefällt, ist nicht so viel wert wie eines, das von vielen bewundert wird.
Die Hagebuche ist ein unabhängiger Charakter, der seine Freiheit braucht und sich ungern einsperren lässt. Sie kann Abhängigkeiten von anderen Menschen nicht vertragen und hat schon Probleme damit, sich von jemandem zum Essen einladen zu lassen, da sie immer befürchtet, später doppelt und dreifach dafür bezahlen zu müssen. Es ist leider gar nicht so einfach, einer Hagebuche eine Freude zu machen! Und auch die Hagebuche selbst hat Angst davor, beschenkt zu werden, weil sie tief im Inneren immer befürchtet, dass sie wieder enttäuscht sein wird. Das Gefühl, dass noch niemand vorbeigekommen ist, der sie restlos glücklich machen kann, ist der ständige Begleiter der Hagebuche. Als Kind hat das Hagebuchen-Mädchen tatsächlich intensiv von einem Märchenprinzen geträumt, der sie auf seinem weißen Pferd abholt. Und wenn die erwachsene Hagebuche ehrlich ist, hat sich an diesem Wunschtraum nicht allzu viel geändert. Aber man ist immer wieder erstaunt zu sehen, dass sich das Warten für viele Hagebuchen doch gelohnt hat. Viele treffen tatsächlich ihren persönlichen Märchenprinzen.

Die Hagebuche und ihre Beziehungen

Die Hagebuche ist sehr verletzlich. Wenn sie das Gefühl hat, den Richtigen gefunden zu haben, gibt sie sich voll und ganz hin. Hagebuchen führen intensive und leidenschaftliche Beziehungen und sie erwarten diese hundertprozentige Hingabe auch von ihrem Partner. Man hat eine große Verantwortung, wenn man mit einer Hagebuche liiert ist, denn sie trägt keinen Schutzpanzer und ist daher schnell verwundbar. Ein unbedachtes Wort oder ein vergessener Hochzeitstag können ein kleines Drama auslösen. Die Hagebuche wünscht sich nichts sehnlicher, als jemanden zu finden, der sie voll und ganz versteht, ohne dass sie sich erklären muss. Jemand, der ihr jeden Wunsch von den Augen abliest. Wer das tut, wird mit viel Leidenschaft und großen Gefühlen belohnt.

Die Hagebuche und die Zukunft

Da die Hagebuche immer ein aktives Leben geführt hat, leidet sie sehr, wenn sie merkt, dass ihr die Kräfte schwinden. Dieses Gefühl kann unter Umständen schon sehr früh einsetzen. Wenn eine Hagebuche irgendwann eine Lesebrille braucht, kann sie urplötzlich das Gefühl haben, um 30 Jahre gealtert zu sein. Aber viele Hagebuchen erlangen im Alter auf wundersame Art und Weise eine innere Ruhe und können plötzlich stundenlang die Wolken am Himmel beobachten, ohne gleich daran denken zu müssen, dass man seine Zeit auch sinnvoller verbringen könnte.

Die Hagebuche spricht

„Ich bin dein Baum. Ich spüre schon lange: Etwas stimmt nicht mit dir. Du bist traurig und verwirrt. Tief in dir ist etwas nicht in Ordnung und du kannst es noch nicht so richtig benennen. Bisher herrscht in dir das diffuse Gefühl, dass etwas aus den Fugen geraten ist. Auch ich kenne dieses Gefühl. Im Herbst gerät mir vieles durcheinander und meine eigenen Blätter fliegen mir um die Zweige. Und jedes Mal bin ich wieder aufs Neue überrascht. Aber der Herbst lässt sich nicht vermeiden und so nehme ich mein Schicksal an. Im Winter herrscht tiefe Ruhe und Zeit zur Einkehr. Kehre auch du in dein Inneres ein. Im Grunde deines Herzens kennst du die Antwort auf die Frage, was dich so bedrückt. Vertrau sie mir an!“

Der Feigenbaum – Der Empfindsame

Der Feigenbaum als Baum

Der Feigenbaum ist die Überraschung im keltischen Baumkreis, denn er gedeiht ja nur in den warmen Regionen Europas und nicht im kalten Norden. Wahrscheinlich waren die Kelten auf ihren Wanderungen in den Süden so begeistert von den süßen Früchten dieses Baums, dass sie versucht haben, sie auch in ihrer Heimat anzubauen.
Aufgrund ihrer Empfindlichkeit gegen Kälte kommt die Feige im Norden jedoch eher als Busch vor und bildet nur selten genießbare Früchte aus. Bekannt sind hier eher die Verwandten aus der Ficus-Familie, die sich als Zimmerpflanzen großer Beliebtheit erfreuen. Eine Besonderheit sind die so genannten „Würger-Feigen", die sich mithilfe von auslagernden Luftwurzeln ihren Lebensraum gegenüber anderen Pflanzen sichern.

Medizinische Verwendung

Mit dem Saft der Feigenblätter lassen sich Fingernägel härten.

Der Feigenbaum als Mensch

Feigenbaum-Menschen sind wahre Freunde des Lebens! Sie erfreuen sich an den unzähligen Möglichkeiten, die jeder neue Tag für sie bietet, und bestaunen die Wunder der Natur. Allerdings sieht sich die Feige selbst im Mittelpunkt all dieser schönen Dinge und findet im Grunde ihres Herzens, dass sich alles um sie drehen sollte.
Die Feige wird nichts Schlechtes dabei finden, wenn ihr Erfolge in den Schoß fallen; sie kann grundsätzlich sehr gut Dinge annehmen! Feigen-Geburtstage fallen auf die längsten oder kürzesten Tage des Jahres. Daran mag es liegen, dass Feigen oft ein Problem damit haben, das richtige Maß zu finden. Sie neigen zum Zuviel oder Zuwenig, zum Hin-und-Her, zum ständigen Wechsel zwischen Süße und Bitterkeit. Bei diesem Ringen spielt die Umwelt eine sehr wichtige Rolle für die Feige. Wenn sie ausreichend Anerkennung bekommt und mit ihrem äußeren Leben zufrieden ist, kann sie ihre großen Talente voll entfalten.

Stärken

Als Baum der Empfindsamkeit fällt es der Feige leicht, Eindrücke zu sammeln; ihre Antennen stehen immer auf Empfang. Diese Eigenschaft setzt bei vielen Feigen eine große Kreativität frei. Da die Feige vor Eindrücken schier zu platzen droht, braucht sie ein Ventil – z.B. die Schriftstellerei oder die Musik. Schon oft haben Menschen, die als Feigen geboren wurden, hier neue Maßstäbe gesetzt. Aber auch wenn sie keine künstlerische Ader besitzt, kann die Feige ihre Empfindsamkeit oft positiv umsetzen.
Beim Lernen zeichnet sie eine besonders schnelle Auffassungsgabe aus und am Arbeitsplatz wird sie häufig Verbesserungsvorschläge machen, durch die die Arbeit schneller und effektiver erledigt werden kann. Da die Feige auch immer ein offenes Ohr für andere Menschen hat, ist sie in der Regel beliebt und schart einen großen Bekanntenkreis um sich. Häufig erhoffen sich diese Menschen dann, dass die Feige ihnen durch ihre Kreativität dabei hilft, eigene Probleme oder Krisen zu überwinden. Durch die große Kraft, die die Natur für die Feige bereithält, kann sie diese Erwartungen auch erfüllen.
Da die Feige aber lieber im Großen denkt, wird sie eher ein politisches Konzept für alle entwickeln als eine ganz persönliche Lösung für einen Freund.

Schwächen

Aufgrund ihrer ausgeprägten Sensibilität neigt die Feige dazu, sprunghaft zu sein. Dabei ändert sich allerdings weniger ihre Meinung, als ihre Stimmung. Feigen-Menschen sind für andere häufig unberechenbar, weil sie einfach zu schnell denken! Die Empfindsamkeit als großes Plus der Feige birgt aber auch eine deutliche Gefahr in sich. Viele Feigen neigen nämlich zum „Bluffen". Ihre Fähigkeit, eine Situation blitzschnell zu erfassen, bringt ihnen gegenüber anderen Menschen einen Vorteil, den die Feige dann gerne für sich ausnutzt.

Häufig gründet sich die berufliche Karriere einer Feige nicht auf harte Arbeit, sondern auf einen unbestimmten guten Eindruck, den ihre Vorgesetzten von der Feige haben. Im Extremfall kann dann sogar die „Würgefeige" die Oberhand gewinnen, die sich ihren Platz rücksichtslos gegen andere erkämpft, ohne dass diese es auch nur bemerken! Dieses Verhalten ist oft aber auch ein Selbstschutz für die Feige. Als extrem empfindsamer Mensch bemerkt sie nämlich viel mehr Leiden als andere und versucht dann manchmal, ihre Sensibilität mit Macht zu unterdrücken. Oft ringt die Feige lange und hart mit sich selbst, denn sie weiß sehr wohl um ihre beiden widerstreitenden Seiten!

Der Feigenbaum und seine Beziehungen

Feigen sind häufig Gruppenleiter. Viele Menschen erkennen die Feige aufgrund ihrer besonderen Ausstrahlung als Vorbild oder Anführer an und lassen sich von ihr anleiten – und manchmal leider auch ausbeuten!

In den Beziehungen der Feige zu anderen Menschen kommt es immer darauf an, wie stark die Kraft der „Würgefeige" zum Zuge kommt. Wenn die Feige es schafft, ihre Empfindsamkeit zu akzeptieren und angstfrei mit ihr umzugehen, kann sie ihre große Kreativität an andere Menschen weitergeben und diese werden von einer Beziehung zur Feige profitieren. Treu ist die Feige allerdings nicht! Ihre ständige Suche nach neuen Erfahrungen macht auch vor einer Partnerschaft nicht Halt. Deshalb haben Feigen-Menschen in ihrem Leben oft mehrere enge Bindungen – oder gar keine!

Der Feigenbaum und die Zukunft

Bevor die Feige einmal positiv auf ihr Leben zurückschauen kann, muss sie eine sehr schwierige Aufgabe bewältigen: Sie muss die „Würgefeige" in sich überwinden! Das Leben einer Feige wird immer ein Ringen mit gegensätzlichen Kräften sein. Feingefühl ringt mit Gefühlskälte, Mitleid mit Rücksichtslosigkeit, Ehrlichkeit mit Bluff. Wenn die negativen Energien die Oberhand behalten, wird die Feige sicher viele Erfolge vorweisen können, aber in ihrem Inneren wird sie auch genau wissen, auf wessen Kosten sie diese Siege errungen hat.

Zum Glück gelingt es aber vielen Feigen, die großen positiven Möglichkeiten ihres Baumzeichens zu nutzen. Und je früher die Feige diesen Sieg gegen sich selbst erringt, desto besser und zufriedener wird ihre Lebensbilanz einmal ausfallen.

Der Feigenbaum spricht

„Ich bin dein Baum. Und ich begrüße dich seltenen Gast, den ich schon lange nicht mehr zu Gesicht bekommen habe. Als du noch ein Kind warst, konnten wir nicht genug voneinander bekommen. Wir liebten uns innig. Doch dann bist du mir untreu geworden. Während ich immer noch unverändert hier stehe und Sehnsucht nach dir habe, bist du in die große weite Welt hinausgezogen. Erwachsen werden nennt ihr Menschen das. Andere Dinge sind nun wichtig für dich. Aber die Ahnung, dass es noch etwas anderes geben muss, und dein Bedürfnis nach Erfahrungen, die ein Leben wirklich bereichern, haben dich nie verlassen. Und daher bist du nun zu mir zurückgekehrt. Nimm dir öfter Zeit innezuhalten. Hier ist ein guter Ort, deine innere Stimme nach außen schallen zu lassen. Ich liebe es, wenn du mit dieser Stimme zu mir sprichst. Bleib bei mir und erzähl mir etwas aus deinem Leben!"

Die Birke - Die Ehrgeizige

Die Birke als Baum

Die Birke wird wegen ihrer Schönheit gerne als „Herrin der Wälder“ bezeichnet. Sie ist robuster als die meisten anderen Bäume und wächst selbst dort, wo die starke Eiche nicht gedeiht.
Während des ersten Monats ihres Kalenders verwendeten die Kelten Besen aus Birkenreisig, mit denen sie die Wege fegten, um damit die bösen Geister des alten Jahres auszutreiben. Im Frühjahr wurden die Birken dann mittels eines Schnitts in die Rinde angezapft. Aus dem süßen Saft des Baumes stellten die Kelten einen Likör her, mit dem die Frühlings-Tag-und-Nacht-Gleiche feierlich zelebriert wurde.

Medizinische Verwendung

Birkenblätter wirken harntreibend und entgiftend.

Die Birke als Mensch

Die Birke ist ein freundliches und zur Verschlossenheit neigendes Wesen. Ihr genügen ein oder zwei gute Freunde, um sich sozial abgesichert zu fühlen. Die Birke hört lieber zu, als von sich zu erzählen. Sie ist ein guter Ratgeber, möchte aber auch sehen, dass man ihre Vorschläge annimmt und in die Tat umsetzt. Die Birke macht selten den ersten Schritt. Sie wartet lieber ab, was die anderen vorschlagen, und schließt sich dann einer Meinung an.

Stärken

Die typische Birke ist von der Natur mit einer überdurchschnittlichen Kraft und einem großen Energiepotenzial ausgestattet worden. Menschen, die unter dem Zeichen der Birke geboren wurden, sind sehr ehrgeizig. Allerdings arbeiten sie nicht blindlings für die Erreichung beliebiger Ziele, sondern sie suchen sich ihre Ziele gut aus. Dabei neigen sie dazu, sich ihre Hürden sehr hoch zu hängen – mit dem Erfolg, dass sie dann immer noch höher werden müssen, damit eine Birken-Persönlichkeit überhaupt noch Befriedigung empfinden kann. Die Birke ist leider selten so richtig zufrieden mit den Leistungen, die sie erbracht hat. Immer findet sie noch einen kleinen Fehler oder hat noch einen Verbesserungsvorschlag, selbst wenn alle anderen das Ergebnis großartig finden.
Die Birke glaubt anderen Menschen in Wirklichkeit nicht, wenn sie gelobt wird. Im Stillen denkt sie: „Die loben mich doch jetzt nur, weil sie sich nicht trauen, mir die Wahrheit zu sagen!“ Dieses Misstrauen gegen andere Menschen hat seine Wurzeln oft in der Kindheit. Die Eltern einer Birke haben ihren Kindern oft vermittelt, dass sie nicht gut genug sind, und haben die Kleinen dazu gebracht, sich kritisch mit anderen Kindern zu vergleichen – natürlich mit dem Ergebnis, dass die anderen Kinder talentierter waren, die schöneren Bilder gemalt hatten oder schon längst schwimmen konnten! Das Gefühl, nicht zu genügen, so wie man ist, hat sich den Birken tief eingegraben und begleitet sie oft das ganze Leben hindurch. Natürlich spornt es sie auch zu Höchstleistungen an, aber die Kehrseite der Medaille ist, dass Birken nie – wirklich nie – zufrieden sind mit dem, was sie geschaffen haben, und dass sie niemals abschalten können.

Schwächen

Birken haben regelrecht Angst davor, sich einmal auszuruhen und dem Müßiggang zu frönen. Selbst wenn sie sich vornehmen, mal einen Sonntag im Bett zu verbringen, kann man sich sicher sein, dass die Birke früher als sonst am Frühstückstisch sitzt, weil sie sonst das schlechte Gewissen plagt. Alle Aktivitäten, die der Birke beim Abschalten und Entspannen helfen können, werden von ihr leider nicht ernst genommen und höchstens müde belächelt. Yoga ist in ihren Augen etwas für Leute, die vertuschen wollen, dass sie unsportlich sind, und Meditation haben

Birken „nicht nötig". Wenn Birken überhaupt Hobbys haben, dann sind es mit großer Sicherheit solche Beschäftigungen, die zu Leistungsdruck verführen.

Die Birke und ihre Beziehungen
In ihren Beziehungen sind Birken treu und beständig. Sie gehören nicht zu den Personen, die beim geringsten Anzeichen von Problemen gleich das Weite suchen. Birken wissen, dass Beziehungen oft harte Arbeit erfordern, und das ist ja bekanntlich ihr Spezialgebiet.
Zwar sind die kopflastigen Birken nicht besonders leidenschaftlich, aber man kann trotzdem viel Spaß mit ihnen haben. Man findet in der Birke immer einen aufmerksamen Zuhörer, der auf die Probleme seines Gegenübers eingeht und oft mit überraschenden Lösungsideen aufwarten kann.
Birken kann man nichts vormachen. Sie haben sensible Antennen und enttarnen jeden Versuch, ihnen etwas vorzutäuschen. Sie haben eine starke Abneigung gegen jegliche Form der Prahlerei. Wer eine Birke beeindrucken und erobern will, der muss in der Lage sein, sich zu öffnen und sein Seelenleben preiszugeben. Man kann sich einer Birke wirklich emotional ausliefern. Sie würde die Schwächen eines Menschen niemals ausnutzen oder sich lustig machen. Birken kann man auch mit Äußerlichkeiten nicht beeindrucken. Sie legen keinen Wert auf Markenkleidung oder schnelle Autos. Birken wundern sich oft, wenn man über Attraktivität spricht. Sie haben keinen Blick für diese Kategorie. Sobald ein Mensch interessante und kluge Dinge von sich gibt, sind die Birken sofort bereit, diese Person auch hübsch zu finden.
Man kann einer Birke mit einer Einladung zum Essen oder mit Theaterkarten immer eine Freude machen. Und mit einer gut gelaunten Birke an der Seite kann das Leben wirklich Spaß machen.

Die Birke und die Zukunft
Aufgrund ihres asketischen und strengen Lebenswandels neigt die Birke dazu, sich im Alter zu fragen, ob sich die ganze Schufterei eigentlich gelohnt hat. Die Birke möchte nämlich gerne die Früchte ernten, die sie in jungen Jahren gesät hat. Ältere Birken haben Schwierigkeiten damit, im Leben einen Gang zurückzuschalten. Sie möchten immer noch gerne mit der jüngeren Generation mithalten, aber das kann gar nicht klappen. Leider ist es das Dilemma der Birken, sich immer an Menschen zu messen, die stärker sind als sie selbst. Es wäre schön, wenn Sie einer älteren Birke helfen könnten, sich ohne schlechtes Gewissen zur Ruhe zu setzen und den Lebensabend zu genießen!

Die Birke spricht
„Ich bin dein Baum. Vielleicht suchst du meine Nähe, weil du enttäuscht worden bist? Jemand hat dich verletzt und die Wunde braucht lange, bis sie sich schließt. Das tut weh! Aber es ist gut, dass du jeden Tag an deine Schmerzen erinnert wirst, denn nur so wirst du dazu gebracht, andere Pfade zu beschreiten. Du wirst nicht mehr einfach zur Tagesordnung zurückkehren, sondern du wirst dir einen neuen Stundenplan deines Lebens erstellen. Ich helfe dir dabei. Du kannst auf mich zählen!"

Die Buche – Die Wartende

Die Buche als Baum
Die Buche ist der durchsetzungsfähigste Baum unserer Wälder. Unter dem extrem dichten Blätterdach der alten Stämme müssen die jungen Buchen oft jahrelang ein wahres Schattendasein führen, bis sich schließlich doch noch der Platz und das Licht zum eigenen Wachstum auftun – oft erst, wenn der alte Baum abzusterben beginnt. Der sehr hohe Heizwert des Buchenholzes hat dazu geführt, dass dieser Baum vom Menschen nie verschont wurde. Und doch hat er sich immer wieder durchgesetzt und war niemals ernsthaft in seiner Existenz

bedroht. Ähnlich ergiebig wie sein Holz sind seine Früchte. Aus einem Kilo Bucheckern lässt sich ein halber Liter gehaltvolles Speiseöl gewinnen. Und die dichte Buchenkrone sorgt als Sauerstofflieferant für die Lebenskraft des Menschen.

Medizinische Verwendung
Spezielle Heilmittel lassen sich aus der Buche nicht gewinnen.

Die Buche als Mensch
Genau wie ihr natürliches Vorbild haben Buche-Geborene die Fähigkeit, lange auf ihre Chance zu warten. Sie müssen oft jahrelang im Schatten der Eltern oder von Vorgesetzten leben, bis sie eines Tages ihre eigenen Qualitäten einbringen und ausleben dürfen. In dieser Zeit bereitet sich die Buche intensiv auf ihre große Stunde vor. Sie wird sich aber nie über ihr Aschenputtel-Dasein beklagen, sondern konsequent ihre Pflicht erfüllen und warten, bis sie an der Reihe ist. Aber wenn sie das Zepter erst einmal in die Hand genommen hat, gibt sie es nicht so schnell wieder her, denn in der Buche schlummert eine echte Führungsnatur!

Stärken
Die Hauptstärke der Buche liegt natürlich in ihrer schier unbegrenzten Fähigkeit zu warten. Diese besondere Gabe ermöglicht es den Buche-Menschen, auch dann noch fest an ihre Lebenschance zu glauben, wenn andere schon lange resigniert haben. Wenn sie dann schließlich irgendwann die Möglichkeit bekommt, ihr Leben selbst in die Hand zu nehmen, wird die Buche beherzt zugreifen, denn sie hat sich all die Jahre gewissenhaft auf diesen Moment vorbereitet und weiß genau, was nun zu tun ist. Die Buche besitzt aber nicht nur beim Warten eine grenzenlose Ausdauer, sondern bei allem, was sie tut. Ihr Leben ist stets bis ins Kleinste durchorganisiert und was sie sich vornimmt, schafft sie auch, denn utopische Ziele sind der Buche fremd. Da sie äußerst hart arbeiten kann, dringt sie oft tief in Sachverhalte ein und erwirbt sich ein großes Expertenwissen, für das sie viel Lob und Anerkennung erfährt. Bei all dem strahlt die Buche stets eine große Gelassenheit aus. Ein Buche-Mensch wird immer den Kontakt zu seinen Wurzeln behalten, die ihm sein Leben Kraft spenden.

Schwächen
Die Buche würde sich selbst wohl als „absolute Realistin“ bezeichnen – und meint das positiv! Allerdings liegt in dieser Haltung auch die Gefahr, sich allzu sehr innerhalb von starren Grenzen zu bewegen. Der Buche fehlt das spielerische Element, das sie dazu befähigen würde, mal „Fünfe gerade sein zu lassen“. Häufig lebt die Buche nach festen Gesetzen und Konventionen, die sie während ihrer langen Wartezeit von den Eltern oder anderen übernommen hat. Diese Regeln haben der Buche einmal dabei geholfen, ihr Ziel nicht aus den Augen zu verlieren und diszipliniert daraufhin zu arbeiten. Wenn die Buche aber erst mal selbst das Sagen hat, wird sie verlangen, dass sich nun auch die anderen nach ihren Regeln richten. Sie lässt dann oft keine anderen Meinungen mehr gelten; schließlich musste sie in ihrem Leben schon genug Zugeständnisse machen! Aus dieser Haltung heraus ist es auch zu erklären, dass die Buche allem Neuen gegenüber sehr skeptisch ist. Sie hat so lange im Alten gelebt, dass sie dabei die Fähigkeit verloren hat, Visionen zu entwickeln und zu akzeptieren, dass man alles auch genauso gut ganz anders machen könnte.

Die Buche und ihre Beziehungen
Die Buche strebt nach materieller Sicherheit und richtet sich ihr Heim so ein, dass es ihr darin an nichts fehlt. Da sie glaubt, dass es allen anderen auch so gehen muss, versucht sie, Freunde

und Partner eher mit Äußerlichkeiten zu gewinnen als mit innerer Ansprache und tiefem Gefühl. Dadurch bleibt der Buche leider manche herbe Enttäuschung nicht erspart. Wenn sie aber erst mal jemanden gefunden hat, der denkt wie sie, ist die Buche ein extrem treuer Partner und Freund. Häufig haben Buchen auch viele Kinder und sollten aufpassen, bei ihnen nicht die gleichen Fehler zu machen, die sie erleben mussten! Allerdings führen sie in der Regel eine Vernunftehe. Große Leidenschaften sind ihnen fremd, weil man sie nicht vorausplanen kann.

Die Buche und die Zukunft
Die Buche wird im Alter glücklich sein, wenn sie das Gefühl hat, dass sie „ihre große Stunde" erkannt und genutzt hat. Dann ist es auch nicht mehr wichtig, wie lange sie darauf warten musste – das hatte sie ja gelernt!
Sollte das ganze Warten aber vergeblich gewesen sein, dann kann die Buche im Alter leicht depressiv oder zynisch werden. Sie erkennt dann, dass sie im Grunde immer im Wartestand gelebt hat, und wird sich fragen, warum sie es nicht schaffen konnte, rechtzeitig auszubrechen und ihren Lebensweg selbst zu bestimmen.
Für die Buche ist es daher sehr wichtig, frühzeitig zu erkennen, ob sich ihr Warten wirklich lohnt oder ob ihr das Leben dabei „durch die Zweige rinnt".

Die Buche spricht
„Ich bin dein Baum. Ruh dich aus bei mir und schöpfe wieder neue Kraft. Hier, an meinen Stamm gelehnt, musst du nichts leisten. Niemand verlangt von dir, dass du dich beweist. Ich erwarte nichts weiter von dir, als dass du mich in dein Herz einlässt. Für mich bist du so, wie du bist, perfekt. Du denkst, ich würde zu einem anderen Urteil gelangen, wenn ich dich richtig kennen würde? Du irrst! Du bist ein guter, wertvoller Mensch. Steh dir nicht länger selbst im Wege mit deinen Zweifeln. Besinn dich auf diejenigen, die dich mögen. Du hast so viele positive Seiten. Schenke den Menschen, die dich schätzen, Vertrauen. Glaube ihnen, wenn sie dir etwas sagen, was dir gut tut! Deine Geduld ist deine große Stärke und darauf musst du dich besinnen."

Der Apfelbaum – Der Liebende

Der Apfelbaum als Baum
Der Apfelbaum ist neben der Feige der einzige Obstbaum im keltischen Kalender. Neben seiner Rolle als Baum der wichtigsten Frucht unserer Breiten spielt der Apfelbaum auch in verschiedenen Mythologien und Religionen eine Rolle. Bei den Kelten gehörte er als Baum der Liebe und Unsterblichkeit zu den sieben heiligen Bäumen (mit Birke, Erle, Weide Eiche, Steineiche und Haselbaum), die nicht angerührt wurden. Und in unseren Übersetzungen des Alten Testaments ist er der Baum der Erkenntnis, von dem Adam und Eva die verbotene Frucht aßen.

Medizinische Verwendung
Durch sein Pektin schützt ein Apfel täglich vor vielen Krankheiten.

Der Apfelbaum als Mensch
Apfelbaum-Menschen sind äußerst charmant und haben eine starke positive Ausstrahlung. Manche sind geradezu charismatisch. Der Apfelbaum ist ein sensibler Mensch, der schnell spürt, wenn es anderen schlecht geht, und dann gerne hilft, wo er kann. Grundsätzlich würde er andere Menschen nie als von Grund auf schlecht bezeichnen, denn der Apfelbaum weiß, dass alle Menschen das Gute und das Böse in sich tragen – und er glaubt an die Kraft des Guten!
Um seine positive Lebenseinstellung „zur Blüte zu bringen", brauchen Apfelbäume sehr viel Liebe und Zuwendung. Wenn sie dagegen spüren, dass sie von ihrer Umgebung abgelehnt werden, versiegt die Energie der Apfelbäume und sie lassen ihre Zweige hängen, bis jemand sie wieder aufrichtet.

Stärken

Durch sein großzügiges und ausgeglichenes Wesen wird der Apfelbaum leicht Freunde finden und von vielen Menschen geschätzt oder sogar geliebt werden. Die positive Ausstrahlung der Apfelbäume resultiert auch aus der Tatsache, dass für sie Gefühl und Verstand kein Widerspruch sind, sondern wichtige Pole des Lebens, die man akzeptieren muss. Der Apfelbaum zwingt niemanden, sich festzulegen, und er hat Verständnis dafür, dass Entscheidungen auch von der jeweiligen Tagesstimmung abhängen können. Entscheidet sich jemand an einem Tag sehr emotional und am nächsten rein rational, so fällt das den Apfelbäumen meist gar nicht auf. Unnötig zu erwähnen, dass Apfelbäume sehr tolerante Menschen sind. Bei ihnen ist die Toleranz aber nichts Aufgesetztes. Apfelbäume nehmen sich nicht vor, tolerant und verständnisvoll zu sein – sie sind es einfach. Apfelbäume streben nicht nach dem Unmöglichen. Ihre Ziele und Wünsche orientieren sich an der Realität.

Sie haben ein gutes Gespür für das, was machbar ist, und ihr Realismus schützt Apfelbäume daher vor vielen unnötigen Frustrationen. Sie kennen den Vorwurf, abgeklärt zu sein, nur zu gut, aber in ihren Ohren klingt das eher wie ein Kompliment. Denn Apfelbäume sind keine Tagträumer und auf ihre Prognosen kann man sich wirklich verlassen.

Schwächen

Wer den Apfelbaum nicht so gut kennt, neigt oft dazu, seine Toleranz mit Gleichgültigkeit zu verwechseln. Aber gleichgültig ist ein Apfelbaum bestimmt nicht. Er hat nur im Laufe der Zeit die Fähigkeit verloren, sich zu wundern oder über etwas zu staunen. Das Welt- und Menschenbild des Apfelbaumes lässt so viel unterschiedliche Lebensweisen zu, dass er exotische oder ungewöhnliche Verhaltensweisen gar nicht mehr lange kommentiert. „Das alles gibt es also“, konstatiert der Apfelbaum beispielsweise während einer Reise in ein fremdes Land. Und damit ist alles gesagt. Seine Reisebegleiter denken häufig, der Apfelbaum würde viele interessante Details gar nicht sehen, aber er ist im Geiste schon mit wichtigeren Dingen beschäftigt. Der Apfelbaum verliert überhaupt nicht viele Worte, wenn er nichts Wichtiges zu sagen hat. Seine Mitmenschen können seine Schweigsamkeit oft nicht richtig interpretieren und fassen sein Schweigen manchmal persönlich auf. Aber man kann sich sicher sein: Wenn der Apfelbaum den Mund aufmacht, kommt etwas Sinnvolles dabei heraus. Und der Apfelbaum schaltet tatsächlich ab, wenn seiner Meinung nach ein Gespräch beendet ist. In dieser Hinsicht kann auch der Apfelbaum noch etwas lernen. Es täte ihm gut, wenn er seine Eindrücke öfter mitteilen würde, damit seine Mitmenschen auch wirklich wissen, woran sie bei ihm sind.

Der Apfelbaum und seine Beziehungen

Der Apfelbaum ist sehr liebesbedürftig. Er muss immer spüren, dass ein Partner hundertprozentig hinter ihm steht Aber auch das reicht manchmal nicht. Der Apfelbaum schafft es, seinen Partner mehrmals am Tag zu fragen: „Liebst du mich noch?“ und auch er selbst geizt nicht mit verbalen Liebeserklärungen. Der Apfelbaum hat Angst vor Konflikten und so wendet er im täglichen Leben viele Strategien an, um Streit und Unstimmigkeiten zu vermeiden. Manchmal geht er dafür allzu große Kompromisse ein, aber der Wunsch nach Harmonie ist eben oft größer als die eigenen Bedürfnisse. Wenn der Partners eines Apfelbaumes einmal in Not geraten sollte, wird er die übergroße Hilfsbereitschaft seines Partners am eigenen Leibe erleben. Und in schlechten Zeiten kann einem nichts Besseres passieren, als einen Apfelbaum an seiner Seite zu haben.

Der Apfelbaum und die Zukunft

Der Apfelbaum hatte zeit seines Lebens viele Freunde und er wird seine Kontakte und seine vielfältigen Interessen so lange pflegen, wie es nur geht. Das garantiert ihm einen entspannten und erfüllten Lebensabend, um den er oft beneidet wird. Natürlich findet auch der Apfelbaum, dass früher alles besser und schöner war, aber er verliert darüber das Interesse an den Fortschritten der Gesellschaft nicht. Er lässt sich auch in hohem Alter gerne noch Neuerungen erklären und bleibt lange für alles Interessante und Schöne aufgeschlossen.

Der Apfelbaum spricht

„Ich bin dein Baum. Und ich weiß, wie es dir geht. Eine Krise hat dich erschüttert und nun scheint nichts mehr so zu sein, wie es einmal war. Manchmal, in stillen Stunden, fragst du dich, warum das Schicksal gerade dich so hart getroffen hat. Schau mich an! Erinnere dich, welches Bild ich im Herbst und Winter den Menschen biete. Kahl, ohne Blätter, einsam und verlassen von allen Bewohnern. Niemand kann sich in diesen Monaten vorstellen, dass es tatsächlich einmal wieder Frühling wird und ich zu voller Pracht erblühe. Aber auch du bist ein Teil der Natur. Warte mit mir gemeinsam auf den nächsten Frühling. Vertraue mir und fühle dich selbst wieder wachsen und erblühen. Deine Sensibilität lässt dir die kleinen Krisen des Lebens schwerer erscheinen, als sie sind. Du wirst deine Krise bewältigen!"

Die Tanne – Die Verschlossene

Die Tanne als Baum

Die Tanne gehört zu den längsten Bäumen Europas und sie sucht sich zum Wachsen und Gedeihen die unwirtlichsten Böden und Standorte aus. Ihr immergrünes Erscheinungsbild erhob sie bei den Kelten zum Symbol für die Geburt und für das wiederkehrende Leben.
In der Neuzeit wird das wertvolle Holz der Tannen vor allem von Geigenbauern geschätzt, da es gute Klangqualitäten hat.

Medizinische Verwendung

Das Harz der Tanne kann vor Parodontose schützen.

Die Tanne als Mensch

Wer schon einmal einen dichten Tannenwald durchschritten hat, wird die eigentümliche, fast unheimliche Stimmung dieser Bäume nicht vergessen. Und ebenso verhält es sich mit den Tannen-Menschen. Niemand kann sich ihrer Aura und faszinierenden Ausstrahlung entziehen, aber ob man auch wirklich mit der Tanne befreundet sein möchte, vermag man nicht so genau zu sagen. Zu seltsam erscheint sie einem und sie strahlt zudem auch noch aus, dass sie niemanden braucht, um glücklich und zufrieden zu sein. „Dann halt nicht", denkt man und zieht weiter seiner Wege. Aber man wird immer wieder an dieses eigentümliche Wesen erinnert und die Tanne macht einen sogar auf Distanz neugierig. Man möchte wissen, wie es im Inneren der Tanne aussieht und was sie tatsächlich denkt. Gleichzeitig ahnt man, dass es kompliziert und anstrengend werden kann, eine Tanne zu „knacken". Tannen durchschauen mit ihren sensiblen Antennen sofort den nicht ernst gemeinten Annäherungsversuch, denn sie haben keine Probleme, echtes Interesse an ihrer Person von einem reinen Forscherdrang zu unterscheiden.

Stärken

Tannen können Einsamkeit gut vertragen und sie sind nicht käuflich. Sie würden sich nie einer Aktivität anschließen, nur um einer Verabredung willen. Tannen überlegen sehr genau, wofür und womit sie ihre Zeit verbringen, und nichts verabscheuen sie mehr, als sich abzulenken oder zu amüsieren. Wenn die Tanne einen Kinofilm anschaut, dann nur, um sich selbst auf der Leinwand zu begegnen, und wenn sie ein Buch liest, muss sie sich selbst zwischen den Zeilen finden, sonst rührt sie es nie wieder an. Menschen sind in den Augen der Tanne das Spannendste überhaupt, aber leider trifft sie selten Exemplare, die in ihren Augen eine eingehende Beschäftigung lohnen. Die Tanne ist extrem anspruchsvoll, was andere Menschen angeht, aber umso unkomplizierter in Äußerlichkeiten. Wenn jemand ein gutes Gesprächsthema vorschlägt oder interessante Gedankengänge formuliert, ist es der Tanne egal, wie diese Person gekleidet ist oder ob sie sich in einer gut eingerichteten Wohnung befindet. Sie beurteilt Menschen nach ihren Gedanken und ihrer sprachlichen Ausdrucksfähigkeit. Es stimmt, dass es sehr, sehr schwierig ist, eine Tanne zum Freund zu gewinnen. Wem es aber einmal gelungen ist, der kann sich einer lebenslangen Freundschaft gewiss sein. Dabei wird die Tanne nie aufdringlich. Sie spürt, wann es genug ist, und zieht sich dann diskret zurück. Sie verfügt über so sensible Antennen, dass oft ein kurzer Blickwechsel genügt, damit die Tanne weiß, wie es ihrem Gegenüber geht. Damit hat sie schon so manchen Gesprächspartner verblüfft. Seien Sie also auf der Hut – einer Tanne kann man so schnell nichts vormachen!

Schwächen

Tannen sind nicht leicht zu beeindrucken. Wer denkt, mit einem Kompliment oder der Einladung zu einem opulenten Essen würde einem das Herz der Tanne automatisch zufliegen, der hat sich gründlich geirrt. Wer eine Tanne wirklich beeindrucken will, muss sich öffnen und seine Seele preisgeben. Das schönste Kompliment, das man einer Tanne machen kann, ist der Satz: „Das habe ich bisher noch niemandem erzählt“ oder „Mit dir kann ich einfach über alles reden.“ Small-Talk und Gerede über das Wetter können Tannen in den Wahnsinn treiben. Die Ernsthaftigkeit und Kopflastigkeit der Tanne verschreckt oft andere Menschen. Eine Tanne kann auf den Punkt genau eine zynische Bemerkung machen, die zwar einen wahren Kern hat, jedoch in dieser Schärfe nicht hätte sein müssen. Die Tanne bringt dadurch ihre Mitmenschen oft zum Nachdenken, Freunde schafft sie sich damit nicht unbedingt. Das Gefühl, anders zu sein als andere, kennt sie und sie fühlte sich schon als Kind auf dem Spielplatz oft wie ein Fremdkörper. Damit hat sie zu leben gelernt. Die Tanne schaut anderen zwar gerne in die Karten, aber ihr eigenes Blatt hält sie lieber im Verborgenen. Sie ist eine sehr gute Schauspielerin, die sich nie anmerken lässt, wie sie über jemanden denkt. Man kann jahrelang das Gefühl gehabt haben, von der Tanne geschätzt worden zu sein, um dann erfahren zu müssen, dass sie nichts von einem hält. Die Tanne beherrscht ihre Körpersprache, Mimik und Gestik so gut, dass man wirklich nicht erfährt, was in ihr vorgeht. Ihren Panzer, mit dem sie sich natürlich gegen Verletzungen schützen will, durchdringt so leicht niemand. Und die Tanne gehört sicherlich zu den Menschen, die ohne ihren schützenden Panzer eine Art körperlichen Schmerz empfinden. Man muss daher sehr behutsam mit einer Tanne umgehen!

Die Tanne und ihre Beziehungen

Da die Tanne an oberflächlichen Kontakten und harmlosem Amüsement nicht sonderlich interessiert ist, braucht man als Partner der Tanne einen Seitensprung nicht zu befürchten. Die Tanne konzentriert sich in der Partnerschaft auf das Gegenüber und widmet sich ihm mit Haut und Haaren. Spaß im herkömmlichen Sinne kann man mit einer Tanne zwar nicht haben, aber man wird eine Tiefe und Intensität mit ihr erleben, von der andere Paare nur träumen können.

Wo andere Menschen sich morgens am Frühstückstisch hinter einer Zeitung verschanzen, schlägt die Tanne genau ins Gegenteil aus. Noch vor dem ersten Schluck Kaffee philosophiert sie schon über Gott und die Welt – und wehe, wenn Sie nicht angemessen reagieren: Eine Tanne erwartet viel, aber sie wird Ihr Leben ganz bestimmt bereichern.

Die Tanne und die Zukunft

Die Tanne wird im Alter wohl ein wahrer Hektiker werden. Hatte sie schon in jungen Jahren immer viel um die Ohren, so verstärkt sich dieser Trend noch mit den Jahren. „Ich habe jetzt gerade gar keine Zeit!“ – das ist der Lieblingssatz der älteren Tanne. Dahinter steckt die Angst, dass ihr das Leben zwischen den Fingern verrinnen könnte und sie sich am Ende eingestehen muss, dass sie nicht alles, was sie sich einst vorgenommen hatte, erreicht hat. Sie ist nicht bereit, diesen Gedanken als normale Alterserscheinung hinzunehmen, denn sie hat immer das Gefühl, dass es nur ihr so geht. In ihren Augen haben viele Menschen nichts aus ihrem Leben gemacht und die ältere Tanne sollte sich davor hüten, arrogant oder verletzend zu werden.

Die Tanne spricht

„Ich bin dein Baum. Komm zu mir. Du beneidest mich, denn ich bin fest in der Erde verwurzelt. Ich bin im Boden verankert und zum Schwanken bringt mich so leicht niemand. Du bist entwurzelt und musst erst wieder fruchtbaren Boden finden, um dich wohl zu fühlen. Nun musst du vorerst noch Geduld beweisen, aber die Anstrengung wird sich lohnen! Wir Bäume können dir in dieser aufreibenden Zeit helfen, denn wir besänftigen deine Gedanken und dein Gemüt. Du kannst immer zu mir kommen. Ich bin für dich da!“

Die Ulme – Die Soziale

Die Ulme als Baum

Was die wenigsten Menschen wissen, ist, dass die Ulme heutzutage vom Aussterben bedroht ist. Es existieren nur noch ca. 20 Arten in Nordeuropa. Ulmen bilden keine Wälder, sondern sie treten meistens in einer Reihe als Allee auf. Ulmenholz wächst doppelt so schnell wie Eichenholz und ist ebenso hart. Allerdings lässt sich das Holz der Ulme nur schlecht spalten und verarbeiten.
Die Tage der Ulme waren für die Kelten Perioden der guten Gesinnung. Im Januar erinnerte die Ulme die Menschen daran, dass der Frühling demnächst kommen würde und im Sommer erfreute sie die Menschen durch ihr schönes Äußeres und das üppige Blattwerk.

Medizinische Verwendung

Ulmenblättertee lindert Durchfall.

Die Ulme als Mensch

Die Ulme ist ein sozial eingestelltes Wesen, für das Toleranz und Nächstenliebe an erster Stelle stehen. Für sie sind Andersdenkende keine Belastung oder Bedrohung, sondern eine sinnvolle Bereicherung des täglichen Zusammenlebens. Die Ulme beobachtet mit Angst gesellschaftliche Tendenzen, nach denen die Menschen sich immer mehr anpassen und zu einer Art Einheits-Spezies werden. Sie wird zeitlebens nicht müde, Menschen Mut zu machen, ihren eigenen Weg zu gehen, auch wenn die anderen lachen oder das nicht verstehen. Die Ulme ist überdurchschnittlich häufig in sozialen, pädagogischen und medizinischen Berufen zu finden, weil sie ihrer Bestimmung dort am besten nachgehen kann. Sie muss einfach mit Menschen zu tun haben und sie freut sich sehr, wenn sie einigen ihrer Schützlinge einen guten Start ins Leben geben konnte.

Stärken

Die Ulme kann nicht wegschauen, wenn es um soziale Ungerechtigkeit geht. Die Fähigkeit, Gesehenes zu verdrängen und zur Tagesordnung überzugehen, besitzt sie nicht. Vielen ist die Ulme ein allzu unbequemer Zeitgenosse, weil sie den Finger ständig in die Wunden legt und ihre Mitmenschen öfter mit Fragen konfrontiert wie: „Willst du nicht etwas für diese oder jene Organisation spenden?“ oder „ Hast du nicht Lust, dich ehrenamtlich in unserem Verein zu engagieren?“ Man muss nicht erwähnen, dass sie negative Antworten nicht gelten lässt und dass die Ulme andere Menschen schnell dazu zwingen kann, sich zu rechtfertigen. Und im Grunde hat die Ulme auch Recht damit, aber es gibt eben viele Menschen, die nicht über die immensen Kräfte der Ulme verfügen und deren moralisches Gewissen auch nicht so stark ausgeprägt ist.

Die Ulme ist couragiert und wenn sie Missstände anprangert, so geschieht das ohne Rücksicht auf das Ansehen der Angeklagten. Wenn sie eine Verbesserung erreichen will, ist ihr fast jedes Mittel recht und sie gibt nicht eher Ruhe, bis sie ihre Ziele auch erreicht hat. Zäh und willensstark ist die Ulme und sie muss es auch sein, denn sehr oft wurde ihr schon vorgeworfen, dass sie Unruhe verbreite. Im Grunde ist das in den Ohren der Ulme ein Kompliment und je mehr die Menschen sich über sie aufregen, desto eher ist das der Ulme ein Zeichen dafür, dass sie mal wieder in ein Wespennest gestochen hat.

Trotz vieler negativer Erfahrungen, die die Ulme im Laufe ihres Lebens einstecken musste, hat sie wirklich nie den Glauben an das Gute in den Menschen verloren. Menschen, die beispielsweise schwere Verbrechen begangen haben, sind in den Augen der Ulme nur das Opfer ihrer Erziehung oder Umwelt geworden und sie haben einen guten Kern, der nur verschüttet worden ist.

Schwächen

Gerade Ulmen, die in sozialen Berufen arbeiten, haben oft Probleme damit, Feierabend zu machen – sowohl in zeitlicher als auch in inhaltlicher Hinsicht. Da sich berufliche und private Interessen bei ihr oft vermischen, arbeitet die Ulme im Grunde rund um die Uhr. Wenn die Ulme sich abends verabredet, wird sie sich mit Sicherheit über neue Projekte unterhalten. Sie kann nicht abschalten und leider nimmt sie auch viele Sorgen ihrer Schützlinge mit nach Hause. Die Ulme hat beinahe ein schlechtes Gewissen, wenn sie einmal über einen längeren Zeitraum hinweg nicht an die Arbeit und die Probleme der Menschheit gedacht hat. Im Urlaub hat sie ein schlechtes Gewissen, weil es ihr so gut geht, während in der Dritten Welt die Menschen hungern müssen. Dabei würden nicht nur die Ulmen selbst, sondern auch alle anderen Menschen, die mit ihnen zu tun haben, davon profitieren, wenn sie besser abschalten könnten, denn dann wären sie entspannter und könnten sich besser konzentrieren.

Leider wird die gute Ulme in ihrer Großzügigkeit häufig ausgenutzt und sie müsste dringend lernen, sich dagegen zu wehren. Aber sie nimmt jedes Hilfegesuch gleich ernst und sucht, wenn etwas schief gegangen ist, den Fehler lieber bei sich als bei den anderen. Ein bisschen mehr Egoismus und die Fähigkeit, sich abzugrenzen, würden der Ulme wirklich gut tun.

Die Ulme und ihre Beziehungen

Die Ulme braucht möglichst einen Partner, der sich ebenso engagiert wie sie selbst. Die Ulme ist abends oft nicht zu Hause, da es so viele Termine gibt, die sie wahrnehmen möchte oder muss. Ein Bedürfnis nach ungestörter Zweisamkeit ist zwar vorhanden, aber sie neigt dazu, diese Wünsche zu verdrängen. Sie verlangt von ihrem Partner viel Verständnis für ihre Aktivitäten und es gibt etliche Ulmen, die zu spät gemerkt haben, dass der Partner darunter litt, dass sie nie da waren, wenn sie gebraucht wurden. „Die Probleme der anderen sind dir doch wichtiger als unsere!“ – mit diesem Satz werden Ulmen in einer Beziehung häufig konfrontiert. Und manchmal finden sie tatsächlich, dass die eigenen Probleme lapidar sind im Gegensatz zu den existenziellen Sorgen, die andere Menschen im Leben haben. Wenn der Partner ein ähnliches Welt- und Menschenbild hat wie die Ulme, kann dieses Doppel sehr viel bewegen und tatsächlich dazu beitragen, dass diese Welt ein bisschen besser wird.

Die Ulme und die Zukunft
Die Ulme will viel und erreicht in ihren eigenen Augen nur wenig. Wenn sie älter und vielleicht auch etwas schwächer wird, fühlt sie sich häufig hilflos und ohnmächtig, weil sie nicht mehr so viel leisten kann wie früher. Sie hat dann den Drang, missionarisch zu werden, und sucht nach jungen Menschen, die ihre Arbeit in ihrem Sinne weiterführen. Die Ulme hat Probleme damit anzuerkennen, dass jüngere Menschen vielleicht einen anderen Stil haben, die Dinge anzufassen und umzusetzen. Ein wenig Selbstüberschätzung war der Ulme schon immer zu Eigen und sie tut gut daran, wenigstens im Alter etwas ruhiger und entspannter zu werden.

Die Ulme spricht
„Ich bin dein Baum. Ich gebe dir Kraft. Leg dein Ohr an meinen Stamm! Rieche meine Rinde! Fass mich an! Ich war schon da, als du noch im Entstehen warst. Vieles hat dich seither bedrückt, aber ich weiß auch von deinen glücklichen Zeiten. Du kannst so sein wie ich. Aber du musst deine Mitte finden. Streck dich der Sonne entgegen und überlasse dich ihrer Wärme. Tu nichts. Denk nichts. Lass nur deinen Atem fließen. Sei du! Sei ich! Sei stark und mächtig, aber sei bei dir. Wir sind verwandt, aber du musst deine Gene entdecken und mich in dein Leben einlassen. Lass es uns zusammen wagen!"

Die Zypresse – Die Lebenshungrige

Die Zypresse als Baum
Die Zypresse ist ein winterhartes Gewächs, das zur Familie der Koniferen gehört. Dieser licht- und sonnenhungrige Baum galt den Kelten als ein Symbol der Auferstehung. Daher ist es auch kein Zufall, dass die Zypressen-Tage zwischen dem 25. Januar und 03. Februar sowie dem 26. Juli und 04. August in eine Zeit fallen, in der das Licht intensiv erlebt wird.

Medizinische Verwendung
Der Duft zerriebener Zypressenblätter fördert die Konzentration.

Die Zypresse als Mensch
So wie die Zypresse viel Sonne braucht, um zu ihrer stattlichen Größe heranwachsen zu können, so ist ein Hauptmerkmal der Zypressen-Menschen ihr extremer Hunger nach Leben. Diese Menschen sind stets aktiv, wissbegierig, zukunftsorientiert und voller Lebenslust. Zypressen kennen die Angst, etwas Schönes zu verpassen, sehr genau und sie wollen nicht selten auf zwei Hochzeiten gleichzeitig tanzen. Darüber hinaus sind sie unabhängige Wesen, die im Laufe ihres Lebens einen ganz eigenen Lebensstil kreieren, den man ihnen nicht so leicht nachahmen kann. Eltern von Zypressen fragen sich und ihre Kinder oft, woher der starke Drang nach Individualität kommt und warum die Zypresse nichts so sehr scheut, wie so zu sein wie alle anderen auch. Die Seitenstraßen und Umwege des Lebens sind der Zypresse schon immer interessanter erschienen als die geraden Wege und die Menschen, die ihr dort begegnet sind, haben ihr oft mehr gegeben als diejenigen, die um ihre Freundschaft Schlange gestanden haben. Die Zypresse fühlt sich von ungewöhnlichen und exzentrischen Menschen angezogen, weil sie sich von ihnen Anregungen und Erkenntnisse erhofft, die sie sonst nicht bekommen würde.

Stärken
Die Zypresse führt ein intensives Leben und sie hat oft schon in jungen Jahren ein Repertoire an Erfahrungen, um das sie ältere Menschen beneiden. Die Zypresse nimmt Höhen und Tiefen des Lebens gerne an, denn sie weiß, dass beides zusammengehört und dass sie das eine nie ohne das andere bekommt. Sie scheint förmlich nach intensiven Erfahrungen zu suchen und sie will den Dingen immer auf den Grund gehen. Wenn Mitschüler sich um ein Schulpraktikum bei einer

Kosmetikerin oder einer Tierärztin gerissen haben, zog die Zypresse es vor, in einem Sterbehospiz zu arbeiten. Jeder Ort, an dem extreme oder existenzielle Erfahrungen gemacht werden, übt auf die Zypresse eine magische Anziehungskraft aus. Sie scheut nicht vor schwierigen Situationen zurück – man hat manchmal sogar das Gefühl, dass sie sie geradezu sucht, um noch mehr Gefühlstiefe zu erreichen. Die Zypresse fürchtet sich auch nicht vor extremen Menschen oder Begegnungen und manchmal bringt sie sich dadurch unbewusst in Gefahr. Aber sie hat oft einen Schutzengel, der sie gut behütet. Keine Frage, dass die Zypresse ein guter Ratgeber in schwierigen Lebenslagen ist, denn ihr ist nichts Menschliches fremd. Und sie verzweifelt nie. Ihrer Meinung nach gibt es für jedes Problem eine Lösung und wenn nicht, dann ist es einfach eine Frage der Zeit, bis Besserung eintritt. Ihren unerschütterlichen Optimismus lässt sich die Zypresse nicht nehmen und sie kann mit dieser Einstellung viele Menschen anstecken.

Schwächen

Die unbändige Lebenslust der Zypresse lässt sie sprunghaft und unkonzentriert erscheinen. Immer auf der Suche nach neuen Abenteuern und interessanten Menschen kommt die Zypresse nie zur Ruhe und ihre Rastlosigkeit überträgt sich schnell auf andere. Manchmal kann man die Motive der Zypresse nicht richtig durchschauen. Sie scheint Begegnungen mit ungewöhnlichen Persönlichkeiten zu sammeln wie andere Menschen Bierdeckel oder Briefmarken. Häufig hat es den Anschein, dass die Zypresse eher einen distanziert-sezierenden Blick auf andere Menschen hat als einen liebevollen. Die Zypresse will eben alles kennen lernen und je mehr sie sieht und lernt, desto genauer ahnt sie, dass sie immer nur einen kleinen Ausschnitt des Lebens zu Gesicht bekommen wird. Egal wie weite Reisen sie unternimmt und egal wie kurios und ungewöhnlich ihre Freunde sind – die Zypresse sollte sich klar machen, dass ihr zwangsläufig vieles verborgen bleiben wird.

Die Zypresse verwechselt oft Qualität mit Quantität. Sie hat nämlich ständig das Gefühl, ihr würde die Zeit davonlaufen, und daher versucht sie, maximal viele Dinge in einem Termin zusammenzulegen. Die Menschen, die davon betroffen sind, fühlen sich oft enttäuscht, denn wenn sie sich gerade auf einen netten Abend mit der Zypresse eingerichtet haben, stellen sie fest, dass noch mehr Leute eingeladen sind, dass zwei davon verkuppelt werden sollen und nebenher der Wasserhahn repariert und das Baby gehütet werden müssen. Für die Zypresse, die logistisch hoch begabt ist, kein Problem. Aber alle anderen fühlen sich mit der Zeit nicht mehr ernst genommen und suchen sich womöglich andere Freunde.

Die Zypresse und ihre Beziehungen

Die Zypresse ist sehr leidenschaftlich und man führt mit ihr aller Voraussicht nach eine intensive Partnerschaft, in der es nicht so schnell langweilig wird. Die Zypresse hat viele Interessen, die sie regelmäßig pflegt, und sie hat es gerne, wenn man sie nicht immer dabei begleitet! Sie mag es nicht, ständig im Doppelpack aufzutreten und sie möchte auch in liiertem Zustand als Einzelperson wahrgenommen werden. Ihre Freiheit lässt sie sich nicht nehmen und sie möchte nicht eingeengt werden. Ihrem Partner räumt sie dasselbe Recht ein und die Beziehung wird mit Sicherheit davon profitieren, dass beide ein eigenständiges Leben führen. Kinder von Zypressen haben es meistens gut, da sie schon früh in alle möglichen Richtungen gefördert werden und immer jemanden haben, der ihre Neugierde stillt und ihnen die Welt erklärt.

Die Zypresse und die Zukunft

Die Zypresse leidet als älterer Mensch extrem unter der Abhängigkeit von anderen Menschen. Sie war es ja gewohnt, unabhängig durchs Leben zu gehen und selbst zu bestimmen, was und wie etwas getan werden soll. Nun muss sie mit ansehen, wie andere für sie entscheiden, und darin liegt viel Konfliktstoff. Man sollte die Zypresse so lange wie möglich eigenständig agieren lassen

und erst einschreiten, wenn sie von sich aus um Hilfe bittet. Sie kann ihre Kräfte selbst sehr gut einschätzen und da sie Einmischungen in ihr Leben schon immer gehasst hat, wird sie diese Einstellung im Alter erst recht nicht über Bord werfen.

Die Zypresse spricht
„Ich bin dein Baum. Ich bin für dich da. Ich bewege mich nicht von der Stelle, wenn es dir schlecht geht. Ich bin stark, probiere es ruhig aus! Lehne dich mit deiner ganzen Kraft gegen meinen Stamm. Spüre, wie meine Wurzeln auch dir Halt geben. Auch du kannst dich so verwurzeln. Du hast viele Wurzeln, aber sie sind noch nicht so stark und haben noch nicht den richtigen Boden gefunden, der sie aufnimmt. Komm öfter zu mir und lass die Ruhe und den Frieden, die ich dir spende, auch durch deine Adern fließen. Lass dich von mir beruhigen. Hörst du, was meine Blätter dir erzählen? Sie kennen das Leid der Menschen noch aus uralten Zeiten und sie wissen es zu lindern. Wenn du dich mir nur ganz überlässt!“

Die Zeder – Die Eigenwillige

Die Zeder als Baum
Die Zeder ist der am häufigsten zitierte Baum in der Bibel und auch die Kelten, die regen Austausch mit den von ihnen gegründeten Siedlungen pflegten, kannten und schätzten die Zeder sehr. Zedern wachsen sehr schnell und ihr Holz ist für fast alle Zwecke verwendbar. Auch der angenehme Duft, den die Zedern ausströmen, betörte schon die keltischen Vorfahren und daher galt die Zeder im Altertum als ein Baum, der mit der Gefühls- und Sinneswelt in Zusammenhang gebracht wurde.

Medizinische Verwendung
Es ist keine medizinische Verwendung bekannt.

Die Zeder als Mensch
Zedern-Menschen haben die Neigung (oder das Schicksal?), alleine durchs Leben zu gehen. Zwar haben sie Freunde, aber die wichtigsten Phasen des Lebens stehen die Zedern alleine durch. Die Frage, ob die Zedern aufgrund ihrer Einsamkeit so eigenwillig geworden sind oder ob sie alleine sind, weil sie als eigenwillige Menschen auf die Welt gekommen sind, ist kaum zu beantworten. Wahrscheinlich bedingen sich beide Aspekte gegenseitig. Von der Zeder sind viele Menschen fasziniert. Ihre Freunde und Neider beobachten sie oft aus sicherer Entfernung und sind voller Bewunderung, weil die Zeder vieles tut, was andere Menschen nicht zu tun wagen.

Stärken
Die Zeder denkt und handelt autonom. Sie hat sich noch nie gefragt, was die anderen über sie denken könnten. Sie ist immun gegen jegliche Art von Rückmeldung, denn sie braucht weder Bestätigung, wenn sie einen Plan gefasst hat, noch Lob, wenn ihr etwas gelungen ist. Die Zeder handelt einfach so, wie es ihr richtig und sinnvoll erscheint. Dass sie daher oft als anstrengend empfunden wird, ist ihr selbst gar nicht richtig bewusst. Keine Frage, dass die Zeder ein sehr toleranter Mensch ist, denn sie macht sich umgekehrt auch wenig Gedanken darüber, wie andere Menschen handeln. Die Zeder denkt nicht über andere nach, sondern nur über sich selbst. Wer mit einer Zeder einmal so richtig lästern will, wird ins Leere laufen. So etwas ist für die Zeder reine Zeitverschwendung.
In den Augen ihrer Mitmenschen ist die Zeder eine mutige Persönlichkeit. Das, was andere fürchten, ist für sie keine Herausforderung. Wenn sie gefragt wird, woher sie eigentlich den Mut nimmt,

zum Beispiel spontan um eine Gehaltserhöhung zu bitten, ohne sich lange auf dieses Gespräch vorzubereiten, antwortet sie wahrscheinlich: „Wieso, das ist doch gar nicht so schlimm!“ Wer diese Zedern-Antwort zum ersten Mal hört, wird versucht sein, die Zeder als arrogant anzusehen. Dahinter steckt aber weder Arroganz noch das Bedürfnis, den anderen überlegen zu sein, sondern schlicht und ergreifend völlige Bescheidenheit. Und gerade darin scheint das Geheimnis des Erfolgs vieler Zedern zu liegen: Gerade weil sie sich nicht anstrengen, fällt ihnen vieles in den Schoß. Man sollte sich allerdings davor hüten, die Zedern kopieren zu wollen! Sie eignen sich nämlich schlecht als Beispiel für andere Menschen. Eine Kastanie oder ein Olivenbaum, der auf die typische Zedern-Art etwas erreichen will, wird wahrscheinlich kläglich scheitern. Die Zedern sind Individualisten und nur deshalb überzeugend, weil sie im Geiste unabhängig von der Meinung anderer sind.

Schwächen

Die Zeder ist ein Einzelkämpfer und man sollte sie nicht unnötigerweise zwingen, sich in ein Team zu integrieren. Wenn sie schon mit anderen Menschen zusammenarbeiten muss, sollte man tunlichst darauf achten, dass sie ein eigenes Aufgabengebiet erhält. Die Zeder ist darauf angewiesen, dass man ihr einen großen Vertrauensvorschuss entgegenbringt. Am besten sagt man zu einer Zeder „Mach du mal, wie du meinst, und zeig mir am Ende dein Ergebnis“, dann wird man mit Sicherheit nicht enttäuscht werden.

Die Zeder kann sich anderen Menschen gegenüber schlecht öffnen. Sie erzählt nicht gerne von sich und die anderen haben oft das Gefühl, man müsste ihr alles „aus der Nase ziehen“. Aber gleichzeitig ist die Zeder sehr fasziniert von dem, was sie über ihre Mitmenschen erfährt. Im Grunde ihres Herzens würde sie gerne einmal einen typischen Small-Talk über das Wetter oder die Benzinpreise führen. Aber sie weiß einfach nicht, wie das geht. Zum Glück ist die Zeder immer von einigen wenigen Menschen umgeben, die sie trotz ihrer Schrulligkeit zu schätzen wissen. Denn die Zeder ist ein zutiefst friedfertiges Wesen, das einfach nur zu oft die Erfahrung macht, dass sie etwas anders ist als das Gros der Menschheit. Aber sie ist extrem liebenswert und oft stellt sie sich als eine große Bereicherung im Freundes- und Bekanntenkreis heraus.

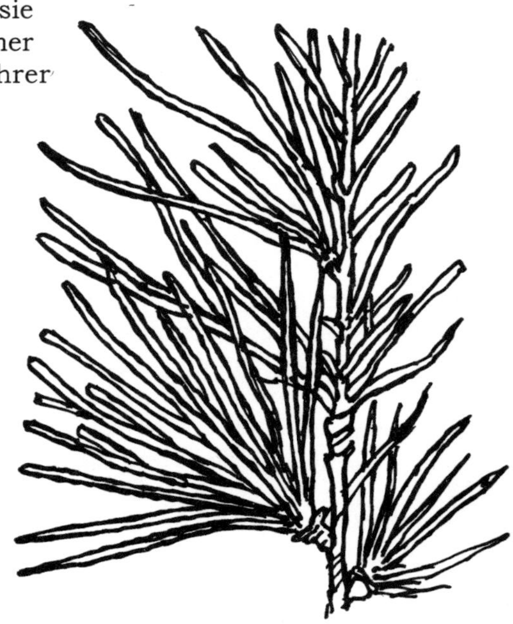

Die Zeder und ihre Beziehungen

Die Tatsache, dass die Zeder sich schlecht öffnen kann, führt dazu, dass sie nicht unbedingt im Zentrum der Aufmerksamkeit des anderen Geschlechts steht. Laute Partys, Verkuppelungsversuche und Abschlussbälle sind ihr schon immer ein Gräuel gewesen. Die Zeder war noch nie verlegen, wenn es darum ging, eine gute Ausrede für eine dieser Veranstaltungen zu erfinden.

Da es nicht so oft vorkommt, dass die Zeder einen Menschen findet, mit dem sie sich auf derselben Wellenlänge befindet, verliebt sie sich spontan, wenn dieser Fall einmal eintritt. Ihre Begeisterung für diesen Menschen kennt dann keine Grenzen und sie kann regelrecht überschwänglich werden in ihrer Liebe. Die Zeder würde nicht leichtfertig und unüberlegt eine Liebeserklärung von sich geben und wenn sie es einmal tut, kann man sich auch wirklich ganz sicher sein, dass es aus der Tiefe des Herzens kommt und absolut ehrlich gemeint ist. Die Zeder ist ein treuer Partner, dem ständig vor Augen steht, dass die Liebe ein seltenes Gut ist, das man im Alltag hegen und pflegen muss, damit es einem erhalten bleibt.

Die Zeder und die Zukunft

Das Glück der alten Zeder hängt stark davon ab, ob sie einen festen Partner fürs Leben gefunden hat. Für die Zeder, die schon als ganz junger Mensch die Leiden der Einsamkeit kennen gelernt hat, ist es nicht gut, alleine alt zu werden. Einer alten Zeder kann man schlecht raten, sich Gruppen zur gemeinsamen Freizeitgestaltung anzuschließen. Das hat sie schon als Jugend-

liche nicht getan und sie wird es im Alter erst recht nicht tun. Alte Zedern neigen dazu, sich einzuigeln und nun erst recht niemanden an sich heranzulassen. Sie organisieren ihren Alltag akribisch durch und gehen unter Umständen jeden Tag exakt zur selben Zeit spazieren. Wem es gelingt, eine alte Zeder zum Reden zu bringen, wird reich belohnt werden. Die Zeder hat sich zeitlebens so viele interessante Gedanken über das Leben gemacht, dass es eine Freude sein wird, ihr zuzuhören.

Die Zeder spricht

„Ich bin dein Baum. Mach dich auf zu einer Reise in deine Fantasie. Werde in Gedanken ein Teil von mir. Nicht der Stamm, auch nicht die Wurzel sollst du sein. Werde eines meiner Blätter. Versuche dir vorzustellen, welch ein Genuss es ist, einfach nur zu sein. In jeder Sekunde des Lebens ist ein Blatt einfach nur ein Blatt. Es will nichts anderes sein, als es ist. Es ist glücklich, seiner Bestimmung nachzugehen. Es kommt und vergeht und es ist Teil der wunderbaren und geheimnisvollen Natur, die uns täglich umgibt. Jedes einzelne Blatt ist schön, vollkommen und einzigartig – so wie du! Und zusammen mit den anderen Blättern bilden sie eine feste Krone, die auch dich krönen kann. Sei auch du, der du bist. Das ist mehr als ausreichend, es ist perfekt!“

Die Kiefer – Die Vorsichtige

Die Kiefer als Baum

Da die genügsame Kiefer so gut wie keine Ansprüche an den Boden oder das Klima stellt, gehört sie zu den am weitesten verbreiteten Bäumen in Europa. Bei den Kelten hieß die Kiefer Feuerbaum, da sie mit dem Kienspan der Kiefer ihre Räume erleuchteten. Das Harz der Kiefer verwendeten unsere Vorfahren, um damit Fackeln für die dunkle Nacht herzustellen.

Medizinische Verwendung

Der Dampf gegarter Kiefernsprossen lindert Husten und Heiserkeit.

Die Kiefer als Mensch

Kiefergeborene sind keine Theoretiker, sondern praktisch veranlagte Menschen. Das Ringen der Vernunft, Gefühle und Triebe in Einklang zu bringen, ist bei den Kiefern sehr stark ausgeprägt. Kiefern wollen alles: tiefe Gefühle, leidenschaftliche Liebe, rationales Denken und emotionales Empfinden. Doch da Kiefern im Grunde ihres Herzens sehr ängstliche Menschen sind, träumen sie oft jahrelang nur von dem wahren Leben, anstatt sich mitten in dessen Strom hineinzubegeben.
Ihre Ängstlichkeit bewahrt sie natürlich auch vor der einen oder anderen Katastrophe, aber den Kiefern mangelt es dadurch auch oft an bereichernden Erfahrungen, auf denen sie aufbauen können. Alles, was mit leidenschaftlichen Gefühlen zu tun hat, übt eine magische Anziehungskraft auf die Kiefer aus, stößt sie aber auch gleichzeitig ab, weil sie von zu viel Gefühl verunsichert wird. Sie ist umso aktiver und zupackender, wenn es um die praktischen Dinge des Lebens geht.

Stärken

Die Kiefer ist ein ordentlicher und vernünftiger Mensch. Sie hinterlässt niemals Chaos und Ordnung ist ihr heilig. Dabei wird sie aber nie pedantisch und sie hat keine Probleme damit, dass andere Schreibtische oder Küchen anders aussehen als bei ihr. Die Kiefer käme nie auf den Gedanken, sich als Vorbild für andere aufzuspielen, denn sie ist nie hundertprozentig überzeugt von dem, was sie tut. Die Kiefer beobachtet andere Menschen gerne und sie liebt es, sich in ihrer blühenden Fantasie vorzustellen, wie es wäre, ein ganz anderer Mensch zu sein. Andere Lebensmodelle erscheinen ihr fast immer reizvoll und sie bedauert es sehr, dass ihr nur ein Leben zur Verfügung steht. So sehr die Kiefer sich für andere Menschen interessiert, lässt sie die wirklichen Dramen ihrer Freunde und Bekannten nicht an sich heran.

Es kann vorkommen, dass die Kiefer den Raum verlässt, wenn jemand weint. Wenn sie Glück hat, wird ihr das als Diskretion oder Rücksichtnahme ausgelegt. Wenn sie Pech hat, wirft man ihr vor, als Freund versagt zu haben. Die Wahrheit liegt in der Mitte: Der Kiefer sind Gefühlsäußerungen suspekt und sie selbst neigt auch nicht dazu, ihre Emotionen herauszulassen. Wenn sie sich ärgert, atmet sie tief durch und geht eine Runde um den Block. Wenn sie wiederkommt, ist sie wie ausgewechselt und kann ihre Aufgaben wieder uneingeschränkt wahrnehmen. Das macht die Kiefer als Freund und Kollegen sehr beliebt. Sie strahlt die Ruhe und Ordnung förmlich aus und gerade Menschen, die mit diesen Tugenden hadern, werden von der Kiefer bestimmt profitieren.

Schwächen

Die Kiefer besitzt eine ausschweifende Fantasie, von der sie gerne Gebrauch macht. Sie kann sich jederzeit in ihre Tagträume flüchten und es kann vorkommen, dass die Kiefer diese Fähigkeit auch bewusst einsetzt. Die Grenzen zwischen Fantasie und Wirklichkeit verwischen dabei häufig, sodass die Kiefer bisweilen mit dem Vorwurf konfrontiert wird, ein Träumer zu sein. Manchmal sind ihre Vorstellungen sogar stärker als das wahre Leben und es kann passieren, dass die Kiefer ohne böse Absichten etwas Erfundenes als Realität ausgibt. Kiefer-Kinder erzählen oft spannende Geschichten über ihre Familienmitglieder und wenn man die betreffenden Personen dann kennen lernt, wundert man sich nicht schlecht. Aber man darf der Kiefer nicht vorwerfen, dass sie bewusst lügen würde. Fantasie und Realität wiegen in den Augen der Kiefer eben gleich schwer.

Wenn man eine Kiefer länger kennt, hat man manchmal den Eindruck, sie würde das Leben lieber beobachten, anstatt selbst zu leben. Die Kiefer liebt beispielsweise Theaterstücke oder Fernsehfilme, in denen menschliche Tragödien wiedergegeben werden, aber in ihrem eigenen Leben möchte sie mit diesen Dingen doch lieber nichts zu tun haben. Die Kiefer hat das Gefühl, sich prophylaktisch gegen Katastrophen wappnen zu können, wenn sie sich möglichst häufig theoretisch mit ihnen beschäftigt. Sie lässt sich auch gerne erzählen, was sich bei den anderen zu Hause abspielt, aber allzu delikat darf es nicht werden. Da die Kiefer alles Erzählte in ihrer Fantasie noch verstärkt, hat sie häufig das Gefühl, in einer ziemlich verrückten Welt zu leben, und vielleicht hat sie damit ja sogar irgendwie Recht?

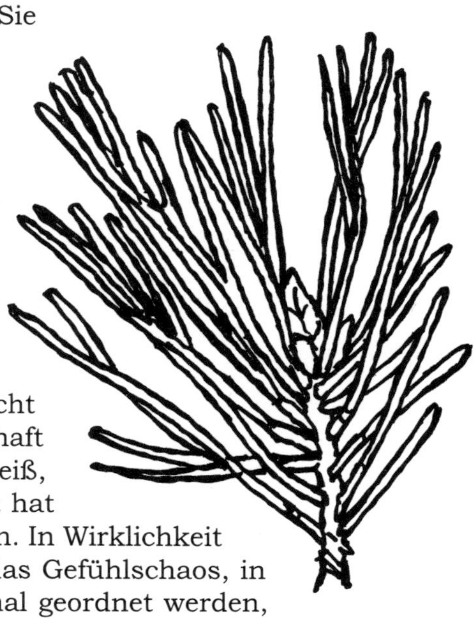

Die Kiefer und ihre Beziehungen

Die Kiefer erwartet von ihrem Partner oft, dass er ihr „das wahre Leben" zeigt. Natürlich möchte sie dabei lieber Beobachterin bleiben, aber wenn sie die Bereitschaft, sich jemandem hinzugeben und zu öffnen, nicht hat, wird es für sie schwierig, eine glückliche Partnerschaft zu führen. Bei der Kiefer braucht man lange, bis man weiß, woran man eigentlich ist bzw. ob man ihr Herz erobert hat oder nicht. Sie kann sich sehr lange unverbindlich geben. In Wirklichkeit braucht sie bloß noch ein bisschen Bedenkzeit, denn das Gefühlschaos, in dem sich eine verliebte Kiefer befindet, muss erst einmal geordnet werden, bevor sie den zweiten Schritt planen kann. Wenn Sie von einer Kiefer längere Zeit nichts hören, ist das nicht unbedingt persönlich zu nehmen. Sie muss sich bloß erst klar darüber werden, was sie eigentlich will.

Die Kiefer und die Zukunft

Die Kiefer hat ihr Leben relativ lange von einem Beobachtungsposten aus geführt, sodass ihr fast alle menschlichen Regungen vertraut sind. Oft kann sie intuitiv erahnen, wie sich die Dinge weiterentwickeln, und ihre Vorhersagen sind bei ihren Mitmenschen oft gefürchtet. Die ältere Kiefer entwickelt sich immer stärker zu einem gütigen Berater für alle, die Probleme haben, und sie erweitert unter Umständen ihre Toleranzgrenzen. Wo sie früher die Ohren verschlossen hätte,

kann sie nun hinhören und manchmal kann sie sich sogar darüber amüsieren, was andere Leute so beschäftigt. Kiefern neigen nicht dazu, im Alter verrückte Dinge zu tun. Dazu schätzen sie einen ruhigen, entspannten Lebensabend viel zu sehr.

Die Kiefer spricht
„Ich bin dein Baum. Leg dein müdes Haupt an meinen Stamm und ruh dich aus. Du hast viel geleistet und etliches Erreicht. Du hast dir hohe Ziele gesetzt, aber darüber zu manchen Zeiten vergessen zu leben. Nun bist du bei mir und ich empfange dich mit offenen Armen. Ich habe lange auf dich – gerade auf dich – gewartet. Lass deinen Besuch bei mir zu einer Selbstverständlichkeit werden. Nimm wahr, wenn ich dir fehle, und suche mich auf, wann immer du neue Kräfte tanken musst. Du meinst, du hättest keine Zeit? Du kannst entscheiden: Du hast 24 Stunden am Tag zu deiner freien Verfügung. Und du bist auf der Welt, um zu genießen. Denke darüber nach. Nimm Platz!"

Der Weidenbaum – Der Flexible

Der Weidenbaum als Baum
Der Weidenbaum nimmt im keltischen Baumkalender einen wichtigen Platz ein. Er ist für die Kelten mit einem praktischen Nutzen verbunden. Im Herbst befinden sich die Weidenstängel im vollen Saft. Wenn man sie um diese Zeit schneidet, bleiben sie länger geschmeidig und man kann aus ihnen wunderbar Körbe flechten. Und wann bräuchte man Körbe dringender als im Herbst, der Zeit der Ernte?
Der keltische Baumkalender lässt offen, um welche Art von Weidenbaum es sich handelt. Sind Sie im Zeichen der Weide geboren, sollten Sie selbst herausfinden, zu welcher der vielen Arten von Weidenbäumen Sie sich hingezogen fühlen. Übrigens: Die meisten Menschen entscheiden sich in diesem Fall für die Trauerweide!

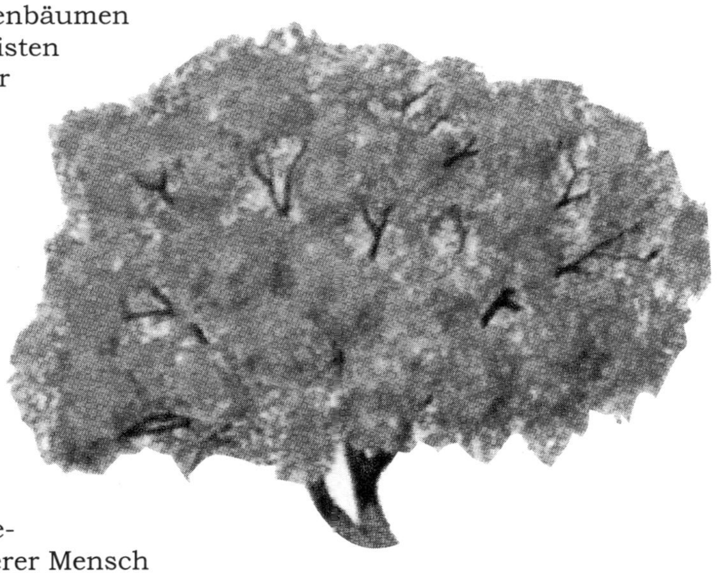

Medizinische Verwendung
Tee aus Weidenrinde hat eine Fieber senkende Wirkung.

Der Weidenbaum als Mensch
Ähnlich wie die Äste des Weidenbaumes, die aufgrund ihrer Elastizität und Biegsamkeit geschätzt wurden, verhält es sich auch mit der Psyche des menschlichen Weidenbaumes. Es handelt sich um einen flexiblen Menschentyp, der sich optimal anpassen und in den unterschiedlichsten Situationen und Umgebungen glücklich werden kann. Kaum ein anderer Mensch leidet so wenig unter Ortswechseln und anderen Veränderungen. Weidenbaum-Kinder erkennt man oft daran, dass sie schon als Säuglinge überall schlafen können und auch später keine Probleme haben, sich auf neue Umgebungen oder Bezugspersonen einzustellen. Kontinuität ist für den Weidenbaum ein Fremdwort und wo auch immer er auftaucht, fühlt er sich sofort zu Hause. Er braucht nicht viel, um sich heimisch zu fühlen. Oft reicht ein kleiner symbolischer Gegenstand aus, damit sich der Weidenbaum wohl fühlt. Sei es ein Foto oder eine Lieblingsdecke, mehr braucht er nicht, um Geborgenheit zu empfinden.

Stärken
Die Fähigkeit, sich schnell und problemlos auf etwas Neues einstellen zu können, ist sicherlich die größte Stärke des Weidenbaumes. Er kann sich neue Themen schnell aneignen und was er einmal gelernt hat, vergisst er auch nicht mehr. Der Weidenbaum ist zudem sehr belastbar. Er weiß, wann es sich lohnt zu kämpfen und wann es besser ist, klein beizugeben. Aber man wird

sich mit einem Weidenbaum nicht oft streiten müssen. Die Weide ist harmoniebedürftig. In ihren Augen ist das Leben viel zu kurz, um es mit sinnlosen Querelen zu vergeuden. Daher hat sie keine Probleme, nachzugeben oder Kompromisse einzugehen. Sie sollten nie den Fehler begehen, einem Weidenbaum dies als Schwäche auszulegen. Erstens stimmt es nicht und zweitens ist ein Weidenbaum allergisch dagegen, dass man das, was er tut, allzu offensichtlich beurteilt. Er wird nicht gerne das Thema eines Gespräches und wenn der Weidenbaum das Gefühl hat, hinter seinem Rücken würde über ihn geredet, wird er die betreffenden Personen mit Sicherheit sofort konsequent zur Rede stellen. Überhaupt ist das Motto des Weidenbaumes „Leben und leben lassen". Der Weidenbaum weiß, dass es immer mehrere Möglichkeiten gibt, ein Ziel zu erreichen, und dass es einzig und allein darauf ankommt, dass jeder Mensch den Weg findet, der zu ihm passt. Wenn Sie etwas Ungewöhnliches geplant haben und sich noch nicht so richtig trauen, darüber zu sprechen, gehen Sie am besten direkt zum Weidenbaum. Er ist erstens ein guter Zuhörer und zweitens immer offen für ungewöhnliche Lebenswege. Der Weidenbaum weiß aus eigener Erfahrung, dass man seine Meinung innerhalb von Sekunden ändern kann, und er wird Sie mit Sicherheit in Ihrem Vorhaben unterstützen. Wenn es sein muss, auch finanziell.

Schwächen

Die Flexibilität des Weidenbaumes wird oft mit Sprunghaftigkeit oder Oberflächlichkeit verwechselt. Für Menschen, die sich immer genau an einen Plan halten müssen und die Probleme mit Spontaneität haben, wird der Weidenbaum kein guter Freund werden. Der Weidenbaum erhält viele Impulse von einer intuitiven Stimme, die tief in ihm wohnt. Aber das kann er selten jemandem erklären. Daher hat sich der Weidenbaum im Laufe seines Lebens angewöhnt, seine Entscheidungen gar nicht mehr zu begründen. Für ihn ist es einfacher, so zu tun, als wüsste er selbst nicht, was ihn dazu bewogen hat, seine Meinung zu ändern, als zu erklären, dass er so ein unbestimmtes Gefühl hatte und dem unbedingt nachgeben wollte. Überhaupt rechtfertigt sich der Weidenbaum nicht gerne. Er möchte an seinen Taten gemessen und bis dahin möglichst in Ruhe gelassen werden. Weidenbaum-Kinder basteln sich oft, sobald sie schreiben können, ein Türschild mit der Aufschrift „Bitte nicht stören!" und es wird mit Sicherheit oft zum Einsatz kommen. Dem Weidenbaum ist eine ungestörte Privatsphäre sehr wichtig und er hasst nichts mehr, als gefragt zu werden, was er denn eigentlich tut, wenn er sich mal wieder für ein paar Tage zurückzieht. Oft sitzt er nämlich einfach auf dem Sofa und starrt die Wolken an. Daraus schöpft er neue Energie. Aber wem könnte er das schon erklären, ohne dabei wieder Gefahr zu laufen, dass man die Stirn runzelt und ihn heimlich belächelt?

Der Weidenbaum und seine Beziehungen

Der Weidenbaum hat die seltene Gabe, alles so hinzunehmen, wie es ist. Das geht mit einer gewissen Passivität einher. Wer mit einem Weidenbaum eine Wohnung einrichten will, wird sich die Zähne ausbeißen, denn der Weide ist alles recht. Das rote Sofa ist genauso gut wie das gelbe und eine grüne Tapete würde sich in seinen Augen genauso gut machen wie eine weiße. Im Grunde versteht der Weidenbaum nicht, warum man sich mit solchen Themen überhaupt so lange beschäftigen muss. Wenn Sie gerne alleine entscheiden und wenn sie es lieben, dass ihr Partner alles gut findet, was sie tun, werden Sie mit einem Weidenbaum bestimmt dauerhaft glücklich. Belästigen Sie ihn bloß nicht mit zu viel Alltagskram. Dem kann er nichts abgewinnen. Das darf man aber keinesfalls mit Gleichgültigkeit verwechseln! Der Weidenbaum ist einfach langmütig und für sein Wohlbefinden ist es völlig einerlei, welche Farbe das Sofa oder die Tapete hat. Wenn man es recht betrachtet, ist der Weidenbaum in vielerlei Hinsicht ein optimaler Partner, mit dem man sich mit Sicherheit nicht über die berühmte falsch ausgepresste Zahnpastatube streiten wird.

Der Weidenbaum und die Zukunft

Der Weidenbaum hat sich zeit seines Lebens nie viele Gedanken über das Alter und das Altern gemacht. Er wird von seinem Alter plötzlich überrascht und fragt sich, wo die ganzen Jahre eigentlich geblieben sind? Unter Umständen wird der Weidenbaum dann noch einmal ziemlich aktiv und versucht, seine Träume noch schnell zu verwirklichen. Dass er dabei wieder einmal oft belächelt wird, stört ihn im Alter nicht mehr so sehr wie in jungen Jahren. Für ältere Weidenbäume müsste der Tag oft doppelt so viele Stunden haben und manchmal entwickeln sie jetzt noch Hobbys und Vorlieben, mit denen wirklich nicht einmal die näheren Angehörigen gerechnet haben.

Der Weidenbaum spricht
„Ich bin dein Baum. Versuche zu hören, welche Botschaft ich dir mit auf den Weg geben will. Du hast keinen Abstand mehr zu dem, was du tust. Ich möchte dich einladen, auf meine Äste zu klettern. Schau, von hier oben sieht die hektische Welt ganz anders aus und die Sorgen, die dich sonst quälen, werden verschwindend klein. Mach es dir in meinem Geäst bequem und stell dir vor, du würdest dich von dort oben sehen können. Schau genauer hin, schau in das Innerste der Menschen. Dort liegt die Seele. Sie ist eine Schatzkiste, die nur geöffnet werden muss. Was sich darin befindet? Wahre Liebe, Güte und die Fähigkeit, echtes Mitleid zu empfinden. Lass dir von mir den Schlüssel zu deiner Schatzkiste geben und öffne sie endlich. Du wirst in Überfluss leben und kannst endlich wieder ruhig und glücklich werden!“

Die Linde – Die Kritische

Die Linde als Baum
Zur Zeit der Kelten versammelten die Richter zerstrittene Parteien unter einem Lindenbaum, um Recht zu sprechen und Konflikte zu schlichten. Man sagt, unter einer Linde komme die Wahrheit ungeschönt zu Tage. Aufgrund dieser Symbolkraft des Baumes werden auch heute noch viele Heiligenfiguren aus dem Holz der Linden geschnitzt. Wer in der Vergangenheit eine Linde leichtfertig fällte, konnte sich gewiss sein, dass diese Tat hart geahndet wurde, denn die Linde war zu vielen Zeiten und Kulturen der Lieblingsbaum der Menschen.

Medizinische Verwendung
Lindenblütentee ist eine gute Hilfe bei Erkältungskrankheiten.

Die Linde als Mensch
Die Linde ist ein äußerst kritischer Zeitgenosse. Ihr wachsames Auge richtet sich sowohl gegen andere als auch gegen sich selbst. Meistens legt sie an die eigene Person sogar noch härtere Maßstäben an. Eine Linde verlangt viel von ihren Mitmenschen, aber immer nur so viel, wie sie selbst zu leisten bereit ist. Viele Kinder, deren Eltern Linden waren, haben zwar in jungen Jahren geflucht, sind aber als Erwachsene froh und dankbar, relativ strenge Eltern gehabt zu haben, die ihre Kinder immer wieder zu Höchstleistungen angespornt haben.
Keine Frage, dass Linden ausdauernd arbeiten können und zu denjenigen gehören, die das Büro als Letzte verlassen. Wer unter einer Linde Karriere machen will, muss wahrscheinlich Abstriche im Privatleben hinnehmen. Aber die Linde merkt sich immer genau, auf wen sie sich verlassen kann, und sie hat ein gutes Auge für denjenigen, der sich anstrengt und engagiert.

Stärken
Die Linde ist ein guter Diplomat. Sie hat ein stark ausgeprägtes Gerechtigkeitsempfinden und ist in ihren Gefühlsäußerungen sehr vorsichtig und verhalten. Sie denkt oft lange nach, bevor sie zu einem Urteil gelangt. Die Linde gehört zu den seltenen Menschen, die beinahe unabhängig von

der Anerkennung anderer sind. Linden agieren aus sich selbst heraus und wenn sie sich nicht selbst motivieren können, kann es niemand – nicht einmal eine große Summe Geld. Entweder sind Linden von einer Sache voll und ganz überzeugt, dann stürzen sie sich auch hundertprozentig in die Arbeit, oder sie lehnen einen Auftrag nach reiflicher Überlegung ab. Linden begründen jeden ihrer Schritte und sie erwarten das auch von anderen. Daher kommen sie nicht gut mit Menschen klar, die aus dem Bauch heraus leben und ihrer Intuition freien Lauf lassen. Linden sind Rationalisten. Wer jetzt denkt, Linden seien langweilig, der irrt gewaltig! Gerade weil sie so bedächtig sind und viel nachdenken, lohnt sich der Kontakt mit einer Linde immer. Man kann viel von ihr lernen – und auch die Linde weiß, dass sie nicht perfekt ist, und lässt sich gerne von anderen Menschen befruchten und im Gespräch anregen.

Schwächen

Die Linde ist ein kritischer Geist und das führt oft dazu, dass sie eher das Negative als das Positive sieht. Wenn ein Kind einer Linde ein selbst gemaltes Bild zeigt, kann es sein, dass diese das Loben völlig vergisst und stattdessen mit dem Kind über Farbkomposition und Bildaufteilung diskutiert. Es gibt Kinder, die sich dadurch motiviert fühlen, aber die meisten werden mit ihrem Meisterwerk wohl frustriert zum nächsten Erwachsenen trotten, der hoffentlich ein anderer Baum ist. Kein Wunder, dass Linden nie mit sich zufrieden sind. Ihnen scheint die Fähigkeit zu fehlen, sich zu freuen, wenn sie etwas erreicht haben. Kommt eine Linde von einem erfolgreichen Vorstellungsgespräch zurück, empfindet sie keinen Stolz, sondern ist sofort mit der Frage beschäftigt, ob sie sich in diesem neuen Job auch wirklich bewähren kann und wie die Karriereaussichten wohl sind. Die Linde lebt nämlich selten im Hier und Jetzt, sondern ist mit ihren Gedanken immer schon in der fernen Zukunft, die sie sich in den schönsten Farben ausmalt. Und obwohl es oft ganz anders kommt, als es sich die Linde gedacht hat, scheint sie daraus nichts zu lernen.

Darüber hinaus ist die Linde extrem sparsam, wenn nicht gar geizig. Luxus oder unnötigen Schnickschnack verachtet sie genauso wie teure Markenkleidung, Parfüm oder Einrichtungsgegenstände. Oft ziehen Linden noch im fortgeschrittenen Alter mit den Bücherregalen aus Studententagen um. Sie sehen nicht ein, etwas Neues zu kaufen, wenn das Alte noch funktionstüchtig ist. Das ganze Geld, das die Linden im Laufe ihres Lebens ansparen, wird selten dazu verwendet, es sich einmal gut gehen zu lassen. Manchmal hat die Linde leider die Neigung, vor lauter Arbeit das Leben zu vergessen.

Die Linde und ihre Beziehungen

Geben Sie einer Linde nie Grund zur Eifersucht. Sie geht sowieso immer schon so hart mit sich ins Gericht, dass sie die Konkurrenz mit einer anderen Person schlecht verträgt. Sollte eine Linde einmal in Eifersuchtsdramen verstrickt sein, hoffen Sie nicht darauf, dass sie um die Beziehung kämpft. Dazu ist sie nämlich viel zu stolz. Sie wird ihre Sachen packen, den Schlüssel auf den Tisch legen und die Wohnung für immer verlassen – auch wenn Sie sich noch gar nicht entschieden haben, was Sie eigentlich wollen. Für die Linde gilt auch in der Liebe das Motto „Ganz oder gar nicht“. Wenn Sie kein Problem mit der Treue haben, werden Sie mit der Linde bestimmt glücklich alt werden können.
Und natürlich müssen Sie auch damit rechnen, dass die Linde Ihnen gegenüber sehr kritisch eingestellt ist. Sie hat zwar ein liebendes Auge, mit dem sie über die Partnerschaft wacht, aber sie ist nicht dazu bereit, ihren Partner mit Samthandschuhen anzufassen oder zu schonen.

Die Linde und die Zukunft

Die Linde neigt dazu, im Alter unzufrieden zu werden. Meistens haben Linden zwar ein dickes Bankkonto, aber keine Idee, wofür sie ihr Geld ausgeben sollen. Es klingt absurd, aber es entspricht einer häufig gemachten Beobachtung: Linden können sich selbst schlecht etwas Gutes tun. Sie müssen an die Hand genommen werden.

Haben Sie ein Linden-Elternteil, wissen Sie, dass gutes Zureden nicht hilft Linden muss man vor vollendete Tatsachen stellen. Buchen Sie ein nettes Hotel in einer schönen Umgebung und tarnen Sie das Vorhaben als Geburtstagsgeschenk – das ist die einzige Chance, eine Linde dazu zu bewegen, Urlaub zu machen. Und sie wird es Ihnen ewig danken, so viel ist gewiss!

Die Linde spricht

„Ich bin dein Baum. Du machst dir Sorgen. Schon seit langer Zeit kannst du nicht mehr so richtig unbeschwert glücklich sein. Dunkle Wolken sind am Himmel aufgezogen und vernebeln dein Gemüt. Zeitweise hast du das Empfinden, als würdest du nie wieder glücklich werden können. Aber ich, dein Baum, sehe tief in dich hinein.
Ich sehe, dass deine Quelle noch nicht restlos versiegt ist. Sie sprudelt, wenn auch sehr schwach. Lehn dich an mich und lass deinen Gefühlen freien Lauf. Weine, wenn dir danach ist, und spüre die befreiende Wirkung der Tränen. Ich bin für dich da. Ich laufe nicht weg, wenn es schwierig wird. Du wirst wieder leicht und glücklich werden!“

Der Olivenbaum – Der Weise

Der Olivenbaum als Baum

Der Olivenbaum ist ein gedrungener Baum voller Schönheit und Würde. Seine Zweige verästeln sich bereits kurz über dem Boden und die Blätter des Olivenbaums haben eine markante silbrige Färbung auf der Unterseite. Das Holz des Olivenbaums ist gut geeignet, um daraus Besteck und Geschirr zu schnitzen, aber auch Keulen für den Einsatz auf dem Schlachtfeld. Der Tag des Olivenbaumes, der 23. September, ist das Datum der Tag-und-Nacht-Gleiche im Herbst. Was im Frühling überschäumend und voller Leben begann, findet nun im Herbst seine Vollendung und ist zur Reife gelangt.

Medizinische Verwendung

Olivenöl hilft bei vielen Erkrankungen der Haut.

Der Olivenbaum als Mensch

Der Olivenbaum ist, ähnlich wie das botanische Vorbild, ein bescheidener Zeitgenosse, der nicht viel braucht, um vollkommen glücklich zu sein. Beide, Mensch und Baum, sind abhängig von der Sonne. Zu wenig Sonnenschein kann fatale Folgen für die Psyche des menschlichen Olivenbaums haben.
Der Olivenbaum ist von einer tiefen Weisheit durchdrungen, die ihn aber nie überheblich oder arrogant erscheinen lässt. Weisheit bedeutet nämlich in den Augen des Olivenbaums, sie eben nicht „heraushängen“ zu lassen und wie ein Schild vor sich herzutragen, sondern sie stattdessen zu einem natürlichen Teil der eigenen Persönlichkeit werden zu lassen. Alles, was der Olivenbaum tut, ist wohl durchdacht und nicht selten von Erfolg gekrönt. Der Olivenbaum ist aber kein kopflastiger Mensch. Er gehört nicht der Kategorie von Menschen an, die nur reden können, aber in praktischen Dingen völlig versagen. Der Olivenbaum ist in der Lage, innerhalb einer Stunde eine komplizierte philosophische Abhandlung zu lesen und danach den Wasserhahn zu reparieren. Keine Frage, dass er überall sehr beliebt ist und schnell Freunde gewinnt. Er steht gerne als Ratgeber zur Verfügung und er hat seine Gesprächspartner schon oft mit unerwarteten Lösungsvorschlägen überrascht, die sich dann auch in der Praxis als erfolgreich herausgestellt haben.

Stärken

Der Olivenbaum ist vielseitig talentiert. Das Interessante ist, dass seine Talente vielfältiger Natur sind. Er hat sowohl musisch-künstlerische Begabungen als auch handwerkliche. Manchmal scheint es, als könnte der Olivenbaum wirklich alles. Er hilft gerne und erwartet nicht viel für seine Hilfe. Allerdings kann er schnell böse werden, wenn er feststellt, dass er ausgenutzt wird, oder dass seine Hilfeleistungen eine Selbstverständlichkeit werden. Auf Elternabenden, bei denen sich niemand für die Übernahme eines Amtes meldet, opfert sich mit Sicherheit der Olivenbaum. Insgeheim reizen ihn neue Aufgaben und er hat die seltene Fähigkeit, sich seine Arbeiten so zu gestalten, dass sie für ihn interessant werden. Selbst bei der Erledigung routinierter Aufgaben baut sich der Olivenbaum noch eine interessante Schwierigkeitsstufe ein, damit ihm nicht langweilig wird. Wenn er zehn Kilometer gejoggt ist und eigentlich keine Lust mehr hat, läuft er die nächste Runde eben mal rückwärts! Damit macht er sich zwar oft lächerlich, aber sein Innerstes, das nach neuen Herausforderungen schrie, ist befriedigt.

Der Olivenbaum hat eine große Portion Humor und – was sehr wichtig ist! – er kann über sich selbst lachen. Auch das macht einen Teil seiner Weisheit aus: die Erkenntnis, dass man sich selbst nicht allzu ernst nehmen darf und dass sich die scheinbaren Katastrophen des Lebens oft nach ein paar Tagen als Nichtigkeiten herausstellen. Denn eines hat der Olivenbaum im Überfluss zu bieten: Geduld. Und das ist immer schon eine sehr wichtige Tugend gewesen!

Schwächen

Der vielseitig begabte Olivenbaum hat manchmal Schwierigkeiten damit anzuerkennen, dass nicht alle Menschen wie er selbst sind. Er neigt dazu, von sich auf andere zu schließen, und dadurch sind Missverständnissen Tür und Tor geöffnet. „Mach das doch einfach so und so!", hört man den Olivenbaum oft sagen, aber das hilft demjenigen, der ein Problem hat, auch nicht immer weiter. Da dem Olivenbaum alles so leicht fällt, hat man oft das Gefühl, sich lächerlich zu machen, wenn man einen Olivenbaum mit einem Problem belästigt. Aber das ist unbegründet. Der Olivenbaum stellt keine Vergleiche zwischen sich und anderen an. Er hat, was seine eigenen Hilfeleistungen angeht, ein schlechtes Gedächtnis. Das wird ihm oft als falsche Bescheidenheit ausgelegt. Aber ein Olivenbaum hält sich eben nicht unnötig mit Nebensachen auf, wenn er stattdessen zur Tagesordnung zurückkehren kann.

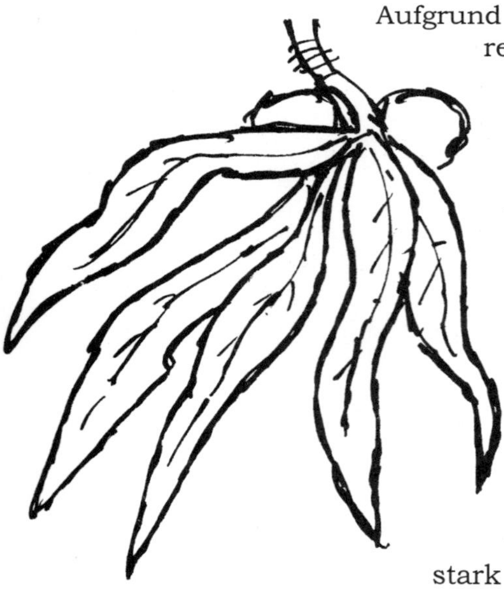

Aufgrund seiner Talente neigt der Olivenbaum öfter dazu, allzu viel an sich zu reißen. Schüchterne oder zögerliche Menschen haben es schwer an der Seite eines Olivenbaums. Wer nicht binnen Sekunden den Arm hochreißt, wenn es um die Verteilung von Aufgaben geht, wird immer leer ausgehen. Der Olivenbaum fragt nicht mehrmals nach. In seinem Weltbild existiert keine Zurückhaltung oder Schüchternheit und daher kann er sich auch schlecht in diese Menschen hineinversetzen. Gute Freunde sollten den Olivenbaum ab und zu darüber aufklären, dass es Menschen gibt, die einfach ein bisschen länger brauchen als er selbst. Auch ein Olivenbaum kann immer noch etwas dazulernen!

Der Olivenbaum und seine Beziehungen

Der Olivenbaum ist ein aktiver Mensch, der gerne Verabredungen trifft und oft etwas mit seinen Freunden unternehmen will. Am besten passt zu ihm ein Partner, der ebenfalls das Bedürfnis hat, viel aushäusig zu unternehmen. Dabei ist der Olivenbaum auch stark auf seine Familie bezogen. Er selbst träumt von einer Familie mit vielen Kindern und er hätte nichts dagegen, deren Oberhaupt zu sein. Häufige und große Familienfeste schätzt er sehr. Partner von Olivenbäumen wünschen sich oftmals etwas mehr Zweisamkeit und gemeinsame Zeit. Olivenbäume sind aber einfach so beliebt und bekommen so viel positive Bestätigung, dass sie ständig Einladungen erhalten. Den goldenen Mittelweg zu finden ist oft geradezu eine Lebensaufgabe für den Olivenbaum.

Olivenbäume flirten gerne. Aber das hat selten einen ernsthaften Hintergrund. Sie flirten um des Flirtens willen, egal ob sie in einer glücklichen Beziehung leben oder nicht.

Der Olivenbaum und die Zukunft

Der Olivenbaum hat gute Chancen, glücklich und zufrieden alt zu werden. In der Regel hat er Bekannte und Freunde und da er so vielfältige Interessen gepflegt hat, wird ihm nie langweilig – selbst dann nicht, wenn seine körperlichen Kräfte schwinden. Olivenbäume bleiben lange geistig rege und nehmen großen Anteil an dem, was die jüngeren Menschen denken und tun. Manchmal vergessen Olivenbäume sogar ihr wahres Alter und sie können gut mit den jungen Leuten mithalten.

Olivenbäume neigen dazu, ihr Leben in Hinblick auf verpasste Chancen zu reflektieren, und es kann passieren, dass sich ein alter Olivenbaum nach 80 Jahren aus heiterem Himmel bei seiner ersten Liebe meldet, um ein Treffen zu arrangieren. Ein alter Olivenbaum hält wirklich einige Überraschungen parat!

Der Olivenbaum spricht

„Ich bin dein Baum. Ich freue mich, dass du mich ausgewählt hast, um zu meinen Füßen dein Leben zu ordnen und deine Gedanken zu besänftigen. Alles wolltest du in deinem Leben unter Kontrolle haben und die Fäden konntest du nicht aus der Hand geben. Das nackte Chaos würde ausbrechen, wenn du einfach die Hände in den Schoß legen würdest? Musst du nicht selbst ein bisschen lächeln, wenn du dich so reden hörst? Schau mich an. Ich kümmere mich um nichts. Ich sorge mich nicht. Ich bin einfach. Ich gebe mich dem Rhythmus der Natur hin. Ich akzeptiere den Winter, denn ich will nicht gegen etwas ankämpfen, das ich nicht ändern kann. So sei auch du: einfach, hingebungsvoll und voller Vertrauen darauf, dass es einen natürlichen Lauf der Dinge gibt, dem man sich einfach überlassen kann. Es wird dir besser gehen, je weniger du tust!"

Zum Weiterlesen

Wenn Sie sich noch intensiver mit dem keltischen Baumhoroskop auseinander setzen wollen, sind die folgenden Bücher für Sie bestimmt interessant:

- Die Energie der Bäume. Kailash-Verlag, 2002
- Duncan, Anthony: Keltische Mystik. Urania, 2001
- Eluere, Christiane: Das Gold der Kelten. Hirmer Verlag, 1987
- Herm, Gerhard: Die Kelten – Das Volk, das aus dem Dunkeln kam. Rowohlt, 1998
- Markale, Jean: Die Keltische Frau. Goldmann, 1991
- Mütsch-Engel, Annemarie (Hrsg.): Bäume lügen nicht. Das keltische Horoskop. Verlag Bert Schlender, 1985
- Paterson, Helena: Entdecken Sie Ihr keltisches Mondzeichen. Hermann Bauer Verlag, 1999
- Pennick, Nigel: Die Heilige Welt der Kelten. Verlag Neue Erde, 2001
- Sharkey, John: Die Keltische Welt. Insel-Verlag, 1982
- Vescoli, Michael: Der Keltische Baumkalender. Hugendubel, 1995

DAS FOTO-HOROSKOP

Welcher Zukunftstyp sind Sie?

Welcher Zukunftstyp sind Sie?

Die Beschäftigung mit der Astrologie und Horoskopen ist in unserer heutigen Gesellschaft eine pure Selbstverständlichkeit. Es gibt kaum einen Menschen, der sein Sternzeichen nicht kennt, und es gibt auch nicht viele Personen, die nicht wenigstens ab und zu einmal ein Horoskop lesen. Je technischer und anonymer unser modernes Leben auf der einen Seite wird, desto mehr wächst andererseits das Bedürfnis, in die Zukunft zu schauen. Und trotz aller wissenschaftlichen und technischen Fortschritte fühlen wir uns nicht sicherer, sondern ganz im Gegenteil eher immer unsicherer. Das liegt daran, dass die existenziellen Fragen unseres Lebens – die Fragen nämlich, woher wir kommen und wohin wir gehen – bisher trotz allem Fortschritt unbeantwortet geblieben sind und es wohl auch immer bleiben werden.

Doch haben eigentlich alle Menschen, die sich für Horoskope und die Kunst der Sterndeutung interessieren, dasselbe Motiv? Meiner Erfahrung nach ist es nicht so. Denn das Wissen über die Zukunft hat für die unterschiedlichen Personen auch eine unterschiedliche Funktion. Was steckt eigentlich bei Ihnen hinter dem Wunsch, etwas über Ihre Zukunft zu erfahren? Unter Umständen haben Sie nämlich ganz andere Motive als Ihre beste Freundin oder Ihr Nachbar.

Leider werden in esoterischen Kreisen die an Astrologie interessierten Menschen alle über einen Kamm geschoren. Und daher gibt es auch so viele Personen, die trotz intensiver Suche und dem Besuch vieler Seminare und Workshops immer noch unzufrieden sind und das Gefühl haben, doch noch nicht das Richtige für sich gefunden zu haben. Aber das liegt einzig und allein daran, dass noch kein wirkliches Bewusstsein dafür herrscht, dass die Menschen ganz unterschiedliche, zum Teil stark voneinander abweichende Gründe haben, die Sterne zu befragen.

Welche unbewusste Motivation Sie haben, sich mit Astrologie und Horoskopen zu beschäftigen, darüber kann Ihnen der folgende Test Auskunft geben. Der Test basiert auf der Betrachtung von zehn unterschiedlichen Fotografien, zu denen Sie jeweils sechs Fragen beantworten müssen. Wenn Sie sich wirklich mit viel Zeit und Ruhe meditativ in die Abbildungen hineindenken, können die Fotos eine Stimme in Ihnen aktivieren und zum Klingen bringen, die allzu lange versiegt war. Man kann diese Stimme auch Intuition nennen. In ihr liegt die Antwort auf die Frage verborgen, was Sie sich von der Beschäftigung mit Astrologie, und nicht zuletzt auch von diesem Buch, erhoffen.

Der Foto-Test

Nehmen Sie sich bitte viel Zeit und Muße, um den folgenden Test durchzuführen! Sorgen Sie dafür, dass Sie ungestört sind, und wählen Sie sich einen besonders bequemen Platz in Ihrer Wohnung aus. Alles, was Sie an Handwerkszeug brauchen, sind ein Stift und vielleicht ein Notizblock, falls Sie sich etwas aufschreiben wollen, was Ihnen wichtig erscheint. Der Erfolg des Tests hängt im Wesentlichen davon ab, dass Sie sich wirklich lange Zeit nehmen, um sich in die Fotografien einzudenken, ja förmlich in sie einzutauchen. Versuchen Sie, den Fotos eine Farbe zu geben. Wenn Sie Lust dazu haben, kolorieren Sie die Abbildungen. Überlegen Sie, welche Geräuschkulisse an dem Ort herrschte, an dem das Foto gemacht wurde. Wie roch es dort? War es warm oder kalt? War es laut oder leise? Wie fühlt es sich an, in dieses Foto einzutauchen? Erst wenn Sie die Stimmung ganz und gar erfasst haben, gehen Sie an die Beantwortung der Fragen! Entscheiden Sie sich spontan und ärgern Sie sich nicht darüber, dass unter Umständen keine der drei vorgegebenen Antworten so richtig passt. Wählen Sie die Antwort, die Ihren Gedanken am nächsten kommt. Lassen Sie keine Frage aus, sondern beantworten Sie alle Fragen nacheinander.

Zum Schluss zählen Sie, für welchen Antwort-Buchstaben Sie sich am häufigsten entschieden haben. Sie sind entweder ein A-Typ, ein B-Typ, ein C-Typ oder ein Mischtyp. Die Persönlichkeitsbeschreibungen – und damit verbunden die Antwort auf die Frage, welcher Zukunftstyp Sie persönlich sind – finden Sie im Anschluss an den Test. Und nun viel Spaß beim Abtauchen in die Welt der Fotografie!

FOTO-HOROSKOP – Welcher Zukunftstyp sind Sie?

1) Was empfinden Sie beim Anblick dieses Fotos?

A) Ich empfinde tiefe Entspannung
C) Ich werde traurig
B) Das Foto strahlt eine Heiterkeit aus. Es macht gute Laune

2) Was würden Sie am liebsten tun, wenn Sie in dieses Foto eintauchen könnten?

A) Mich an den Baumstamm lehnen und meine Gedanken fließen lassen
C) Auf die Bäume klettern
B) Den Vögeln beim Zwitschern zuhören

3) Was fehlt Ihrer Meinung nach auf diesem Foto?

C) Tiere
A) Menschen
B) Häuser

4) Welcher Teil des Bildes wären Sie am liebsten?

A) Der Baum
C) Der Wind
B) Die Erde

5) Welcher Titel passt am besten zu dem Foto?

B) Der perfekte Tag
C) Immer der Sonne entgegen
A) Das Geheimnis der Bäume

6) Würde man in zehn Jahren vom selben Standort aus dieses Foto knipsen, wie könnte es dann Ihrer Meinung nach aussehen?

C) Die Bäume wären gefällt und man hätte an die Stelle Häuser gebaut
B) Am Fuße der Bäume wäre ein Restaurant eröffnet worden
A) Kinder hätten sich ein Baumhaus im Geäst gebaut

Foto Nr. 2

B) Ich würde ebenfalls in einer ähnlichen Haltung posieren
A) Ich würde mich umschauen, um herauszubekommen, wo ich mich eigentlich befinde

3) Was fehlt Ihrer Meinung nach auf diesem Foto?

C) Ein Hinweis darauf, ob es sich um Männer oder Frauen handelt
A) Ein Wegweiser
B) Die Gesichter der Personen müssten zu erkennen sein

4) Welcher Teil des Bildes wären Sie am liebsten?

A) Der Schatten
B) Die rechte Person
C) Die linke Person

5) Welcher Titel passt am besten zu dem Foto?

B) Die beiden Schreckgespenster
A) Wer bin ich?
C) Licht und Schatten

6) Würde man in zehn Jahren vom selben Standort aus dieses Foto knipsen, wie könnte es dann Ihrer Meinung nach aussehen?

C) Die beiden Personen hätten Kinder dabei
B) Die beiden wären bestimmt dicker geworden
A) Eine der beiden Personen wäre gestorben

1) Was empfinden Sie beim Anblick dieses Fotos?

A) Mir wird ein bisschen unheimlich
B) Ich muss anfangen zu lachen. Das ist ein lustiges Motiv
C) Es macht mich neugierig

2) Was würden Sie am liebsten tun, wenn Sie in dieses Foto eintauchen könnten?

C) Ich würde vermutlich die beiden Personen fragen, warum sie dieses Foto gemacht haben

1) Was empfinden Sie beim Anblick dieses Fotos?

A) Die Ruhe des Bildes strahlt voll auf mich ab
C) Alles wirkt so heiß. Auch mir wird warm
B) Mir wird ein wenig schwindelig

2) Was würden Sie am liebsten tun, wenn Sie in dieses Foto eintauchen könnten?

B) Mit dem Auto daran vorbeifahren und den nächsten Ort aufsuchen
A) Einen Reiseführer zurate ziehen, um zu erfahren, um welche Art von Erhebung es sich hier handelt
C) Den Berg erklimmen

3) Was fehlt Ihrer Meinung nach auf diesem Foto?

A) Menschen
B) Pflanzen
C) Tiere

4) Welcher Teil des Bildes wären Sie am liebsten?

A) Die Sonne
B) Der Felsen
C) Der Wind

5) Welcher Titel passt am besten zu dem Foto?

C) Der Berg ruft
A) Die wundersame Welt der Natur
B) Vertraut und doch so fremd

6) Würde man in zehn Jahren vom selben Standort aus dieses Foto knipsen, wie könnte es dann Ihrer Meinung nach aussehen?

C) Am Fuße des Berges wäre ein Fastfood-Geschäft eröffnet worden
A) Es hätte sich nichts verändert
B) Man hätte wohl dort ein Reservat für Indianer eingerichtet

1) Was empfinden Sie beim Anblick dieses Fotos?

C) Das Foto bringt mich zum Lachen
A) Die grünen Pflanzen erfreuen mein Herz
B) Das Foto ruft Erinnerungen an meine Kindheit wach

2) Was würden Sie am liebsten tun, wenn Sie in dieses Foto eintauchen könnten?

C) Ich würde erkunden, um welche Pflanzen es sich hier handelt
B) Die Reaktion der Spaziergänger beobachten, die an dieser Vogelscheuche vorbeigehen
A) Der Vogelscheuche die Kleidung gerade rücken

3) Was fehlt Ihrer Meinung nach auf diesem Foto?

C) Freche Vögel, die sich von der Vogelscheuche nicht beeindrucken lassen
A) Ein Hinweis auf diejenigen, die diese Vogelscheuche aufgestellt haben
B) Ein Traktor

4) Welcher Teil des Bildes wären Sie am liebsten?

C) Die Vogelscheuche
B) Die Vögel, die in einiger Entfernung über der Vogelscheuche kreisen
A) Die Sonne, die am Himmel steht

5) Welcher Titel passt am besten zu dem Foto?

B) Keiner traut sich an mich heran
A) Wo bleiben sie denn?
C) Ist das ein langweiliges Leben

6) Würde man in zehn Jahren vom selben Standort aus dieses Foto knipsen, wie könnte es dann Ihrer Meinung nach aussehen?

A) Die Vogelscheuche sähe ganz schön verlottert aus
C) Das Feld wäre dem Städtebau zum Opfer gefallen
B) Vögel hätten sich auf dem Kopf der Vogelscheuche ein Nest gebaut

1) Was empfinden Sie beim Anblick dieses Fotos?

A) Ich werde müder und ein wenig schläfrig
C) Ich denke an den nächsten Urlaub
B) Ich habe die Befürchtung, dass die Hunde bald weggescheucht werden

2) Was würden Sie am liebsten tun, wenn Sie in dieses Foto eintauchen könnten?

A) Die Hunde streicheln
C) Ich würde mich gerne in ein Straßencafé setzen und die Hunde beobachten
B) Ich wäre auch gerne ein Hund und würde mich dazulegen und in der Sonne dösen

3) Was fehlt Ihrer Meinung nach auf diesem Foto?

A) Kinder, die mit den Hunden spielen wollen
C) Der Besitzer der Hunde
B) Menschen, die sich über die Hunde amüsieren

4) Welcher Teil des Bildes wären Sie am liebsten?

C) Der linke Hund
B) Der rechte Hund
A) Das warme Straßenpflaster, auf dem die beiden liegen

5) Welcher Titel passt am besten zu dem Foto?

B) Ein tierisches Leben
A) Pssst! Die Tierwelt schläft
C) Es geht doch nichts über ein kleines Nickerchen

6) Würde man in zehn Jahren vom selben Standort aus dieses Foto knipsen, wie könnte es dann Ihrer Meinung nach aussehen?

A) Welpen würden neben den Hunden liegen
B) An der Straße wäre es viel zu laut zum Dösen geworden
C) Hunde dürften sich in der Stadt nur noch angeleint bewegen

Foto Nr. 6

1) Was empfinden Sie beim Anblick dieses Fotos?

C) Ich bekomme Reisefieber
A) Mir wird ein bisschen schwindelig
B) Ich bin neugierig, um welches Gewässer es sich handelt

2) Was würden Sie am liebsten tun, wenn Sie in dieses Foto eintauchen könnten?

B) Ich würde Muscheln sammeln
C) Ich würde von der Klippe springen
A) Ich würde einen langen Spaziergang machen und mir den Wind um die Nase wehen lassen

3) Was fehlt Ihrer Meinung nach auf diesem Foto?

B) Vogelschwärme
A) Sonnenschein
C) Ein Schiff am Horizont

4) Welcher Teil des Bildes wären Sie am liebsten?

A) Der Wind
B) Die Wellen
C) Ein Fisch unter der Wasseroberfläche

5) Welcher Titel passt am besten zu dem Foto?

C) Keine Angst vor der Höhe
A) Die perfekte Landschaft
B) Ein stürmischer Tag

6) Würde man in zehn Jahren vom selben Standort aus dieses Foto knipsen, wie könnte es dann Ihrer Meinung nach aussehen?

A) Alles wäre unverändert geblieben
B) Man würde am Horizont Wale erkennen können
C) Ein Ölteppich hätte sich vor der Küste ausgebreitet

Foto Nr. 7

1) Was empfinden Sie beim Anblick dieses Fotos?

B) Ich bin fasziniert
A) Ich habe das Gefühl, dieses Motiv schon einmal gesehen zu haben
C) Das Foto macht mich neugierig

2) Was würden Sie am liebsten tun, wenn Sie in dieses Foto eintauchen könnten?

C) Wenn es eine Brücke ist, würde ich sie gerne überqueren
A) Dieses Foto reizt nicht zum Eintauchen
B) Ich würde mir das von allen Seiten anschauen

3) Was fehlt Ihrer Meinung nach auf diesem Foto?

B) Wolken
A) Ein Hinweisschild, um was es sich handelt
C) Gar nichts. Es ist das perfekte Motiv

4) Welcher Teil des Bildes wären Sie am liebsten?

B) Ich wäre gerne der Fotograf, der dieses Foto gerade aufnimmt
A) Die Sonne
C) Ein Teil dieser Konstruktion

5) Welcher Titel passt am besten zu dem Foto?

C) Wunderwerke der Architektur
A) Ein rätselhaftes Motiv
B) Was bin ich?

6) Würde man in zehn Jahren vom selben Standort aus dieses Foto knipsen, wie könnte es dann Ihrer Meinung nach aussehen?

C) Die Konstruktion wäre eingestürzt
B) Wahrscheinlich wäre alles verwittert und mit wilden Pflanzen überwuchert
A) Dieses Teil steht bestimmt in zehn Jahren noch unverändert dort

1) Was empfinden Sie beim Anblick dieses Fotos?

A) Das Motiv macht mich melancholisch
C) Das Foto übt eine Art Sog auf mich aus
B) Das Foto berührt mich. Ich fühle mich angesprochen

2) Was würden Sie am liebsten tun, wenn Sie in dieses Foto eintauchen könnten?

C) Ich würde auf den Ästen herumklettern
B) Ich würde schwimmen gehen
A) Ich würde das nasse Holz gerne anfassen

3) Was fehlt Ihrer Meinung nach auf diesem Foto?

A) Wasservögel
B) Spaziergänger
C) Fischerboote am Horizont

4) Welcher Teil des Bildes wären Sie am liebsten?

C) Das Wasser
B) Der Sand
A) Die Stämme

5) Welcher Titel passt am besten zu dem Foto?

A) Ein nasses Vergnügen
B) Die Schönheit eines einsamen Strandes
C) Mein Freund der Baum ist tot

6) Würde man in zehn Jahren vom selben Standort aus dieses Foto knipsen, wie könnte es dann Ihrer Meinung nach aussehen?

C) Die Stämme hätten sich völlig aufgelöst
A) Bestimmt wären noch mehr Stämme hinzugekommen
B) Eine Vogelkolonie hätte sich auf den Stämmen niedergelassen

FOTO-HOROSKOP – Welcher Zukunftstyp sind Sie?

1) Was empfinden Sie beim Anblick dieses Fotos?

A) Ich finde dieses Foto schrecklich. Was ist da bloß passiert?
B) Busfahren ist auch nicht mehr sicher
C) Wie ist der Bus bloß dort hingekommen?

2) Was würden Sie am liebsten tun, wenn Sie in dieses Foto eintauchen könnten?

B) Vorsichtig nachschauen, ob sich noch Menschen in diesem Bus befinden
A) Ich würde die Behörden informieren, dass sich dort ein leerer Bus befindet
C) Ich würde eine Nacht in diesem Bus verbringen. Billiger kann man nirgends übernachten.

3) Was fehlt Ihrer Meinung nach auf diesem Foto?

C) Hinweise auf Menschen, die in diesem Bus gefahren sind
B) Tiere, die den Bus vereinnahmen
A) Das Nummernschild

4) Welcher Teil des Bildes wären Sie am liebsten?

C) Der Bus
B) Der Fotograf, der den Bus entdeckt hat
A) Die üppige Pflanzenwelt

5) Welcher Titel passt am besten zu dem Foto?

A) Welch eine Überraschung
B) Im Wald wachsen nicht nur Bäume
C) Eine ungewöhnliche Unterkunft für die Tiere des Waldes

6) Würde man in zehn Jahren vom selben Standort aus dieses Foto knipsen, wie könnte es dann Ihrer Meinung nach aussehen?

C) Wahrscheinlich wären noch mehr Bus-Wracks hinzugekommen
B) Kinder, die den Bus entdeckt haben, würden darin spielen
A) Die Behörden hätten den Bus längst verschrottet

1) Was empfinden Sie beim Anblick dieses Fotos?

A) Ich werde ruhig und entspannt
C) Mich macht das Foto kribbelig
B) Mich macht das Foto traurig

2) Was würden Sie am liebsten tun, wenn Sie in dieses Foto eintauchen könnten?

A) Ich würde am liebsten am Strand sitzen und den Sonnenuntergang beobachten
C) Ich würde gerne nackt schwimmen gehen
B) Ich würde dieses Motiv gerne malen

3) Was fehlt Ihrer Meinung nach auf diesem Foto?

B) Delphine am Horizont
A) Ein Leuchtturm
C) Menschen, die schwimmen

4) Welcher Teil des Bildes wären Sie am liebsten?

A) Das Wasser
B) Die Wolken
C) Der Wind

5) Welcher Titel passt am besten zu dem Foto?

C) Das Leben ist schön
B) Pures Glück
A) Abend wird es, bald kommt die Nacht

6) Würde man in zehn Jahren vom selben Standort aus dieses Foto knipsen, wie könnte es dann Ihrer Meinung nach aussehen?

A) Surfer hätten dieses Revier entdeckt
C) Man würde am Horizont eine Ölbohrinsel sehen
B) Kinder mit Schlauchbooten würden im Wasser planschen

Die Auswertung

Nachdem Sie die Fragen in Ruhe und Muße beantwortet haben, zählen Sie nun nach, welchen Buchstaben Sie am häufigsten angekreuzt haben. Wenn Sie mehrere Buchstaben gleich häufig gewählt haben, sind Sie ein Mischtyp; Ihr Persönlichkeitsprofil steht am Ende des Kapitels.

Persönlichkeitstyp A

Grundeinstellung

Nach außen hin sind Sie zwar ein selbstbewusster und aktiver Mensch, aber im Grunde Ihres Herzens sind Sie ängstlich. Sie haben zwar keine Angst im Dunkeln und Sie schauen vor dem Schlafengehen nicht (mehr) unter dem Bett nach, aber Sie kennen die Angst, die einem unser heutiges komplexes Leben machen kann, sehr gut. Täglich müssen Sie viele große und kleine Entscheidungen treffen und da Sie ein äußerst pflichtbewusster Mensch sind, haben Sie auch immer die Konsequenzen und Auswirkungen Ihrer Entscheidungen vor Augen. Manchmal möchten Sie am liebsten vor der Tatsache verzweifeln, dass eine Entscheidung für eine Möglichkeit gleichzeitig die andere Möglichkeit ausschließt. Sie würden gerne beide Varianten ausprobieren und nach einer angemessenen Testzeit noch einmal entscheiden dürfen.

Oft fühlen Sie sich alleine gelassen mit der ganzen Verantwortung, die auf Ihren Schultern lastet. Menschen mit Ihrem persönlichen Profil hatten oft eine schwere Kindheit, in der sie meist viel zu früh Verantwortung für ein jüngeres Geschwisterkind oder gar einen Elternteil übernehmen mussten. Wahrscheinlich haben Sie diese Aufgabe sogar mit Bravour gemeistert, aber Sie wurden dafür viel zu selten gelobt und niemand hat Ihnen (bis heute) Bestätigung widerfahren lassen. Im Laufe eines langen, aufregenden Lebens wird man erschöpft. Und ähnlich wie bei körperlicher Müdigkeit möchte man sich bei psychischer Erschöpfung einfach hinlegen, die Decke über den Kopf ziehen und möglichst jahrelang ohne Unterbrechung schlafen.

All diese Aspekte lassen es völlig logisch erscheinen, dass Sie sich für Astrologie interessieren und dass Sie eine große Offenheit für esoterische Themen mitbringen. Sie möchten etwas über Ihre Zukunft erfahren, weil Sie Sicherheit brauchen, die Ihnen bisher niemand geben konnte. In all Ihren Beziehungen und Freundschaften sind immer Sie die Stärkere – Ihnen fällt immer der gebende Part zu. Andere laden ihre Sorgen bei Ihnen ab und weinen sich an Ihrer Schulter aus. Aber wo gehen Sie hin, wenn Sie einmal traurig sind? Und dann immer die quälende Frage, ob Sie auch alles richtig machen. Sie suchen in der Astrologie einfach einen Ratgeber, der Ihnen bei Entscheidungen hilft. Denn Sie wollen immer auf Nummer sicher gehen und sich gerne vergewissern, dass auch alles so wird, wie Sie es geplant haben. Sie suchen verständlicherweise Orientierung in Ihrem Leben. Und Sie werden Sie auch finden!

Potenzial

Ihre Vergangenheit hat Sie stark gemacht. Sie können wirklich alleine sehr viel schaffen und ausrichten. Sie haben anderen Menschen gegenüber den Vorteil, dass Sie sehr belastbar sind. Aber vieles, was Sie erreichen, scheint Ihnen selbstverständlich zu sein. Sie haben sich so daran gewöhnt, viel zu leisten, dass Sie sich selbst schon gar nicht mehr auf die Schulter klopfen oder sich über Ihre Erfolge freuen können.

In Ihrer Nähe halten sich bestimmt Menschen auf, die bereit und willens sind, Ihnen öfter zu helfen. Lassen Sie sich auch von diesen Mitmenschen entlasten! Sie müssen nicht immer alles alleine bewältigen. Versuchen Sie doch einmal, sich selbst einen Spiegel vorzuhalten: Von Ihnen geht selten das Signal aus, dass Sie Hilfe benötigen. Was Sie ausstrahlen ist das Motto „Ich schaff' das schon, alles kein Problem"! Hinter diesem Phänomen steckt die weit verbreitete Angst, anderen zur Last zu fallen. Aber man muss im Leben lernen, auch Hilfe anzunehmen. Und versetzen Sie sich doch einmal in die Situation Ihrer Freunde. Die bieten Ihnen bestimmt oft Hilfe an und werden von Ihnen wahrscheinlich regelmäßig abgewiesen. Geben Sie ihnen doch lieber das Gefühl, sie ernst zu nehmen, und lernen Sie anzunehmen. Man muss auch „Ja“ sagen können!

Und denken Sie daran: Die Sterne können Ihnen Orientierung und Denkanstöße bieten. Aktiv in Ihr Leben eingreifen können Sie aber nicht. Das können nur Ihnen nahe stehende Menschen, die Sie unbedingt endlich in Ihr Leben einlassen sollten.

Ausblick

Machen Sie aus der Beschäftigung mit den in diesem Buch vorgestellten Themen nicht wieder eine neue Lebensaufgabe oder Herausforderung, die Sie nur noch mehr stresst und unter Druck setzt und Ihnen im Endeffekt auch noch Kraft raubt. Gehen Sie die Dinge locker und unverbindlich an. Tun Sie nur, was und wie es Ihnen Spaß macht.

Mit großer Wahrscheinlichkeit ist das Keltische Baumorakel am ehesten dazu geeignet, Sie zu stärken und Ihnen etwas über sich selbst zu offenbaren. Nehmen Sie die Inspiration „Ihres“ Baumes ernst und suchen Sie sich einen Lieblingsbaum in Ihrer Nähe, den Sie oft und regelmäßig aufsuchen können. Machen Sie ganz neue Erfahrungen mit sich und dem Kosmos, der uns immer und überall umgibt.

Persönlichkeitstyp B

Grundeinstellung

Wer Sie näher kennt, weiß, dass Sie ein selbstbewusster Mensch sind, der im Leben voll seinen Mann bzw. Frau steht. Das bisherige Leben hat Sie reich an Erkenntnissen gemacht. Eine Konsequenz, die Sie aus den schwierigen Phasen gezogen haben, ist Ihr Vorsatz, sich nicht mehr unnötig stressen zu lassen. Vielleicht mussten Sie diesen Schluss auch aus gesundheitlichen Gründen ziehen, denn Sie gehören wahrscheinlich zu den Menschen, die auf Druck und große Belastung mit nervösen Störungen reagieren. Oft ist bei solchen Menschen auch das vegetative Nervensystem in Mitleidenschaft gezogen. Gerade in solchen Situationen ist es klug, dem Rat der Ärzte – die Sie hoffentlich aufgesucht haben! – zu folgen und auf jeden Fall kürzer zu treten.

Die Tatsache, dass Sie sich vorgenommen haben, sich keine unnötigen Sorgen mehr zu machen, und dass Sie im Begriff sind, das selbst zerstörerische Grübeln aufzugeben, geht einher mit Ihrer ureigenen Einstellung zur Astrologie. In Ihren Augen ist das Schicksal eines jeden Menschen schon lange vor der Geburt besiegelt und daher hat es Ihrer Meinung nach auch wenig Sinn, sich über Dinge aufzuregen oder gegen Strukturen anzukämpfen, die man sowieso nicht ändern kann. Wenn das Leben hart für Sie war – und es gab einige solcher Momente, in denen Sie mit Ihren Kräften am Ende waren –, haben Sie die seltene Begabung bewiesen, die Dinge so anzunehmen, wie sie nun einmal sind. Diese Einstellung ist zudem auch noch Kräfte schonend, denn man verliert oft nur unnötig Energie, wenn man sich ständig beklagt und den ganzen Tag herumjammert.

Ein gewisser Fatalismus, also eine Art Schicksalsergebenheit, ist Ihnen wohl in die Wiege gelegt worden. Ihr Interesse an astrologischen Themen und das Bedürfnis, etwas über die Zukunft zu erfahren, entspringt dabei Ihrem Wunsch nach Bestätigung. Bisher sind Sie mit den großen und kleinen Krisen des Lebens gut fertig geworden und es gibt keinen triftigen Grund, etwas an Ihrer Lebenseinstellung zu ändern. Was Sie von den Sternen am liebsten hören möchten, ist deshalb die Aufforderung „Mach weiter so wie bisher, es ist alles gut“. Seien Sie ehrlich: Würden Sie diesen Satz nicht tatsächlich gerne einmal hören? Ihre Freunde und Bekannten haben sich schon daran gewöhnt, dass bei Ihnen alles glatt läuft, und dass Sie einmal an etwas zerbrechen könnten, ist für viele Menschen aus Ihrem Umfeld völlig undenkbar. Für alle anderen ist Ihre Persönlichkeitsstruktur selbstverständlich und unveränderbar, aber manchmal wäre es eben doch schön, wenn jemand bemerken würde, dass Ihre Gelassenheit ein Produkt unter Umständen jahrzehntelangen Arbeitens an sich selbst ist. Und wenn Sie schon nicht von Ihren Freunden bestätigt und gelobt werden, wenden Sie sich eben an die Sterne.

Potenzial

Die Sterne sind für Sie ein treuer Begleiter durch das Leben. Sie haben schon einige Male Hilfe aus dem Kosmos erhalten und Sie sind kein Skeptiker, wenn Ihnen jemand eine ähnliche Geschichte erzählt. Für kosmische Energieströme besitzen Sie eine große Offenheit und es ist für Sie eine deutliche Entlastung zu wissen, dass nicht Sie, sondern die Sterne Ihr Geschick lenken. Tatsächlich eine befreiende und beglückende Vorstellung!

Aber seien Sie sich auch der Gefahr bewusst, die diese Auffassung mit sich bringt. Im Klartext: Geben Sie nicht alle Verantwortung für Ihr Leben aus der Hand. Es ist zwar richtig, dass vieles, was einem widerfährt, schon vor der Geburt vorherbestimmt war, aber eben nicht zu hundert Prozent. Es macht gar keinen Sinn, die Prozentzahl genauer bestimmen zu wollen. Fest steht aber auf jeden Fall, dass es einen großen Bereich Ihres Lebens gibt, den Sie selbst aktiv mitgestalten können. Wir sollen uns des Einflusses, den wir auf unser eigenes Leben haben, sehr wohl bewusst sein und ihn freudig annehmen. Man muss sich davor hüten, angesichts der eigenen Schicksalsergebenheit dem Leben gegenüber allzu passiv zu werden! Denn man hat oft mehr in der Hand, als man selbst denkt. Machen Sie etwas aus dem, was Sie eigenverantwortlich gestalten können!

Ausblick

Vielleicht können Ihnen die in diesem Buch vorgestellten Themen eine Anregung sein, Ihr Leben und Ihre Zukunft kreativer und aktiver zu gestalten. Wie schon ausgeführt, ist nicht das gesamte Leben durch die Sterne festgelegt und die Potenziale, die uns zur freien Gestaltung zur Verfügung stehen, sollten auf keinen Fall ungenutzt bleiben.

Es könnte gut sein, dass Sie mit dem Pendeln schnell positive Erfahrungen und Fortschritte machen werden. Auch das Runenwerfen könnte für Sie hilfreich sein, wenn Sie einmal vor einer schwierigen Entscheidung stehen. Stürzen Sie sich nicht nur auf die Horoskope, sondern werden Sie auch selbst mal aktiv! Sie werden sehen, wie viel Spaß das machen kann. Probieren Sie es aus – Sie können dabei nur gewinnen!

Persönlichkeitstyp C

Grundeinstellung

Auf die Frage, wie Sie mit Ihrem Leben zurechtkommen, antworten Sie meistens positiv. Sie sind ein relativ erfolgreicher Mensch, dem vieles gelingt, wovon andere nur träumen. Und oft ist es sogar so, dass Sie sich nicht einmal sonderlich anstrengen müssen, um Ihr Pensum zu schaffen. Für Ihren Erfolg gibt es kein Geheimrezept. Wenn überhaupt, würden Sie antworten, besteht Ihr Rezept darin, dass Sie einfach loslegen. Wo andere Menschen noch debattieren und über den richtigen Plan zur Umsetzung diskutieren, haben Sie die Hälfte der Aufgabe schon längst erledigt. Natürlich freuen Sie sich über Erfolge, aber so richtig glücklich sind Sie trotzdem nicht.

Oft neigen Sie dazu, sich schnell wieder eine neue Aufgabe zu suchen, und stürzen sich erneut in Arbeit. Und jedes Mal hoffen Sie aufs Neue, dass Sie diesmal Glück und Befriedigung dabei empfinden. Doch wahrscheinlich bleiben sie wieder aus. Dabei wirken Sie nach außen hin zufrieden. Sie gönnen sich ab und zu ein gutes Essen oder einen schönen Urlaub, aber das sind alles nur Versuche, einen Zustand zu erreichen, von dem Sie ahnen, dass es ihn geben muss. Irgendwo tief in Ihnen sitzt eine Erinnerung an das vollkommene Glück. Vielleicht hatten Sie als Kind das letzte Mal das Gefühl, völlig mit sich in Einklang zu sein. Das Wohlbefinden, das Sie empfunden haben, als Ihre Mutter einen frisch gebackenen Kuchen aus dem Ofen zog, oder das unbeschreibliche Gefühl, wenn Ihr Vater Ihnen abends einen Gute-Nacht-Kuss gegeben hat – das sind Erinnerungs- und Glücksfetzen, die noch in Ihnen aktiv sind. Und schon lange hatten Sie keinen Moment mehr, der an diese Gefühle von damals heranreichte. Wenn Sie ehrlich zu sich selbst sind, ist Ihr Leben sogar ein wenig langweilig und oberflächlich geworden. Das Bild, das Sie nach außen hin abgeben, ist das eines zufriedenen erfolgreichen Menschen. Doch tief in Ihnen sieht es ganz anders aus. Lange schon warten Sie auf mehr Intensität und auf die wahren Gefühle.

Erwischen Sie sich auch oft dabei, dass Sie sich fragen, „ob das schon alles gewesen ist"? Und beschleicht Sie manchmal die Angst, dass nicht mehr viel kommt – unabhängig davon, wie alt oder gesund Sie momentan sind? Und wenn man den ganzen Themenkomplex noch weiter analysiert, kommt man auf die Grundfrage, welchen Sinn eigentlich all die Anstrengungen und Bemühungen haben, wenn doch das Wichtigste im Leben fehlt. Nämlich wirkliche Liebe und damit verbunden Glück und Zufriedenheit. Und das ist Ihre persönliche Motivation, sich mit Astrologie und Horoskopen zu beschäftigen: Sie haben anscheinend alles und doch fehlt Ihnen das Wichtigste. Und Sie suchen nach Antworten, wie Sie das schmerzende Loch in Ihrem Leben stopfen können. Sie lesen gerne psychologische Berichte, in denen Menschen davon erzählen, wie sie den Sinn ihres Lebens gefunden haben, und auch Sie sind ständig in Bewegung, um noch mehr über sich herauszufinden. Alle Ihre Anstrengungen laufen auf die eine Frage hinaus: Wie finde ich das richtige, wahre Glück? Und obwohl es vielleicht noch lange dauert, bis Sie darauf eine Antwort finden: Ihre Frage ist bei den Sternen vorerst gut aufgehoben.

Potenzial

Sie tun in Ihrer Situation das einzig Richtige: Sie sind neugierig und offen und forschen in vielen verschiedenen Richtungen nach Antworten auf die Fragen, die Sie beschäftigen. Allzu oft reden Sie nicht über Ihr Seelenleben, denn Sie haben zwar viele Bekannte, aber relativ wenig Freunde, die Verständnis für Ihre Problematik hätten. Lassen Sie sich Ihre Neugier und Offenheit von niemandem nehmen. Oft ist es so, dass sich in der unmittelbaren Nähe von Menschen, die auf der Suche sind, jemand befindet, der ihnen weiterhelfen kann. Aus den unterschiedlichsten Gründen nehmen wir diese Personen oft nicht wahr oder – was noch schlimmer ist – lehnen sie sogar ab. Manchmal ahnen wir instinktiv, dass uns diese Menschen etwas mitzuteilen haben, aber es muss erst die Zeit reif dafür sein. Und der richtige Augenblick spielt ebenfalls eine große Rolle.

Sie sollten Ihre Suche zwar zu einer Lebensaufgabe machen, aber keinesfalls sollte sie so in den Vordergrund treten, dass Sie an nichts anderes mehr denken können. Oft machen sich ungeklärte Sinnfragen in Träumen bemerkbar. Die Suche nach Sinn ist wie ein Computerprogramm, das ohne Unterbrechungen im Hintergrund arbeitet. Die Sinnfrage ist beteiligt bei allem, was wir tun, und durchdringt alle unsere Worte und Handlungen.

Und Sie haben bereits einen großen Stein ins Rollen gebracht, indem Sie sich offen zu Ihren Defiziten bekennen. Diesen Stein kann niemand mehr stoppen. Es kann gut sein, dass er zur Lawine wird. Dann stürzen plötzlich viele Erkenntnisse über Sie herein. Nehmen Sie sich dann viel Zeit, alles in Ruhe zu ordnen. Die wahren Antworten können nicht in Vergessenheit geraten.

Ausblick

Sie sind ein Mensch, der gerne geistig arbeitet und viel nachdenkt. Vielleicht sollten Sie die Erkenntnisse, die Ihnen dieses Buch beschert hat, erst einmal sacken lassen. Es wäre gut, wenn Sie sich beim Lesen Notizen gemacht hätten, denn wenn Sie etwas lesen, haben Sie oft Geistesblitze und Erkenntnisse, die es sich zu notieren lohnt. Haben Sie schon einmal daran gedacht, eine Art esoterisches Tagebuch zu schreiben, dem Sie Ihre Fragen anvertrauen können? Oft lasten die Dinge nicht mehr so schwer auf einem, wenn man sie sich erst einmal von der Seele geschrieben hat. Und es ist auch gleichzeitig eine gute Entspannungsübung!

Es ist gut denkbar, dass sich das Tarot anregend auf Ihren Denkprozess auswirken kann. Versuchen Sie doch einmal, über einen längeren Zeitraum hinweg jeden Morgen eine Tageskarte zu ziehen. Nehmen Sie das Motto der Karte mit in den Tag und lassen Sie es durch alle Handlungen sprechen, die Sie an diesem Tag vollziehen. Mit der Zeit werden Sie merken, dass sich die Qualität Ihrer Gedanken positiv verändert und dass Sie immer öfter in eine Richtung denken, die zwar neu für Sie ist, aber dafür umso fruchtbarer. Ein Versuch lohnt sich auf jeden Fall, oder?

Der Mischtyp

Grundeinstellung

Wenn Sie sich selbst beschreiben müssten, würden Sie sagen, Sie seien ein Realist, der mit beiden Beinen fest im Leben steht und der sich durch nichts und niemanden von seinem Weg abbringen lässt. Sie orientieren sich an den Wissenschaften und wahrscheinlich haben Sie großen Spaß an Physik und Astronomie und sind immer auf dem Laufenden, was neue Erkenntnisse und Publikationen angeht. Was Sie hassen, sind Menschen, die aus dem Bauch heraus leben und die für viele ihrer Entscheidungen keine richtige Begründung haben. Sie haben Verständnis für die verrücktesten Ideen, wenn man bloß begründen kann, warum man etwas auf eine bestimmte Art und Weise tut. „Einfach nur so" ist eine Floskel, gegen die Sie allergisch zu sein scheinen. Wenn Sie Kinder haben, werden Sie diesen Konflikt wahrscheinlich schon öfter durchexerziert haben und vielleicht ist die Meinungsverschiedenheit nicht immer zu Ihren Gunsten ausgegangen. Denn Kinder sind sehr impulsiv und entscheiden immer spontan, solange sie klein sind. Und komischerweise sind diese Entscheidungen oft richtig. Sie haben keine Kinder? Sie kennen mit Sicherheit Erwachsene, die sich in Ihren Augen wie Kinder benehmen und die ihr Leben auf eine Art und Weise führen, bei der Ihnen eine Gänsehaut den Rücken hinunterläuft. Was Kinder und diese Erwachsenen gemeinsam haben, ist die Tatsache, dass sie ihrer Intuition vertrauen. Und Hand aufs Herz: Haben Sie sich nicht schon oft darüber gewundert, dass diese Personen trotz einer fadenscheinigen Ausgangsbasis alles erreichen und dass im Endeffekt immer alles gut geht, obwohl man schon so oft hinter ihrem Rücken den Satz „Das geht nie gut, das kann gar nicht gut gehen!" gesagt hat?

Sie sind nämlich auch gar nicht so rational, wie es nach außen hin immer scheint! Tief in Ihrem Inneren gibt es einen Fundus an wunderlichen Geschichten, die Ihren Bekannten und Freunden zugestoßen sind und für die es aus Ihrer Sicht keine Erklärung gibt. Von komischen Zufällen haben Sie schon oft gehört. Jemand verpasst seinen Zug und lernt stattdessen die Frau seines Lebens kennen. Jemand bucht spontan eine Reise um und bewahrt sich so vor einem Flugzeugabsturz. Diese Geschichten passen nicht in Ihr Weltbild, aber deshalb sind sie gerade so interessant und wichtig für Sie. Denn Sie spüren oft, dass Sie mit Ihrem wissenschaftlichen Ansatz nicht alles erklären können. Aber Sie mögen an diesem Punkt nicht weiterdenken, denn sonst müssten Sie viel zu viel in Frage stellen – unter Umständen Ihr ganzes Leben. Schwierig wird es für Sie, wenn Sie eines Tages tatsächlich mal eine Erfahrung machen, die sich nicht mit dem, woran Sie glauben, in Einklang bringen lässt. Dann beginnt für Sie ein hartes Stück Arbeit, das Sie aber schließlich in ein zwar unbekanntes, aber wunderbares Land führen kann. Wenn Sie sich selbst schon einmal dabei erwischt haben, wie Sie, zwar ungläubig, aber trotz allem irgendwie interessiert ein Horoskop gelesen haben, dann liegt das daran, dass sie in der Tiefe Ihres Herzens schon längst wissen, dass es zwischen Himmel und Erde tatsächlich mehr gibt, als man mit menschlichem Verstand erfassen kann. Es ist nur eine Frage der Zeit, bis auch Sie diese Erfahrung machen!

Potenzial

Ihnen braucht man nicht zu sagen, dass Sie sich mit den unterschiedlichsten astrologischen Themen beschäftigen sollen. Das tun Sie ohnehin schon seit geraumer Zeit. Aber Sie tun es aus einem anderen Blickwinkel als die vielen anderen Menschen, die zu diesem Buch gegriffen haben.

Ihre Motivation ist es, die Dinge zu widerlegen und Gegenbeweise zu finden. Und es ist keine Frage, dass Sie diese auch finden werden. Aber Sie sollten bei Ihrem Engagement auch bedenken, dass zu jeder Stunde auf der ganzen Welt übersinnliche Erfahrungen gemacht werden, die man auch mit modernster Technik nicht erklären oder beweisen kann. Und diese Erfahrungen muss man genauso ernst nehmen wie die Erkenntnisse, die Sie erlangen!

Während Ihrer Recherchen eignen Sie sich ein immenses Wissen an, um das Sie viele beneiden. Oft kennen die Menschen nur die Eigenschaften, die ihrem eigenen Sternzeichen zugeordnet sind, wenn es hoch kommt, noch die des Partners. Sie aber kennen sich nicht nur bei den westlichen Horoskopen aus, sondern Sie können sie auch fundiert mit den chinesischen vergleichen. Deshalb unterhält man sich auch so gerne mit Ihnen über spirituelle Dinge. Sie machen es Ihren Gesprächspartnern mit Ihrer Skepsis zwar oft schwer, aber man kann sich an Ihnen reiben und Etliches von Ihnen lernen.

Ausblick

Menschen wie Ihnen möchte man Lust machen, es einfach mal mit der einen oder anderen Technik auszuprobieren. Ihr wissenschaftlicher Ansatz, mit dem Sie den Dingen des Lebens begegnen, ist vorzüglich dazu geeignet, Experimente mit dem Pendeln zu machen. Führen Sie Statistiken über die Ergebnisse und lassen Sie sich verblüffen. Was hindert Sie daran, die Runen zu werfen, wenn Sie sich mal nicht entscheiden können? Fangen Sie klein an und warten Sie nicht so lange, bis existentielle Entscheidungen ins Haus stehen.

Und bleiben Sie nach wie vor offen für Menschen, die Ihnen ungewöhnliche Dinge erzählen. Speichern Sie sie lieber gut ab, denn eines Tages kann es sinnvoll sein, dieses Wissen abzurufen und in ein neues Weltbild einzuordnen. Es schadet Ihnen nicht, wenn Sie bereits jetzt im Geiste eine Schublade anlegen mit dem Etikett „Unerklärliches". Sie werden sich wundern, wie schnell sie voll ist!

Schlusswort

Egal ob Sie „nur“ einige Kapitel dieses Buches genutzt haben oder ob Sie gar alles ausprobiert und angewendet haben: Sicherlich sind Sie jetzt um einige Erkenntnisse reicher. Vielleicht haben Sie auch mit Freunden oder Bekannten über Ihre esoterischen Erfahrungen gesprochen und dabei festgestellt, dass sich die hier vorgestellten Themenkreise wunderbar anbieten, um miteinander ins Gespräch zu kommen. Vielleicht sind Sie aber nicht nur um einiges Wissen reicher, sondern auch an einigen Stellen verunsichert worden.

Hat das Orakel komisch oder Ihnen völlig unverständlich geantwortet? Vielleicht ist es noch zu früh für eine Antwort? Vielleicht verstehen Sie erst in ein paar Tagen oder Wochen, was eigentlich gemeint war! Bestimmt ist es auch interessant, nach einigen Monaten die Notizen durchzusehen, die Sie sich hoffentlich während Ihrer Sitzungen gemacht haben Oft merkt man erst etwas später, dass sich die Zusammenhänge erhellen und man plötzlich etwas erkennt, was vorher verborgen war.

Sie haben sich nach dem Orakel gerichtet und die Entscheidung war falsch? Es gibt natürlich nie eine hundertprozentige Garantie für eine richtige Antwort. Aber vielleicht ist es auch hier zu früh, ein abschließendes Urteil zu fällen? Es kann schon sein, dass Sie sich momentan auf einem Umweg befinden (zu dem das Orakel Ihnen geraten hat). Aber woher wissen Sie, ob Sie dieser Weg nicht trotzdem ans Ziel führt? Vielleicht sieht Ihr Schicksal vor, dass Sie auf diesem vermeintlichen Umweg eine bestimmte Person treffen oder eine besondere Erfahrung machen, die nur dort auf Sie wartet? Eventuell müssen Sie gerade an diesem Ort etwas Wichtiges lernen, das Sie reifen und wachsen lässt! Manchmal braucht es eben sehr lange, bis man entscheiden kann, ob man sich auf dem richtigen oder auf dem falschen Weg befindet. Und wer weiß schon, ob nicht beide Wege früher oder später wieder zusammengeführt werden? Bis sich das Muster des eigenen Lebens offenbart, muss man viele Mosaiksteine gesammelt haben. Und solange das Schicksal weiß, wo Sie noch ein kleines Steinchen finden können, wird es Sie auch dorthin schicken.

Das Horoskop traf nicht auf Sie zu? Sie haben sich in der betreffenden Beschreibung nicht wiedergefunden? Es kann natürlich sein, dass Sie ein untypischer Vertreter Ihres Sternzeichens sind. Aber viel wahrscheinlicher ist die Tatsache, dass Sie ein Opfer der Kluft zwischen Fremd- und Selbsteinschätzung geworden sind. Machen Sie doch einfach mal die Probe aufs Exempel: Legen Sie das Horoskop einem guten Freund vor und fragen Sie ihn nach seiner Meinung. Es kann gut sein, dass er etliche Sätze findet, die aus seiner Sicht voll auf Sie zutreffen! Und schon sind Sie in ein interessantes und ehrliches Gespräch darüber verwickelt, wie Sie auf andere wirken. Insofern hat das vermeintlich falsche Horoskop auch seine Funktion erfüllt. Finden Sie nicht auch?

Die einzelnen Horoskope haben sich zum Teil widersprochen? Wenn Sie dieses Gefühl haben, sollten Sie bedenken, dass ein Mensch immer aus einer Fülle verschiedener Eigenschaften besteht. Und widersprüchliche Eigenschaften können dabei auch eine kulturelle Ursache haben. Die hier vorgestellten Horoskope stammen aus ganz unterschiedlichen Zeiten und wurden uns von ganz verschiedenen Völkern überliefert und dabei etliche Male übersetzt. Die jeweiligen Volksgruppen hatten zwangsläufig auch ein voneinander abweichendes Menschenbild. Verschiedene Charakterzüge wurden unterschiedlich stark bewertet. Die Tatsache, dass den Chinesen Tiere als Ausgangsbasis ihrer Menschentypologie zur Verfügung standen und den Kelten Bäume, führt zwangsläufig zu einer unterschiedlich starken Gewichtung von Eigenschaften. Wie sich ein Mensch beispielsweise „im Sturm des Lebens“ verhält, werden Sie eher im keltischen Baumhoroskop nachlesen können. Die Frage dagegen, welcher Mensch zu Listigkeit neigt oder schnell flieht, wenn es problematisch wird, kann Ihnen eher das chinesische Tierhoroskop beantworten.

Der unterschiedlichen Herkunft der Horoskope muss man auch heute noch Rechnung tragen. Aber das macht Sie in den Augen vieler Menschen auch gerade interessant.